国際日本学とは何か？

What is International Japanese studies?

日本留学と東アジア的「知」の大循環

法政大学教授
王 敏 編著

三和書籍

目　次

第二部　東アジアへ「日本意識」の変容

第三部　百年後の検証・中国人の日本留学および、その日本観

終論

序論

東アジアの相互認識を映し出す参照枠

――「日本意識」再検討の中間報告二〇一〇―二〇一三年――

王　敏
（法政大学国際日本学研究所専任所員、教授、
中国・東アジアにおける日本研究を担当するアプローチ③リーダー）

法政大学国際日本学研究所は、二〇一〇年度に始めた大型研究プロジェクト「国際日本学の方法に基づく〈日本意識〉の再検討――〈日本意識〉の過去・現在・未来――」（文部科学省私立大学戦略的研究基盤形成支援事業）を一三年度も継続している。五年間を予定した同研究について三年目の報告として、中間報告と位置づけて、二〇一〇―二〇一三年の研究経過と成果を「中国・東アジアにおける日本研究を担当するアプローチ③」として本論集に整理した。後半期の研究の進展のために、忌憚のない批評・叱責をいただきたいと思う。

研究目的

「国際日本学」は途上の研究分野であることはいうまでもない。その方法論における試みとして、法政大学国際日本学研究所の中国・東アジアにおける日本研究チームは「異文化としての日本研究」の成果活用・開拓的研究の進展を志向した。研究のあり方を探るため「外部」の視点を可能な限り制限を設けず取り入れてきた。総合的日本研究の追求を第一義とする基本スタンスに沿うからである。「アプローチ③」はその延長線上にある。研究対象として日本意識に重点を置いていることに変わりないが、異なる文化背景を念頭に東アジア諸国な

どの日本研究の動向およびその成果の有用性に注目してきた。東アジアには国レベル、国民レベルで共有する価値基準がそれぞれ独自に存在するだけに、日本研究を深めるためには日本国内以外の角度からの地域研究にもっと留意すべきと気づいたからである。日本意識の見直しへ参考となる思考枠の抽出のために、地域性を反映した各国の研究の成果に謙虚に触れるように努めた。

もとより、一地域の「日本意識」に偏重することを避け、自他の「日本意識」を再検討し、互いに「参照枠」となる啓発型の研究活動を志向していく必要がある。東アジア各国の「日本意識」の現在に関する研究調査・分析は欠かせない。他方で「日本意識」と表裏一体の関係でもある日本の自己認識と、各国の「日本意識」を、相対的に比較しつつ相互研究するという姿勢で交流活動を進めることも求められている。

日中関係および、日本と東アジアの関係を認識するために「日本意識」は欠かせない。ここに「日本意識」それ自体の価値があると思われる。「日本意識」の活用のため、「応用」型研究と「交流」型研究とに積極的に取り組んできた。「日本意識」の活用は学術と人文交流を活発化させられる軸である。また、研究成果の発信を通じて、社会や時代に貢献可能な方向が見出せるのではないか、そのような方向への模索も一つの成果であろう。

本研究の成果は東アジアという地域に限っていたが、近年とくに急速に変貌する中国語圏の拡大によって、世界に広がる傾向が強まった。日中両国だけでなく、東アジアから、ひいては世界規模の参考指針の発掘も目的の一つに加わった。

研究の基礎認識

東アジアは、共通の文化素養に満ちていて普遍的な価値基準をもつとみられながらも、それぞれの地域で精神遍歴と体験知が異なるため、相違もある。普遍と個性の両方を見ていかなければならない。見逃されがちな地域の個性に留意していかねばならないことを、あらためて強調したい。地域間の相違は国境を越えた共有の利益に向かう場合でも、しばしば相互認識の弊害と化し、摩擦の要素になりうる。この弊害を乗り越えるため、共通の文化素養と価値基準を再認識させ、意思疎通の土台になる認識が必要である一方、異なる部分の輪郭を明瞭に描くことによって、平行線にある相互の認識をより合わせる努力も重要と思われる。とくに欧米の価値基準による教養体質に染まった戦後日本の「学術風土」にとって、中国と東アジアの日本意識を知る過程は自己認識と改革の良性循環であり、東アジア諸国との相互理解、相互認識、相互学習、相互発展を求めるための通路にもなろう。それにつながる研究活動を通して同研究の目的と可能性を検証してきた。そこから東アジア諸国間、とくに日中間の相互理解へ地域を重視した実践的研究を重ねていく。

研究内容

❖――（1）二〇一〇年度

①主な研究活動

東アジア地域の歴史的・文化的な歩みを考えると、まず文化圏として定義された古典東アジア、続いて西欧植民地圏としての近代東アジア、さらに第二次大戦後の冷戦によって分断された東アジアが研究対象地域となる。この地域はいま、グローバル化のもとで平和的・発展的な再構築の段階にある。本研究は、各発展段階の東アジアに重層されている日本意識の輪郭を、現代を中心に整理することを目的としている。

「東アジアの変化と日本研究に求められる対応」というテーマ課題のもとに、東アジアにおける日本意識の現在の性格を概略的に把握するための研究会を一〇回、国際シンポジウムを一回開催した。

②確認できたこと

・日本と東アジア諸国の間に価値判断基準の相違が実在している。
・東アジアの共通性と西洋的価値観をどう共存させていくかが重大な課題である。

③主な研究成果

・『異文化としての日本――内外の視点』法政大学国際日本学研究センター、研究所、二〇一〇年四月。
・『詩人　黄瀛』中国・重慶出版社、二〇一〇年六月。
・『日本文化研究：歴史足跡与学術現状【日本文学研究会三十周年記念文集】』中国・訳林出版社、二〇一〇年八月。
・『忠北大学校二〇一〇年　第四次　韓・中・日国際学術大会　近代化社会とコミュニケーションの技法――グローバル化と漢字文化圏の言語』韓国・忠北大学校、二〇一〇年一〇月。
・『東アジアの日本観――文学・信仰・神話などの文化比較を中心に』三和書籍、二〇一〇年一〇月。
・『転換期における日中研究――相互発展としての日本研究』法政大学国際日本学研究センター・法政大学国際日本研究所、二〇一〇年一〇月。
・『日本研究論壇』台湾大学日本語文学研究所、二〇一〇年一二月。
・『転換期日中関係論の最前線――中国トップリーダーの視点』三和書籍、二〇一一年三月。

法政大学国際日本学研究所　2010年度東アジア文化研究会・シンポジウム一覧

於：法政大学市ヶ谷キャンパス

回数	日時	報告者（敬称略）	肩書	テーマ
第1回	2010.4.27（火）	菱田 雅晴	法政大学法学部教授	中国：党をアナトミーする
第2回	2010.5.31（火）	羽場 久美子	青山学院大学国際政治経済学部教授	日中和解と東アジア共同体；ヨーロッパ統合に学ぶ
第3回	2010.6.22（火）	金 煥基	法政大学国際文化学部客員研究員、韓国・東国大学文科大日語日文学科副教授	原点としての儒教的家父長制そして狂気と異端――梁石日の『血と骨』を中心に
第4回	2010.7.27（火）	王 秀文ほか8人	大連民族学院と法政大学の研究者による共同発表	国際シンポジウム〈日本研究の最前線――大連における多文化共生・異文化理解の研究と実践〉
第5回	2010.9.21（火）	張 季風	中国社会科学院日本研究所経済研究室長、教授	日中経済協力の過去・現在と将来
第6回	2010.10.5（火）	平川 祐弘	東京大学名誉教授	「自由」はいかにして東アジアへ伝えられたか；洋学に転じた中村正直
第7回	2010.10.26（火）	徐 興慶	台湾大学日本語文学研究所教授兼所長	東アジアから見た朱舜水――文化発展の役割とそのアイデンティティー
国際シンポジウム	2010.11.5−7（金〜日）	中国・四川外国語学院との共催	基調講演・中央大学教授李廷江、日中両国の研究者による報告	日本学研究の方法論とその実践――日本研究の視点と姿勢を中心に
第8回	2010.11.12（金）	朴 裕河	韓国・世宗大学校人文科学大学教授	日韓歴史和解のためのいくつかの課題
第9回	2010.12.8（水）	ブリジ・タンカ	インド・デリー大学教授	忘れられた近代インドと日本の交流
第10回	2011.1.13（木）	王 維坤	西北大学文化遺産学院教授、西北大学日本文化研究センター主任	和同開珎の「同」と「珎」と「圀」の文字から見た中日の文化交流史

注1：第4回は法政大学国際日本学研究センター・国際日本学研究所の主催で国際シンポジウムとして行われた（後援：人民日報海外版・日中新聞社）。

注2：大型国際シンポジウムが国際交流基金の助成を受けて四川外国語学院との共催で中国・重慶にある四川外国語学院で開催された。

❖――――（2）二〇一一年度

①主な研究活動

日本と東アジア諸国を互いに「参照枠」として、日本研究および日本意識の現在という課題を中心に活動してきた。二〇一一年度、法政大学国際日本学研究所が開催する東アジア文化研究会では、次に述べる文献研究の対象である、中国の代表的日本研究叢書一〇巻の輪読を中心に議論し、研究報告会一〇回と国際会議三回を開いた。

【文献研究】

文献研究のテキストとして、二〇一〇年三月から一〇月にかけて中国・世界知識出版社から刊行された『日本現代化歴程研究叢書』（一〇冊）を選定している。

【同研究の成果及び意義】

(1)中国における日本認識の定義明確化

中国にとって、日本という隣国の認識は、戦争による「敵対関係」から、国交正常化を経て「日中友好の対象国」へと変遷し、その後は一九八〇年代の改革開放政策の開始とともに、大規模な「経済援助の支援国」という存在であった。現代中国における日本の位置づけとは、このように両国の歴史関係と発展段階の相違によって、学ぶべき「近代化のモデル」であると明確に再定義した。それは、換言すれば「研究対象国」として再認識したということである。

(2)「日本研究」の進展

地域研究の視点から、対象国としての日本を捉え、さらに日本と中国の近代化の過程を検証するという、世界的な基準を意識して検証しようとする研究姿勢は、中国における日本研究が顕著に発展していることを実証するものである。

(3)日本研究を継続させている背景が覗える以下の事象を明らかに指摘してある。

・日本語科学生数の急増に伴う日本を知る参考書需要の拡大

国際交流基金の統計によれば、中国における日本語学習者数は世界最多の八六万人である。

・近年の中国における日本翻訳作品のたいへんな人気ぶり

漫画やアニメなど、若者世代から支持される日本文化を中心に、近年では日本の小説が刊行直後に中国語訳されるなど、文化的なブームとなっている。

・日本学術界との盛んな交流と日本研究レベルの向上

これまでの学術交流が、分野、規模、人員数など、あらゆる面で充実しつつある。

・中国人の世界に対する関心の高さ

経済発展を背景として、中国人が世界的な視野を広げ、好奇心旺盛に外国文化を受け入れており、もっとも身近な日本文化に強い関心が集まっている。

【研究会の開催】(次ページ表を参照)

於：法政大学市ヶ谷キャンパス

	テーマ
	中国における日本文学史研究の新展開――王健宜氏『日本近現代文学史』をテキストに――
	中国における思想史研究の方法論に関する思索――『日本近現代思想史』を媒介に――
	中国における近現代日中関係研究の発展と限界――最新日本研究成果『日本近現代対華関係史』を通じて――
	対日警戒論の歴史的脈絡をたどる――米慶余『日本近現代外交史』を読む――
	中国研究者から見た日本経済の歩み――楊棟樑著『日本近現代経済史』の査読を通じて――
	日本政治研究の視座を考察する――王振鎖・徐万勝『日本近現代政治史』を読む――
	地域研究としての日本学――学際的な視点から――
	国家体制を支える制度としての「家」――『日本近現代社会史』を媒介に
	日本近代美術史に関する一考察――彭修銀『日本近現代絵画史』を媒介として
	中国学界における日本文化論
	日本研究の可能性――臧佩紅氏『日本近現代教育史』を媒介に
	中日公共外交・文化外交の互恵関係深化の総合的討論
	震災後のいま問いかける
	変化の中の日本観――東アジア同志の対話

注２：国際シンポジウムが日中国交正常化四〇周年を記念し、中国人民外交学会・一般財団法人ニッポンドットコムと共催で北京の中国人民外交学会にて開催された。

注３：大型国際シンポジウムが国際交流基金の助成を受けて法政大学サステイナビリティ研究教育機構との共催で法政大学市ヶ谷キャンパスにて開催された。

法政大学国際日本学研究所 2011 年度東アジア文化研究会・シンポジウム一覧

日程	報告者（敬称略）／肩書き
第 1 回 2011.4.27（水）	楊　偉 四川外語学院日本学研究所所長、日本学研究所外国人客員研究員
第 2 回 2011.5.25（水）	陳　毅立 法政大学国際日本学研究所客員学術研究員
第 3 回 2011.6.29（水）	王　雪萍 東京大学教養学部講師（専任）、法政大学国際日本学研究所客員学術研究員
第 4 回 2011.7.27（水）	馬場　公彦 株式会社岩波書店編集局副部長
第 5 回 2011.8.3（水）	郭　勇 大連民族学院講師、法政大学国際日本学研究所客員学術研究員
第 6 回 2011.9.28（水）	及川　淳子 法政大学国際日本学研究所客員学術研究員
●国際シンポジウム 2011.10.21 ～ 25（金～火）	中国・四川外国語学院との共催 日中両国の研究者による報告
第 7 回 2011.10.26（水）	李　潤沢 法政大学国際日本学研究所客員学術研究員
第 8 回 2011.11.30 (水)	川邉　雄大 二松学舎大学非常勤講師、沖縄文化研究所国内研究員
第 9 回 2011.12.7（水）	姜　克実 岡山大学大学院社会文化科学研究科教授
第 10 回 2012.1.11 (水)	劉　迪 杏林大学総合政策学部准教授
●中国人民外交学会・国家行政学院・一般財団法人ニッポンドットコム・法政大学国際日本学研究所共催国際シンポジウム 2012.3.15（木）	小倉和夫 (前国際交流基金理事長) 王敏 (法政大学教授) 宮一穂 (ニッポンドットコム副編集長・京都精華大学教授) 原野城治 (ニッポンドットコム代表理事) 趙啓正 (中国人民政治協商会議外事委員会主任) 黄星原 (中国人民外交学会副会長) 周秉徳 (周恩来総理の姪・前中国人民政治協商会議委員) 汪海波（中国社会科学院教授）
●法政大学サステイナビリティ研究教育機構・国際日本学研究所共催国際シンポジウム 2012.3.20（火・祝）	熊田泰章 (法政大学国際文化学部教授) 大倉季久 (桃山学院大学社会学部講師) 吉野馨子 (法政大学サステイナビリティ研究教育機構准教授) 関いずみ (東海大学海洋学部准教授) 杉井ギサブロー (映像作家) 張怡香 (アメリカ米中連合大学学長、ハワイ大学医学院院長、教授) 雷剛 (重慶出版社編集部) 賈蕙萱 (北京大学元教授) 金容煥 (韓国倫理教育学会会長、忠北大学教授) 岡村民夫 (法政大学国際文化学部教授) 王敏 (法政大学国際日本学研究所教授)
特別研究会 2012.3.21（水）	張怡香 (アメリカ米中連合大学学長、ハワイ大学医学院院長、教授) 雷剛 (重慶出版社編集部) 賈蕙萱 (北京大学元教授) 金容煥 (韓国倫理教育学会会長、忠北大学教授) 王敏 (法政大学国際日本学研究所教授)

注 1： 大型国際シンポジウムが国際交流基金の助成を受けて四川外国語学院との共催で中国・重慶にある四川外国語学院にて開催された。

②二〇一一年度開催した国際会議の意義と成果

◉二〇一二年三月一五日、北京にある中国人民外交学会・国家行政学院・一般財団法人ニッポンドットコム・法政大学国際日本学研究所共催の国際シンポジウム「中日公共外交・文化外交の互恵関係深化の総合的討論」が行われた。数多くの収穫が得られた中で、とりわけ以下二点を記録しておきたい。

・国家間相互認識の対象が国民多数に設定される場合、基準または認識を共有できる範囲が広ければ広いほど望ましい。そのために公共教養、公共意識、公共教育の共有が可能な限り求められている。「共有」を目指して行動する過程において、公共外交の効果がすでに無意識のうちに発揮されていると考えられる。よって、公共外交の意識と役割について、今後、公共教養、公共意識、公共教育との共有の過程で、一層の自覚と実践が期待される。

・文化外交は、もはやある地域を中心とする文化の発信と交流を交差させる役割を越え、グローバル的な多国間の相互浸透、相互中心、相互互恵を目標とする方向へ転換しつつある。

◉二〇一二年三月二〇日、法政大学サステイナビリティ研究教育機構・国際日本学研究所共催の国際シンポジウム「震災後のいま問いかける」が開催された。なお、同会議は国際交流基金の支援を受けて開催した。この会議の中で、東日本大震災発後、宮沢賢治の「雨ニモマケズ」が再び注目された理由を世界各国の研究者が報告している。そのエッセンスを拾ってここに記しておく。

・未曾有の災害を経験し、人間が力強い「言葉」を求めている。

・人間はどのように自然との関わり方を考えてきたかという精神の遍歴を、体験知として人類共有の智恵へと高めていきたい。

・東日本大震災の体験を賢治が示した原風景への転換としてとらえるならば、人間にとっても生き方の転換が求められ、素朴で原初的な価値観の蘇生へと繋がっていくだろう。自然との融合という普遍的な価値の可能性については、日本だけでなくアジアに広く共通する「哲学」や「思想」でもある。

③研究成果・

・『地域研究としての日本学——学際的な視点から』中国・四川外国語学院二〇一一年一〇月
・国際日本学研究叢書15『地域研究のための日本研究　中国、東アジアにおける人文交流を中心に』法政大学国際日本学研究所発行二〇一二年三月
・『西南地域における日本学の構築——日本学研究の方法論と実践を中心に』重慶出版社二〇一一年八月
・「The East Asian Cultural Research Team of the Research Center for International Japanese Studies at Hosei University（法政大学国際日本学研究所東亜文化研究課題组）」
・英文学会誌『Journal of Cultural Interaction in East Asia, Vol.3』（電子化公開：http://www.sciea.org/japan/publishing03.html）

❖———（3）二〇一二年度

①主な研究活動

学術研究における諸外国との相互理解、互恵関係を深化させる方向性を探り、内外に通じる知的ネットワークの構築を深めていく。他方、現在における東アジア文化関係の諸相を整理しつつ共有の接点を確かめ、公共教養への通路の開拓を試みる。主な具体的活動として三方面をあげられる。

・積極的に国際会議へ参加、報告をする。
・研究対象国の若手研究者を受け入れる（累計一五名ぐらい）。
・研究会を継続的に開催する。

於：法政大学市ヶ谷キャンパス

	テーマ
	“新世界の中心”としての上海――上海万博の中国館「東方の冠」を読む
	長崎唐通事とその子孫
	韓国語における中国語からの借用語と日本語の語彙の影響
	19 世紀における東アジア諸国の対外意識
	格差社会と「下からのナショナリズム」――ナショナリズム論からの日中欧の比較考察
	「日中国交正常化 40 年」を超えて――石橋湛山の対中国交正常化への取り組み
	日本最大の経済パートナー・中国をどう見る
	言語抵触と文化交渉学――中国言語学および翻訳論の立場から
	地域研究としての日本学（2）――事例研究を中心に
	東アジアの宗教と社会
	日本対立の心理
	日本研究を目指す若者へ

法政大学国際日本学研究所　2012 年度　東アジア文化研究会・シンポジウム一覧

	日時	報告者（敬称略）	肩書
第 1 回	2012.4.12（水）	オーレリ・ネヴォ	フランス国立科学研究センター研究員
第 2 回	2012.5.30（水）	陳 東華	長崎中国交流史協会専務理事
第 3 回	2012.6.2（水）	オリヴィエ・バイルブル	北京大学中国語学科博士研究員
第 4 回	2012.7.11（水）	王 暁秋	北京大学歴史学系教授
第 5 回	2012.8.1（水）	安井 裕司	法政大学国際日本学研究所客員学術研究員 早稲田大学エクステンションセンター講師
第 6 回	2012.9.26（水）	鈴村 裕輔	法政大学国際日本学研究所客員学術研究員
第 7 回	2011.10.31（水）	西園寺 一晃	工学院大学孔子学院院長
第 8 回	2012.11.7（水）	内田 慶市	関西大学外国語学部教授
国際研究会議	2012.12.1 ～ 2（土～日）	日中両国の研究者および院生	四川外国語大学　2013 年度国際シンポジウムへの協力として、中国・四川外国語大学内で開催
第 9 回	2012.12.5（水）	橋爪 大三郎	東京工業大学大学院社会理工学研究科教授
第 10 回	2013.1.23（水）	石川 好	作家、新日中 21 世紀委員会委員
特別研究会	2012.12.26（水）	楊 棟梁	南開大学世界史研究院院長、教授

②**収穫**

東アジア間、日中韓の真の相互理解への一歩として、古代から現代までの三か国の共通性や、日本に対する視点、接点などを明確化してみた。

「公共」的観点から三か国の共通性を一部見出している。韓国は『朝鮮王朝実録』における「公共」を用例にとり、朱子学にまで分析の視野を広げている。中国は儒学の民衆化について分析した。士の象徴でもあった儒学が市井に広まったことにより、公共幸福は制度社会と民間社会という複雑な社会構造のもとで形成されてきた。

これらを踏まえたうえで今後の日中韓の三か国の共通性、文化や経済などの全てを通して、国同士のあり方、そして付き合い方を考えていく手掛かりの提示を試みた。

また、宗教・歴史・言語学から見た三か国の文化関係を分析している。三か国の原点を洗い直していく先に、日中韓の間にある独自の地域型文化関係が浮き彫りになっている。古代中国という大国から言語記号を輸入した日韓は単なる模倣ではなく、自国に合うように変化させていき、やがては独自のものとした。しかしながら、形と表現形態が変容されていても互いの影響と浸透が現代でも継続していることは間違いなく、過去と現代をつなげる貴重な接点となっている。これらの歴史的経緯を踏まえた文化関係を再認識することができ、三か国の未来にとって良性循環型の発展のため、頷ける接点の側面が検証されている。

③**研究成果**

・『地域発展のための日本研究——中国、東アジアにおける人文交流を中心に』（勉誠出版　二〇一二年一〇月）

・【国際日本学研究叢書18】『相互探求としての国際日本学研究——日中韓文化関係の諸相』(法政大学国際日本学研究センター　二〇一三年三月)
・『東アジアの中の日本文化』(三和書籍　二〇一三年九月)

❖————(2)二〇一三年度

二〇一二年の研究活動を継続的に検証しながら、従来、触れられていない日本留学経験者の日本観及びその形成過程を整理し、分析、記録する活動をし、「日本意識」を考察する代表的事例研究とする。

①研究活動

・清国留学生法政速成科(一九〇三~一九〇八)をめぐる教育、その他の事情調査を行いつつ、国際日本学専攻の院生の論文テーマとなる指導をして、関連する研究成果を社会、教育現場に反映させるよう、実践をする。
・右記の院生指導の成果も含めて国内外に発信する。
・従来の研究活動を継続する傍ら、東アジア文化研究会を一〇回、共催による国際研究会議を一回の開催を果たした。

法政大学国際日本学研究所　2013年度東アジア文化研究会・シンポジウム一覧

於：法政大学市ヶ谷キャンパス

回数	日時	報告者（敬称略）	肩書	テーマ
第1回	2013.4.10（水）	大脇 良夫	日本と中国の禹王遺跡行脚研究家	禹王を巡る日中の文化交流
第2回	2013.5.29（水）	上垣外 憲一	大妻女子大学比較文化学部教授	勝海舟の中国観
第3回	2013.6.26（水）	沈 国威	関西大学外国語学部教授	近代東アジアの文脈における日本語：中国人日本語学習史からの視点
第4回	2013.7.9（火）	黄 俊傑	国立台湾大学人文社会高等研究院院長、教育部国家講座教授	「東アジアから考える」はいかにして可能か？——日中思想交流経験を中心として
第5回	2013.9.25（水）	廖 赤陽	武蔵野美術大学造形学部教授	戦前の日本における美術教育と中国留学生——傅抱石書簡を中心として
国際研究会議	2013.10.19～20（土～日）	日中両国の研究者および院生	四川外国語大学2013年度国際シンポジウムへの協力として、中国・四川外国語大学内で開催	文化の越境と他者の表像
第6回	2013.10.30（水）	藤田 梨那	国士舘大学文学部教授	孫が語る「郭沫若と日本」——異国体験の意味
第7回	2013.11.22（金）	竹内 理樺	同志社大学グローバル地域文化学部助教	何香凝と日本留学——革命への関わりと美術との出会い
第8回	2013.12.18（水）	曹 応旺	中共中央文献研究室研究員	周恩来の中日関係観
第9回	2014.1.22（水）	古俣 達郎	法政大学史センター専門嘱託	法政速成科のメタヒストリー——梅謙次郎・汪兆銘・周恩来
第10回	2014.2.26（水）	大戸 安弘	横浜国立大学教育人間科学部教授	日本古代・中世の教育と仏教

②研究成果

その一

研究成果を反映させる院生の卒論が高く評価され、院生三名が二〇一三年三月二四日、順調に修士号を取得した。

・蘭一博　『漢文月刊雑誌『東洋』に関する一考察』

・蔡希蕙　『汪兆銘の日本留学期間における勉学状況に関する一考察』

・周曙光　『日本滞在時期における章士釗――その活動を中心に』（法政大学大学院博士課程に進学）

その二

二〇一三年一二月現在における二〇一三年度の研究成果（出版物の一部）

・『辛亥革命と世界』（王暁秋編　北京大学出版社　二〇一二年八月）

・『作為区域研究的日本学（地域研究としての日本学）上』（楊偉編　重慶出版社　二〇一三年九月）

・『作為区域研究的日本学（地域研究としての日本学）下』（楊偉編　重慶出版社　二〇一三年九月）

・『日本学研究の基層』（徐興慶、太田登編　台大出版中心　二〇一三年一〇月）

・『中華書局与中国近現代文化（中華書局と中国の近現代文化）』（上海人民出版社　二〇一三年一〇月）

本論集の内容と現時点における本研究の到達点

冒頭の繰り返しは避けるが、本研究に与えられているテーマは東アジア地域、特に中国の日本意識の現在を映し出すことにある。だが、日本一国を中心に「日本意識」を単独に抽出しても一極的研究となり、結果的に不完全な日本意識となる恐れがあり、客観性に欠けることが明らかと思われる。即ち、日本意識そのものを相対的に位置づけられる参照枠が前提になければ、日本意識を浮きぼりにする土台がなくなり、日本を対象にする課題設定が孤立無援の存在となり、独善的な主観評価になってしまう。

東アジアとの相互認識を映し出す過程がなければならない。日本意識の共有を可能とするためには、内外にとっても相互の参照枠と位置づけられる日本意識の定義を明確化し、異なる地域間の交流という大前提が不可欠である。

本筋の内容が、以上に示してきた構想に沿って、日本意識について過去の事例を検証し、現在および今後の参考となるべき啓示となることを念頭に、日本意識および他者認識の相関関係をベースにすることをアプローチの条件とする。

第一部の〈岐路に立つ日本と東アジアを結ばれた「知」の横糸〉では、東アジアにおける「知」の土壌は豊穣なだけに、地質の成分も性格も古来共通している部分がある。だが、「古層」のうえに覆い積もった時代の変遷によって固まった地層が除かれなければ、本来の深層、即ち素顔は露出されにくくなる。本論文集には深層へとつながる通路をうかがわせる論文を並べてある。

第二部の〈東アジアにおける「日本意識」の変容〉では、第一部の「古層」の上に堆積した西洋思考の存在が顕著な現在、もう一度「古層」への回帰が求められるものの、重く積もった西洋思考を背負っている以上、時には深層を再認識する作業がジレンマと化すこともある。そのため、それを超えていくエネルギーが不可欠となる。ここでは、国内外の視点を導入して、変化の中にある日本意識の諸相を明白に提示させている。

第三部では中国人の日本留学およびその日本観を、一世紀前の清国留学生の活動を検証することを通して、現在の参考にしている。外国人にとって日本意識とは自国への認識と同体であり、日本人の意識の深層を探求することは、自分探しに帰すことにもなることを明確化する。

結局、日本と東アジアがお互いの参照枠となり、相互学習、相互発展を「古層」の探究からスタートして現在に進み、未来へと共に翔けていくしかないということなのだろう。本論集としてはそんな知の循環の連鎖に、ささやかな事例提供ができれば、幸せである。

このような探求を共に深め、この論集の完成に尽力してくださった著者、訳者、出版社、本研究所のスタッフ一同、読者の皆さまに深くお礼を申します。

二〇一四年甲午の春　王　敏

第一部　岐路に立つ日本と東アジアに結ばれた「知」の横糸

日本古代・中世の教育と仏教

大戸　安弘
（横浜国立大学教授）

はじめに

日本古代・中世の教育には、複雑多岐な様相を呈する古代・中世社会の状況が投影されていることによる多面性が際立っており、その統一的な把握には相当な困難が伴う。それ故に、古代・中世の教育の全体的な統一像を理解し把握することは、容易なことではない。そのためには複眼的な視点からの考察が必要になってくるのであるが、ここではいくつか想定される有効な視点のなかから、仏教との関係性から生じた教育現象に光をあてることにしたい。そうしてそこから垣間見える教育現象の繋がりを捉えることにより、古代・中世の教育を貫く大きな流れの一端を浮き彫りにすることを課題としたい。

古代教育については、東アジア世界における真言密教の正統な継承者としての役割を担ったことから、古代仏教の展開において屹立する役割を果たした空海（七七四―八三五）との関係から、その基本的な状況を提示することにする。良く知られているように、空海は宗教家としてのみならず、文学者、書家、技術者などとしても多様な才能を発揮し、天才的な業績を残しているのであるが、教育思想家として、また実践家としても注目するべき足跡を残している。空海の生涯において、教育は大きな主題としてあり続けたのであるが、はじめに、そうした空海の生涯との関わりから見た、古代教育の基本的様相を把握することとしたい。

中世教育については、古代仏教の蓄積の上に開花し、民衆的基盤を確立するという点で著しい進展をみせた鎌倉仏教の台頭という新たな状況のなかでの動向に注目することとしたい。激しく変動していく中世社会の現実のなかで、自らの立ち位置を見極めるべく精神的拠り所を希求して仏教信仰に接近した人々、とりわけ中世社会の変動に深く関わることとなった武士と民衆との状況から瞭然としてくる学びの諸相に注目することとしたい。

1 空海の生涯と古代教育

❖――（1）国学・大学寮での学び

古代仏教の展開における基軸としての役割を果たし、古代の文化・社会に圧倒的な影響を及ぼしたと言っても過言ではない空海は、八世紀後期に四国讃岐国の豪族の家に生まれた。幼名は真魚であった。父は讃岐の郡司（令制の地方官）佐伯氏であり、地方豪族である郡司の家系を引き継ぐことを考えるならば、地方官人のリーダーとしての将来が予想されることから、国衙と称する役所での事務処理能力の基本を形成するために、国学で学んだ可能性が高い。

国学は後述の大学寮とともに、古代律令国家を支える行政事務処理を担う官人養成機関として国ごとに創設することとされていた。七世紀後期以降に中央集権国家構築への歩みが進展し、八世紀初めには中国唐帝国をモデルとした専制国家として律令国家が発足し、二官八省一台五府からなる巨大な統治機構が誕生した。そうした機構の実務を担うために大量の官人を組織的・計画的に養成する必要に迫られることになったのであるが、従前のような中国から帰国した留学生が開設していた小規模な塾ではもはやそのための対応能力を満たすことができなかった。また、中央からの指示命令を受けて各国単位で実務的な事務処理を行う必要から国衙が設置され、そこにも官人が配置された。このような統治機構の整備に即応して官人養成機関を整備する必要性が生じたことから、学校制度についての規定である学令二二ケ条が定められ、その結果として、中央（都）に大学寮を、国ごとに国学が創設された[1]。

讃岐国の国学での基礎的な学びを進めていくなかで、より高度な学問への志向が高まったのであろう。国学への入学年齢は一三歳とされていることから、讃岐で学べるものは二年ほどで学びつくしたのであろう、一五歳で讃岐を離れ都に上った。そして伊予親王の侍講であった伯父阿刀大足の下でさらなる研鑽を進めた上で、七九一年（延暦一〇）、一八歳で大学寮の儒学科（定員四〇〇名）に入学している。儒学科は律令体制のイデオロギーである儒学的教養を主として身に付ける学科であった。

大学寮は唐の高等教育機関である国子学と太学をモデルに創設された中央の官人養成機関であり、五位以上の貴族層の子弟であることが入学の条件とされていたが、定員に余裕のある時には民衆層からの入学も認められていたために、空海も入学が可能であったのか、伯父の推薦もあったのかもしれない。しかしながら、大学寮での形式に流された教育は空海に精神的充足をもたらさなかったようである。『孝経』『論語』『周礼』『儀礼』および五経、その後『文選』等も加えられたが、中国の古典が教科書として用いられ、授業は読（中国音による白読）と講（講義）によった。教科書の注釈書も法定されていた。学生に要求されたのはそれらの教科書の徹底的な暗記であり、厳しい注入式の授業が行われた。試験は一〇日毎の旬試と年一回の歳試。『文選』を暗誦した学生が、「学中の三傑」と称賛された。こうしたある意味での修学生活の厳しさを甘受しなければならない大学寮へは、蔭位の制により将来が約束されている上流貴族層の子弟は入学を忌避する傾向があったために、入学者は中・下級貴族の子弟が中心となっていった[2]。実質的に中・下級官人養成機関であった大学寮は、律令的儒教的思考、漢文学的素養を学生に教え込むことに重きを置いていた。

このような型にはまった教育が厳格に行われる学校の雰囲気に空海は馴染めなかったというべきであろう。官人養成システムのなかで行われる実務的教育に満たされることがなく、より精神的な充足を求めて新たな道を模索してのことであろう、一年ほどで退学している。空海の精神的器量において、大学寮での制約ある儒学教育に意味を見出すことができなかったのである。このような経緯は、『三教指帰』において述べられているのであるが、これまでの儒学的学びの結果として、儒学的世界から仏教的世界への飛躍を果たしたということができる。少なくとも将来の律令官人への道が約束されていた大学寮学生の身分をなげうって、国家的保護からはずれた一介の私度僧としての立場から、困難な仏教学研鑽と仏道修行との道に入るという大きな転機を迎えることとなったのである。

❖———(2) 高等教育機関としての寺院での学び

空海が自身の進むべき道が仏教的世界であるとの確信を得た頃は、この国の仏教においても大きな転換期に入っていた時期であるということができる。

朝鮮半島を経て仏像と教典がもたらされ、政府レベルでの仏教伝来が確認されたのが六世紀前期であったが、この時期の仏教理解は、即物性の強いものであったといえる。すでにこれより以前に渡来人によって、仏教が伝えられていたと考えられるが、いずれにしてもこの時期の仏教受容は、その緻密な理論的体系が伴ったものではなく、金色に輝く仏像、壮麗な儀礼、そしてそれらがもたらす霊験が注目されたにすぎない表層的なものであった[3]。

こうした状況が変化したのが八世紀頃である。仏教の根底にある教理・理論体系を理解しようとする人々が登場したが、その多くは中国に留学したことのある留学僧であり、帰国した留学僧などが中心となり教理研究がかなり活発に進められるようになった。このようななかで「南都六宗」と称される学派（法相・三論・倶舎・成実・華厳・律）が成立した。これらに平安期に成立した天台・真言の二宗を加えて、八つの学派を総合的に学ぶことが、次々に創建された大寺院において教理研究に打ち込む学僧の理想としてあった。宗教というよりも学問としての仏教が、そこでは学ばれていたということができるし、それぞれの学派の拠点寺院は同時代の文字通りの最高学府であったということができる。

即物性・呪術性に縁取られてはいたものの、古代社会においてようやくその精神性・学問性を志向する動向が生じたものといえるが、そのような状況の現れとして有力な寺院のなかにおいて組織的な教育・研究活動が展開されるようになった。法隆寺・東大寺・興福寺・唐招提寺・西大寺・薬師寺などの南都の有力寺院は、それぞれの学派の教育・研究機関としての機能を果たしていた。仏道修行に打ち込んでいた時代の空海の具体的様相は不分明なところが多く、推測を重ねるしかないのであるが、こうした仏教をめぐる新しい動向のなかで、一〇年程の間、仏教を中心としながらも儒教・道教との調和を意識しながら研鑽を重ねてゆくことになり、やがて空海という法名を得たものと思われる。そうしてその逢着した結論が、密教の完全なる修得のために唐の都の長安に留学しなければならないというものであった。

❖——（3）中国留学

八〇四年（延暦二三）、空海は遣唐使の留学僧として入唐した。この入唐のさなかで空海がその高度な能力を多面的に示すことになり、唐の高官、文人などにその圧倒的な印象を残したことも周知のことであるが、そうした象徴的な出来事が、中国密教の最後の継承者といえる青龍寺の恵果との出会いであり、空海がその法灯を恵果から引き継いだということである。あたかも留学僧空海の来訪を待っていたかのように、数多の学僧のなかから、近時に遥かなる東方から波濤を越えて留学してきた空海が、恵果によって真言密教の正当な継承者として指名されたという事実の重さを感ぜざるを得ない。わずか数ヶ月の間に恵果は空海に真言密教の精髄を全て伝えると、恵果は自らの使命を果たしたかのようにまもなくその生涯を閉じた。以後、真言密教の正統は中国から日本へと伝播されることになった。

この間、空海はアジアのあらゆる宗教・学問・思想・文化が集積し、多数の異民族が交流する国際都市である長安にて、先進的な学びを継続したことであろう。そうした中で長安のような大都市のみならず、唐には国内各地に教育機関が設置され、貴族階層に限ることなく幅広い階層に対してそのような学びの場が開かれていることに対して、強い感銘を受けている。そうして閭《りょ》学や郷学と称して各地に展開されている民衆教育施設の存在に強い関心を示し、帰国後に同様な教育機関を創設することを決意するに至っている。

こうして二〇年間とされていた留学期間に吸収すべき課題を、二年ほどの間に学び終えた空海は、八〇六年(大同元)に帰国するが、それが最後の遣唐使船の帰国便でもあった。帰国に際して、基本的には長安にて大量の教典や文献を蒐集し書写し終えた空海は、後述するように中国の出港地越州の地方官に対しても、帰国後の研究・教育に必要とする広範な範囲の書籍・文献の蒐集を依頼しているが、これらが帰国後の教育活動に生かされたことは言うまでもない。

❖——（4）綜芸種智院

留学中に日本にも身分的制約を乗り越えた教育機関を創設しようという構想を立てていた空海は、八二八年（天長六）にそれを実現している。奈良の有力寺院に対して存続期間は長くはなかったが、民衆層にも開放された総合的な私立高等教育機関として綜芸種智院と称する学校の創設に取り組んでいる。『性霊集』巻一〇には、その創設趣意書というべき「綜芸種智院式并序」が収められている[4]。

大唐の城には、坊坊に閭塾を置いて普く童稚を教へ、県県に郷学を開いて広く青衿を導く。是の故に才子城に満ち、芸士国に盈てり。今是の華城には但一つの大学のみ有って閭塾有ること無し。是の故に貧賤の子弟、津を問ふに所無く、遠方の好事、往還するに疲れ多し。今此の一院を建てて普く瞳矇を済はん。

中国留学時に見聞きし強い印象が残った民衆教育機関を、平安京にも創設しようという強い意気込みがここに示されている。こうした空海の構想について「国家広く庠序を開いて諸芸を勧め励ます。霹靂の下には蚊響何の益あらん」と、律令国家が国学や大学を開設して強力な教育活動を進めている現状を前にして、ささやかな一私学に何程の意味があるのだろうかという批判もあったようだが、空海は前進するのみであった。

綜芸種智院は、京都九条に僧俗共学の学校として創建された。中納言藤原三守の援助によって、東寺や施薬院の近くの邸宅が提供されたことにより、それが可能になった。一般に、宗教家が世俗の教育に関わるようになるのは中世以降のことであったが、仏教の一切無差別の立場から、身分的制約を取り払い、民衆にも同時代の最高水準の学びの場を開いた空海は、「一切衆生本来平等」という大乗仏教の基本に徹した思想家であったといえる。

綜芸種智院創設の意味深さは、民衆層にも開放されたことに加えて、その教育内容の豊かさにある。儒教・仏教・道教の三教を基礎において、古代東アジア世界において学び得るあらゆる学問・思想が配置され、それがほぼ実践されていたと考えられる。「式并序」には以下のようにある。

若みれば夫れ九流六芸は代を済ふの舟梁、十蔵五明は人を利するのこれ宝なり。故に能く三世の如来、兼学して大覚を成じ、十方の賢聖、綜通して遍知を証す。未だ有らじ、一味美膳を作し、片音妙曲を調ぶる者は。身を立つるの要、国を治むるの道、生死を伊陀に断じ、涅槃を密多に証すること、此れを棄てて誰ぞ。是を以て前来の聖帝賢臣、寺を建て院を置き、之を仰いで道を弘む。然りと雖も、訶の方袍は偏に仏経を翫び、槐序の茂廉は空しく外書に耽る。三教の策、五明の簡の若きに至っては、壅がり泥んで通ぜず。肆に綜芸種智院を建てて、普く三教を蔵めて、諸の能者を招く。冀ふ所は三曜炳著にして昏夜を迷衢に照らし、五乗の鑣を竝べて群鹿を覚苑に駆らん。

儒家・道家・陰陽家・法家などの九学派のテキストを総称する九流、音楽・書道・弓術・数学などの幅広い学芸を総称する六芸、そうして仏陀の教えを十に分類した広範な内容を意味する十蔵と、文法学・論理学・工科学・医薬学・仏教学からなるインドの学問を意味する五明とあるように教育内容の広範性が強調されている。この他にも顕密二教、九経のような仏教以外の広範囲の外書なども挙げられている。中国とインドに発するあらゆる学問的領域を中心とした教育内容を構想しているといえる。これはかつて留学した唐の都長安で空海が学ぶことが可能であった学問・思想・文化、それは東アジア世界において学び得るあらゆる分野を包摂する質を有するものであったのだが、そうした状況を日本においても可能な限り現実化しようとしたということができる。

空海は帰国するに際してもなお、出港地の越州の地方長官たる節度使に対して、次のように文献蒐集の依頼を行っている。

法の流塞、只吐納に繫れり。伏して願はくは彼の遺命を顧みて此の遠渉を愍み、三教の中の経・律・論・疏・伝記、乃至詩・賦・碑・銘、卜・医・五明所摂の教の、以て蒙を発き、物を済ふべき者多少、遠方に流伝せしめよ[5]。

ある特定の思想的立場・学問的立場に固執することなく、他の立場を選択し、自由に取り入れる可能性を保持するという柔軟な姿勢で、同時代の既成の思想・学問体系を可能な限り学ぶことを、空海は求めていたことが理解できよう。仏教を中軸としながらも儒教と道教についても視野を拡げる三教の学びを、自らが実践してきた結果として、真言密教の正当な継承者として位置することになり、その法灯が日本にこそ展開されるという望外の到達点に至った空海であった。儒教・仏教という枠組みを超えた幅広い知識が尊重された時代傾向の投影ともいえるが、単なる博識を超えて、人間を取り巻く世界をその一般的様相および特種的様相において完全に把握しつくすために、既成の学問・思想体系のことごとくを摂取することを特徴とする空海の独特な教育思想が、そこに結実した結果であった[6]。

❖———（5）古代民衆の識字率

八三五年（承和二）に空海が、また八四〇年（承和七）に空海の活動を支援してきた藤原三守が没すると、綜芸種智院の存立基盤に危機が訪れた。東寺の僧侶教育の場である伝法会のための経費にあてるために、結局八四五年（承和一二）に施設が売却され廃校とされた。空海の教育理念を引き継ぐことのできない後継者達の力量不足と真言教団の急速な貴族化とが原因であったといえる。二〇年に満たない短い存続期間ではあったが、民衆層にも開放された高等教育機関であり、同時代の最高水準の学問・思想が広範に教育された綜芸種智院であった。

そのような同時代にあって常識外れともいえる教育機関が成立し得た現実的な基盤について、古代教育のまとめとして検討してみたい。九世紀初頭の時代に、綜芸種智院のような教育機関に民衆層の子弟が入学するなどということが、現実にあり得たのか否かということである。空海の綜芸種智院創設には、もちろん中国での留学体験に根ざした部分が大きいのであるが、民衆層のなかに高度な学問享受へと繋がる基礎的な学力形成をなし得る人々が少なからずあった可能性が高いといえるのである。

古代教育史研究において屹立する成果を残した久木幸男は、八・九世紀頃の民衆識字率を試算している[7]。この試算の根拠とされたのは、同時期頃に制定された法令、規定である。たとえば地方行政の組織および運営に関する規定である戸令には、民衆の識字力を前提として成立している箇条が複数みられる。離縁状の代筆能力にかかわる画指の規定、地方行政の末端を担当する里長・坊長にかかわる規定、戸籍・計帳の記載提出にかかわる規定など、民衆層のなかに一定の識字力を有する人々が存在しなければ無意味とも思える箇条が盛り込まれていた。さらに、識字力を有する民衆には、徭役の重労働が免除されたり、事務組織の末端を担う官人として採用されるという可能性もたしかに存在していた。写経生・史生・書生などの官人としての道筋が前途に開ける可能性があるということであれば、民衆の文字学習への要求も強まったはずである。とりわけ戸籍・計帳などの帳簿に関する業務を担った書生は、正規の官人とはいえないが、その大部分が民衆層からの取り立てであったことが明らかにされている。律令行政は膨大な文書・記録・帳簿類の作成によって推進されていたのであるが、こうした文書行政の基底を支えていたのは、以上のような民衆識字者のある意味での層の厚さだったということができる。同時代の一八歳以上男子人口が一三二万人と推定され、少なくとも上記の職務に従事した民衆の識字者は五万から一〇万人と計算され、その結果として三・八から七・二％という数値が導き出されている。

以上のような古代民衆の識字状況を前提にしてみると、空海による綜芸種智院の構想は現実離れした机上の空論というようなものではなく、むしろ現実に即していたものということができよう。民衆とはいっても一般民衆にまでの拡がりがあったとは言えないが、無視できないほどに民衆識字者の存在があったということであろう。そうであるからこそ地方豪族を出自とする空海、あるいはその縁戚に連なるという円珍のような、古代仏教の革新的役割を果たす学僧が台頭したということができる。

なお、民衆層の基礎的な学び場についても、久木は『叡山大師伝』にみられる最澄少年時の聡明を語った次の部分に着目して、一〇世紀から一一世紀にそれが存在していた可能性について言及している[8]。

年七歳、学同列を超え、志仏道を宗とす。村邑小学謂いて師範となす。粗陰陽・医方・工巧等を練る[9]。

最澄を師範として、村邑小学では幅広い学習が展開されたということであるが、そこで学んでいるのは、村の童子たちであろう。少年最澄の有りようについては伝承の域を出ない可能性もあろうが、村邑小学についてはそう呼称される存在が有ればこその表現であろう。「小学」を村の小学校と見るのか、村の子どもたちと見るのか決めがたいところであるが、いずれにしても初等程度の水準の学習の場が存在したのであろう。おそらく村の集会施設のような場で、こうした活動が展開されていたのであろう。無視できないほどの拡がりを持っていた民衆識字者の学びの場として、村邑小学の存在を捉えるべきであろう。

2　鎌倉仏教の展開と中世教育

❖──（1）鎌倉仏教による新たな理論的展開

おおむね一二世紀から一六世紀までの中世に時代が移ろい、武士や民衆などの台頭に伴い、仏教は次第に武士・民衆層に基盤を求めるようになった。鎌倉時代に成立した新たな宗派のみならず、既存の宗派のなかにも改革が進められたからである。

中世社会において影響力を持った諸宗派は、古代仏教とは異なり、それぞれの固有の思想体系・理論体系を形成し、独自の立場を強める傾向があり、相互に緊張関係も生じていった。そのような状況のなかで、各宗派は理論的研究を深め、その成果を広めるために、寺院内に研究・教育のための組織的機構を整備していった[10]。これらの多くは、談義所から談林・檀林・学林・叢林などと変遷し、一七世紀末頃から本格的な学校へと展開し、近代以降には仏教系大学の母体となったものもある。

民衆と武士とに基盤をおいた中世的な仏教である鎌倉仏教諸宗派の指導者は、その多くが古代仏教的伝統の中から革新的な主張を導き出していった。彼らはいずれも広範な仏教学研鑽のなかから、新たな理論的可能性を探究し、それらを論証することに精根を傾けた仏教学者としての一面を持っていた。周知のごとく、法然、親鸞、道元、日蓮、叡尊などは、仏教学研鑽の成果を多くの著述にまとめている。

平明・簡潔に革新的な教義を主として武士・民衆層を中心に説き、その対社会的影響力を強めていった鎌倉仏教も、その根底には強固な理論体系・思想体系を構築していた。したがって、信仰を確立していく過程では、諸宗派固有の理論的学習が不可欠のものとしてあり、本質的な理解を深めていくためには、基礎的な識字力を形成し、それを十分に使いこなしていくことが求められたといえる。

❖――――(2) 通信教育と教典学習

鎌倉仏教の指導者は、専門的教理研究を行っているわけではない武士・民衆層に対して、様々な工夫を凝らして、その教義の真髄を伝えようとした。指導者達は、口頭で教義を分かりやすく語るとともに、遠隔地に生活する信徒に対して、書簡を用いた通信教育を積極的に用いることもあった。親鸞、日蓮、真教、蓮如などはとりわけ書簡を多用し、信徒の信仰レベル、識字レベルに応じた柔軟な対応がなされていた。ときには信徒からの質問状が寄せられることもあり、書簡の往復をもって信仰の深化が図られていた。また、信徒に送られた書簡は、多くの場合その周辺の信徒の間で書写され、さらに多くの信徒の間に広まっていったことも考えられる。その端的な事例が、蓮如が門徒に宛てて書き記した「御文（おふみ）」の流通である。「御文」は公開性を前提にして作成されていたものが多く、多くの信徒の面前で読み上げられることも多かった[11]。

さらにその理解を徹底させるために「一言一句を聴聞するとも、たゞ得手に法を聞くなり。たゞよく聞き、心中の通りを同行に会ひ談合すべきことなり」[12]、「四五の衆寄合談合せよ。必ず五人は五人ながら意功に聞くものなり、能く能く談合すべき」[13]と蓮如が述べるように、聴聞によって得た理解を誤り無きようにより確かなものとするために、複数の門徒との間にその理解に関わる内容を質疑応答し、信心決定に至る堅固な理解への可能性を持つ談合が、強く求められていた。後述するような法の下における平等な人間として、相互にその理解を高め合うことを意図した聴聞・談合がなされる道場に、教育的関係が成立していたことはたしかであろう。

指導者と信徒との間で往復した書簡を見ていくと、地方の信徒がかなり熱心に経典学習を試みていたことが明らかになってくる。例えば、最も熱心に通信教育に取り組んでいたと考えられる、時衆教団の真教が残した書簡には、地方在住の信徒が自らの信仰心を確立させようとして懸命に経典学習を行っていた様相が浮き彫りになってくる[14]。

時衆教団は、開祖一遍の後継者である真教による教団組織化の結果として、一四世紀から一五世紀にかけての頃に最も社会的な影響力があった宗派であったが、全国各地に道場と称する拠点を広げていった。道場とは、一般の住居を改装した程度の簡素な施設をいう。後に寺院へと展開していく場合が多かったが、信徒はこのような道場に集い、相模国当麻の本山から派遣された時衆僧の指導を受けながら経典学習に励み、理論的根拠の一つ一つを確認しながら信仰心の確立へと向かっていった。このような一般信徒の経典学習が度を越し、一切の基本である信仰の確立が二の次になりかねないことを危惧した教団側は、しばしば経典学習は目的である信仰の確立へと至るための方便であることを強調しなければならなかった程である。たとえば、武士信徒であるが、有力な信徒であった宇都宮氏の家法には、道場での学習を学問することと捉えていたことを示す文言がみられる。

一、念仏堂時衆の事

右、本願主の素意に任せて、浄土宗の教法を専らにし、常に談義を執行し、須らく学問に相励むべきなり、当番の時、自身参勤すべし、所労の外、代官は之を停止す、兼ねて又、酒宴を好む事、一向に之を禁制すべし[15]、

すべての信徒というわけではないだろうが、各地の道場を支える中心的な信徒の多くは、漢文で記されている教典や教典の注釈書を読みこなす程度の識字力を身に付けていたものと考えられる。信徒のなかには素朴ながら独自の経典解釈を示し、その当否を真教に、書簡を通して問うということもあった。

また、時衆教団の僧侶は、中世社会に一般的にみられた遍歴する宗教家の典型であった。彼らは中世社会の隅々に至るまで現れ、都市や村々に生活する人々に信仰を伝えていった。当然のことながら、彼らはすでに寺院において組織的な教育を受けてきているわけであるから、高度な文献読解力があり、それに見合った識字力を有していた。そのような彼らが、遍歴の過程で一定期間滞在した村落において村人に識字教育を行うこともあった。

一向宗の指導者であった蓮如の息子実悟による『実悟記拾遺』には、蓮如の側近であった下間安芸蓮崇の無名時代の学習階梯を伝える記述が見られるが、それは道場における一般門徒の学習状況の一端を現している。

文明ノ初、越前吉崎御坊御建立也、同国ノ浅水アサフヅ村ノ仁ニテ候ガ、心サカシキ人ニテ候ヒシアヒダ、安芸ト人々イヒツケテ侍ル人ナリ、吉崎殿へ参リ、御堂ニツ子ニ参リ、茶所ニアリテ、一文不通ノ人タルガ、昼夜ヒマナク学文手習シテ、四十年ヨリイロハヲナラヒ、真物マデカキナラヒ、聖教等ヲモ書写シ、浄土ノ法門心ニカケ、才学ノ人トナリテ、吉崎殿御内へ望申シ、奉公ヲ一段心ニ入

ラレシマヽヽ蓮如上人ノ御意ニカナヘル、玄求丹後ハ傍ニ成テ、安芸々々トゾメサレケル、一段秀タル人ニテ、法門ノ意ヲモ仰ラレ候ホドニ、人々モ近付テ聴聞シ侍リ、弟子モ門徒モ出来侍リ[16]、（後略）

一時、蓮如の側近としてあり、蓮如の執事、取次ぎ役として辣腕を振るい、しばしば加賀一向一揆の重大な局面に登場し、戦国大名との交渉にあたることなどもあった蓮崇であったが、その出自については、越前国の農村の出身であること以外明らかにはならない。当初は一般の無名の門徒だったと思われる。「一文不通ノ人」と記されているように、門徒となった当初はほとんど読み書きができなかったようである。しかし蓮崇は、四〇歳で初めて「イロハ」字の学習を始め、次第に基礎的な識字力を身に付けていった。手習いの手解きをしてくれる人が周囲にいたのであろう。寺院であればそうした能力を持つ人々に事欠かなかったはずである。そうしてその後、懸命に文字学習から経典学習に励むことで次第に学習の水準を高め、やがて「才学ノ人（学識のある人）」と認められるようになったというのであるから、教学の根幹を正確に理解した上で、信仰の確立へと向かっていったのであろう。そうして、蓮崇は門徒の間で一目置かれる存在となり、蓮如に信頼を得て重用されるに至った。

蓮崇は、「御文」の書写（石川県珠洲市西光寺所蔵）を残してもいる。そこには蓮如自筆の「御文」の草稿、教義書の草稿とおぼしきもの、教典やその注釈書などからの抜書なども含まれている。それらは蓮崇自身の学習のためにも書写されたのであろう。一向宗の拠点で生活していたことから、蓮崇は特に恵まれた条件下にあったということはたしかである。しかし、一般門徒の手習に始まり教学の学習へと至る過程を支える条件は、各地に点在していた道場においても道場主や門徒相互間の教育的関係が成立していたことから、ある程度備わっていたものと見て無理は無い。

❖――――（３）花押署判能力と識字力

「五箇山衆連署申定」という文書が残されている。一五五二年（天文二一）一〇月二七日の日付で記された文書である。越中国五箇山は奥深く峻厳な山間部にあり、河川を囲む五つの谷あいに連なり、冬季には陸路が豪雪のため通行不能で「秘境」と呼ばれたこともあった。このような越中国五箇山の村々に道場が散在し、それらの道場を拠点とする門徒間を結ぶネットワークとして、十日講《とうかこう》と称する講が一五三六年（天文五）までに成立していた。彼らは、本願寺に対する門徒側の主体性の証としてある「志」として、綿・糸などを本願寺に送っていたのであるが、やがてなんらかの理由でそれが停止状態となったようである。そのことについて有力寺院よりの指摘を受けたことに応えて、門徒の代表者が、以後再び滞り無きように誓約してこの文書は記された。花押・略押が記されている部分のみ写真版も併せて左に示してみよう。

申定候条々

一、十日講依致如在、御坊様曲事之由、被仰出候、尤驚入存候、於向後者、此人数致如在間敷候、若無沙汰仕候者、浄宗可被申上之事

一、京都へ毎年進上仕候御志之糸・綿之儀、致如在間敷之事

一、御公用不沙汰之儀、曲事之旨、被仰出候、尤存候、於向後者、如在仕間敷之事

右、条々於背此旨者、堅可致成敗候、仍定所如件、

下梨

修理亮乗資（花押）
図書了歓（花押）
北名道宗（花押）
教善（花押）
松尾九郎左衛門尉（略押）
中島大郎左衛門尉（花押）
来数大郎次郎（略押）
松尾左衛門尉（花押）
かこと善入（略押）
仏新左衛門尉（略押）

利賀谷

又大郎家長（花押）
あへつとう了願（花押）
坂上左籐兵衛（花押）
上畠左衛門大郎（略押）
細島三郎左衛門尉（花押）
来数九郎左衛門尉（略押）
大豆谷八郎左衛門尉（略押）
さゝれ蔵与五郎（略押）

藤井与三兵衛
見さ次郎左衛門尉（略押）
専了《少来数》（花押）　同中屋（花押）
漆原孫左衛門尉（花押）
中畠兵衛（略押）
来数八郎衛門尉（略押）
梨谷小大郎（略押）
あいのくら大郎次郎（略押）
嶋八郎衛門尉（略押）
同殊五郎吉信（花押）
坂上次郎左衛門尉（花押）
上島徳祐（花押）
同大郎衛門尉（花押）
岩淵藤次郎（略押）
嶋又五郎（花押）
同大郎衛門尉（略押）
高沼源大郎（花押）

小谷

小次郎安弘（花押）
小太郎勝恵（花押）
沢大郎九郎（略押）
同九郎左衛門尉（花押）
田中衛門尉（略押）
つし左衛門尉（略押）
下衛門尉（略押）
そやま五郎左衛門尉（花押）

上梨

右京亮弘安（花押）
上なしの五郎衛門尉（花押）
同八郎三郎（略押）
たかさハれ衛門（略押）
お屋衛門大郎（略押）
細嶋衛門大郎（略押）
かいもくら八郎次郎（略押）

赤尾

唯通重家（花押）

入谷（花押）
経塚左近
江上衛門尉（略押）
たかさわれ左衛門尉（略押）
八郎衛門（略押）
嶋の九郎三郎（花押）
同兵衛（略押）

小原籐左衛門尉（花押）　孫八郎（花押）
田向七郎左衛門尉（花押）　同掃部（略押）
井谷平次郎（略押）
小原道珍（略押）
東さこ次郎（略押）
同八郎衛門（略押）
同大郎三郎（略押）

次郎左衛門尉（花押）

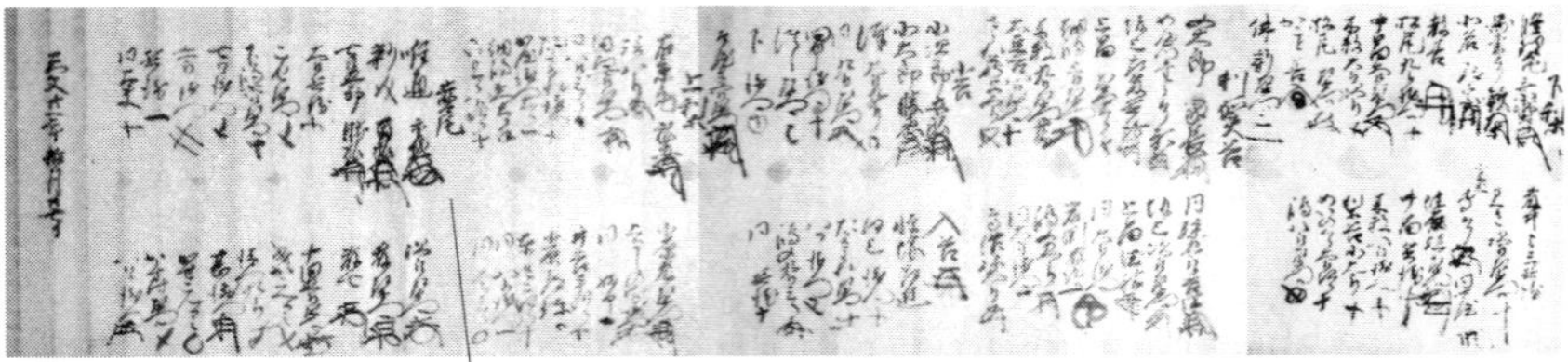

「五箇山衆連署申定」の一部

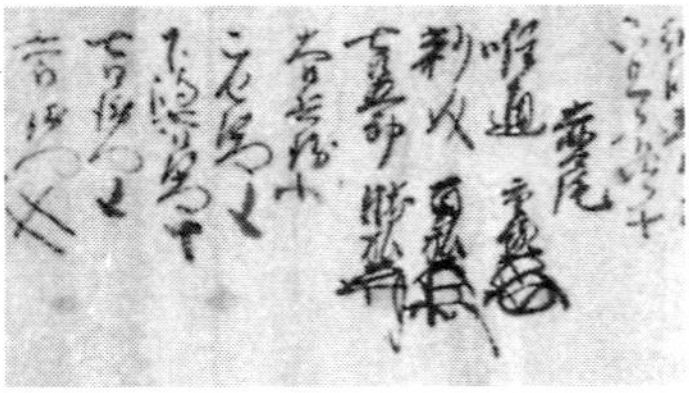

拡大図

新介真弘（花押）
七郎五郎勝弘（花押）
大郎兵衛（略押）
こせ左衛門尉（略押）
下嶋六郎左衛門尉（略押）
七郎衛門（略押）
六朗衛門（略押）
兵衛（略押）
同大夫（略押）
天文廿一年拾月廿七日[17]

藤左衛門尉（花押）
藤七（花押）
中田五郎左衛門尉（花押）
成出こんかミ（略押）
衛門九郎（略押）
甚衛門（花押）
おせこんかミ（略押）
かうす村左衛門尉（略押）
八郎衛門（花押）

ここには、五箇山地方の下梨、利賀谷、小谷、上梨、赤尾の五つの谷あいに生活する門徒を代表して、総計八七名の門徒の名前と署判がみられる。僧名と思われる者が二、三見られるが、他は俗人の名前であり、地侍か村の指導層である乙名・年寄と目される者が多い。彼らのなかには名前のみで署判を記していない者が二名いるので、これらを除くと、略押と花押の中間のような署判も若干みられるものの、名前の下に三九名が花押、四六名が略押を据えている。これらの八五名のうち三九名、約四五％になる門徒が花押を据えていることが注目される。

花押を記すには、高い筆遣いの能力が要求されることから、花押署判者はかなりの程度の識字力を持っていたものと考えられる。花押の署判能力と識字力との関係については、慎重に扱わなければならないが、この「申定」に見られる花押には、戦国時代に広く用いられた足利様《あしかがよう》ともいえるものも含まれており、それらを花押としての体裁を保ちながら署判するには、かなりの程度の筆遣い能力が必要とされるはずである。型を認識するだけでは、それをほぼ再現することはできない。「申定」に花押を据えるためには識字力の裏付けとなる能力が求められると言っても誤りではないだろう。「申定」に据えられた花押は、その出来栄えにある程度の幅が見られるが、概して毛筆の機能を使いこなしている。軟筆である毛筆を体裁を保ちながら使用する技術を獲得することは、そう容易なことではない。このようなある水準以上の毛筆使用技術は、日常的に文字を書き記すなかでこそ培われてくる。門徒の代表者の約四五%が花押を据えていることを伝えるこの「申定」は、五箇山の門徒が保有していた識字力の状況を推測させる。なお、一向宗門徒による花押の据えられている同様な連判状は他にも事例がある。三河国勝鬘寺の門徒による連判状には、五箇山の文書と同様に、多数の農民門徒の花押が据えられており、地域差はあるにしても五箇山の事例が例外的なものではないことを物語っている[18]。

以上のことから、道場に集い共に信仰の確立に向かう一向宗門徒のなかに、その水準は多様であるとしても、識字力、それもかなりの水準の識字力を有する門徒が少なからず含まれていたということが、結論として導き出される。また、その周辺ではそうした門徒と共にあり、信仰を確立するための諸活動に参加することにより、文字使用能力を獲得することも可能であった。さらに、記された文字についての能力に欠けるとしても、読み上げられた文字を介して文献の内容を理解し、摂取しようとする門徒も存在し、やがてそのなかから十分な識字力を徐々に獲得する門徒も現れるという構図が成立していたといえる。

僧侶は概ね中世社会における知識人・文化人としてあったが、そうした僧侶が常に活動している寺院は、武士や民衆の子どもの学びの場として大きな役割を果たしていた。中世社会には、古代以来の伝統をもつ仏教に加えて、中世社会に新たに台頭してきた仏教が広まり、各地域を代表するような大寺院から村落の小寺院まで、諸宗派の寺院が数多く建立されていた。これらの寺院が将来僧侶とはならない、寺子（世俗の人々の子弟）を受け入れていたが、そこでは周到な識字教育が行われていた。このように寺院で学ぶことが許されたのは、有力な武士層や裕福な民衆層の子弟とは必ずしもいえない。それは各宗派の拠点寺院のみならず、村落のごく普通の小寺院においても学ぶ子どもの存在が確認されるからである[19]。

おわりに

仏教学研究の成果に裏打ちされた、壮大にして精緻な理論体系に根差す宗教として仏教はあった。その本質を理解するために、経典学習は多様なレベルで必要であった。学僧から一般の世俗の人々に至るまでの多様なレベルで行われていた経典学習には、それぞれに対応した相当な程度の識字力が不可欠であったといえる。とりわけ中世以降の仏教の広まりは、経典学習の範囲が俗人にまで及び、また、その延長上に多くの人々の文字学習の場を広げ、結果として信徒の学びを多面的に導き出していくことになった。こうした中世の爆発的ともいえる拡がりをみせた学びの状況も、古代社会の展開の中で基底を支える民衆層のなかに確かにみられた学びへの強い志向、識字力の修得への懸命な試みといった状況があったればこそ、生じたものというべきであろう。現実的な意味や精神的な意味が綯い交ぜになった民衆層の学びの蓄積が徐々に進展し、そうして中世社会へと至った果てに、武士や民衆という従前の被支配層において拡大する強固な教育的基盤を生み出していたといえる。かくて精神的成長への道筋を確かなものとした武士と民衆とは、中世社会の激しい社会変動を推進していく主体としての役割を明確に果たしていくことになった。

このような状況のなかで仏教に対抗するために、一六世紀中葉の戦国時代にキリスト教を伝えたイエズス会は、数多くのキリシタン学校を創設して対応しなければならないほどであった[20]。前近代社会における日本仏教の広がりは、民衆の識字力形成に大きな意味をもたらすものであった。このことは、封建制が確立した近世幕藩体制の下で、仏教が本来的に持つべき精神性や生命力を失った時代にあっても、その役割は相対的には低下していくことを余儀なくされたが、なお一定の影響力を有していたことに明らかであろう[21]。

注

[1] 古代教育全般については、久木幸男『日本古代学校の研究』（玉川大学出版部、一九九〇年）において詳細に明らかにされている。本稿も、同書に拠る所が大きい。
[2] ただし、有力氏族は一族子弟を大学寮に送り込むために、大学寮附属機関たる別曹を創設した。藤原氏は勧学院、王氏は奨学院、橘氏は学館院など、私的施設として発足しているが、やがてそこに公的性格付けがなされていった。
[3] 久木幸男『日本の宗教』（サイマル出版会、一九七一年）六六～六七頁。
[4]『弘法大師空海全集』第六巻所収（筑摩書房、一九八四年）。
[5]「越州の節度使に与えて内外の経書を求むる啓」（『弘法大師空海全集』第六巻所収、筑摩書房、一九八四年）。
[6] 久木幸男「空海」（井上久雄編『日本の教育思想』所収、福村出版、一九七九年）。
[7]『日本古代学校の研究』（玉川大学出版部、一九九〇年）四二九頁。

[8] 同前書四八一頁。
[9]『続群書類聚』第八輯下、四五七頁。
[10] 中井良宏「近世の寺院教育」(結城陸郎編『日本教育文化史』所収、明玄書房、一九七五年)。
[11] 金龍 静『蓮如』(吉川弘文館、一九九七年)七四頁。
[12]「蓮如上人御一代記聞書末」一三七条(『真宗聖典』)八九五頁。
[13] 同上一二〇条(『真宗聖典』)八九三頁。
[14] 拙著『日本中世教育史の研究――遊歴傾向の展開――』(梓出版社、一九九八年)二一九~二四八頁。
[15] 佐藤進一・池内義資・百瀬今朝雄編『中世法制史料集』第三巻(岩波書店、一九六五年)八頁。
[16]『実悟記拾遺下』(『真宗全書』第六九巻)一二九頁。
[17]『富山県史』史料編二、九三三~九三六頁。
[18]『前近代日本における識字状況に関する基礎的研究』(平成一四年度~一七年度科学研究費補助金　基盤研究(B)(一般)研究成果報告書、研究代表者　大戸安弘)一五一~一五四頁。
[19] 注(一四)前掲書二九〇頁。
[20] 拙稿「西欧人のみた日本の教育」(辻本雅史・沖田行司編『教育社会史』所収、山川出版社、二〇〇二年)
[21] このような状況は、仏教本来の生命を消失させ、各宗派は組織ばかりは大きくとも、実質的にはむなしく形骸化が進むばかりであった。しかしそうでありながら、中世社会において活動した僧侶と同様に、近世の村々にあって、僧侶が村人の目から見て高い学問的仏教的知識を持ち、それ故に高い識字力を持っていると見なされていたことも間違いのないことであった。辻本雅史の論文「近世社会における教育の多様性」(注[20]前掲書所収)が指摘するように、そうした僧侶が、村の知識人として教育活動に関わることは自然なことであった。村の子ども達に手習の指導をしたり、学問の手ほどきをする僧侶の存在は少なくなかった。かつて手習塾(寺子屋)で読み書きの指導を懇切に行ってくれた師匠が逝去した時に、師匠の遺徳を顕彰して教え子達が拠金して筆塚(筆子塚)を建立することが盛んに行われたが、現存する筆塚(筆子塚)には、僧侶であった師匠のものが多い。現在の千葉県域に残存する筆塚(筆子塚)は、三三一〇基であるが、それらのうちほぼ半数が僧侶であった師匠に対するものである。筆塚(筆子塚)は、寺院墓地に残されているものが多いので、それらのうちに僧侶であった師匠のものが多く残されたのであろうが、それにしても手習師匠としての僧侶の存在の大きさが理解できるであろう。

勝海舟の中国観

上垣外　憲一
（大妻女子大学教授）

海舟の日清戦争反対論

勝海舟は幕府の旧臣の中で、明治維新後の政府において最も重きをなした人物であり、参議、海軍卿（大臣）などを歴任し、伯爵を授けられた。海軍大臣を務めた後、表面上は引退した状態であったが、実際には彼がもともと親しかった薩摩系の政治家、軍人を通じて影響力を保っていたし、長州の伊藤博文なども一目置く存在であった。しかし、明治二三年（一八九〇）の国会開設、憲法発布など、伊藤博文などを中心とする次世代の日本近代化の努力が次第に身を結んでいき、海舟は過去の人物になったかのようであった。

しかし、日清戦争が始まる（一八九四）と勝海舟は、この戦争に反対であるということを公言し、下関条約の講和条件についても、中国との同盟、友好関係を損なうものとして、厳しく批判した。さらに三国干渉で日本が遼東半島を返還させられると、これを外交上の大失敗として、日清戦争にもともと反対であった勝海舟は、いわば自分の予言が的中して、日清戦争が「戦争に勝つて外交に負けた」結果になったとして、政府の外交の失策を批判する談話を新聞紙上に多く発表した。実際には日清戦争の最中から、この戦争を批判する勝海舟の談話は出されており、日本の政界における日清戦争反対論者の代表に勝海舟を挙げて差し支えない。

日清戦争反対の勝海舟の談話の中で、代表的な言葉を引用する。

日清戦争はおれは大反対だつたよ。なぜかつて兄弟喧嘩だもの犬も喰わないぢゃないか。……（中略）……

一体支那五億の民衆は日本にとつては最大の顧客サ。また支那は昔時から日本の師ではないか。それで東洋のことは東洋だけでやるに限るよ。

おれなどは維新前から日清韓三国合縦の策を主唱して、支那朝鮮の海軍は日本で引き受くることを計画したものサ。今日になつて兄弟喧嘩して、支那の内輪をサラケ出して、欧米の乗ずるところとなるくらいのものサ。

日清戦争の時コウいふ詩を作った。

隣国交兵日。其軍更無名。
可憐鶏林肉。割以与魯英。

最後の漢詩は、日清戦争の始まったときにこの戦争を批判して作った漢詩であり、海舟が、戦争のはじめの時期から反対であったことを示すものである。そこでは、「其の軍《いくさ》更に名無し」この戦争が名分のない戦争であることをはっきりと述べている。『氷川清話』の談話では、ある人が「もう詔勅も出ていることですから」と、既に明治天皇も正式に戦争を布告しているときに、それに反対の論調を公然となすのは、と止めようとしたところ、かまわない、と言ってこの詩を公表したのだという。中国は日本に取って隣国であり、もともと中国が宗主権のある朝鮮の問題で、戦争を起こしてまで中国と争うのは、名分のない話である、ということ。日清戦えば、その犠牲となるのは朝鮮（鶏林は新羅の別名、朝鮮の美称）であり、むしろロシアとイギリスがこれを争って分割することになりかねない、というのである。三国干渉の後、ロシアは旅順、大連を基地として朝鮮に対する影響力を強めた。一方、イギリスは威海衛をその海軍基地としてロシアに対抗する構えを見せた。朝鮮海峡の巨文島を一時占領したりもしている。

勝海舟は、戦争の始まった時点で、戦争がどういう結果に終わっても、それは日清の力を弱め、同盟の可能性を破壊し、結局ロシアとイギリスの東アジア進出を助ける結果に終わると見通していたのである。日本はイギリスと同盟を組んでロシアと戦争をする道を選択し、世界から見れば「意外の勝利」（実質は引き分け）を得るが、その一方で巨額の戦費から莫大な外債を発行して、殆ど政府財政破綻の瀬戸際まで追い込まれる。日清戦争は「名分が無い」という反対理由と同時に、勝海舟は戦争は日本政府を財政破綻に追い込むことになると危惧しており、経済面から見てもやってはならない戦争であるとしたのである。

したがって「支那五億の民衆は日本にとつては最大の顧客」という言葉は、日本経済にとって中国の存在が大きいことを指摘し、貿易を害する戦争などしてはならない、という論につながるものである。一部の指導者の功名心から戦争を始めれば、苦しむのは両国の民衆なのである、中でも最も弱い立場にある朝鮮の人々の損害は最も大きく最も憐れむべきで、「可憐」なのは朝鮮である、という指摘も、まことに的を射たものであった。

また「支那は昔から日本の師ではないか」と、中国は日本に莫大な文化を与えてくれた恩のある国であって、それと戦争をするのはいわば恩を仇で返すような行為である、という指摘もしている。ともあれ、歴史の中における日本に与えた中国の文化的影響は莫大なものであって、それはすなわち日中友好の基礎をなしている、それを簡単に、最近になって付き合いを始めた西洋諸国とは比べることができない、というのが勝海舟の基本的な考え方である。

三国干渉では、ロシア、フランスの他にドイツが日本を圧迫する側に立ったが、これは当時のドイツ皇帝ヴィルヘルム二世が、いわゆる「黄禍論」の信奉者で東アジアの有色人種に対する人種的偏見が、ドイツの三国干渉における意外なロシアとの協調の原因をなしていた、という説（平川祐弘）があるが、この当時の「黄禍論」の要素は見逃せないであろう。フランスは露仏同盟があるので、露仏の同調はわかるが、ドイツがそこに割って入ったので、日本人には意外だったのである。しかし、勝海舟はこれまでの経歴の中で、西洋列強は、互いにさまざまな仲違いをし、嫉妬し合っているが、アジアを侵略するとなると、お互いに示し合わせたかのように分割競争を繰り広げることをよく知っていたのである。したがって、安易に西洋の一国を頼っても、古くからの「隣国」である中国のように信頼できる同盟を組めることにはならないのである。

この点で、明治の政治家の中で勝海舟は最も日中韓の同盟論を堅持した人物であったと言って良い。晩年の勝海舟の所を訪問するさまざまな人物のなかに、東アジアの政客も含まれていて、例えば孫文の興中会での同志であった陳少白なども勝海舟の屋敷を訪問している。

勝海舟の日中韓の同盟論は、『氷川清話』の談話で、「維新の前から」と言っているように、彼が文久三年に神戸海軍操練所を開設したときの構想として述べられていたのであり、その頃からのものと言っていい[1]。

おれなどは維新前から日清韓三国合縦の策を主唱して、支那朝鮮の海軍は日本で引き受くることを計画したものサ。

この東アジアにおいて陸軍は清国、海軍は日本が主となって西洋列強に対抗するという考え方は、興味深いことに半井桃水『胡砂吹く風』（明治二五年、一八九二年）の結末部に現れる。朝鮮を舞台とし、日韓混血児を主人公とするこの「朝鮮小説」では、終わりの部分でロシアが朝鮮北部を侵略する危機が訪れると、清国の陸軍と日本の海軍が協力してこれに対する防御の行動をとり、ロシア軍を退散させる、という筋が語られている。この日清同盟論の源泉が「維新前」の勝海舟の発想にあったというわけである。『日清が協力して、外敵（西洋列強、この場合ロシア）から朝鮮を守る」という日清同盟の主旨は、勝海舟のそれと同じであると考えると、日清が朝鮮を巡って争うと、ロシア、イギリスの侵略を誘発するという勝海舟の談話の意味するところも良く理解できるのである。

協力して西洋列強の東アジア侵略を防がなければならない日本と清国は「兄弟国」である、だからその二国が戦うのは「兄弟げんか」であって、実に醜い、「犬も食わない」ことなのである。

日清戦争はおれは大反対だつたよ。なぜかつて兄弟喧嘩だもの犬も喰わないヂゃないか。（『氷川清話』）

この清国が同盟の相手として信頼できるという勝海舟の論の基礎は、清国の軍事力にあったのではない。中国の「五億の民衆」の持つ経済力だった。だから、日清戦争で清国が軍事的に日本に敗北しても、勝海舟の日清同盟論は揺るがなかった。

ともあれ、日本人は戦争に勝つたなどと威張つて居ると後で大変な目にあふヨ。剣や鉄砲の戦争には勝つても、経済上の戦争に負けると国は仕方がなくなるヨ。そしてこの経済上の戦争にかけては、日本人はとても支那人に及ばないだらうと思ふと、おれはひそかに心配するヨ。(『氷川清話』)

勝海舟は他の談話で中国の金持ちの圧倒的な財力を語って、中国の長所は実にその経済力にあることを強調する。この経済を支えているのは、一部の指導者なのではなく、中国の「人民」全体なのである。勝海舟が、一八九〇年代後半、まだ二〇世紀に入っていない日清戦争直後の時期に、「中国は実に人民の社会である」と言っているのは、まことに慧眼というべきであるし、「人民」共和国が一九四九年に中国に誕生する五〇年も前のことであることを思えば、見事な予言者ぶりと言える。勝のこのような中国観がもしも日本の後の世代の政治家に引き継がれていたならば、後の日中戦争も起こりえなかったであろう。

私見では、日清戦争を戦って、強硬な講和条件を下関において要求した伊藤博文は、三国干渉という外交的な敗北を経験して、前々から畏敬する先輩であった勝海舟の対中政策に関する伊藤への批判を、率直に受け止めて、以後、中国との和平、親善に日本の外交方針を改める。もともと伊藤博文は日清開戦には決して乗り気ではなかったし、明治天皇は反対、と言っていいぐらいであった。軍部と外務大臣陸奥宗光の暴走を止めなかった、あるいは止めきれなかったという形での開戦への関与だったのである[2]。

しかし、伊藤博文はハルビンで安重根に暗殺される。そのあとを引き継いで中国との友好親善路線を主導したのは、最後の元老と言われた西園寺公望であると私は考えているが、この点については、知られていないことが多すぎるので今後の研究の進展を待ちたいと思う。そうして西園寺が政界から引退すると、軍部の強硬路線を押さえられるだけの重みのある政治家は遂に現れず、日清戦争開戦時と同じ事が繰り返される(軍がまず口火を切って、これを止めるべき政府に本当の決断がなく、ずるずると戦争に引き込まれてしまう。日清戦争は当時の参謀本部次長・川上操六と陸奥宗光の陰謀と言ってもいい形で始まっている）[3]。

勝海舟が神戸海軍操練所における自分の弟子、陸奥宗光を学生時代のあだ名「嘘つきの小次郎」で呼んで、厳しく批判したのは、信義や誠意をおろそかにして、外交に権謀術策であるとの信念で日清外交を進めたその陸奥の性格、外交思想が勝海舟とは正反対のものであったからである。

勝海舟は「外交の極意は誠心正意にあるのだ」と『氷川清話』で言っている。しかし、同盟には、実力も伴わなければ実効力がない。日清兄弟仲良くしろと理想を言っても、実力の裏付けがなければ、同盟は意味をなさない。しかし、日清戦争に清国が敗れた後も、勝海舟は、中国人民の経済力こそが真におそるべきものであることを信じていた。それが「経済上の戦争にかけては、日本人はとても支那人に及ばないだらうと思ふと、おれはひそかに心配するヨ」という『氷川清話』での勝の発言に現れている。

もう一つ、外交力も日本が中国に及ばないものの一つであった。李鴻章がロシアに旅順や大連を譲ってまで、日本にしっぺ返しをしたのは、その位は譲っても、中国全体はびくともしないと李鴻章は最後に計算を立てたからだというのが、勝海舟の観察なのだ。ドイツが三国干渉に参加したのも、黄禍論は口実に近く、膠州湾の租借が李鴻章の出した一番おいしいおみやげだったに違いない。こうした行為は、中国人から見ても売国的であるから、当然、李鴻章の外交は今でも中国においても評判は良くないであろう。しかし、土地を西洋列強に譲ってでも、日本を外交的にぎゃふんと言わせるようにしないわけにはいかない状況にまで、李鴻章を追い込んだのは、日本に責任があると勝海舟は見ている。それは、和平の機会があったのに強引に戦争を始めたのが日本だったからだ。従って、李鴻章の外交に対する勝海舟の評価は非常に高い。

伊藤博文と陸奥宗光は軍事的な優勢をタテに、下関での交渉では李鴻章を押しまくって、遼東半島の割譲を認めさせるが、李鴻章は裏でロシアと取引をして、三国干渉を起こさせたのである。そうして日本の恨みはすべてロシアに向けさせて、日露あい戦うように仕組んだのであるから、老獪、巧妙な外交と評すべきである。勝海舟は李鴻章の対ロシア工作、ドイツ工作を見抜いていて、しかし、それは軍事的な劣勢にあるものとしては、そうせざるを得ないことと見ているのである。中国を焦土にして日本と戦争を続けるよりも、上策なのである、勝海舟の観点からは。だから、外交で負けたのは、押しに押していたのにうっちゃりを食わされた日本、陸奥宗光、伊藤博文なのだ。それを勝海舟は李鴻章がうまく相撲を取ったと評している。

平生からおれは支那は馬鹿にならぬと言つて居るのに、世間ではまた老爺が支那贔屓をするなどと笑つて居たが、今日となつてはドーダ。李鴻章もうまく相撲を取つたではないか。(『氷川清話』)

この他の談話でも勝海舟の李鴻章に対する評価はきわめて高い。日本人から見れば「ずるい、憎むべき」李鴻章だが、勝海舟から言わせれば、伊藤さんなんかとは政治家、外交家として格が違う、ということになるのである。

日本は一時的な軍事力では清国に勝ったが、しかしそれは一時のこと、勝海舟は総合的な国力では中国の方がはるかに日本に優越していると洞察していた。経済力、外交力、それから国土の広大さも。

オレが若い頃にシナへ行つてみて、万事が大きいのにビックリした。我が日本のことを思ふと何もかも小さくて、実に涙がこぼれた。その小さい中でまた小さな小党派の争いをしているのだよ。

ロシアもシナと組んだということだ。それにシナはアーいう国だから、ロシアを恐れる国でもないし、どうせ威海衛も開くだろう。威海衛がサンフランシスコになるのだから、それで西洋の方で気をもむのサ。コチラがかねて思つていた通りだ。(『海舟座談』)

旅順をロシアに与えたのは、ロシアと同盟を組んで、日本を威圧するための「担保」のようなもの、清国としては軍事力ではロシアに頼って日本があくまでも敵対するならば、備えをしなければならない。幕末に日本が軍事的に弱小だった頃は、イギリスと組んでロシア軍艦を対馬から追い払ったり、幕府の最末期にはフランスから莫大な借款をして、軍事力強化に充てようとした。そうした日本の軍事力が弱くて外国に頼らざるを得なかった時期を勝海舟は身をもって体験しているので、李鴻章のやったことの意味がよく分かるのである。

私は、第二次大戦において日本が中国に負けたのは外交で負けたのだ、と思っている。中国は軍事的には日本に劣勢だったが、当時の世界の二大強国、アメリカとソ連と組んで戦ったから、勝てたのである。すなわち外交の勝利である。今日の日本人は、軍事的には中国に負けたと思っていないので、第二次大戦でアメリカには負けたと思っているが、中国に負けたとは思っていない。これが今日の日中の軋轢にもかなり影響していると思う。

勝海舟が今日の日本を見たら、外交の極意が、未だに日本人はわかっていない、これではもういっぺん日本は危ないと言うだろう、と私は思う。

勝海舟は中国の経済、外交を含んだ総合的な国力を日本より遙かに上と見て、中国を馬鹿にしてはいけない、日清戦争直後にそう言った。その中国への洞察が百年経ってもなお通用することに私たちは驚き、勝海舟の叡智を今こそ虚心に学ぶべき時なのだ。

注

[1] 松浦玲『勝海舟』筑摩書房参照。

[2] このあたりの事情については上垣外憲一『暗殺伊藤博文』筑摩書房を参照。

[3] 琴　秉洞『金玉均と日本――その滞日の軌跡』緑陰書房　参照。

長崎の唐通事とその子孫

陳　東華
（長崎中国交流史協会専務理事）

唐通事研究の契機

江戸時代の唐通事制度は慶応三年に終了した。その一年前に私の曽祖父陳国樑は長崎に来た。福建省金門県出身の曽祖父は、長崎の華僑貿易商社である泰昌号に参画し、後に泰益号を創業した。以来、陳家は明治、大正を経て昭和十五年に至るまで、長崎と中国、東南アジアとの貿易に従事した。陳家の菩提寺は福済寺であった。福済寺は江戸時代の一六二八年に閩南（福建南部）出身者たちによって創建されたが、この寺の発展に大きく貢献したのが唐通事、潁川藤左衛門であった。この福済寺で明治以降、陳家と潁川家の子孫は代々お付き合いがあった。陳家四代目にあたる私は、家業の貿易史をたどるうちに、江戸期を通じて日中貿易に深くかかわった唐通事のことなど、長崎と中国の交流の歴史に興味を持つようになった。

長崎中国交流史協会の発足

長崎中国交流史協会は一九九八年に発足した。ちょうど二〇〇〇年の日蘭修好四〇〇周年の一大イベントに向けて準備作業が進行している時期で、私が神戸から長崎にUターンした時期でもあった。それまで、長崎といえば出島、オランダ屋敷というのが定番で、唐人屋敷という言葉は忘れ去られ話題にすらならなかった。貿易量においてオランダを大きく凌ぎ、長崎の繁栄に貢献した唐船貿易の拠点である唐人屋敷がないがしろにされていた。それを正すことが協会設立の発端であった。

最初に取り組んだのは唐人屋敷開設三一〇周年記念行事であった。メディアに協力要請するためにテレビ局を訪問したときのこと、局長から「三一〇周年とは余りにも切りが悪いですね、普通だったら三五〇周年か四〇〇周年でしょう」と言われた。「実はどなたに聞いても唐人屋敷開設三〇〇周年のときには何もなかったといいます。三五〇周年まで四〇年も待てないから」と私は答えた。講演会、唐人屋敷内のお堂で中国音楽の夕べ、唐船と媽祖の故郷・福建の旅などの行事を展開し、そのつど新聞やテレビで報道していただいたために一躍市民の間で大きな話題となった。やがて行政当局も重視するようになり、唐人屋敷顕在化委員会を立ち上げて検討をはじめた。また、このような活動をきっかけに、唐人屋敷跡一帯は長崎の冬の風物詩―ランタンフェスティバルの会場の一部として追加された。

協会はこれまで、唐人屋敷のほかに唐通事、媽祖文化、孫文と長崎などをテーマとして研究と活動を行ってきた。協会が編集発行した写真誌『孫文と長崎』（二〇〇三年）は、辛亥革命百周年を記念して、二〇一一年一〇月に長崎歴史文化博物館で開催された「孫文・梅屋庄吉と長崎展」に寄与できたと自負している。

長崎の唐通事

一六〇三年（慶長八年）に最初の唐通事に馮六（ほうろく）が任命された。唐通事制度はそれ以来二六三年間続き、人数は延べ一六四四人にもなった。これは小通事職と大通事職に就いた合計の数字で、実際の人数は八二六人である。また、唐通事の家筋は江戸期を通して約七〇家と言われる。内訳は、本通事（大通事、小通事、稽古通事）四〇家、唐年行事一〇家、内通事二〇家であった。この中の四九家については、宮田安著の『唐通事家系論攷』に紹介されている。

本通事の構成は、大通事四人と小通事五人で「訳司九家」と言われ、世襲制であった。基本的には許可を得て長崎に定住した唐人から採用したが、例外的に中国語を習得した日本人を任命することもあった。一七五一年には唐通事会所が設置された。

唐通事は長崎奉行所の地役人として、通訳だけではなく貿易管理の役割もあった。もっぱら通訳にあたったオランダ通詞とは、通事と通詞の違いがある。通訳する言語には南京口（南京語）、福州口（福州語）、彰州・泉州口（彰州・泉州語）の三つがあり、その員数配分は三・三・二人体制を採ったり、二・三・四人体制を採ったりして貿易の実情に応じて変動した。

前出の一代目で唐通事になった馮六は例外的で、通常は二代目が任命される。中国語ができるだけでなく、日本語もきちんと話せないと務まらない。二代目の多くは母親が日本人で、日本育ちのため両国語が流調に話せたからである。

林陸朗氏によると、大通事の俸禄は五五〇石。現在の米の相場で換算すると、年俸四〇〇〇万円ぐらいになる。相当によい待遇を受けていたことになる。

唐通事の任務は、通訳、唐船の管理、交易業務、市中の唐人と唐人屋敷の秩序管理、唐船風説の聴取と報告、信牌発給などであった。唐通事は中国と東南アジアの情報を得るために第一線で活躍し、幕府が海外情報を入手する上で非常に重要な役割を果たした。

唐通事の日本姓名

私は唐通事の日本姓名について調べたことがある。日本の地役人である唐通事職就任にあたり、日本の姓名を名乗らなければならなかった。ただ、林（りん）姓の場合は、もともと日本に林（ハヤシ）という姓があったので、姓はそのままにして読み方を変えるだけでよかった。また当時の日本は女性の入国を厳しく制限したので、渡来唐人のほとんどが日本女性と結婚した。そして唐通事の中には妻の姓を名乗る者もいた。平野、矢島、西村、神代などがそれにあたる。

私が最も興味を抱いたのは、祖籍にちなむ姓を選択した多くの唐通事たちである。たとえば、陳は潁川、劉は彭城、魏は鉅鹿、兪は河間、張は清河、高は渤海、徐は東海とした。日本姓を付けるにあたり、特に決まりはなく二文字であればよいとされていたようだ。ただ、音読みではまだ中国的であるので、東海姓を除き訓読みないし特別な読み方をさせた。これらの姓をすべて読める人は長崎の歴史通といえる。前から順に、えがわ、さかき、おうが、かわま、きよかわ、ふかみ、と読む。

唐通事の多くが遥か昔のルーツの地名にこだわるのは、唐人としての高いプライドがあったからであろう。今日、こういう姓の人が日本のどこかにいたとしたら、十中八九、長崎の唐通事の子孫であると見て間違いない。

陳姓がなぜ潁川としたかというと、秦の始皇帝時代にあった潁川郡（現在の河南省の一部）が陳姓のルーツとされているからである。同じく、鉅鹿郡、勃海郡、東海郡なども同時代の地名にある。また、彭城は現在の江蘇省徐州市にあたるが、漢帝国を興した劉邦の出身地であり、劉邦の陵墓もそこにある。それで漢代以降、劉姓の多くは彭城を一族の発祥地とした。まさに彼らは皇帝劉邦の子孫というわけである。ただ、唐通事たちはそれらの祖籍の地から長崎に直接きたわけではない。数百年の間に、戦乱を避け、あるいは征服者として祖籍の地から浙江、江蘇や福建などの地に移り住み、その後に日本へ渡来してきたのである。劉姓の人たちは、たとえ浙江から来た人も、福建から来た人も、みな彭城を姓とした。それにしても、遥か昔のルーツを忘れることなく脳裏に刻んでいたのはなぜか。その訳は、私が故郷に帰ったときに判明した。

福建省金門の家廟の例

私の故郷は福建省金門県。天気のいい日には厦門から見える位置にあり、長崎の壱岐と同じぐらいの大きさの島である。福建省といっても台湾の統治下にあり、かつての国共内戦の激戦の地として有名である。大陸パスポートを所持している私はなかなか行くことができなかった。その後の情勢の変化で、二〇〇五年にやっと行けるようになり、飛行機で福岡から台北を経由して、初めて故郷の土を踏んだ。この島には福建閩南文化が色濃く残っていた。

私の先祖の村は新頭郷という陳一族が住む村で、村の中心に「陳氏宗祠」がある。祠堂には村中の先祖代々の位牌が並べられ、進士（科挙の試験に合格した者）など村出身の成功者を讃える扁額が掛けられている。また祠堂の門柱に「潁川衍派」という字が刻まれていた。この村の陳一族の先祖は、かつて潁川一帯に居住していたという意味である。これを見て私は合点がいった。村の祠堂の「潁川衍派」の四文字を見て育った者の脳裏に刷り込まれるのは当然のことであろう。

ちなみに、祠堂の記録によると、新頭郷の先祖は明朝時代に泉州から金門に移住した者で、初代を一世とすれば、長崎に渡来した私の曽祖父は一三世にあたる。

中国における伝統的な村の形成は、姓単位で行われることが多い。中国の地名に張家口、石家荘、陸家嘴など、姓の字が付く地名がたくさんあるのはその名残だ。劉姓、魏姓なども、それぞれの祠堂に「彭城衍派」とか「鉅鹿衍派」の文字が刻まれていたに違いない。いずれにしても、遥か昔の祖籍の地名を日本姓にしたことは非常に意味深く、中国人のルーツへのこだわりが伝わってくる。

陳氏宗祠の門

薩摩渡来の唐人の日本姓

姓に関連した話として、薩摩（現在の鹿児島）に渡来してきた唐人たちの日本姓についても言及したい。薩摩には潁川、汾陽、済陽、江夏、天水などの唐人の日本姓がある。潁川以外は長崎では見かけない。郭は汾陽、蔡は済陽、黄は江夏とした。郭については私が数年前に山西省を旅行したとき、ガイドから「昔、汾陽一帯は郭という王が支配していた」と聞き確認できた。天水とした唐人の中国名は確認できていない。これらの姓は長崎と同じく、いずれもルーツの地名であるが、日本語読みが難しい。順に、えがわ、かわみなみ、わたよう、えなつ（こうか）、てんみず、と読ませたからである。なかでも汾陽をかわみなみとは恐らく読めないだろう。汾陽という地名は現在も山西省にある。汾河という川の北側に位置している。それなら「かわきた」になるが、陽を「きた」と読ませるには無理があったのだろう。

済陽（わたよう）という姓を数年前に日本の新聞で見たことがあった。済陽高穂さんという有名な医師で、病と食事に関する本を出版している。名前には「わたようたかほ」と振り仮名を振っていた。また、野球界で有名な江夏氏の先祖は、薩摩の黄姓と関係があるかも知れない。

ただ、薩摩の渡来中国人たちは長崎と違って、日本姓を付けても唐通事をやったわけではない。薩摩にも唐通事はいたが、薩摩の各地から優秀な日本人を選抜して教育したとされる。そのうちある者は長崎に派遣され、長崎の唐通事から中国語を学んだという。

一六三五年の唐船の長崎集中令以降は、薩摩に唐船は行けないことになっていた。したがって、唐通事はいらないはずである。しかし、薩摩としては、たまに薩摩沿岸に漂着する中国船対応と、もっと重要なことは琉球を接点に福州との中国貿易に唐通事が必要であった。このことを幕府に知られると不都合だから中国人を使わず、地元の忠実な日本人を採用したと考えられる。

正徳新令と信牌の発行

信牌《しんぱい》を発給することも唐通事の仕事であった。一七一五年に発布された正徳新令で、貿易を制限するために信牌を唐船に発給することになった。輸出用の銅の産出が減り、それを補うものとしてナマコ、アワビ、フカヒレなどの乾物（俵物と呼ばれる）を充てたが間に合わない。唐船の入港を拒否して追い返すと、ただでは帰らない。一部の船はどこかの港で密貿易をするかも知れない。そういうことを避けるために信牌を発給し、翌年にその信牌を持っている船だけの入港を認めるというシステムとした。

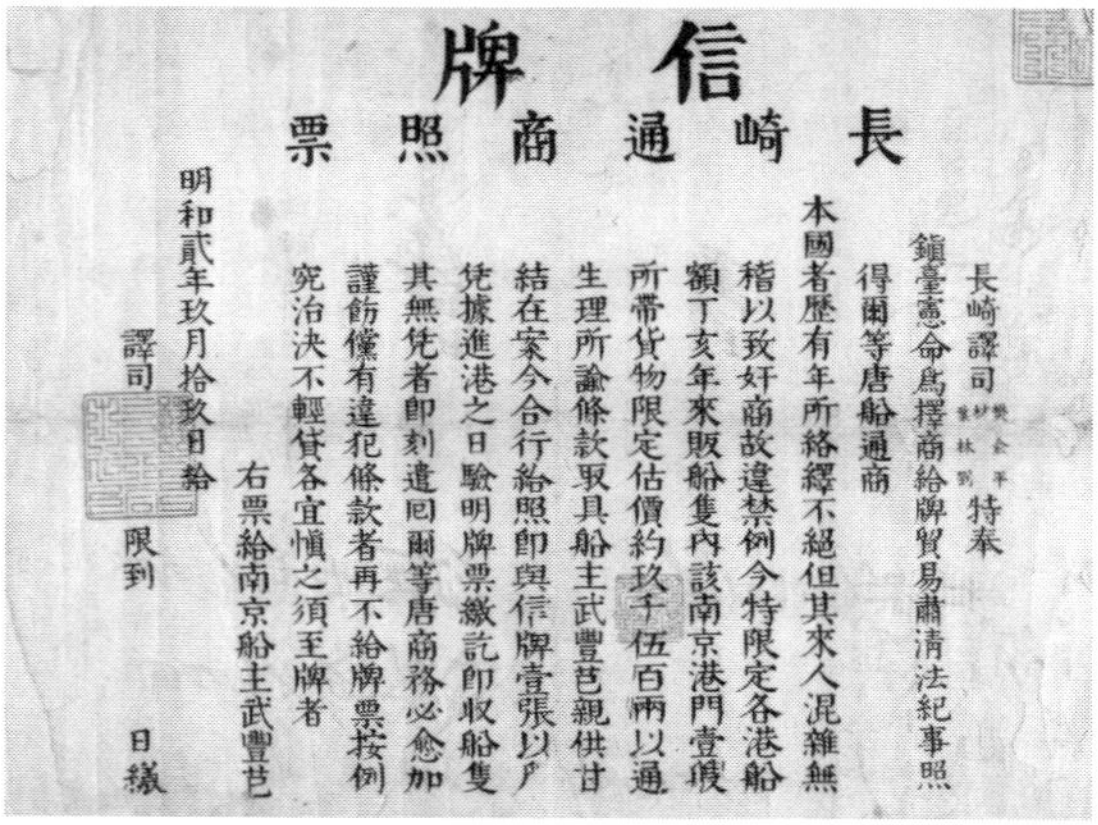
信牌
長崎通商照票
長崎譯司 樊 兪 平 葉 林 劉 特奉
鎮臺憲命爲擇商給牌貿易肅清法紀事照
得爾等唐船通商
本國者歴有年所絡繹不絶但其來人混雜無
稽以致奸商故違禁例今特限定各港船
額丁亥年來販船隻內該南京港門壹艘
所帶貨物限定估價約玖千伍百兩以通
生理所諭條款取具船主武豊芑親供甘
結在案今合行給照卽與信牌壹張以尸
凭據進港之日驗明牌票繳訖卽收船隻
其無凭者卽刻遣回爾等唐商務必愈加
謹飭儻有違犯條款者再不給牌票按例
究治決不輕貸各宜愼之須至牌者
右票給南京船主武豊芑
明和貳年玖月拾玖日給
譯司 限到 日繳

明和２年に発給された信牌（長崎歴史文化博物館蔵）

面白いのは、その信牌の発行者名。信牌は実質的には奉行所の采配で発給するが、表向きは唐通事の名において発給する。たとえば、明和二年（一七六五年）に発給された信牌を見ると、発行者名が「長崎訳司　樊・兪・平・林・葉・劉」と記され、いずれも姓だけで名がない。もちろん、これらの唐通事はみな日本の姓名と中国の姓名を持っていた。ただ、その中の「平」については少々説明がいる。「平」は平井仁右衛門のことで、例外的に唐通事に採用された日本人であった。なぜ、このような常識では考えられないことをする必要があったのか、そこが問題である。

清朝と日本は国交がなかった。清朝は騎馬民族で、かつて同じく騎馬民族であった元朝が日本を襲撃した、いわゆる元冦のことがあって、日本にとっては付き合いにくい相手である。けれども貿易はしたい。信牌は清朝の役人に見られることを前提に発給している。見られて難癖をつけられても、これは中国人同士が勝手にやっている私貿易、幕府は関係していないと弁明できる。この中国姓のみの信牌の発給は、当時の日本と清朝との微妙な関係を如実に物語っているものといえる。

唐通事の潁川藤左衛門

唐通事の名門といわれる潁川家の初代・潁川藤左衛門を取り上げたい。潁川家の祖で、藤左衛門の父にあたる陳冲一は、福建漳州府龍渓県（現在の龍海市）の出身で、江戸初期、漳州府の月港から、明末の戦乱を避けて船で薩摩にたどりついた。高い教養を持つ冲一は島津家のお抱え医師として仕え、楠木正成の裔孫にあたる隅屋藤九郎の娘と結婚した。隅屋家は菊水の紋を持つ由緒ある家柄である。二人の間に誕生した長男・陳道隆が後の潁川藤左衛門であった。冲一は息子の将来性を考え、五歳になった道隆を連れて長崎に移り住む。ところが、その三年後に冲一は病死した。八歳の道隆がその後、どのような教育を受けて成長したかは定かではない。漳州出身の父の同郷や閩南人の菩提寺・福済寺の和尚たちの援助で、中国語をしっかり身に着けたに違いない。彼の語学力は相当なものであったと思われ、二四歳のときに唐通事職の小通事に任命され、翌年には大通事に昇格したのである。

潁川家が唐通事最大の名門といわれるのは、幕末までに本家と分家を合わせて一四人の大通

潁川藤左衛門肖像写真「宇蓋風光」（福済寺蔵）

事を輩出したからである。二番手の林家や彭城家は各七人であるから、潁川家はダントツであった。藤左衛門は息子が病弱であったため、葉家から婿養子をとって潁川家を継承させた。唐通事職は世襲制であるから、こういうことは唐通事社会ではよくあることであった。

潁川藤左衛門は長崎に建立された三つの唐寺の一つ、福済寺の大壇越として同寺の発展に貢献したことでも知られる。福済寺は閩南（福建南部）の唐船主たちが建立したお寺。閩北（福建北部）の唐船主たちは崇福寺を、三江（浙江・江蘇・江西）の唐船主たちは興福寺を建立した。なかでも福済寺がいちばん大きく立派で、昭和二年に国宝に指定されたほどであった。残念ながら原爆投下で全部焼失した。現在は長崎歴史文化博物館にその模型が展示され、当時の面影を残すだけである。

潁川藤左衛門の墓

潁川藤左衛門は唐通事職を三五年間務めあげて、六〇歳で亡くなった。悟真寺の裏山の長崎港を見下ろすお墓に眠っている。そのお墓の近くにある中国人共同墓地は、一六〇二年に彰州府出身の海商・欧華宇らが幕府に願い出て許可されたもので、面積は百間四方と言われ一万坪もある。中国人にはその地に定住するにあたり、墓地と菩提寺を確保するという慣習があった。それにしても、この気前のよさは日中貿易を盛んにしたいという幕府の意気込みを如実に表している。藤左衛門は生前にこの一帯に水月荘と呼ばれる別荘を構えていた。そして多くの同胞が眠る共同墓地の整備にも大きく尽力している。

われわれが数年前に藤左衛門のお墓を確認したところ、木が茂り草ぼうぼうのひどい状態であった。協会会員を動員して大清掃をし、トラック一台分の草木と土を運び出した。すると、山を背にした中国式の馬蹄形の墓に、潁川藤左衛門とその妻法春院（長崎代官末次平蔵の娘）の墓碑がくっきりと建っていた。驚いたのは藤左衛門の墓碑に「菊水の紋」が刻まれていたことである。「菊水の紋」は藤左衛門の母方の家紋であることは先に記述している。清掃後に悟真寺の和尚を招き法要を執り行った。その後、長崎市に申し出て市指定文化財にもなった。福済寺にある潁川家（藤左衛門の後継者たち）の墓が、ずいぶん前に市指定文化財となっていたから当然のことである。このお墓は元来、潁川家の本家の子孫がお祀りするところであるが、その子孫は大正末期に台湾に渡ったと言われ、その後の消息は分からない。

潁川家の子孫

潁川家の子孫のなかで、江戸末期から明治、大正期にかけて最も活躍した人に潁川君平がいる。唐通事の家譜『訳司統譜』（明治三〇年）を編纂した人物でもある。君平は潁川家分家の子孫で、慶応三年の唐通事制度廃止のときは小通事の職にあった。その後、明治新政府に登用され、大蔵大臣伊達宗城と外務大臣柳原前光の清国訪問に随行、また外交官として米ニューヨーク駐在領事などを歴任した。帰国後は兵庫県税関長を長く務めた後に退官した。当時の税関長の地位は高く、知事と相並ぶ存在であった。退官後は神戸電燈（関西電力の前身）社長に就任、実業界でも大いに活躍した。大正八年に逝去、享年七七歳であった。従四位勲四等の叙勲を受けている。

潁川家のもう一つの分家の子孫に、潁川君平と同時代を生きた潁川重寛がいる。重寛も唐通事制度廃止のときは小通事の職にあった。その後の明治新政府に登用され、最初は外務省、後に文部省に入り、外国語学校教諭、高等商業学校教授を務めた。明治二四年に逝去。教え子たちによって建てられた石碑「潁川重寛先生之碑」が長崎の崇福寺にある。

私は数年前に、関西に居住している潁川君平と潁川重寛の子孫たちと個別に面会する機会があった。いずれも唐通事潁川家の子孫として高い誇りを持っていたことが強く印象に残っている。

少し余談になるが、私は「えがわ」姓について二〇〇三年発行の電話帳で調べたことがある。それには「示」の潁川と「禾」の穎川の姓が掲載されていた。「水」の潁川はないが、恐らく「示」の潁川に統合されたのであろう。「潁川」が全国に一五七軒。いちばん多い都市は鹿児島で、次に長崎、宮崎、兵庫と続いた。「穎川」は全国に三四軒。多い都市は東京、宮城、神奈川の順であった。電話帳に登録しない人もいるので、実数はもっと多いと考えられる。

最大の東海家のお墓

唐通事家は、唐三か寺をはじめ、長崎の由緒あるお寺にそれぞれ立派な墓を構えている。なかでも最も特徴のある東海家の墓について紹介したい。東海の中国姓は徐といい、祖籍はかつての東海郡（現在の江蘇省徐州市付近）であるが、来日は浙江省紹興府からであった。墓は長崎市夫婦川町の春徳寺の墓域にある。春徳寺はもともと長崎代官であった末次家の菩提寺であった。代官は幕府派遣の奉行に次ぐ地位で、地元ではトップである。末次家は貿易で富を成した豪商でもある。東海家は代官末次家よりも大きな墓を造った。普通では信じられないが、恐らく末次家の貿易事業に大きな貢献をしたのであろう。末次家はのちに密貿易の罪で流罪になるが、東海家が連座することはなかった。そのため、墓は子孫によって現在も守り継がれている。

その墓は中国の伝統様式に則るもので、四段あるその上段に初代徐敬雲こと、東海徳左衛門の墓碑があり、下段に東海家歴代の墓碑が続く。上から見ると、瓢箪のような特徴のある形をしている。東海家は唐通事としてはさして高い地位にあったわけではないが、墓には格別のこだわりを持ち、唐通事墓では最大であった。建造に長い時間をかけたことから長崎人は、時間ばかりかかって仕事がなかなか捗らないことを「東海さんの墓普請のごたる」という。それほど話題になった墓で、江戸時代の長崎の観光名所の一つであった。

唐通事の子孫と「集い」

慶応三年に唐通事制度は廃止された。その時点で唐通事職に就いていたものは七三人であった。その多くは明治政府などに登用され、外交・教育・実業などの分野で活躍した。特に外交官に就くものが多かったのは、彼らが江戸時代に唐通事の仕事として通訳のほかに、常に海外情報を集めていた情報通であったからである。また、幕末から蘭通詞だけでなく、唐通事も英語を習得して英語教育に携わる人も多く輩出した。

潁川君平著の『訳司統譜』や宮田安著の『唐通事家系論攷』に記録されている唐通事の家系は、幕末ないし明治期までである。私たちの協会はそれ以降の子孫たちの活躍も研究テーマとしている。

そこで、全国の唐通事の子孫に呼びかけて「唐通事子孫の集い」を企画し、第一回は二〇〇五年に長崎で開催した。これには、『長崎唐通事』の著者で、自身も唐通事林家の子孫である林陸朗氏（国学院大学名誉教授）はじめ、東海家、平井家、呉家、蔡家などの子孫が集った。いずれも大学学長、大学教授、県会議員、会社社長などいろいろな分野で活躍している方々である。そして、林陸朗氏による「長崎の唐通事」の講演を拝聴したあと交流と懇親を深めた。

2005年唐通事子孫の集い

三年後の二〇〇八年には「唐通事と蘭通詞の子孫の集い」を同じく長崎で開催した。このときは、各々が先祖の墓参を済ませた後、興福寺に集合して先祖の合同法要を営んだ。今後も各地に分散している唐通事の子孫たちとの交流をはかり、明治以降の歴史の空白を少しでも解明して行きたいと思っている。

以上、唐通事、唐通事の日本姓、信碑、潁川家、唐通事子孫の活躍など、唐通事にまつわる話のごく一端を紹介した。唐通事が日中貿易において大きな役割を果たしたばかりでなく、中国伝来文化の媒介者としての働きもしてきた。唐通事の研究を切り口に、日中関係や長崎の歴史を捉える新たな視点は、今後に大きなテーマを提供するだろうと思っている。そこにさまざまなドラマが展開することを期待したい。

（文中の敬称は省略させていただきました）

参考文献

・宮田安『唐通事家系論攷』長崎文献社、一九七九年
・林陸朗『長崎唐通事』（増補版）長崎文献社、二〇一〇年
・周宏『中国百姓尋根游』陝西師範大学出版社、二〇〇七年

朝鮮時代の中人と公共性
――『朝鮮王朝実録』訳官記事を中心に――

李　南姫
（円光大学校韓国文化学科教授）

1　身分制社会と公共性

朝鮮時代の身分は大きく支配身分層である両班・中人と被支配層である良人・賤人に分けることができる。中人は社会的地位が両班には及ばないものの、良人より優位にある朝鮮時代の下級支配身分層として国家の各種行政実務と実用技術を担っていた。

彼らは雑科と取才試験を経て官職に進出し、訳学・医学・陰陽学・律学・算学・画学・道学・楽学などに従事した[1]。彼らは各々の専攻に応じて行政的な実務を担い、また雑学伝受者としての役割を果たした[2]。今日で見れば、彼らは外交官・医師・科学者・法曹人・芸術家など社会的地位が高くて、誰もが羨望する専門職種にあたるが、朝鮮時代の場合、彼らは「中人」に過ぎなかった。

彼らは実務を担う専門職としての官僚であったが、両班と良人の間の中間的な身分層を構成していた。両班士大夫の学問としての儒学こそすべての学問の最高地位を占めていた。両班支配層は「君子不器」とし、訳学、医学などの雑学には進出しようとしなかった。司憲府大司憲（従二品）蔡寿らが上奏した『成宗実録』の次の上疏文は朝鮮時代の身分観をよく伝えている。

天が民を生じ、これを分けて四民とし、士農工商にはそれぞれ自分の分際があります。士（学識がある指導層）は、色々な事を治め、農夫は農作業に努め、工匠は工芸を務め、商人は物貨を通用させることですから、入り混じえてはならないのです。もし、士大夫が農業に力を入れて、農夫が色々なことを治めるとすれば、どうして不順で混乱して成就しがたく、転倒して秩序がないことではないでしょうか。いま、殿下は、医員と訳官を奨励して、その芸に精通した者を特別に抜擢して東班と西班に起用しようとしておりますが、私たちにはその理由が分かりません。（中略）聖王が人を起用することとは大工が木を使うのと同じで、大小、長短を区別し、それぞれの木がその用材にふさわしくないと使えないものです。弱い材木は棟梁として使えないし、大きな材木は扉とドア枠に使用できないはずです。（中略）医員と訳官に、彼らの仕事を治めさせずに、士大夫の官職を与えようとするのは、農夫に色々なことを治めるようにし、弱い木材をもって棟梁に使うのと何が違うのでしょうか。（中略）貴賤は道が違って、互いに入り混じえることはできないのです。混同してはいけないことは明らかです。（『成宗実録』巻一四〇、成宗一三年四月癸丑）

基本的に両班官僚たちは、技術職の重要性を認識していたが[3]、彼らを両班顕職に使うことには反対した。それはあたかも農民や楽工が重要だからとして、彼らを両班職に就けるのと同じであるとみなしたからである。家を建てる時には材木の種類を選別して使用するのと同じく、人材も地位に合わせて選別して使わなければならないということが彼らの考えだった。

専門的な行政実務と実用技術を通じて中人らは両班に劣らない知識と経済力を所有できたが、両班から差別を受けた。彼らの職能は国家を運営するために、実質的に必要だったが、どのように扱うかは社会問題になった。法規の上で彼ら技術職は正三品堂下官が上限の職であったにもかかわらず、実際には高位官品を授かっていた[4]。これに対して両班層は官職を過度に授けると職位が混乱することになると激しく抵抗し反対した。したがって、身分制社会で中人層は独特の様相を見せているが、個人的に両班での身分上昇を試みたりもしたが、あまり容易ではなかった。そのせいで彼らは徐々に独自の一つの専門職層を形成することになり、それは婚姻と世襲を通じた世襲様相として現われた。

それでは、このような身分制社会で「公共性」[5]は、果たして存在するだろうか。より具体的にいえば、中人層が朝鮮時代に持っていた公共性とは果たして何だったのか。彼らは社会全体の中で「公共」「疏通」の機能を実行したのか。また、どのような面で、彼らから公共福利的性格を把握できるかについて検討してみようと思う。中人層の範囲が広すぎるので[6]、この論考では、中人の中でも上級技術官に属する訳官[7]を中心に書くことにする。

2 訳官と社会的機能：対外的な側面と公共性

訳官は朝鮮の身分制度のもとで中間的な位置に相応しい中人に属していた。身分制度の内では上下の層と一つになることができなかったが、特に、外国との関係においては、やはり「内」と「外」の区別をしないわけにはいかなかった。朝鮮という一つの大きな共同体の一部を構成していたわけだ。訳官は対外関係で重要な役割を果たしていた。

開国の当初から朝鮮は外交関係を非常に重くみた。対外政策は事大交隣、つまり、中国には「事大」、他の国には、「交隣」を根幹とした。ところが、外国との関係では、第一に意思疎通が重要である。それは昔もいまも変わらない。太宗四年（一四〇四）司憲府から上申した上疏文を見てみよう。

小さな国として大きな国に仕えることは古今の共通的な義理です。ましてや、私たちの朝廷は海辺の奥地に偏っていて語音が非常に異なるので、通訳を介してコミュニケーションが行われます。したがって、司訳の職は本当に重要です。（『太宗実録』巻八、太宗四年八月己丑）

すでに朝鮮は開国と同時に司訳院を設立し、太祖三年（一三九四）司訳院でのカリキュラムを定めて、ソウルと地方で良家の子弟で一五歳以下の聡明な者を選抜して教育させるようにした[8]。ところで、朝鮮時代には、すべての人々がみな外国語を学ばなければならないという考えがなかった。歴代の王たちは文臣に外国語の勉強をするように勧めたが、両班たちの場合、外国語の学習意志があまり高くなかった。次の実録記事が参考史料となる。成宗五年（一四七四）事大交隣に関する文書を担当していた官庁である承文院からの上申である。

吏文と漢訓は一朝一夕に成就できることではないのに、通事として経書に堪能な者が少ないために、世祖はこれを心配して文臣を特別に選抜して、名称を「漢訓学官」とし、北京に行く使臣に随行して質正するようにしました。しかし、文臣はそれを仕路における栄選として考えず、また、道が遠いことを気にしてこの職務に力を入れようとしません。願わくは、再び文臣を選抜して、押解官や赴京使

臣を送り迎えるたびに、二人を遼東地域に随行させ、業に習わせたら良いと思います。(『成宗実録』巻三八、成宗五年一月乙巳)

歴代の王たちは、語学の重要性を認識していた。両班たちが直接中国に行って語学を身につけることも積極的に奨励した。訳官が国家の重要な事を口外することを懸念したからであった[9]。使行から帰ってきた訳官の報告書は、外国の情勢を理解するのに大きな助けとなった。訳官は、情報の収集と伝達の役割を担当し、彼らの「見聞事目」[10]と「聞見別単」[11]は、中国、女真、日本、琉球など周辺国の情勢把握などに有用な情報の役割をした。

朝鮮時代における訳学など技術学の教育は公教育であり、ソウルは所管官庁で、地方は地方官署で実施された。中央の訳学教育を担当した機関は、司訳院だった[12]。司訳院は漢語・蒙語・倭語・女真語などの外国語が必要に応じてすみやかに設置されており、通訳と飜訳を担当し、赴京使行や通信使行を遂行したり、漂流、渡来人と、国境の中国人、異民族、日本人と対面する時には訳語を担当した。そして訳官の養成と訳学の教育、科挙、取才等を管掌した。

司訳院には、総員八〇人の生徒がいた。訳学生徒の教育は教授と訓導が担当しており、彼らは司訳院の官職の中でも優遇された[13]。それぞれの語学別にみると、漢学三五人、蒙学一〇名、女真学二〇名、倭学一五人で漢学生徒の割合が四三・八%を占めて最も高く、女真学、倭学、蒙学の順となっていた[14]。各語学ごとの優先順位を知ることができる。第一の外国語はやはり中国語だった。訳科の選抜人員総数一九人のなかで一三人(六八%)が選ばれ、中国語の専攻者を壮元とした。残りの蒙古語、日本語、女真語(清語)は、それぞれ二人ずつ選抜した。女真語は清が建国された後の一六六七年(顕宗八)には、清語に変わった。しかし、清は漢語を公用語として用いたし、漢族と満州族を差別なく共に登用したため、中国語の優位性は続いた。

地方の場合は、府・大都護府・牧・都護府・郡・県などの地方官庁で訳学生徒を養成した。訳学教育は、国立機関で行われたことを知ることができる[15]。訳学の中で漢学は平壌・義州・黄州で九〇人、倭学は薺浦・釜山浦・塩浦で二六人、女真学は義州・昌城・北青・理山・碧潼・渭源・満浦で四〇人など計一五六人の地方生徒を、対外関係が頻繁な地域で教育し、外国語を教えた。蒙学の場合は他の訳語とは異なり、中央の司訳院のみ教育を担当した点が注目される。外国使臣を迎えるために黄海道の黄州、平安道の平壌と義州に漢学訓導が、慶尚道の薺浦と釜山浦には倭学訓導が配置された[16]。

政府は、かれらの専門学習のために訳学生徒は郷通事と共に使臣一行を護送するとき交互に差出し、実際に言語習得の機会を与えたりもした。また、円滑な教育のために地方とソウルの技術官署との有機的な運営方式を導入した。釜山浦の倭学生徒が才能を備えた場合、ソウルの司訳院に送られて名前を記録し、試験採用できるようにした[17]。地域的には、各々の地域で生徒を募集したので、採用もその郡や県に居住する者を対象とした。世宗一二年（一四三〇）慶尚道観察使の要求に応じて、倭語を勉強させるために、日本人が泊まる各地の浦の船軍の中で、年少で明敏な者を選んで学ばせた[18]。外国語に才能ある者で良人以上の身分であれば訳官になる道が開かれていた。

3 訳官と向化人：人才活用と公共性

司訳院の内では外国語のみを使用しただけでなく、今日のようにネイティブスピーカーが語学教育を担当した。彼ら外国人は中国や周辺国から帰化した人やその子孫だった。それらを指して向化人といった。対外関係で彼らを活用する一方で、定着させるための一連の政策も用意した。ここで、人材活用と開放的な公共性という側面を読み取れるだろう[19]。

国家では、向化人たちを対外関係に活用する一方で、定着させるための一連の政策を用意した。世宗一六年（一四三四）帰化する倭人と野人が居住する住宅は官庁に属する空き家を与え、空き家がなければ土木や建築を担当する官庁である繕工監が、その家族の数を考慮して二間、または、三間ぐらいの大きさの家屋を建てて与えた[20]。また、土地税は三年、徭役は一〇年間も免除した[21]。税金と徭役を免除した理由は、彼らを吸収、同化させるためだった。また、帰化した外国人が一定の学問の水準に達すると科挙受験も許可した[22]。科挙を通って官職を受けた事例を実録で確認することができる。

世宗二〇年（一四三八）以後には、外国人たちの中で結婚を希望する人には公私奴婢の中で良人の男に嫁いで産んだ女性を与えるようにした。また、彼らに貫郷を与え、朝鮮の民として生きるようにした[23]。彼らの大部分は語学を教える職業に従事していたとみられる。

代表的な向化人には回鶻（ウィグル）出身の偰長寿を挙げることができる。彼は恭愍王のとき元王朝で官職をしていた父である偰遜と共に帰化した。一九歳の時、朝鮮に来たが、その時すでに朝鮮語を知っていた。彼は通訳官として活躍し、また司訳院提調として司訳院と訳科制度の立案に大きな役割を果たした。また、中国語で解釈した『直解小学』を編纂して中国語の教材として用いた。人となりが敏捷かつ意志堅固で、言葉に巧みで、人々から称讃され、明王朝に使行として行き来したのが八回にのぼった。彼には鶏林（慶州）が本貫（氏の根拠地）として与えられた[24]。

中国人であった梅佑は通訳として活躍した。彼は本貫を中国と呼ばれることがきまり悪く貫籍を新しく定めて下さるよう王に要求する上疏文を上申した。吏曹は以下のように措置することを王に要請した。向化人たちが貫郷を受ける状況がよくあらわれている。

昔の王たちは、風俗の異なる他地域の人々が来ればあるいは姓を与え、あるいは氏を与えて、懐柔の意を示しました。我が国でも高麗の時代に、偰長寿の父親である偰遜が元王朝から来たので、貫郷を慶州として下賜し、尚山君と呼ばれる李敏道も元王朝から来て、太宗代に貫郷を慶州として下賜しました。梅佑の祖父である君瑞が初めて来て、父である原渚は清廉勤仕して牧使官に達し、梅佑に至るまで二代にわたって、我が国に服務したのですから、前例に従って貫郷を下賜されんことをお願いいたします。（『世宗実録』巻八四、世宗二一年閏二月庚辰）

これに応じて世宗は梅佑に忠州を貫郷として定めて与えた。そのほかにも漢族の任彦忠は息子である任君礼とともに太宗と世宗の時代に訳官として活動し、大金持ちになった。李玄の父は李伯顔で元王朝の官吏であった。彼は朝鮮初期に訳官として活躍し、林州を貫郷として与えられた。彼は通事として勤め、二品という位を授けられた[25]。

中国人の唐誠は元の末期に兵乱を避け朝鮮にきており、吏文に関する限り、当代最高の人物だった。太宗は彼に密陽を貫郷として与えた[26]。このように向化人は、主に通訳に従事しており、朝鮮後期にも漂流してきた中国人たちに軍職を付与し、家を買って与え、訳官たちに中国語を教えるようにした[27]。

コミュニケーションのための朝鮮時代の外国語ポリシーで一つ注目されるのは、現実的に国交関係をもってない蒙古語訳官を五百年間にわたって選抜したという点である。モンゴルと交流はないが、国境地域が非常に近いところにあり、将来、いつ何が起こるかわからないので、司訳院が監督しながらすべての言語コースをもれなく設けるように厳命した。そして賞罰を徹底し、熟練するように飴と鞭を同時に駆使した[28]。いますぐには使わないが、将来いつか使われる可能性のある言語についても十分に準備するようにしたという事実は注目すべきことである。したがって、訳学の特性上、定員にこだわらず、その才能が優秀な者を選抜した[29]。

4 新しい文化受容としての訳官：新しい公共性の模索

文化的に訳官たちは、先進文物や技術と早期に接するようになって、外来文物を受容する先頭に立つことになった。朝鮮前期の訳官たちは、采銀法、国家が必要とする算法、石灰の作り方、兵船の建造法など、実質的な技術の導入に主導的な役割を果たした[30]。訳官たちの訳学に対する精進は国語学の発展にも間接的に寄与することになった。

朝鮮後期の名訳官であった金指南は文詞と中国語に堪能だった。粛宗三六年（一七一四）には、使臣に随行しながら見聞した事実を参考にして、事大と交隣の外交に関する沿革・歴史・訳官制度などを体係化した『通文館志』を息子である慶門とともに編纂した。これは、国内だけでなく、清と日本にまで流布し、そこの外交官たちにも、朝鮮に関する指針書となった。金指南は牛峰金氏という家柄出身で顕宗一三年（一六七二）式年試訳科に合格しており、息子の金慶門は粛宗一六年（一六九〇）式年試訳科に合格した[31]。

粛宗三八年（一七一二）、清との国境線を確定するために両国代表が会談した際、金慶門と一緒に行って清の代表である穆克登と対峙した。白頭山定界碑を立てる際に彼の功は大きかったといえる。清の代表である穆克登と何度も話し合って国境線を明らかにした末に、白頭山天池の北を清の国土とし、南を朝鮮の地に定め、天池の縁に碑石を建てて境界とした。また、山の形態と領域を二枚描いて、一枚は中国が所有し、一枚は我が国が持ち帰った。

金指南は使行訳官として派遣されるたびに、中国で国法によって厳しく禁止されていた、火薬を作る土を煎じる方法である煮硝法を探求して、ついにその製造方法を体得した。政府はその方法によって火薬を製造し、大きな成果をあげた。粛宗の許可を得て、製造方法を収録した『新伝煮硝方』を著して軍器寺で刊行、頒布した。この本は、正祖二〇年（一七九六）正祖によって、「金石のような成憲」と高く評価された。

また、西学と関連して注目される人物としては訳官金範禹を挙げることができる。英祖四九年（一七七三）増広試訳科試験に合格した。赴京随行訳官である漢学偶語別逓児として大陸の情勢や文化の動向にある程度の知見を備えることができた。大陸から入ってくる漢訳洋学書などと接する機会を持つことができた。李承薫から洗礼を受けて教人となった。彼は自分の家を信仰集会の場所として提供しただけでなく、訪れる人々を勤勉に入教させた。正祖九年（一七八五）李蘗・李承薫・丁若銓・丁若鏞・丁若鍾・権日身など南人学者数十人が彼の家に集まって礼拝をあげる際、当局に発覚し摘発された。他の人々は、両班名門出身として放免されたが、中人である彼は、過酷な拷問を受けて丹陽に流配された。この事件が一七八五年に起こった乙巳秋曹摘発事件であった。拷問の後遺症で一年後に死に、朝鮮初のカトリック犠牲者となった。旧韓末に宗教の自由が保障され、金範禹の家の跡地が教会を建てる場所として選択された。そこがまさにソウルの明洞聖堂である。

このように、朝鮮時代の外国語を担当していた訳官は、語学をもとに先進の文物と学問を導入して朝鮮文化の新しい公共性模索に大きく寄与することになった。さらには新しい時代の先導者の役割を果した。清に行った使行員と訳官たちは、様々な施設を見学して北京の流璃廠を訪れており、科学・倫理・地理・宗教などに関する漢文に飜訳された西洋学術書籍を購入してきた[32]。

朝鮮後期の知識人たちは、漢訳の西洋学術書に接することで、新しい学問的感興とともに強烈な刺激を受けた。彼らは西洋学術書籍を耽読し、最終的には西学という学問的流派を興すことになった。

また、漢訳西学書とともに、これらの西洋の科学・技術機構と知識は毎年、中国に派遣される赴京使行員によって導入され、注目を集めるようになり、最終的には学術的な研究にまで展開されるようになった[33]。彼らのこのような努力に支えられ、朝鮮後期の多くの実学の知識人たちは、新しい学問的インスピレーションとともに強い刺激を受けることができた。北学と西学という新しい学問的流派は、そのような脈絡で理解しなければならない。訳官たちの活動は、朝鮮後期文化史でのダイナミックな発展に大きく寄与したといえる。

5 訳官と公共性の特徴：二重性と二面性

訳官は基本的な任務である通訳以外に、経済的、文化的に多様な役割を担っていた。経済的に訳官は使行と国家が必要とするいくつかの物品を購入する実務者を担当した。その時代の貿易は基本的に公貿易が原則だった。

明清の交替が行われた後にも、明代の前例に基づいて定期使行と随時使行があったが、仁祖年間以後には単一化して正朝に送るのが常礼化されて朝鮮末期まで続いた。両国使節による使行貿易は典型的な国家公貿易の性格を持っていた。また、訳官は、我が国では産出しないが必要な物品である書籍、薬材、絹、兵器の中で弓に使用される水牛角などを必要とする各官庁の要請を受けて、使行貿易では輸入を担当した。

また、訳官たちに特別に許容された八包貿易の機会を通じて、経済活動もした[34]。訳官たちは彼らの職務を遂行する過程で一種の私貿易を通した利益を得たのである。特に、中国を往来する訳官たちによって多く行われた。彼らは中国では珍しいもので、朝鮮で入手しやすいものを持って行って高い値で売って利益を得、また中国からは経書、珍しい薬材、奢侈品などを取り寄せ、国内で高い値で売るなど、二重に利益を得ることができた。これらの使行時の貿易を介して、訳官たちは財産を蓄積して両班を凌駕する場合もあった。使行貿易を通じて莫大な富を蓄積したのである。

使行訳官は逓児職になっており、その数は通常必要とする人員に比べて一〇倍に達していた。彼らは中国に行くことができる機会を楽しみにしていて、順番が来ると八包定額貿易を通した密貿易を行なった。彼らは頻繁に外国に出入りすることができ、莫大な富を蓄積することが可能だった。朝鮮で有名な燕岩・朴趾源の小説『許生伝』に出てくる当代漢陽の一番の金持ちであった卞富者は、実在の人物である密陽卞氏の卞承業の祖父をモデルにしたものである。

使行訳官が貿易活動をすることができる条件は、次のとおりであった[35]。赴京一行の中に訳官は朝鮮と清国両国が公式に認めた三〇人余りの定員の中一〇人以上を占めており、彼らは使行中に複数の重要職務をすべて担当していた。一行数百人の馬夫、奴者、駆人らと多くの馬匹を掌握しており、また、彼らに数名の従人と馬匹を持っていくことが公認されていた。

また、使行訳官は訳官職の世襲化にともなう縦型の組織と制度上の横型の紐帯関係のおかげで継続的に貿易活動を展開することができたのである。貿易上の利益金はまさに彼らの逓児禄としての性格を持っている。また、訳官は使行中に、公用銀の負担を条件に公正な利回りによる政府資金の買い出しが可能だったので、貿易資本を確保することができた。さらに、対日貿易の場合は、倭館貿易の主務者が訓導・別差や同僚訳官であったため、彼らと結託することができたのである。彼らは、また、対清・対日における中継貿易を介してかなりの富を蓄積することができたのである。

この観点から見れば、訳官たちは、対外的な側面に注目すれば、共同体全体の安全という公共性に寄与しただけでなく、先進文物の受容と新しい公共性を模索するための役に立ったといえるだろう。しかし、同時に彼らは彼らの職責と業務にともなう特殊な条件に力づけられて、公的な貿易のほかに私的な貿易を通じて富を蓄積していくという、相反する面を見せているのである。このような二重性と二面性こそ朝鮮時代、訳官たちと公共性との間に見える顕著な特徴といえるだろう。

6 中人の公共性と近代化

朝鮮時代の中人の場合、技術学の専攻という特殊性により、社会的にユニークな階層を形成した。また、一定の社会的な差別は逆に彼らの結束を促進する役割を果たした。彼らは専門的な知識をもとにして同類意識、それらの間の通婚を通じた身分的結束の強化、経済的な安定とゆとり、そして、その富を子孫らに相続する世襲性などによって特徴づけられていた[36]。だから朝鮮後期に入り、社会全般に広がる身分の動揺と解体のような現象が目立ったが、彼らの場合は世襲と通婚を介して、むしろ社会的流動性が定型化される姿を見せていた。訳科試験に合格した訳官たちは、専門機能と実務行政能力を土台にして自分たちの職を活用し、様々な商業活動を展開し、それによって経済的な富を蓄積することもあった。公的な業務を遂行する過程で、合法的な、あるいは非合法な方法で経済的な利益を追求することができたからである。

訳官の場合は、密貿易などを介して訳官資本とすることができるほどの経済力を誇示することもあった。そして、中国使行の随行は訳科試験の合格者らに特典が与えられた。彼らは独占商業活動を通して富を蓄積しただけでなく、支配勢力と結託して流通経路を掌握した。こうして彼らは経済的な富を蓄積することができたのである。

また、彼らは新しい文物と調査を積極的に導入して朝鮮社会の文化発展に大きく貢献しただけでなく、新しい時代の先導者の役割を果たすことができたのである。先にも述べたように中国随行について行った訳官たちは様々な施設を見学して北京の流璃廠を訪れて、科学・倫理・地理・宗教などに関する漢訳された西洋学術書を購入することも当然に行われた。そして医官、天文官など担当技術館は直接随行に参加して書籍を購入したりした。彼らのこのような努力に支えられ、朝鮮後期の知識人たちは、新しい学問インスピレーションとともに強い刺激を受けることができたのであった。北学と西学という新しい学問的流派は、そのような脈絡で理解されなければならないことも、先に述べたとおりである。このように、彼らは、新しい時代の公共性を展望する側面もあったのである。

しかし、彼らが見せてくれた公共性は、身分制という枠組みから脱することができない限定的なものでもあった。堅固な身分制度のもとで、彼らはそれなりに自分たちが属した身分層に対して強い自我意識を持ち、その身分の淵源を明らかにする『壺山外記』、『里郷見聞録』などを編纂した[37]。また、そのような自我意識に基づいた委巷文学活動を展開して独自の文化を形成した。そして、一九世紀に入って「八世譜」などの中人族譜を編纂し[38]、さらに中人通清運動を展開した[39]。時代の流れに沿って、彼らは委巷志士から経綸家としての夢を育てたりもしながら先進文化を輸入する役割を果したのである。

その中で、一九世紀末の西勢東漸が朝鮮末期の社会にもたらした急激な社会変動にともなって中人らの社会も大きく変貌しないわけにはいかなかった。選抜方法としては、どんな制度よりも長く機能していた科挙の試験が、高宗三一年（一八九四）甲午更張により廃止された。朝鮮時代の五百年の間を貫いてきた国家公務員の採用方式、その方法すらなくなってしまった。しかし、近づきつつある新しい世界は彼らにとってより好意的なものだった。

その時代の流れと共に、従来ずっと中人の身分であった訳官たちの社会的地位と位相も急激に変化した。両班社会を根幹とする朝鮮社会と身分制度は解体されたが、専門知識と技能の重要性は変わらなかったからである。むしろ、専門知識と実務能力を持っていた彼らの社会的地位と比重はますます高まっていた。分野ごとに、また、個人ごとに多少の偏差はあるとしても、全般的に近代化の過程で専門的な技術官は、従来の身分的な制約を排除しながら、いましも新しい時代にふさわしい専門的な知識人官僚として浮上したのである。

参考文献

・宋基中、一九八五、「経国大典에 보이는 訳学書書名에 대하여（経国大典に見える訳学書書名について）」、『国語学』一四。
・慎鏞夏、一九八五、「呉慶錫의 開化思想과 開化活動（呉慶錫の開化思想と開化活動）」、『歴史学譜』一〇七。
・柳承宙、一九七〇、「朝鮮後期 対清貿易의 展開過程（朝鮮後期対清貿易の展開過程）」、『白山学報』八。

・李基白、一九八一、「一九世紀 韓国史学의 새 様相（一九世紀韓国史学の新しい様相」、『韓沽劤博士停年記念史学論叢』。
・李南姫、一九八七、「朝鮮中期 訳科入格者의 身分에 関한 研究（朝鮮中期訳科入格者の身分に関する研究」、『清渓史学』四。
――二〇〇二、「朝鮮前期 技術教育에 関한 一研究（「朝鮮前期技術教育に関する一研究」、『国史館論叢』一〇〇。

――二〇〇八、「科挙制度、그 빛과 그늘（科挙制度、その光と陰）」、『오늘의 동양사상（今日の東洋思想）』一八。

――二〇一二、「朝鮮後期 雑科의 位相과 特性（朝鮮後期雑科の位相と特性」、『한국문화（韓国文化）』五八。
・韓永愚、一九八六、「朝鮮後期「中人」에 대하여（朝鮮後期「中人」について）：哲宗朝 中人通清運動資料を中心に」、『韓国学報』四五。
・稲葉岩吉、一九三三、「朝鮮疇人考：中人階級の存在に就いて」、『東亜経済研究』一七―二・四。
・李元植、一九八四、「朝鮮通信に随行した倭学訳官について」、『朝鮮学報』一一一。
・姜信沆、一九七八、『李朝時代의 訳学政策과 訳学者（李朝時代の訳学政策と訳学者）』、塔出版社。
・白玉敬、二〇〇六、『朝鮮前期訳官研究』、韓国研究院。
・李南姫、一九九九、『朝鮮後期 雑科中人 研究』、以会文化社。
・李元淳、一九八六、『朝鮮西学史研究』、一志社。
・延世大学校 国学研究院編、一九九九、『韓国 近代移行期 中人研究』、신서원。
――二〇〇一、「高麗朝鮮前期 中人研究』、신서원。

注

＊本稿は第一一一回公共哲学京都フォーラム「朝鮮王朝実録から公共幸福を考える」（二〇一二年九月二日）における発表原稿を加筆修正したものである。

[1] 雑科は科挙制度の一つの科目であったが、文科や武科に比べると二次的なものだった。(李南姫、二〇〇八、「科挙制度、その光と陰」、『今日の東洋思想』一八)

[2] 雑学は、今日の用語として見れば、「技術学」といえるだろう。実録を見れば、医術、陰陽、地理などを「技術」と呼ぶ事列を見つけることができる(『世祖実録』巻三三、世祖一〇年一月壬)。実用機能を手掛けた彼らの学問を技術学といえるだろう。それらに携わる人々を雑学人、雑業人とした。

[3] 教曰 名以科試則正科雑科豈有間焉 雖以雑科言之 天象之推測 地理之究解 御薬之調和 法律之平反 象鞮之喋利 建除之通曉 凡此数者 固不可以雑科以忽之也。(『正祖実録』巻三、正祖元年三月壬午)

[4] 李南姫、二〇一二、「朝鮮後期 雑科の位相と特性:変化の中の持続と凝集」、『韓国文化』五八。

[5] 「公共幸福」という用語は、韓国ではまだ普及していない。公共幸福よりも、「公共福利」の方がより一般的である。私たちは、公共の福利とする場合、それは特定の個人や任意の団体の福利ではなく、共同体メンバー皆の福利[利益]ないし、一般的な福利[利益]というニュアンスが強い。それでもそれらは「公共性」という概念の中に含めることができると考えられる。「公共性」は、「ある事物、機関などが、広く一般社会に利害関係や影響を及ぼす性格、性質」または、「個人や団体ではなく、一般社会構成員全体にあまねく関連する性質」とすることができるからである。この論考では、広い意味での「公共性」という概念を用いることにする。

[6] これらを含め、両班の庶孼、中央の胥吏と地方の郷吏、土官、軍校、校生などを広い意味で中人に含めたりもする。(李成茂、一九七八、「朝鮮前期中人層の成立問題」、『東洋学』八)

[7] 訳官は、『朝鮮王朝実録』など古文献では、訳者、訳人、舌人、舌者、象胥、象訳、訳語之人、訳学人などとして呼ばれている。

[8] 『太祖実録』巻六、太祖三年一一月乙卯。

[9] 『成宗実録』巻一三九、成宗一三年三月癸巳。成宗の場合、訳科に合格した者を文武科の事例に基づき、敍用する節目を立てようとした。さらに、王は自ら直接外国語を学ぼうともした。

[10] 『世祖実録』巻二五、世祖七年八月庚寅。謝恩使金係熙・姜希顔が通事張有誠を先に送って「見聞事目」を上申した内容が『朝鮮王朝実録』に収録されている。

[11] 『正祖実録』巻二九、正祖一四年三月丁未と『憲宗実録』巻七、憲宗六年三月乙卯。

[12] 司訳院は忠烈王二年(一二七六)に漢語教育のために設置した通文館を高麗末期に司訳院として訳語を教育したが、朝鮮建国後、太祖二年(一三九三)九月、高麗の制度をそのまま踏襲して設置し、その機能を拡張して事大交隣に関する事を引き受けるようにした。(李南姫、「朝鮮前期技術教育に関する一研究」、二〇〇二年、『国史館論叢』一〇〇)

[13] 司訳院の正をはじめとする一一個の禄職の中で教育を担当する教授と訓導だけが久任の正職で、残りの正、副正などは両都目の逓児職だっ

た。（『通文館志』巻一、官制）

[14] 倭学の専攻者が琉球語を同時に習った。

[15] 儒学教育は成均館・四学・郷校などの国立機関と書院・書堂などの私立機関で行われた。

[16] 『経国大典』巻三、礼典生徒及び巻一、吏典外官職。

[17] 『成宗実録』巻一二七、成宗一二年三月丁酉。

[18] 『世宗実録』巻五〇、世宗一二年一〇月戊寅。

[19] 『朝鮮王朝実録』を見ると、回回国、暹羅斛国、呂宋国、南蛮国など、様々な国の外国人が往来していたことを知ることができる。「暹羅斛国で、その臣下である乃（官職名）張思道など二〇人を送って蘇木一千斤、束香一千斤と土人二人を送り、王が二人をもって大闕門を守らせた。」（『太祖実録』巻三、太祖二年六月庚寅）

[20] 『世宗実録』巻六、世宗一六年四月戊午。

[21] 『世宗実録』巻二五、世宗六年七月庚寅。

[22] 中国人曹崇徳は科挙に合格しており、外交文書などに使用された独特の漢文の文体である吏文に堪能だった。（『世宗実録』巻二九、世宗七年八月戊寅）

[23] 『世宗実録』巻八〇、世宗二〇年一月癸丑。

[24] 『太祖実録』巻一〇、太祖五年一一月丁丑。

[25] 『太宗実録』巻一二、太宗六年一二月甲午。

[26] 『太宗実録』巻二六、太宗一三年一一月己卯。

[27] 『粛宗実録』巻六、粛宗三年三月戊戌。

[28] 『正祖実録』巻一六、正祖七年七月丁亥。

[29] 巌飭各該司、公以考試、厳其等第、俾勿如前乱雑、雖未充元額、惟才優者是取。（『正祖実録』巻三、正祖一年三月壬午）

[30] 中解淳、二〇〇八、「中人」、『韓国史』二五、国史編纂委員会。

[31] 金指南の息子である金舜門（一六九九年式）、金裕門（一七〇二年式）、金纉門（一七一〇年増）も訳科に合格した名門の訳官の家柄である。

[32] 医官・天文官など担当技術館が直接使行に参加して書籍を購入した場合もあった。使行員の手を経て、朝鮮に導入された書物がどれだけ多かったのかは、今日の奎章閣と蔵書閣所蔵の中国版書籍を見ても分かることである。

朝鮮後期の代表的な書画家である金正喜が高宗一〇年（一八四四）流刑地である済州道で描いた「歳寒図」は、水墨画で小さな家一軒とその左右に朝鮮松と松を二本ずつ配置した淡泊な筆致の作品で、朝鮮時代文人画の白眉として評価されている。ここには一朝にすべてを失った自分を忘れないで、遠く北京まで行って貴重な書籍を買ってくれた弟子である訳官李尚迪の人品を真冬にも最も遅く葉を落とす松と朝鮮松の志操に例えて描いたという事情が伝えられている。

[33] 李元淳、一九八三、「赴京使行の文化史的意義」、『史学研究』三六。

[34] 訳官の一人に許可された貿易量は八包、つまり、人蔘八〇斤に銀二三両に当たる大金だった。

[35] 柳承宙、一九七〇、「朝鮮後期対清貿易の展開過程：一七・一八世紀赴燕訳官の貿易活動を中心に」、『白山学報』八。

[36] 雑科の合格者一〇人のうち三人くらいは父親と同様の科目の出身だった。雑科試験を経ていない技術部署の在職者まで含まれている場合、その比率はさらに高かったと考えられる。全州李氏や密陽朴氏のように全体的に雑科の合格者を多く輩出した姓貫もあるが、各々の科別に名門の姓貫（氏の本拠地）があるという点も注目される。南陽洪氏、密陽卞氏、牛峰金氏は訳科で、川寧玄氏は訳科と医科で、広州崔氏、泰安李氏は医科で、稷山崔氏、広州金氏、清州韓氏は陰陽科で、清州韓氏、金海金氏、安隠林氏は律科で多くの合格者を輩出した。

[37] 李基白、一九八一、「一九世紀韓国史学の新しい様相」、『韓沽劤博士停年記念史学論叢』。

[38] 『姓源録』、『続姓源録』などの万家譜類、『訳科譜』、『訳科八世譜』、『医科八世譜』、『医訳籌八世譜』、『等第八世』、『未科科八世譜』などの八世譜類族譜を編纂した。

[39] 一九世紀末に中人通清運動を主導した司訳院、観象監、典医監、恵民署、律学などの有司らがほとんど雑科合格者であるという事実を雑科試験の科挙合格者のリストである『雑科榜目』で確認することができる。

凡父・金鼎卨の風流精神に現れた統合論と公共倫理

秦　教勳／翻訳：金　英美
（ソウル大学校名誉教授）

1　はじめに

凡父・金鼎卨（一八九七—一九六六）は、西洋文明の危機、西洋文化の衰退を宣言する。彼はゲオルギュー（Constant Virgil Gheorghiu 一九一六—一九二二）の小説『二五時』のなかの「二五時」という言葉が、極限状況に直面した欧州の人々の悩みをよく示している言葉であり、人間が機械の奴隷になることによって人間破綻の悲劇が始まる、絶望の時代を象徴するものだという。しかし、彼はこの絶望の瞬間にも何かを待ち望む心があり、まだ機械化されていない人がいることを信じていた。それはインドの詩聖タゴールが「光明は東方から来る」といった言葉を連想させる。凡父はゲオルギューの言葉を借りて東方文化の黎明を暗示する[1]。

凡父は、ゲオルギューに先だって第一次世界大戦直後にシュペングラー（O. Spengler 一八八〇—一九三六）が欧州文化の危機を予言した『西洋の没落』[2]を、日本人が「西洋の没落」と訳したのは行き過ぎだといいつつ、東洋の古典には、没落という言葉はない、精神的な物事は衰退したが、まだ文明再建の余地はあると話している。凡父は「西洋人のいう現代文明の危機とは、欧州の危機であり、東方の危機ではない。しかし、東方の知識人たちもながらく欧洲の教育だけを大いに受けてきたため、西洋化された考え方を持つ東方社会も現代、危機にあるといっても、それは間違った言葉ではなく、「人間性を失って機械化された欧州人は機械化がまだ進んでいない東方の人々に文明の再建を期待するしかないだろう」と語っている[3]。彼は「欧州人は、現代は無限に進歩するという一種の迷信を信じており…現代科学が人間を機械化したということの大罪の責任を負わなければならない」と喝破している[4]。

凡父は西洋哲学の限界と盲点を鋭く見抜いている。特に主客を分離させる二分法的な二元論（dichotomy）を批判する。彼によれば、この二元論的思考は、ついに観念論、もしくは唯物論を生み、懐疑論、又は厭世主義、非人間化、自然破壊を招くものであり、最終的には西洋文化を没落させるものだと予言したのである[5]。凡父は西洋の個人主義的な我の概念を批判し、魂や理性だけか、もしくは物質のみを重視する西洋思想に異議を申し立て、いわば統全的とでもいうべき思考を提起する。

彼は「易」の中に自然と人間の関係に関する東方思想の原型を見る。ユング（C.G. Jung 一八七五―一九六一、スイスの精神科医）が、易の思惟方式を、西洋の因果律に対抗する共時性（Synchronicity）に基づくものとしたのと同様に、凡父は共時性を重視する。共時性とは、異なる物の間で互いに感応して同時的・同調的活動を引き起こすことを意味する。ここでは、異なる物の間での感応を起こす力の場が繰り広げられることになる。共時的な関係では、全体を一つと考える統合思考ないし統全的思考（または全一性思考（Ganzheitsgedanke））、すなわち存在の連続性が重視されるようになる。

凡父は、また東洋思想の理解は有と無の統合的観察に基づくといい、陰と陽、有と無は二元的なものではないことを理解しなければならないといっている。これは元々二つのものではなく、一つのものであり、陰と陽の関係を、呼吸における吐く、吸うの関係に例えて、陰静陽動という表現も間違った表現だという。つまり、息を吸えばすぐに吐きだすのであって、これらは二つの動作ではなく、実際には停止ということはないというのである。陰陽の変化の法則を扱ったものが、すなわち周易の原理だとする[6]。

彼は、漢字語が我々の言葉であることを常に強調し、韓国語を正しく理解するには、漢字語の語彙の意味を正しく知っておくべきで、東方文化を研究する以上、東方的観察方法と考え方をとらなければならないし、東方学の研究に、研究するうえで韓国人がもっとも有利な立場にいると述べる。東方学を研究するためには、まず陰陽論について正しく理解しなければならない。この陰陽論は、対照的に観察し、対照的に判断した後に把握する思考方法である[7]。

「今日の民主主義は破滅の危機にある。現代社会は、平等と自由を調和させる原理をもっていない。その理由は、西洋で生まれた民主主義は、初めから破綻をもたらす悲劇の種を持って出発したからなのだ。要するに、西洋人は、個人と社会を根本から互いに相反する対蹠的なものから出発させた。すなわち、自由の原理を個人から出発させ、平等の原理を社会から出発させることで悲劇的な結果をもたらした。つまり、個人と社会のそれぞれを同じ原理から出発させることなく、異なる原理から出発させたために、今日の民主主義は悲劇的な破綻に追い込まれたのだ。西洋人の思考方式と、その「思考的生理」が自由と平等を引き離して考えなければならないようにしたのだ。西洋人は一種の分裂的な思考方法を宿命的に持っている。この思考方法が悲劇をもたらした。…私たち東方の人々は彼らとは異なる思考方法を持っており、彼らとは異なる考えを持っている。四書三経こそがまさにそれだ。我々は、これを研究していく過程で、そこに流れている思想の内容と考え方を身につけるようになると確信している」と凡父は語る[8]。

報告者は、凡父のこれらの言葉に基づいて、西洋の哲学思想の二分法的思考の限界と盲点を剔抉し、彼が主唱する統全的—統合的—思考を公共倫理の実現と関連させて解いてみようと思う。

2 西洋の哲学者たちの二元論的な思考方法の問題点とその限界

凡父による西洋哲学の批判を検討する前に、まず西洋哲学の基底に作用している西洋人の思考方法の特徴とその限界を、東方思想の思考方法と比較して、その違いを見てみよう。

❖――（1）思考方法における東方思想と西洋思想の差異

①自然についての東方思想と西洋思想の差異

初期のキリスト教教会では、個人の内面的体験と結びついた霊性を強調する面が目立っていたが、キリスト教が徐々に道具的合理主義（経験主義と理性主義）的な思考の影響を受け、ことに数学的論理に基づく自然科学が発達する中で、西洋では、人間の内面を重視する神秘主義や全一的で汎神論的な考え方が急速に消えて行き、二分法的な考え方が横行するようになった。ここで私たちが注目すべきことは、東方では、自然は霊的な生命を持つという神話時代のアニミスティックな考え方が存続しており、宇宙や自然全体を霊的なエネルギーに満ちた一つの生命体と見ていることである。

中世ヨーロッパでは、山は大地にある醜いこぶとされ、悪魔が住む場所とされた。初めてアルプスに登ろうとした人物は、ルネサンス初期の詩人ペトラルカ（Francesco Petrarca、一三〇四～一三七四）であったと伝えられている。彼は、山に登ることは神を汚す行為だといわれて、それを断念したと伝えられている。東方の伝統においては、山とは、神に近づく修行の場であり、平安の場所と見られていたことを考えれば、正反対であった。神仙は山に住み、仙女は天に昇ると信じられてきた。東方では自然は畏敬の対象と見られており、人間と自然の調和を重視したが、近世の西洋では、自然は、人間が征服する対象であった。人々は自然破壊を繰り返し、その挙句、生態系の危機を招きよせ、結局のところ人間の危機を招くことになった。

②言語の使用における東西の差異

凡父は、報告者との談話のなかで、西洋人の「生理的な思考」が、その言語使用にも現れていると指摘した。彼は、人称を厳格に区別することや、数的な区別、例えば、一人称、二人称、三人称と分類すること、単数と複数を区別することを例として挙げた。また西洋人が昇降機をエレベーター（elevator）というのは、自分が立っている現在の地点を中心にみると、まず上がる（elevate）ための機械なのでそのように命名したのである。しかし、エレベーターは上がるだけでなく降りることもある。だから韓国（東方）では上がる機能（昇）も降りる機能（降）もあるので昇降機と呼んでいる。また、病院は入院も退院もするところだから、我が国では、入退院科とよんでいるのに、英語では入院科（admission office）と呼ぶ。また、机の引き出しを我々の言葉では引いたり戻したりするので「ペダジ」と呼ぶが、西洋人は引き出しを「抜く箱」（drawer）と呼ぶ。したがって、西洋人の考え方は、一方的であるのに対して、東洋人の考え方は、双方向的だというのである。

言語の使用における東洋と西洋の違いをもう少し見てみよう。

西洋人は左脳の論理的思考が発達し、東方人は右脳の直感的思考が発達しているといわれる。その理由は、左脳は遠心的、分析的、数学的、直線的、言語的、論理的、科学的な思考を担当する。右脳は求心的、包括的、芸術的、比喩的、直感的、想像的、哲学的な思考を担当するという。

西洋では数を主に質量の概念で使用するが、東方では数の性質に関心を持ち、数に意味を与える。例えば、数字の一は全体を、二は陰陽と相対性を、三は過去と現在と未来を、三合、上中下などと、調和を連想させる。

特に、韓半島では、三という字に対して特別な意味を与えており、三神、三鼎、三神祖母、三千里などの言葉がある。

西洋では、音を語るとき、高低、長短、強弱など、音の計量的な要素を考えるが、東方では音の性質、例えば、宮商角徴羽という五つの音の性質を重視する。そして、それぞれの音ごとに、震え、ざらざらした感じ、柔らかさ、楽しさ、悲しさ、切なさ、ハン（嘆き・恨み・強い望み）など、すなわち感じるところを重視する。西洋人は時間的思考を重視する。動詞ごとに時制（sequence of tense）の区分が厳格であるが、東方人は時間の概念を重視する以上に東西南北などの空間の思考を重視する。そうしたことから、東方では方位を重視する風水思想が発達したというのである。

話をするときに、西洋では主語と述語の区別をし、人称と単数・複数の区別をする。だが、東方では主語と述語の区別が厳密ではなく、人称と単数・複数の区別をはっきりさせない。一人息子や一人娘も自分の父のことを「私たちの父」、「私たちの母」、「私たちの家」、「私たちの国」という。仏門では、区分智を排して不二を悟らせる。元暁は「二つに分けることもしないし、一つのままとすることに執着もしない（無二而不守一）」と教えたのである。

凡父は、韓国の大工は設計図なしに、墨壺と紐さえあれば大伽藍と宮殿を上手に建てることができた。それは総体的な直観力によるものであり、塀や城壁を建てる際にも、自然破壊を最小限に抑えるものであった、と凡父は強調している。

❖――――（2）西洋哲学の二分法的な思考方法の問題点

凡父は、西洋哲学の限界と盲点を見抜いていた。彼は特に西洋哲学の二分法的な二元論を批判し、その二元論的思考が、ついには観念論、もしくは唯物論を生み、懐疑論、もしくは厭世主義、非人間化、自然破壊を招き、最終的には、この二元論的な考え方のせいで西洋文化は没落してしまうであろうと喝破した[9]。西洋の二分法的な思考とは、自己中心的な唯我論（solipsism）から出発する。したがって、我々は唯我論的な思考を批判するために、唯我論を見なければならない。

①唯我論と個人主義の問題点

一人の個人は、自分の欲望の追求が他人に与える影響を全く考慮せずに、自分の欲望の対象を追求する権利を持っている、と主張する考え方がある。こうした個人主義（individualism）のさまざまな表現の中に、私たちは唯我論を見つけることができる。例えば、サルトル（J.P. Sartre）は、彼の戯曲『虚無』のなかで「他人とは地獄」だという。この一節は、まさに利己的な人物が他人に対して関心を持たないことをよく反映しているといえよう。私たちは、このような見解を、いわゆる人気のある大衆雑誌や商業広告のなかに容易に見出すことができる。これは、人間が単に喜びの経験の中心にあり、商品獲得の中心である自我（self、自分）に過ぎないという考えに基づいている。

このような唯我論に反対するパスカル（B. Pascal）は、かつて「自我は嫌悪すべきものである」と語っている。彼は、自我はすべての中心（center）だといい、正義とは正反対になることをするから我々は自我を憎むと説明する。彼によれば、自我は自らをすべての中心点にするから不義である。つまり、自我は他者を威圧しようとするから他者と一致することができない。それぞれの自我は敵同士になり、すべての人の暴君になりやすいからである。したがって、自我の不義だけでなく、自我の「殺風景」を取り除かなければならない[10]。

唯我論は近世の自我中心説と個人主義を胚胎して、私とあなた、物質と精神を区別する二元論に陥り、自然を征服の対象とし、自然の破壊、生態系の危機を招くようになった。ホッブス（T. Hobbes）は、「人間は人間にとって狼である」という言葉を頻繁に表出するようになり、さらに「万人の万人に対する闘争」という暴言を残した。モダニズムは、この唯我論と道具的合理主義を基盤として二元論を現出させた。

モダニズムは、デカルト（R. Descartes）に由来するので、これをもう少し見てみることにしよう。デカルトは西洋近代哲学史の出発点に立つ哲学者と評価されている。彼は人間が世界を認識することができる根拠を自我意識（cogito）とみなした。彼は「私は考える。ゆえに私は存在する（cogito ergo sum）」と宣言した。私たちは、デカルトの言葉のうちに、主観と客観を対立させる認識論的な考え方である二元論が始まるのを見出だすことができる。

デカルトの物心二元論は、一般には精神と物質を互いに無関係なものとする論理を確立したものと考えられてきた。このことから、科学は、精神とは無関係なもので、唯物論的な世界だけを扱う独自の世界へと発展を遂げた。彼の思考のパラダイムでは、cogito は「思惟的存在者」（res cogitans）と定義され、これに対比される物質としての世界の事物は、延長的存在者（res extensa）と定義されている。延長的存在者とは容積を持っているもの、すなわち空間に一定の大きさを持つものを意味する。したがって、彼の思想は最初から一つにはなれない。

近代科学に基づく西洋医学は、心の問題を一切排除した機械論的機能主義的医学の体系を作り上げたが、これはデカルトから始まったものである。デカルトの論法において、身体と魂の作用が上手く結びついてないことは、当時のガッサンディ（Pierre Gassendi 一五九二―一八五五）も批判したし[11]、パスカルも、これを酷評している。しかし、デカルトの二分法的思考は西洋哲学の観念論を支配してきたし、今日でもその影は濃く残っており、いまだに西洋の機能主義的で、機械論的な医学の基調をなしている[12]。

②西洋哲学の限界と根本的な問題点

凡父は「西洋人の考え方は、精神的原理によるものか物質的原理によるものか、この二つのいずれかによらなくては「運思」されない」[13]という。つまり、西洋人は二つの中の一つを選択するように強要する両刀論法と白か黒かの論理と排中律に基づいて思考するのである。そうしたわけで西洋人は極端論に偏りがちで、生と死、心と身、肉体と魂、自然と人間、個人と社会、自由と平等を対立するものとし、厳格に区分する二分法的な二元論に陥りやすい。しかし、現実には黒でもなく白でもない灰色が当然存在し、あれにもこれにも該当しない中間段階に相当するものもあって、これらを同時に包容し、合わせることもできるのだ。かくて仏教は、衆生に自己中心的な我執から抜け出し、五蘊にすがる区分智を払拭するために中論を提起したのである[14]。

二〇世紀に入ってから、二度にわたる世界大戦を経たのち、西洋でも従来の形式論理学と弁証法的な対決の構図や機械論的な思考、図式化する思考や意識の表面だけにこだわる思考、数学的合理主義的な思考、静的な思考による固定観念に対する批判が、いわゆる「生の哲学者」と「実存主義哲学者」など、非合理主義の哲学者たちによって提起された。そして彼らは内面的な思考、体験的な思考、力動的な思考を提唱したりもした。

凡父は、西洋の哲学者、ヘーゲル（G. W. F Hegel）の弁証法の思想が固定観念的な静的な思考から抜け出し、動的な思考を提起しながらも、矛盾と否定の作用による正反合の時間的先後を予想し、きわめて図式的で、闘争的な二分法的な対立の構図から抜け出すことができなかったことを、五行説の原理にてらして批判する。すなわち相剋するものでありながら相生し、相生するものでありながら相剋する、生剋の相即的・向背的な包含原理である[15]。凡父は、ヘーゲルが思考と実在の同一性[16]を主張する観念論に陥っていると批判したのである。

凡父は、二元論から脱しようとして感情を重要視した非合理主義の哲学者ベルクソン（H. Bergson）の直観論も、悟性的思考と対立しながらも、主観主義から脱することができていないと批判する。そして彼は「天地万物中に一瞬でも変わらないものはない」という『周易』の理致に同調して、次のように述べる。「静止とは仮のものに過ぎず、生命の核心は、一瞬たりともじっとしておらず、すべては流動するというのがベルクソンの認識である流動説の特色であるが」、私は不服に思う点がある…意識には静鑑止水のような精神状態がなくはない。東方人はそれを重視するので、そのような状態を保つ努力をよく体験する。仏教では、無記の状態ということを認めている。特に禅家では、静寂不動の意識の境地を体験していないと禅機を捕捉できない。宋儒において、主静を勉強するところがその長所である。静でなければ心が無にならない、無にならないと至公無私な境地に至ることができないということだ…易の繋辞にある「『易は思うことがなく、また為すことがなく、寂然不動であり、感じて遂に天下の故に通ず』という寂然不動の状態がそれである。この寂然不動の状態がつまり神明と交渉するのである…老子は、『虚極』『静篤』し、『無為を為す』ことによって『為さざること無し』といっている。これらのすべてが示すように、精神の虚静状態に入るのでなければ、東方の精神を知ることはできない。ベルクソンはこのような無流動状態を知らなかったため、東方精神を捕獲できなかった」[17]と凡父は批判している。つまり、ベルクソンは「生の躍動」と直感の重要性を力説しながらも、彼の思想も総体的でなく、一方的だ、と凡父はいうのである。

凡父によると、「論理というものは、推理と切り離しては成立しないので、非常に間接的である。推理以上の思考は論証に入らない。ところが推理として可能なことは真理ではない。いくらでも他の方法がある。『合証』がそうである[18]」。陰陽論は推理の産物ではなく、直観によるものであり、西洋の主客を分割させる直観(intuition)とは異なり、主客が分離される以前の「即観」といった方がより適切なものである。推理は疑うことができるが、最も直接的な現象をとらえる直観、つまり「即観」は疑うことができない。陰陽論は、現象的特徴によって成立する「即観」によって捉えることができる。例えば「天尊地卑」という言葉が『易経』の「繫辞」に記されている。天地に尊卑や上下があってはならないが、象徴として、頭の上は高く、足元は低いはずである。そうしたわけで、それはその場に置いてみることが必要であろう。それがまさしく「即観」の現象である。一呼一吸が陰陽である。したがって、陰陽論は二元論ではない[19]。

凡父は『易』に示される自然と人間の関係の中に東方思想の原型を見ている。ユング（C.G.Jung）が『易』の思惟様式を、西洋の因果律の対立物となる共時性（Synchronicity）を強調するものとみたように、凡父も共時性を重視する。共時性とは、互いに異なるものが感応して、同時に同調的な作用（活動）を起こすことを意味する。ここでは、他のものとの間に感応を起こす、いわば力の場が繰り広げられることになる。共時的な関係では、全体を一つのものとして見る統合思考、もしくは統全性：全一性（Ganzheitsgedanke）、すなわち存在の連続性が重視されることとなる。したがって、二分法思考による二元論は、当然否定され、拒否されるほかない。

西洋人の考え方と東方人の考え方は、医学のなかの克明な違いとして現れる。かくて私たちは、二〇世紀に入ると欧米で二分法思考の限界が痛感されはじめ、特に医学界で東方の統合的思考による全一性の医学や全体性の医学（holistic medicine; Ganzheitsmedizin）に関心が持たれるようになる。その理由を探ってみる必要があるだろう[20]。

3 風流（プンニュ）精神と統合的思考

凡父は、二分法的な西洋の考え方は、最終的には滅びてしまうと警告する。そこで彼は、西洋の二分法的な考え方の蔓延を韓半島においてだけでも防ぐことは、我々の血脈の中に流れている「風流（プンニュ）」の精神で解決することができると主張している。

辞書の定義では、風流とは「自然と人生と芸術が渾然一体となった三昧境に対する美的表現であり」、狭い意味では、音楽と関連して使われるが、本来の意味は崔致遠が書いた「鸞郎碑序文」にある通り、「儒仏仙の三教を内包したもので、すべての生命体と相通し、接触することによって自然に感化される（包含三教接化群生）」ことであり、韓国固有の精神を表す言葉である。ここで私たちが注意すべきことは、三教の共通点は、自分の欲を捨てて真の心をもって、すなわち天（神）から与えられた心に戻って神と人間が一つ（天人合一またはは天人妙合）になるということにある。凡父によれば、風流の精神は、天と地と人が一つに調和する道であり、生活の中で「モッ」（粋）、つまり調和を求めるという我々の民族が固有の思想として受け継いできた伝統思想である。

凡父は、韓国人における「モッ」（粋）と和と妙について次のように解説する。すなわち、凡父にとって「モッ」（粋）とは表面上に表される単純な身だしなみ、品行、人柄などの洗練された美しさとは異なり、「天と人が通じる境地に達することによって天地万物が調和するようになり、内面からの調和を通じて自然に発現されるものである」[21]。凡父によれば、万物は「自然之理」を持っており、自然の理が得られた際に、「調和」が生じる。天地は、和気によって調和が生じるようになる。天地の和気がすなわち自己の和気であることを悟るとき「天人妙合」が生じる。すなわち、天人妙合になると融通透徹の域に達する。このとき真の「モッ」（粋）が生まれ、真の「モッ」（粋）は生きて動くことになる。

和とは、儒学の世界では、盲目的に付和雷同するのではなく、異見や異議を調和するものであり、これは、他人の見解に付和雷同する場合の〝同〟とは意味が違う[22]。凡父にとって、和とはさらに天地との調和を意味する[23]。

妙という言葉は、現在の私達の言葉で、これに代わる言葉はないが、『易』では「神の言葉でそのようになったのだ」（神也者妙万而為言者也）というのだが、凡父は、この言葉のうちに天地の始まりと万物の妙のすべてが込められていると解釈する[24]。

風流の精神を表す「モッ」（粋）と和と妙は、分離して考えることができるようなものではなく、常に同時に現れるのである。

凡父が語る風流の精神の核心は調和にある。調和は、互いが互いを相生の関係へと進むように助け合う、有機体的な連帯関係を持つものである。私たちは風流の精神から公共倫理の根幹である統合（通全的）思考の原理を見つけることができる[25]。

4 公共倫理の実現と公共幸福

（1）公共幸福とは何か

①公共の意味

辞書の定義によると、公共は「国家や社会の構成員に共同でかかわったり、関係すること」を意味する。韓国語でいう「公共する」という言葉は、「公平無私」であると同じ意味で使用される。すなわち、仕事の処理や言動などが私的でなく、誰に対しても公平であるという意味を持つ。

公共という言葉は、司馬遷（紀元前一四五―紀元前八六）が書いた『史記』のなかの「張釈之列伝」[26]に出ており、また朱子（一一三〇―一二〇〇）の『朱子語類』[27]にも、『王陽明全集』別巻[28]にも出てくる。韓国の李彦迪（一四九一―一五五三）と丁若鏞の文にも出てくる。したがって、公共という言葉は東方では新しい言葉ではなく、古くから使われてきたのである。

公共の幸福と利益を大切に思う心を公共心といい、公共心は私的な、すなわち個人的な利己心に対立する言葉として用いられる。公共善という言葉は、個人善に対比する言葉として使われ、個人を含む社会全体のための善を意味する。最近多く使われている公共福祉（public welfare）は、社会構成員の全体に共通する福祉、すなわち社会福祉を意味することもある。

今日、我々の社会では、公的な職務をもつ者が公と私を混同して多くの社会問題を引き起こしている。そこで公職にある者は公私を厳しく区別することが要求される。陳立夫が「君子と小人の違いは複雑なことのように思われるが、実際には非常に簡単である。ただ公と私の区別に過ぎない」[29]といっているように、公職にある者はもちろん、人間らしい生き方によって生きようとする者は、公的なものと私的なものを厳格に区分すべきであり、先公後私を考えなければならない。だが、歴史的に見れば、人々は男女の区別を恣意的に男女の差別と誤解したことがあった。それと同じように、この公私の区別も公と私の差別を意味するものであってはいけない。

しかし、かつて専制主義の時代に「滅私奉公」、または「破私立公」という言葉が強調されたことがある。「公」は国家、社会全体、公共機関を意味し、「私」は、個人とおのれのみが関連する家族、親族、仲間を意味するものとみなされた。日本の軍国主義をはじめとして、ことに専制主義の国家と社会、例えばナチズム、ファシズム、スターリン主義などの社会では、自分を犠牲にしてひたすら公だけを受け入れることを強要し、個人の尊厳を否定した。だから公と私は二分法的に分離され、対立し、あたかも相克関係にあるかのようにみなされ、公教育を通じて啓蒙されたり、周知されたりもした。その結果として市民や国民一人一人の人格と権利は長い間、無視されたのである。

しかし、ポスト工業社会に入ってからは、このような滅私奉公とは正反対の、個人の自由と権利を最大化することを追求する利己主義と自己中心主義が商業主義の風潮と並行して急速に世界を風靡するようになり、これによって、社会の連帯意識と共同体意識が崩れることになった。一言でいえば、現代社会は国家や社会全体の利益よりも個人の利益と幸福だけを追求するようになり、家庭の崩壊とともに社会が解体する現象が起きている。家族中心主義や種族中心主義も、ある意味では、集団利己主義的なものであり、公共精神とは反する面をもっている。

人間は、自己中心的な動物とは異なり、開放された存在、つまりシェラー（M. Scheler）がいう「開かれた存在」（Offenheitswesen）であり、連帯意識と共同の運命を意識する人格共同体の構成員である。したがって、国民と市民と個人はもちろん、人間と自然が相克関係にではなく、共生と相生の関係にあり、相生関係でなければならないし、相生関係であるほかない。このことを我々は悟るべきである。

我々は、ここで一歩前に進んで、公と公共とを区別して考えなければならない。一般的な意味で公私を対立する関係とみるのではなく、我々は公と私を合わせたものを公共的なものと考えることができる。公共とは、公も生かし、私も生かす、すなわち個人を生かすと同時に市民も生かし、すべての人間がともにうまく生きていく道を模索する活私開公である。つまり、公共は万民が公的に共にすることにほかならない。例えば、ユネスコが実施している世界自然遺産および世界文化遺産は、人類の遺産であり、公共の財産であり、世界の人々が一緒に保護しなければならない遺産なのである。

自利利他という言葉のように、自分に有益なものは他人にとっても有益なものでありうる。相手がいないおのれがいるわけはなく、おのれのいない相手も存在しない。相手と自分、我々すべて、ひいては全世界の人々がともに平和を享受し、幸せになるとき、はじめて我々は安心して幸せを享受することができるのである。

社会の根本的な秩序は、人々が連帯意識と共同善を追求してこそ初めて成立する。公共幸福は我々すべてが連帯意識と共同善（公共善）を追求し、皆が幸せになりうる道を見つけるところから成し遂げられるだろう。

②幸せの意味

我々すべてが望む幸せとは何か？　人々は誰もが幸せを願っている。幸福とは何か。これについては、古今東西を問わず、実に様々な見解や議論がある。我々は幸福論について理路整然と議論したものを、西洋哲学史のうちに見出だすことができる。我々は、これを便宜上、理性主義の幸福論と経験論的な幸福論に大別して見ることができる。

理性主義の幸福論の代表ともいわれるアリストテレスによれば、幸せであるためには徳を行わなければならず、徳を行おうとすると、徳がどのようなものであるかを理性によって正しく理解しなければならい。したがって徳を正しく知ることが善である。そうなると徳とは何かが問題になる。彼によれば、善がすなわち幸せであり、徳である。したがって善と徳と幸福は一致する。すなわち、アリストテレスは、幸福とは、徳（ἀρετή）を積むことから生じるという。では徳とは何であろうか？　彼によれば、徳は、人が各自の生き方の中で自分を完成させる最高の状態（excellence）を指す。例えば職人が職人らしくあるとき、彼は徳を備えることになり、幸せになるという。要するに職人は自分ができる最高の技術を磨き、それを実現すると同時に、彼は徳のある人となり、幸せな人になるという。したがって、誰であれ、どこにおいてもおのれの最善を尽くして生きるならば幸せな人になるということになる。

しかし、これとは異なり、経験的な幸福論を主張する人々もいる。英国の経験主義哲学者であるベンサム(J. Bentham)、ミル（J.S. Mill）によって展開された功利主義の思想によれば、絶対的な善というものはなく、相対的な善しかないのであって、より多くの人々に、より多くの喜びをもたらすことが善の基準となる。

功利主義は、今日においても、英国と米国における重要な倫理学説となっている。この思想の信奉者は、喜びを最大化し、苦痛を最小化することが善であると主張し、快感を多く満たすことのできる者がより幸せになれると考える。このように考えた者は、古今東西を問わず多く存在したが、今日ではさらに拝金主義者と快楽主義者たちが世界に広まっている。これらの快楽主義者たちですら、快楽がどのようなものであるかについては多様な見解をもっている。

例えば、食欲や性欲などを満たすことを快楽とみなすこともあれば、有用性や富をもって幸福とするなど、相対的な基準によってきわめて主観的な視点を主張する。そこで、これらの功利主義者たちは、「最大多数の最大幸福」を善の原理として主張する。なぜなら功利主義者たちは、絶対的な善はなく、相対的な善があるばかりだから、より多くの人に、より多くの快楽をもたらすことを善の基準とするしかないというのである。しかし、幸福と善の基準が多数決によって決定されるとすれば、善と幸福の基準は、場所と時間と人々の気質に応じて常に変化を余儀なくされる。また、有用性だけを人間の行為の目的とする功利主義は、集団的利己主義に陥る。したがって、有用性は決して手段を正当化しないという批判を功利主義は免れがたい。

経験論的な幸福論を主張する人々は、人間が理性的存在として、快楽と不快とは関係なく、自由に行動することができるという事実を見落としている。彼らは永遠の絶対的な価値を否定して、一時的で相対的な価値だけを認めようとする。したがってこのような経験論的幸福論を支持する現代社会においては、生命と人格の絶対的な価値は否定され、文化の没落を促す「死の文化」が支配することになる。

❖———（2）公共幸福の実現

①平和と安全保障なくして我々は幸せになれない。

我々は、誰もが平和と幸福を享受することを望む。平和は安全と不可分の関係にある。平和と安全が保障されなければ、我々すべては幸せになれない。安全保障とは、冷戦時代に登場した政治的用語である。熱戦時代はもちろん、冷戦時代においても国家の安全保障は至上の課題として強調される。しかし、脱冷戦時代においては、国家の安全以上に人間の安全が重視される。

一九九四年の「国連人間開発報告書」のなかに、人間の安全（human security）という概念が登場した。国家の安全保障は、国家が安全保障の中心、つまり柱となり、また主体となって、軍事的な脅威から国民の生命と財産を保護することを意味する。これに対して人間の安全保障は、グローバル化が進む中で、経済大国の収奪によって生じうる環境問題、人権問題、難民、疾病、貧困、栄養失調の問題などの脅威から個人の安全をはかり、これらに対応することを意味する。「国連人間開発報告書」は、人間の安全保障を提案しつつ、経済安保、食糧安保、健康安保、環境安保、個人の身体安保、共同体安保と政治的安保など七つの主要な分野を含むものとした。これらの人間の安全保障なしには我々は幸せになれない。

無限の軍備競争はますます進行している。国際平和研究所の「二〇一〇年国防費年鑑」のデータによると、二〇〇〇年から一〇年間に、国防費の支出は四九％増えており、二〇〇八年の世界の軍事支出は一兆五三一〇億ドルにのぼる。地球のいたるところで大小の暴力が行われており、戦争に対する危機意識も次第に高まってきている。

〈資源の枯渇と生態系の危機〉

資源の急激な需要増にともなって需給のバランスが崩れており、根本的に資源（化石燃料、穀物、鉱物、水）が枯渇することがありうるとの懸念と不安が高まっている。英国の石油枯渇分析センター（ODAC）によると、石油生産が現在のような趨勢で進めば、石油の需要は今後、発見される油田の供給量を超えることになるという。

クンスラー（J.H.Kunstler）の警告によると、地球の石油埋蔵量は二兆バレルと推定されるが、過去一〇〇年の間にそのうちの半分を、二〇〇〇年から二〇一〇年までに残りの半分を消費しており、今後三七年を経過すると、石油は完全に枯渇するとされる[30]。

二〇一一年の国際エネルギー機関（IEA）の資料によると、一九七〇年以降、現在までの世界のエネルギー資源の供給構造は、石炭、石油、天然ガスなどの化石燃料の割合がエネルギー全体の八〇％以上を占めていた。そして一九八〇年代半ばからは、原子力発電と水力発電、さらに風力発電、潮力、太陽光、バイオ燃料などによる発電が増加し、エネルギーを補ってきた。

資源の危機とエネルギーの問題は、気候の危機の問題、すなわち、地球温暖化問題とも直結している。化石燃料の使用によって増加した炭酸ガスは、地球温暖化の主な原因である。これは、地球の生態系の循環に致命的な損害を与えている。そうだとすれば、原子力発電とその他の代替エネルギーは、化石燃料の対案となりうるのだろうか？　チェルノブイリ原発事故と福島原発事故によって、世界の人々は原子力発電について恐怖を持つようになった。ドイツ、および日本などでは、反核運動が激しくなり、原子力発電を諦めるまでに至った。化石燃料と原子力発電の代わりに提案されている、太陽光発電、潮力発電、風力発電なども投資額と効率の限界などによって、現在では化石燃料に代替するエネルギーにはなれないと考えられている。

資源の危機は、資源の枯渇と代替エネルギーの欠乏からもたらされたものではなく、根本的にはエネルギーを大量に消費する習慣と他人に対する思いやりの欠如に起因する。我々が直面している資源の危機とエネルギーの問題は、我々すべて、すなわち全世界の人々がこれまでのエネルギー大量消費型の生活を根本的に変えなければ解決できない。まず、エネルギー危機に対して市民は自覚すべきであり、我々全員が、地球市民として、省エネへの責任ある実践躬行に積極的にならなければならない。

食糧問題は、環境、生命、文化に密接に結びついており、人類にとって重大な事項である。食生活の安全がなければ、人間は平和で幸福な生活をおくることができない。二〇〇九年の国連食糧農業機関（ＦＡＯ）の発表によると、地球上で約一〇億人以上が飢え、栄養失調に陥っている。この数値は一年前の二〇〇八年に比較して一億人が増加した数値である。そして毎時三〇〇〇人の児童が餓死している（二〇一一年国連栄養常任委員会発表）。

食糧危機の原因は、①食料消費の急増、②エネルギー危機とバイオ燃料用の穀物需要の急増、すなわち化石燃料の枯渇と価格の高騰によって代替エネルギーとしてバイオ燃料が使用されるようになったこと、例えば二〇〇八年には、トウモロコシ生産量全体の三分の一がバイオ燃料として使用されている。③気象異変と自然災害の増加や農地の縮小、④国境を超えた穀物メジャーの流通独占、農産物市場の歪曲、などのうちに見出だすことができる。しかし、食糧危機は、食糧の絶対量の不足ではなく、根本的には、私たちが天人妙合、自然と人間の調和を軽視したことから発生したものである。したがって、食糧危機の根本的な対策は、考え方の転換にあるだろう。このような危機が何に起因するのか、根本的な原因を把握し、これまでの物質中心の生活を反省し、自然と調和する方向に生き方を変えなければならないのである。

我々は、これまで一般的に使われている平和の意味を、消極的な意味と積極的な意味に分けて考えることができる。消極的な意味においては、平和とは戦争のない状態を意味する。これについてヨハン・ガルトゥンク(Johan Galtung)は、平和とは戦争がない状態だけを意味するのではなく、人間がおのれの能力を開発することができ、さらに他人と調和しながら、すべての葛藤と紛争を力によるのではなく、対話を通じて解決することができるような人間共同体を作っていく過程であるとして、平和を積極的な意味をもつものと規定しようと試みている[31]。ワイゼッカー(Weiszäcker)も、平和の概念を積極的な意味にとらえ、人間が人間らしく生きることができる条件が整っている状態と規定する[32]。彼によれば、生活の諸条件とは①戦争からの解放、②飢饉と貧困からの解放、③病気からの解放、④無知からの解放、⑤悲惨な住居生活からの解放、⑥生活環境(すなわち自然環境)の保護、⑦搾取と抑圧からの解放、⑧国家と社会の民主化を挙げている。我々は、これらの条件が満たされている状態、すなわち我々の生活を脅かすすべての困難から解放された状態を、広い意味における平和な状態と考える。

平和を実現する運動には、戦争を誘発する原因となるすべての葛藤と敵対関係を解消し、脱イデオロギー化、相互理解に基づいた和解と共存関係を形成するための様々な運動、すなわち反戦と反核の運動、非暴力、非武装運動、不平等の解消のための運動、抑圧と搾取からの解放の運動、疎外と貧困を克服する運動、そして公害、汚染のような自然破壊に対する生態学的な自然保護の運動に至るまで、人間の多くの努力が含まれている。したがって、現在では、我々は平和の問題が単に国際政治や外交や軍事学だけの問題ではないことを知っている。平和の条件を満たすためには、人類のすべての知性を総動員する必要があるであろう。我々はまず、平和について考えることから始めなければならない。平和の実現は、現代の社会倫理の重要な課題である。平和は一朝一夕で自然に得られるものではなく、無限の努力が要求されるものであり、この世界、つまり自然と人間を愛し、尊重する態度を実践することによって初めて実現するものであろう。

我々は、人間と自然との関係を対立と相克の関係から相生的親睦へと変えなければならない。我々は、万物が一つの垣根の中で、共同の連帯的な暮らし（oikodom）ができるように、すなわち天、地、人の三才が相生しながら、「全世界を正しく（Integrität）する道」を模索すべきであろう。

韓国語で「サラム」（人）とは、「サル」（暮らす）から、すなわち「サルリム」、（やりくり、生かすもの）を起源とするという。大人が、大人でありうるのは、家の中の家族すべてを平和裡に共存できるようにし、死の脅威から家族を生かす仕事（やりくり）をするからである。人間が人間らしくあるためには、人と人との間、人と自然との間を調和あるものとしなければならず、この世に、全世界に平和が訪れるようにしなければならないのである。

自然は人間と分離された単純な対象ではない。自然は、人間と不可分の関係にあるものであり、人間を構成する、人間存在の一部であり、人間自身の実存的完全性の一要素にほかならない。自然は公共の財産である。したがって、誰であれ、現在はもちろん、将来においても自然を壊してはならない。自然保護のために、人間は誰でも自分の不利益を甘受しなければならない。ここで我々は、開発及び成長イデオロギーと向き合って戦うことができる禁欲主義と、自然保全のための生態学的倫理、および公共倫理教育の重要性を考えることができる。いま、我々は、地上の平和を享受するために、倫理学的に禁欲的な運動の実践を、自然保護の次元で新たに教育する責務がある。

方東美は、「万物が本来持っている天性をそのまま実現させ、その生命の発展を絶えず存続させることが道義のすることだ」（成性存存道義之門）という『易経』の言葉を念頭に置いて、中国思想を一言でいえば、生命の秩序の思想だという。また、陳立夫も「時空の中にあるすべての存在は全て同じ生命を持っており、宇宙は絶えず生き生きとして力づよく運行し、時間ごとに動きながら変化する大生命である」という。この言葉も

『周易』を指し示して言ったものである。『周易』は「生命の不断の継承を易」（生生之謂易）とし、「天地の大きな徳は生命」（天地之大徳曰生）という。凡父は「すべての理が自然らしさから出ており、人の知力によって軽減したり加えたりするものではない」という。我々は、孟子が生命の根本原理を存養と自然之性に基づいて「自然らしく生長することを人為的に助長してはならない」（勿助長也）という言葉のうちに東方の生命観の要諦を見出だすことができる。

②共同体の意識と公共倫理意識の涵養

共同体の意識は、元来その業績や利益を追求することにあるとするよりは人間の公属性のうちに最も重要な意味を見つけることができる。共同体の意識は、その社会が存続し、発展するための鍵となるだけでなく、その社会の秩序維持とその社会で生きていく人々の安寧と公共倫理の意識に大きな影響を与えている。

ある社会や集団に属している構成員が目の前に見える自分の利益だけを過度に追求するならば、結果的に他の構成員たちの利益を害することになり、彼らが属している社会や集団はおそらく瓦解してしまう。したがって、共同体のなかのすべての構成員は、常に共存関係を考えながら生きていかざるを得ない。自我の実現は、一人一人の自我から出発するとしても、自己実現は最終的には他者との関係のなかでのみ可能である。おのれがおのれ自身の利益だけに固執するならば、結果的におのれと他者それぞれが損傷を受けることになり、ともに破滅することになる。おのれと他者、自我と共同体の発展は、相反するような排他的なものではない。共同体の維持と発展は、構成員の積極的な参加と和合と結束があるからこそ可能になる。どのような共同体もその構成員が主体的な意識を持って各自の権利と義務を誠実に履行し、互いに大切にし、活動するなかで存立する。我々は、共同体の意識と公共倫理の意識、具体的には、連帯意識と共同善の実現に向けて涵養しなければならない。

「生命は誰にとっても大切なものである。他人を自分とくらべてみれば、殺したり殺すのを放置したりするようなことがあってはならない」というのは、古今東西を問わない普遍的な道徳の原則である。したがって、「自分の生命が尊重されることを望むのならば、他人の生命も尊重しなければならない」という原則によって、我々は初めて唯我論（自己中心主義）を脱して他者への配慮と相生の原理、すなわち公共倫理の原理を見出だすことができる。

「自分が他人に望むのならば他人に対してもそうしてあげよう」という黄金率は、人類の普遍的な道徳の原理であり、行動の準則として非常に簡潔で、誰にでも理解しやすい言葉である。この言葉は、「君が嫌いなことは他人に対してするな」といい換えることができる。結局、この言葉は、立場を変えて考える、「易地思之」（地を易《か》えて之を思う）に当てはまる言葉である。古今東西を問わず、すべての正しい人間関係と倫理関係は、まさにこの黄金率から始まり、また、この黄金率に終わるといっても過言ではないだろう。だから、かつてイエス・キリストはもちろん、釈迦、孔子、ムハンマド（マホメット）など、西洋であろうと東洋であろうと、聖賢たちは皆、人間は相手の立場に立って考え、行動することを強調したのである。このように、この黄金率は、哲学者たちがこれを論じる以前に、東西を問わず、古くから道徳生活の中で発見されたし、多くの人々の支持を受けてきた。

我々は、この黄金率を実行することにより、相生の原理を胚胎した風流の精神の統合論と公共倫理の実現を成し遂げることができるだろう。

5 終わりに

私たちは前述したように、凡父金鼎卨が明らかにした韓国人の伝統思想である風流の精神から私たちの民族生活のなかに連綿と続いてきた「モッ」（粋）と調和との妙を探り、この風流の精神から公共倫理の源流と、その実現の方法を見出だすことができた。

「相当の知性を備えた人々が、この黄金律が普遍的道徳の原理とされることを要求している」ことを、我々は認識している。なぜならば普遍的で絶対的な価値を否定する価値相対論と極端な道徳懐疑主義者の跋扈を止めるためには、誰もが受容することのできる普遍的価値論の源流をこの黄金率のうちに見いだしうるからである。

「自分が他人に望むのならば他人に対してもそうしてあげよう」という黄金率は、人類の普遍的な道徳原理であり、行動の準則として非常に簡潔で、誰でも覚えやすい言葉である。人々はこれを「自分が嫌いなことは他人にするな」と言い換えて使ったりもする。この黄金率は、浮き沈みはあったが、哲学的な倫理学に継承されてきたものであり、また道徳の基本原理として、あるいはまた道徳の中核的な規範として述べられてきた。この黄金率は、西洋近世以来、長い間忘れられてきた。だが二〇世紀に入ってから普遍的な道徳価値の回復を模索したハンス・ライナー（Hans Reiner 一八九六―一九九一）は、この黄金率の原理が道徳の根本原理であり、自然の法であると指摘した。

しかし、この黄金率は、公共倫理の原理として必要な条件ではあるが、十分条件を満たすとは確言しがたい。したがって、我々は公共倫理の原理として黄金率を補わなければならない。我々は、我々の暮らしのなかで具体的に公共倫理を実現するためには、これまでに説明したガルトゥンク（Galtung）、ワイゼッカーなどの平和論が提示する方策のなかに、我々の実情に合った公共幸福の方法を模索することができると考える。

結論として、我々は風流の精神にもとづく調和の思想から平和を構築する国家間の相生だけでなく、市民社会において個人と個人との間の相生の実現について、積極的な関心と参加のしかたについての教育の根幹を見出だすことができる。上からの、例えば政府や権力機関による一方的な転換の政策は、エネルギー政策や医療政策、自然保護政策などからもわかるように、最終的には常に失敗に終わるという事実を、我々は歴史を通じて学ぶことができる。我々の直面しているエネルギー危機の克服と、人類の健康と自然の保護、南北の葛藤、**政治経済体制の二極化現象**などについては、まず公共幸福に対する市民の自覚がなければならない。同時に我々は全人類の公共幸福のために、地球市民（global citizenship）としての責任ある実践行動にすべての人々が積極的に参加できるよう倫理教育を図らねばならないのである。

注

[1] 凡父「經典の現代的意義」、『大學新聞』、ソウル大学校発行、一九五九年一〇月二六日（崔在穆・鄭茶雲編『凡父金鼎卨短篇選』、二〇〇九、一二四—一二五頁）参照。

[2] Spengler, O., *Der Untergang des Abendlandes*, 2 Bd., Bd 1. Wien, 1918, Bd. 2, München, 1922 参照。

[3] 金凡父「経典の現代的意義」、『大學新聞』、ソウル大学校発行、一九五九年一〇月二六日：崔在穆・鄭茶雲編『凡父金鼎卨短篇選』、二〇〇九、一二五―一二六頁参照。

[4] 同書、一二七頁。

[5] 金凡父『風流精神』、嶺南大学校出版部、二〇〇九、一五四頁、一五七頁参照。

[6] 同書、一七三―一七六頁参照。

[7] 金凡父「東洋学研究法」、『風流精神』、嶺南大学校出版部、二〇〇九、一五三頁参照。

[8] 金凡父「経典の現代的意義―四書と三經」、『大學新聞』、ソウル大学校発行、一九五九年一〇月二六日：崔在穆・鄭茶雲編『凡父金鼎卨短篇選』、一二七―一二八頁。

[9] 金凡父『風流精神』、嶺南大学校出版部、二〇〇九、一五六頁参照。

[10] Pascal, Blaise, *Pensées*. #141.tr. by Martin Turnell. New Yorl. Harper& Row. 1962. p.78 参照。

[11] Bloch, O.,& P. Gassendi, « Critique de Descartes », in: *RPhFE*, 156, 1966, pp.217-316 参照。

[12] 秦敎勳『医学的人間学』、ソウル大学校出版部、二〇〇二、四七―五二頁参照。

[13] 金凡父『風流精神』、嶺南大学校出版部、二〇〇九、一五四頁。

[14] 龍樹「不生亦不滅 不常亦不斷 不一亦不異」、『中論』巻第一、鳩摩羅什の訳、臺灣印經處一〇五九、一頁。

[15] 崔在穆・鄭茶雲編『凡父金鼎卨短篇選』、一三一頁、一四一頁、一四三―一四五頁、一四七頁：『風流精神』、一七五頁参照。

[16] Hegel は「理性的なものは現実的であり、現実的なものは理性的である」（Was vernunftig ist, es ist wirklich, was wirklich ist, es ist vernunftig）という。

[17] 金凡父『風流精神』、嶺南大学校出版部、二〇〇九、一七六―一七七頁参照。

[18] 同書、一八四頁。

[19] 同書、一八三―一八六頁参照。

[20] 秦敎勳「凡父の統合論：西洋の二元論を超えて統合へ―東方医学を中心に」、凡父研究会第三回学術セミナー、二〇一二年 四月 一四日、七―二四頁。ここでは、西洋の医科学の限界と東洋の医学の全一性が論じられている。

[21] 金凡父『風流精神』、チョンウムサ、一九八六、六―七一頁参照。

[22] 君子 和而不同 小人 同而不和（『論語』）。

[23] 金凡父『風流精神』、七一頁。

[24] 同書、七二頁。

[25] 凡父の風流精神が知りたい場合には、彼の『風流精神』以外に凡父研究会編『凡父金鼎卨の研究論文資料集』、ソンイン、二〇一〇参照。
[26] 法者　天子小輿天下公共也（司馬遷『史記』）。
[27] 天下公共、衆人公共（朱子『朱子語類』）。
[28] 天下公共之學（王陽明『全集』別巻）
[29] 陳立夫『中国哲学の人間的な理解』、鄭仁在訳、民知社、一九八六、一六二頁。
[30] Kunstler, James Howard , *The Long Emergency* 参照。
[31] Galtung, J. "Peace Research: Past Experiences and Future *Perspectives", in: Peace and Social Structure: Essays in Peace Researche.* Atlantic Highland, Humanities Press, 1980, pp.244-262 参照。
[32] Weizsäcker, C.F.V., *Der Ungesicherte Friede*, Göttingen, 1968, p.9 以下を参照。

参考文献

王陽明『全集』別巻。

金凡父『風流精神』、嶺南大学校出版部、二〇〇九年。

崔在穆・鄭茶雲編『凡父金鼎卨短篇選』、ソンイン、二〇〇九年。

司馬遷『史記』。

朱子『朱子語類』。

秦敎勳『環境倫理：東西洋の自然保全と生命尊重』、ソウル、民音社、一九九八年。

秦敎勳「黄金律と自然法－道徳を源流を見つけに」、『理性と信仰』、第四六号、二〇一一年春号、水原カトリック大学校。

秦教勳「凡父の統合論：西洋の二元論を超えて統合へ― 東方医学を中心に」、凡父研究会第三回学術セミナー、二〇一二年四月一四日。

陳立夫『中国哲学の人間学的な理解』、鄭仁在訳、民知社、一九八六年。

李種益編『東方思想論叢』、ソウル、ボヨンかく、一九七五年。

龍樹『中論』。

『論語』。

O. K. Flechtheim, 1st die Zukunft noch zu retten? (Hamburg, 1987),
J. Galtung, "Peace Research: Past Experiences and Future Perspectives", in Peace and Social Structure Essays in Peace Research, (Atlantic Highland: Humanities Press, 1980)
H. Jonas, Das Prinzip Verantwortung: Versuch einer Ethik und der technologische Zivilisation (Frankfurt, 1979
Harold D. Laswell and Abraham Kaplan, Power and Society, New Haven, Yale University Press, 1965
Blaise Pascal, Pensées
Hans Reiner, Die 'Goldene Regel'. Zeitschrift fure philosophische Froschung, Band. Ⅲ . 1948,
H. Ringeling, (Hrsg.), "Zurück zur Askese? Christliche Ethik und die Grenzen des Wachstums," in Neue Humanität (Güttersloh, 1975),
Marcus G, Singer, The "Golden Rule". P. Edwares(ed), The Encyclopedia of philosophy,
VoL. 3, 1967, p366 参照
O. Spengler, Der Untergang des Abendlandes, 2 Bde.; Bd 1. Wien, 1918, 2 Bd. München, 1922,
R. Vogt, (hrsg.) Angst vorm Frieden: Über die Schwierigkeiten der Friedensentwicklung für das Jahr 2000 (Darmstadt, 1989)
C.F.v.Weizsäcker, Der Ungesicherte Friede, (Göttingen, 1968)

第二部　東アジアへ「日本意識」の変容

如何にして「東アジアから考える」か？
――日中思想交流経験を中心にして――

黄　俊傑／翻訳：周　曙光・長谷　亮介
（台湾大学人文社会高等研究院院長、教授）

要旨

本論は日中思想交流経験を中心に、東アジア研究における方法論の問題について論述する。

本論は四節に分けられ、第一節では二〇世紀アジア知識人における、アジアの未来に対する論述を指摘する。「脱アジア」と「興アジア」の葛藤において、双方の主張は対立しているものの、いずれも東アジアに関連する主体性の崩壊、或いは構築に関連する問題である。

第二節は、「東アジア」とは政治的且つ文化的システムであるという問題について検討する。数千年にわたり、東アジア各国の政治インタラクションと文化交流は、「中心」と「辺境」という、権力と文化が不均衡な状況下で行われていた。その為、「中心」がおちぶれる時には「辺境」地区が新しい主張を提出し、「現実的アジア」を将来的に「理想的アジア」へと転化させることを目論んだ。近代以前の東アジア文化圏において、中国は「重要な他者」であった。一九世紀中葉以降、東アジア各国の交流の中で西洋は、「不在の重要な他者」となり、いたる所で東アジアの政治及び文化の動向に影響を与えている点に着目する。

第三節では、二一世紀「東アジア拠点思考」を掲げるべく、中国西欧文化史比較の視野を採用する。また、東アジア内部文化の「共通性」と「特殊性」、及び東アジア内部各国間の緊張や衝突、相互影響に焦点を絞る。そして、第四節では結論を述べる。

キーワード：東アジア、脱アジア、興アジア、華夷秩序、具体的普遍性

1 序言

二一世紀グローバル化の時代において、アジアの勃興は益々顕著になっている。一九九六年から二〇〇五年までにおける全世界の航空会社の利用客増加率を見ると、アジアの国々で往来する指数が一〇九％に対してヨーロッパ圏内の往来は僅か三六％であった。アジアとアメリカ、アジアとヨーロッパ、そしてアメリカとヨーロッパ間も五〇％から六〇％に過ぎなかった[1]。アジアの勃興は二〇世紀の末から現在に至るまで最大の発展趨勢であり、中国の発展とも密接に関連している。中国大陸は二〇一一年に日本を抜いて世界第二位の経済実体になり、さらに中国が「アセアン中国ＦＴＡ」（ＡＳＥＡＮ10＋1）に加入した後、人口二〇億を超えた貿易体系が現れた。上述した新しい発展趨勢の下で、二一世紀における人文科学の研究はアジアの文化と伝統及び政治と経済の現状を重視すべきである。一方、東アジアから考える前に、まずは二〇世紀における東アジアの知識人のアジア観を回顧しなければならない。

一九世紀の後半はアジア各国の歴史が迅速に変換する時代であり、西洋の先進国家と帝国主義国家が軍艦と大砲を携え、アジア各国を侵略したが、歴史の古い中国は最大の被害者とも言えよう。一八九四年清朝が日清

戦争で惨敗し、台湾はアジア内部の新興帝国主義国家の日本の植民地となった。日清戦争から一九二〇年代まで、日本人の中国観は蔑視から無視に転換し[2]、日本と中国の関係も隣人から後見人に変化した[3]。

二〇世紀アジアの知識人のアジア観は主に二つに分けられている。一つはアジアの国家と人民はアジアの伝統の巣窟から脱離し、欧米の先進文明に参入すべきであるとする、いわゆる「脱アジア論」である。脱アジア論の最も有名な代表人物は福沢諭吉（一八三四―一九〇一）である。福沢は近代日本の「文明開化」にとって最も重要な啓蒙者であり[4]、彼の生涯における六八冊の本に対し、彼自身は『勧学篇』（『学問のすすめ』）の影響力が何より強かったと評価し、当時日本人の六人のうち一人がこの本を読んだことがあるという[5]。彼の著書である『学問のすすめ』における名言は「脱亜入欧」であり、すなわちアジアと別れ、欧州の先進文明に入るべきと主張している。二〇世紀前半の日本漢学家の白鳥庫吉（一八六五―一九四二）から、西暦一〇〇〇年以降の中国文明を推賞する内藤湖南（一八六六―一九三四）までこの陣営に属している。内藤湖南は唐・宋以降の中国文明の先進性を推賞する一方で、欧州文明にも憧れを抱いた広義的な脱アジア論者と言えよう。脱アジア論者は少なからず文明進化論の影響を受け、福沢諭吉も「西洋の文明を目標にする」[6]というスローガンを掲げ、文明が遅れたアジアが先進的な欧州文明を目指すべきだと認識している。

一方、二〇世紀においてアジアの復興、そして欧米の強権への対抗を提唱する知識人も存在していた。一八八〇年、日本の民間組織である「興亜会」が成立し、一八八三年「亜細亜協会」に変名された。「興アジア論」を主張する知識人の人数は少なくなく、近代東アジア政治においてそれぞれ違う位置付けをされている。例えば、孫文（一八六六―一九二五）が一九二四年に神戸で行った講演会では、明治維新以降の日本の歴史は交差点に立っている、アジア文化の王道政治の理想に回帰するか、または西洋の覇道文化の政治操作を続けるか、それは日本人しだいである、とされた[7]。中国共産党の創立者の一人である李大釗（一八八九―一九二七）も

「新アジア主義」を提唱し[8]、孫文の「大アジア主義」とは類似しているが、基本的にはアジア人の団結を強調し、日本が中国を侵略する野望を批判する論調である。彼らの「興アジア論」は二〇世紀前半の「東洋盟主論」と対照になっている。孫文の友人である宮崎滔天（一八七一―一九二二）が『三十三年の夢』に中国革命リーダーとの情誼を論じ、彼も中国革命を支持する「興アジア」論者である[9]。

二〇世紀の一〇〇年の間に、アジアの知識人が「脱アジア」と「興アジア」の間に苦悶していたが、最初に西洋文明の洗礼を受けた日本がアジアで最も先進的な国家となった一方、近代西洋の覇道文化の路線を選択した。明治維新以降の日本はアジアにおいて屈強な武力を持つ帝国になり、「大東亜共栄圏」というスローガンを掲げるとともに、中国大陸、台湾、香港、シンガポールなどアジア諸国を侵略し続けた。第二次世界大戦が終わる前に、「大東亜共栄圏」という論述は、アジア各国の「同文同種」を訴えて「興アジア」の論調を推進すると同時に、「脱アジア」が成功した「東洋の覇者」の姿勢を持ちながら東アジア各国のリード及び欧米への対抗を企てた。しかしながら、いわゆる「大東亜共栄圏」の夢は日本帝国の崩壊を導き、アジア人民に血と涙が交錯する歴史記憶を植え付けただけでなく、今日においてもなお、東アジアの政治に影響を及ぼしている。

「脱アジア論」と「興アジア論」は近代知識人の東アジアに関する論述の両端であるが、両論とも東アジア文化の主体性問題と関わっている。「脱アジア」論者の大半は東アジアの主体性を解消すべきだと主張し、例えば福沢諭吉が西洋文化を目指し[10]、「民主」・「科学」・「自由」・「民権」などを代表する近代西洋の核心的な価値観を追及すると宣言した。中国の最も過激な「脱アジア」論者の銭玄同（一八八七—一九三九）が「孔子の学問を廃止するなら、まずは漢文を廃止しなければならない。一般人の幼稚、野蛮、頑固な思想を取り除くにも、まずは漢文を廃止しなければならない」[11]と主張している。五・四運動の中国では、常に過激な反伝統主義の雰囲気が蔓延していた[12]。幕末時期に欧米へ留学し、明六社を創立した森有礼（一八四七—一八八九）

が一八七二年に「国語英語化論」という論文に漢字及び日本語教育を廃除し、英語を国語にすべきだと提唱した。明六社の創立に参与した倫理学者の西村茂樹（一八二八―一九〇二）も一八七四年に文明開化に応えるために漢字と和文の廃除及び英文の使用を主張していた[13]。日本人が西洋人と通婚することによって、人種を改良していくと考える人物も存在していた[14]。

これに対して、「興アジア」論者は東アジア文化の主体性を維持し、「義利の辨」、「仁」、「礼」などを代表する東アジア伝統文化の核心的な価値観を守るべきと主張していた。多くの「興アジア」論者は漢字の継続と優越性を認識していた。日清戦争以降、日本人種優秀説が勢力を揮い、憲法草案の起草に参与した政治人物の金子堅太郎（一八五三―一九四二）は一八九五年に日本人優秀論を発表した[15]。一方、西洋文化の批判により日本文化の優越意識を強調する意見もあった[16]。従って、両方の論述から分析すれば、「脱アジア」と「興アジア」の核心問題は、東アジア文化の主体性を解消するかまたは構築するかという問題である。

さらに、東アジアの知識人は常に強い歴史意識を持っているため、「脱アジア」或いは「興アジア」のような東アジアの未来を展望する際には、よく「過去」に対する解釈及び「現在」に対する理解ということを関連させた。従って、近代東アジアの知識人の「脱アジア」と「興アジア」の論述がぶつかる際に、頻繁に起こる現象は歴史解釈体系の対決及び歴史解釈権の争奪と思われる。

2 「東アジア」とは何か

❖——（1）政治的システムとしての「東アジア」

まず、「『東アジア』とは何か」という点について考察していく。

山室信一が述べたように、アジアとはアジア人が定義した地理的な名詞ではなく、ヨーロッパ人が創造した空間名詞である[17]。しかし、近代の「与えられたアジア」が出現する前に、数千年にわたってアジア人は既にこのアジアという土地で提携しながら「創造されたアジア」を構築して来た。歴史の流れにおいて、東アジアはまず一つの政治単位と考えられるが、近代以前の東アジアの政治秩序は中華帝国の朝貢制度、いわゆる「華夷秩序」に基づいて築いたものである[18]。一つの政治単位としての東アジアは歴史の発展過程において幾つかの段階を経歴してきた。

第一の段階は二〇世紀以前、中華帝国を中心に構築した華夷秩序の展開である。唐（六一八―九〇七）の閻立本（六〇一―六七三）の作品を見ると、唐の天子が中央アジア各国からの使節と接見し、ヤギや珍宝などの貢物を献上する様子が明らかにされている。七世紀以降の中国はアジアの盟主であり、首都の長安は深遠である哲学の源、精美である製品の起源、そして世界政治の中心と見られている。発掘された章懐太子（六五四―六八四）の陵墓の壁画では、太子が長安で外国の使節と接見する様子が描かれている。近代以前において、中華帝国は東アジアの権力中心であり、漢文は東アジアの「覇権言語」と認識され、朝鮮、日本、ベトナム、台湾など各地の知識人が漢詩を創作してお互いに情誼を深めた。

第二の段階は二〇世紀前半、日本帝国を中心に築かれた「大東亜共栄圏」であり、日本に侵略された東アジア各国に苦難の記憶を与えた。第三の段階は一九四五年第二次世界大戦以降、アメリカを中心に作られた冷戦秩序の展開である。第四の段階は最近三十年の間に、中国大陸の「改革開放」以降に形成されたいわゆる大中華経済圏を背景として、中国大陸がアジアをはじめとした世界に対する影響力が日増しに顕著になっている過程である。

上述した政治的システムとしての東アジアが経歴した四つの段階の変化から見れば、数千年にわたり、東アジア各国の政治インタラクションと文化交流は、「中心」と「辺境」という、権力と文化が不均衡な状況下で行われていた。二〇世紀以前の中華帝国は東アジア政治権力の中心であり、朝鮮から明朝（一三六八—一六四四）への使者の『朝天録』[19]、また清朝（一六四四—一九一一）への使者の『燕行録』[20]、さらにベトナムの使者が残した記録から[21]、東アジア各国の交流において権力の不均等関係が窺える。

次に、東アジア各国の政治インタラクションの各段階において、政治と軍事の権力の「中心」がおちぶれる時に、新興した政治と軍事の勢力は新しい主張を展開し、政治行動或いは外交手段、更には戦争を通して、「現実的アジア」を将来的に「理想的アジア」へと転化させることを目論んでいる。近年、東シナ海と南シナ海での島嶼の主権を巡る争いに、この「現実的アジア」から「理想的アジア」への転換という歴史の動きが見られる。

❖———（2）文化的システムとしての「東アジア」

東アジアは一つの実態的な政治単位のみならず、より広義的な角度から考えれば、一つの文化的システムとも言えよう。

東アジアを一つの文化的システムと考えるならば、まず直面しなければならないのは津田左右吉（一八七三—一九六一）という二〇世紀日本の偉大な学者である。彼は、「東洋文化」或いは「東洋文明」は存在せず、日本文化と中国文化は全く違う文化と主張している[22]。一つの方法論の個体論者としての津田がこのような論述を提出したのは、ちょうど中国の国力が最も虚弱な時期であった。一九二〇・三〇年代の時代背景の下で、津田を含め、中国を蔑視して日本文化と中国文化の差異を強調する日本の知識人は決して少なくなかった。

西洋の文化に対して、文化的システムとしての東アジアは発展の全体性があり、構造の類似性も持っている。

東アジア文化圏の各地域の間に共通する要素は儒学、仏教、漢字などが挙げられる。中国山東半島で勃興した儒学の成果は『論語』、『孟子』、『大学』、『中庸』など重要な経典に包含されている。漢（二〇六BEC―二二〇CE）以降『五経』が重視され、一三一三年になると、朱熹（晦庵・一一三〇―一二〇〇）の『四書章句集注』が科挙制度のテキストに位置づけられた。『五経』の内容の大半は国を治めるための学問であり、中世社会の反映と思われるが、『四書』は主に個人成長の進路とプロセスを論じ、近代社会の特質に満ちている[23]。

一四世紀以降、東アジアという地域では殆どの知識人が朱子学に基づく儒教の共同価値観を分かち合うようになっていた。徳川幕府の日本において、一六〇〇年に藤原惺窩（一五六一―一六一九）が儒服を着用して徳川家康に進講したことからも、具体的な儒学意識が日本で形成されていたと考えられる。一七世紀、日本の古義学派の儒者である伊藤仁斎は夜中に強盗に出会った折、仁斎は静かに衣服をぬぎ、財布ごと彼らに与えた。予期せぬ出来事に、強盗は彼がどのような商売をしているか問いかけると、仁斎は儒者の生業であると答え、強盗に仁道の教示を行った。仁斎は強盗との会話で、儒者は「人倫の道を教える」ものと述べたが[24]、これは東アジアの儒者たちが分かち合う鮮明な儒学意識である。

文化的システムとしての東アジアの第二の共通要素は仏教である。仏教は中華文化において重要な一部でありながら、中華文化の洗礼を受けて中国仏教の三宗（華厳、天台、禅宗）に発展し、さらに朝鮮と日本へ伝わって東アジアの人々の重要な信仰となった。徳川時代の日本はよく朝鮮へ使者を派遣し、朝鮮刻本の仏教経典を受け入れた。一六世紀の僧侶・天海（一五三六―一六四三）は徳川幕府に大きな影響を与えた人物として挙げることができる[25]。

東アジアの第三の共通要素は漢字である。一七世紀から一九世紀末までに、東アジアの知識人の文化教養は漢字と見なされ、古代と中世のヨーロッパの共通言語であるラテン語と同じような役割を果たしてきた。日本、朝鮮、ベトナム各地の知識人が漢文で文章を書き、または詩を創作する程度の漢文能力を有していた。一八五七年七月、アメリカ海軍のペリー（Matthew Calbraith Perry、一七九四―一八五八）が日本に来航し、横浜で日本の鎖国政策を解禁させたが、このペリーと幕府の調印の条約も漢文で書かれている。ペリーが日本に滞在する間に、幕末志士の吉田松陰（一八三〇―一八五九）は漢文を用いて匿名で文書を書き、ペリーに同行して世界を見学することを求めた。漢字は確実に当時の共通用語であり、二〇世紀以前は東アジアの隅々まで及んでいた。この吉田松陰がペリーに送ろうとした文書の原文は現在アメリカのイェール大学の図書館に保存されている[26]。

東アジア文化圏の第四の共通要素は伝統医学である。漢方医学の理論は「気」を中心にしているが、一九七三年に長沙で発掘された馬王堆漢墓から医学書が見つかり、そこには、「気」の理論または「行気導引」の図解が記されている。日本と朝鮮の伝統的な漢方医学もほとんど「気」の理論に基づいて築かれたものである。

一方、東アジア各地の文化が共通しながら、相違する部分も存在する。第一の相違点は「政治的アイデンティティー」と「文化的アイデンティティー」が重なり合わないことである。山崎闇斎（一六一九―一六八二）はかつて彼の学生にこのような問題を出したという。

「方今、彼の邦、孔子を以て大将と為し、孟子を副将と為し、騎数万を率ゐ、来りて我が邦を攻めば、則ち吾党孔孟の道を学ぶ者、之れを如何と為す」（もし今、隣国が孔子を総大将に、孟子を副大将にして、数万の軍勢を率ゐて日本に攻め込んできたとするなら、諸君ら孔孟の道を学ぶ者としては、いったいどうすればよいと考へるかな）

学生が答えられず、闇斎に反問したが、彼の答えは「不幸にして若し此の厄に逢はば、則ち吾党、身に堅を被り、手に鋭を執り、之れと一戦して孔孟を擒にし、以て国恩に報ず。此れ即ち孔孟の道なり」（残念なことに、もしそのやうな災難に立ち至つたならば、君たち日本人たる者、丈夫な鎧・兜に身を固め、鋭い剣を引つ提げて国土を侵す異国人を敢然と迎撃し、孔子孟子をふん縛つて、要するに斬り殺して国恩に報いるのだ。これこそが孔孟の教へるところである）という[27]。

このエピソードから見れば、東アジア周辺の儒者たちは文化的に孔孟の価値観に賛同するとはいえ、政治的には自分が日本人、朝鮮人、ベトナム人だと認識している。彼らの「政治的アイデンティティー」と「文化的アイデンティティー」の緊張関係が明らかになっている[28]。

東アジア文化圏の第二の相違点は政治制度である。唐時代における中国は封建制度はないが科挙制度があり、これに対し、徳川時代の日本は封建制度はあるが科挙制度がない。帝政の中国では儒教の経典は権力への階段と見なされ、一方、徳川時代の日本社会における儒者たちはただの公共知識人であった[29]。

文化的システムの東アジアから分析すれば、数千年以来、朝鮮、日本、ベトナムなどの周辺国家に対して、中華文化は「重要な他者」であった。儒学、漢字は中国の起源であるが、日本、韓国へ伝わり、二〇世紀以前の知識人たちにとって、共同的な文化教養と見られていた。仏教はインドに源を発したが、日本と韓国の社会では重要な宗教的信仰となっていた。

近代に入ると、東アジア文化と西洋文化のインタラクションが密接になり、一九世紀後半に西洋列強が東アジア各国に対する侵略に伴い、西洋文化は近代東アジアの隅々まで浸透し、「不在の重要な他者」となった。この「不在の他者」はあらゆる所で東アジア各国の「現場にいる自我」に影響を及ぼしている。過去のような西洋文化に支配された局面を調整し、「東アジアから考える」ことを強調する必要があるのではないだろうか。

3　如何にして「東アジアから考える」か

山室信一は「アジアにある」と「アジアになる」の違いを区別したが[30]、前者は静態的であり、後者は動態的な概念である。本稿の第二節では政治と文化の名詞としての東アジアの歴史プロセスを検討してきたが、二一世紀のグローバル化が進む時代において、深く考えなければならないのは「如何にして東アジアから考えるか」という問題である。

❖――（1）中国と西洋の比較文化史の視点

まず、「東アジアから考える」という問題提起自体は、ある比較文化史の視点が含まれている。なぜ「東アジアから考える」ことが二一世紀人文科学研究の一つの課題になるかというと、過去の多数の研究論文では「西洋的」或いは「欧州的」と「普遍的」を混同してしまい、西洋の歴史文化から抜粋、構築した各種の理論と学説をどこにおいても正しい準則と認識するため、東アジアの歴史文化の特殊性を軽視し、東アジア文化の自主性を抑圧している。従って、適切な調整または過去の研究の盲点を矯正するために、「東アジアから考える」ことを強調する必要があると思われる。

西洋の学界と創造的な対話をするならば、東アジア文化の特殊性と自主性を重視して深く調べることを前提にするほかない。しかしながら、ここで注意しなければならないのは、いわゆる特殊性と自主性の重視は決して「反射的オリエンタリズム」（Reflexive Orientalism）ではないということである。この「反射的オリエンタリズム」は西洋人が創造した平板な「東洋」と「西洋」の違いに順応するため、「東洋」の特殊性を強調しているが、西洋の学界における「オリエンタリズム」から派生したものに過ぎない。

いわゆる「東アジア文化の特殊性」とは、既に「欧州文化」、「米国文化」との対照の比較文化史の視点が含まれていた。なぜなら、文化の「特殊性」は「他者」と比較しなければ反映されないからである。事実上、近代東アジア文化発展の過程において、「西洋」は終始重要な「他者」として存在し、今日におけるアジアの学者たちの論文の中にも、西洋文化は主に参照システムとして扱われてきた。それでは、中国人の思惟方法に関する研究を例としてこの問題を説明していく。

「中国の思惟方法」は前世紀において多数の学者にとって一つの重要な研究課題であった。二〇世紀日本の学者である中村元（一九一二—一九九九）は中国人、日本人、韓国人、チベット人の思惟方法を研究し、『アジア人の思惟方法』[31]という大作を編著したが、思想史の大家であるフィリップ・P・ウィーナー（Philip P.Wiener、一九〇五—一九九二）が序文を執筆し[32]、中国語版と英語版も出版されていることから[33]、学界には大きな影響を与えたことだろう。中村は中国人の思惟方法が具体的な感覚、事柄の個別性と特殊性を重視する一方、抽象性と「普遍性」（universal）には興味がないと解釈している[34]。京都大学の漢学家である吉川幸次郎（一九〇四—一九八〇）も一九四三年三月の東京帝国大学での講演で、中国人の思惟方法は感覚を信頼し、事柄の「不統一性」に着目するが、抽象的な原理の「統一性」に興味がないことを指摘している[35]。

上述した説は広義的な意味から見れば、ある程度の合理性があるが、より厳密な比較文化史の視点から分析すると、中国人の思惟方法は確かに現象或いは事柄の具体性と特殊性に注目しているが、全く抽象性と普遍性に関心がないとは言えないであろう。筆者は最近、中国史学の中から歴史に関する評論作品を取り上げて、中国人の思惟方法が「特殊」から「普遍」へ進むことを分析してきた。中国の歴史家は常に事実を記述した後に評論を書くことによって、歴史的な教訓または道徳的な命題を抽出している[36]。『左伝』、『史記』、『漢書』、『三国志』、『資治通鑑』から王夫之（一六一九―一六九二）の『宋論』と『読通鑑論』まで、中国の歴史家は例外なく「事実」で「道理」を述べ、事柄の本質を追求してきた。よって、中国の伝統的な学術上の史学と哲学の融通という特徴を表している。

中国歴史の作品にある「史論」は、歴史事実の「特殊性」から「普遍性」を抽出し、この中の「普遍」をヘーゲル（Georg W.F.Hegel、一七七〇―一八三一）が提唱したいわゆる「具体的な普遍」[37]に近づけるという役割を果たした。このような中国文化の特徴を持つ「具体的な普遍」を把握するなら、中国と西洋の比較文化の視点で観察するほかない。歴史に関する作品の「史論」は何より、中国学術の文学、史学、哲学が貫通するという特徴を示している。

とにかく、比較という視点の採用によって、伝統的な中国思想家が「特殊」から「具体的な普遍」の抽出を確認することができ、「東アジアから考える」意義も獲得できるのであろう。

❖――――（2）東アジア文化の「普遍性」と「特殊性」

次に、いわゆる「東アジアから考える」という問題提起は東アジア各国の文化と思想の類似性と差異性に関わっている。各国が共通する漢字、仏教の信仰、儒学、漢方医学などの要素から見れば、確実に東アジア文化圏は欧州文化圏と違った一体性と類似性を持っている。しかしながら、中、日、韓の間の差異性に注目すると、この「同一性」は「差異性」を覆うことができないと思われる。なぜなら、山室信一が説明したように、東アジア文化圏は思想と制度が連鎖する場と諸民族が相互競争、相互交流を行う空間であり、各国家と民族が敵対しながら合作する競技場である[38]。東アジアにおける数多くの価値観の概念、哲学または政治の命題の起源は中国にあるが、朝鮮、日本などの他国に伝播すると常にその国の思想文化と風土に融合し、地域特徴を持つ思想文化に発展していくのである。従って、東アジア文化の「同一性」は終始「差異性」を覆うことは出来ず、禅宗のいわゆる「一花五葉」の状況になっている。従って、「東アジアから考える」というのは各国の文化の共通性を重視するとともに、各国の文化の特殊性も軽視することができないと思われる。

東アジア内部の思想における共通性と特殊性に関して、最も代表的な例は「仁」という儒学の価値理念が徳川時代の日本で発展したことである。南宋の儒者である朱子の「仁説」では、理気論という思想構築に基づいて、「仁」に関する新たな論を提出し、大幅に人間の生命の高さと厚みを上げた。さらに、朱子は『四書章句集注』の中に、「仁」という概念を「心の徳、愛の理」と新たに定義した。しかし、朱子の「仁」に関する説は日本に伝播してから激しい反発を巻き起こし、徳川時代の儒者たちは二つの方面から朱子の仁説に反論した。一つ目は形而上学に対する解釈であり、日本の儒者の大半は朱子が「理」で「仁」を解釈することに反対している。

一七世紀の林羅山（一五八三—一六五七）が「蓋本心之徳是體、孝弟是用也。為仁則孝弟是體、而仁民愛物都是用也」[39]と述べ、貝原益軒（一六〇三—一七一四）も「為仁之道在厚人倫而已」[40]と言う意見を主張している。古学派の伊藤仁斎が三二歳の時に書いた「仁説」はまだ朱子学から離れていなかったが[41]、中年以降は完全に朱子学の影響から脱却し、「愛」で「仁」を解釈して具体的な「人倫日用」における「人」の価値理念を強調している[42]。古文辞学派の荻生徂徠は「安民の徳」で「仁」を解釈している[43]。朱子への賛同または反対にかかわらず、徳川時代の儒者たちは殆ど具体的な徳行の中に形而上における別の「理」を構えることに同意できず、朱子学の形而上の基礎を瓦解することに力を尽くした。

伝統的な語彙で言うと、彼等は「気」という論調に基づき、朱子の仁学の「理」という思想に反対している[44]。二つ目は日本の儒者は社会の政治生活の中で「仁」に新たな解説を賦与しようとしたことである。彼等は朱子の「理」で「仁」を解釈することにも反対し、「覚」で「仁」を解釈することにも賛同することができず、「仁」というのは「愛」の枠内でしか実行できないと主張している。伊藤仁斎は「慈愛之德、遠近内外充實通徹、多所不治之謂仁」[45]、または「仁畢竟止於愛。愛、實德也、非愛則無以見其德也〔……〕」と述べ[46]、人と人のインタラクションに「仁」を言うべきだという。荻生徂徠は政治の脈絡の中に「仁」を解釈し、「仁、安民之德也」と主張している[47]。徳川時代の日本における儒者たちが朱子の仁説に対する批判と新たな解説の共通点は日本思想が実学への傾向が顕著になったということであり、一方、朱子の仁学における形而上の基礎を解体すると同時に、朱子学が与えた生命の高さと厚みも失ってしまった[48]。

上述した例から見れば、いわゆる「東アジアから考える」ことは東アジア文化圏における各地域の「同一性」を求めるとともに「差異性」を認めなければならないのである。東アジア各地域の「共通性」と「特殊性」を把握するならば、東アジア内部における各国間の相互影響と衝突に焦点を絞るほかない。

4 結論

本論は「如何にして東アジアから考えるか」という問題を検討してきた。ここで指摘しておきたいことは、東アジアは「政治の実体」と「思想の発展」の二つの側面があり、前者後者を問わず、数千年以来の東アジアの交流史は各国の間に権力の不均等と文化の不同一を前提にした交流活動であったため、政治権力や文化の覇権に巡る葛藤は避けられないということである。

二〇世紀における東アジア各国の人文科学研究は問題意識にしても方法論にしても、欧米の学術典範に浸透、支配されている。欧米の特殊経験に基づき、抽出された人文科学の理論は東アジアの研究に運用される際に、古代ギリシャ神話の中にある「無理矢理、基準に一致させる」(“Procrustean bed”)ことになり、削足適履、刻舟求剣のようなことを免れない。前世紀の東アジアの研究において、「西洋」は学者の研究過程にとって「不在の他者」（significant other in absentia）と見られ、欧米と類似する或いは比較できる現象しか重視されていない。このように考えれば、「東アジアから考える」というのは間違いなく二一世紀の研究者が深く思考すべき課題だと思われる。かつて筆者は、東アジアの文化交流史研究が静態の「結果」だけ重視するのではなく、動態の「過程」も強調すべきだと述べたが[49]、本論はそれを踏まえて、東西の比較及び東アジア各国内部の比較の脈絡における文化交流史の「過程」の探求を提起する。

なお、本論が主張する「東アジアから考える」というのは、決してもう一種の「反射的なオリエンタリズム」なのではなく、東西の文化の比較及び東アジア各地域内部の比較の脈絡において、「異」を求めるとともに「同」も追求していく。そうすると、各地域の文化と伝統の共通性と差異性を把握し、文化民族主義と政治民族主義に舞い戻る危険性も防げるであろう。

注

[1] 張漢宜、辜樹仁「全球航空争霸戰、亞洲佔鰲頭」『天下雜誌』台湾　第三七八期　二〇〇七年八月一五日　一〇八—一〇九頁

[2] 楊棟梁『近代以来日本的中国観・第一巻・総論』南京　江蘇人民出版社　二〇一二年　第三章　一〇三—一九〇頁

[3] 陶徳民『明治の漢学者と中国：安繹・天囚・湖南の外交論策』大阪　関西大学出版部二〇〇七年　序章　一—二八頁

[4] 黄俊傑「十九世紀末年日本人的臺灣論述：以上野專一、福澤諭吉與內藤湖南為例」『臺灣意識與臺灣文化』台北　台湾大学出版中心　二〇〇七年　三九—七〇頁

[5] 福沢諭吉『学問のすすめ』東京　岩波書店　一九四二年

[6] 福沢諭吉 著　北京編訳社 訳『文明論概略』北京　商務印書館　一九九五年　第二章　九—二九頁

[7] Chun-chieh Huang,"Dr.Sun Yat-sen's Pan-Asianism Revisited: Its Historical Context and Contemporary Relevance", Journal of Cultural Interaction in East Asia,Vol.3,2012,pp.69-74.
[8] 李大釗著　李大釗研究会編『李大釗全集』北京　人民出版社　二〇〇六年　巻二　二六九頁
[9] 宮崎滔天『三十三年の夢』東京　平凡社　一九六七年
[10] 注6に参考
[11] 銭玄同「中国今後之文字問題」『銭玄同全集』北京　中国人民大学出版社　一九九九年　巻一　一六二頁
[12] Yü-sheng Lin, The Crisis of Chinese Consciousness: Radical Antitraditionalism in the May Fourth Era (Madison:University of Wisconsin Press.1979).
[13] 西村茂樹「開化ノ度ニ因テ改文字ヲ発スヘキノ論」『明六雑誌』一号　一八七四年四月　一〇―一二頁
[14] 高橋義雄『日本人種改良論』東京　石川半次郎　一八八四年　七九―一三七頁
[15] 金子堅太郎「日本人種の特性」『太陽』一巻　九―一〇号　一八九五年九―一〇月　一五―一七頁
[16] 桜井熊太郎「ハイカラ―亡国論」『日本人』第三次復刻版　一四八号　一九〇一年一〇月
[17] 山室信一『思想課題としてのアジア：基軸・連鎖・投企』東京　岩波書店　二〇〇一年　一頁
[18] John K.Fairbank ed.The Chinese World Order: Traditional China's Foreign Relations (Cambridge, MA.:Harvard University Press.1968).
[19] 権近など著『朝天録：明代中韓關係史料選輯』台北　珪庭出版社　一九七八年
[20] 林基中編『燕行録全集』ソウル　東国大学校出版部　二〇〇一年
[21] 中国復旦大学文史研究院、ベトナム漢喃研究院編『越南漢文燕行文獻集成』上海　復旦大学出版社　二〇一〇年
[22] 津田左右吉「シナ思想と日本」『津田左右吉全集』東京　岩波書店　一九六五年　第二〇巻　一九五頁
[23] 宇野精一「五経から四書へ―経学史覚書」『東洋の文化と社会』京都　京都大学文学部支那哲学史研究室　一九五二年　一―一四頁
[24] 原念斎『先哲叢談』江戸　慶元堂、擁萬堂　文化一三年（一八一六年）巻四　二―三頁
[25] Herman Ooms.Tokugawa Ideology: Early Constructs, 1570-1680 (Princeton: Princeton University Press.1984)
[26] 陶德民「日美建交之初一椿偷渡公案的新解讀―吉田松陰「投夷書」在耶魯大學檔案館發現―」『東亞文明研究通訊』第六期　二〇〇五年一月
[27] 前掲書『先哲叢談』巻三　四―五頁
[28] 黄俊傑「論東亞儒家經典詮釋傳統中的兩種張力」『東亞儒學：經典與詮釋的辨證』台北　台湾大学出版中心　二〇〇七年　一三一―一六二頁
[29] 渡辺浩『東アジアの王権と思想』東京　東京大学出版会　一九九七年　一一五―一四一頁
[30] 前掲書『思想課題としてのアジア：基軸・連鎖・投企』一一三―一一四頁

[31] 中村元『東洋人の思惟方法』東京 株式会社文秋社 一九八八年

[32] Hajime Nakamura, eds. by Philip P.Wiener, Ways of Thinking Eastern Peoples: India, China, Tibet, Japan (Honolulu: University of Hawaii Press,1984)

[33] 中村元著 徐復観訳『中國人之思維方式』台北 台湾学生書局 一九九一年

[34] Hajime Nakamura, Op. cit., pp. 175-203.

[35] 吉川幸次郎「支那人の古典とその生活」『吉川幸次郎全集』第二巻 東京 筑摩書房 一九六八年 二六九―三五九頁

[36] Chun-chieh Huang, "Historical Discourses in Traditional Chinese Historical Writings: Historiography as Philosophy," Paper presented to conference on "The Interaction of History, Literature, and Thought: Revisiting the 'Trinity' in Chinese Scholarship", November 9-11, 2012, Rutgers University.

[37] G.W.F.Hegal,The Science of Logic,translated and edited by George Di Giovanni(New York:Cambridge University Press,2010),p.537 and p.585

[38] 前掲書『思想課題としてのアジア：基軸・連鎖・投企』一―三〇頁

[39] 京都史跡会編『林羅山文集』東京 べんりかん社 一九七九年 巻六七 八三二頁

[40] 貝原益軒『慎思録』巻一『益軒全集』東京 国書刊行会 一九七三年 巻二 四頁

[41] 伊藤仁斎「仁説」『近世儒家文集集成』東京 べんりかん社 一九八五年 第一巻 巻三 六〇―六一頁

[42] 伊藤仁斎著『語孟字義』井上哲次郎、蟹江義丸編『日本倫理彙編』東京 育成会 一九〇一年 冊五 二二頁。
伊藤仁斎著『童子問』『日本倫理彙編』東京 岩波書店 一九六六年 冊五 二三九頁

[43] 荻生徂徠『辨名』『日本倫理彙編』「仁」第一条 三七頁

[44] 楊儒賓『異議的意義―近世東亞的反理學思潮』台北 台湾大学出版中心 二〇一二年

[45] 伊藤仁斎『語孟字義』『日本倫理彙編』「仁義礼智」第一条 二六頁

[46] 伊藤仁斎『童子問』『日本倫理彙編』第四五章 九八頁

[47] 荻生徂徠『論語徴』『日本名家四書詮釈全書』東京 鳳出版 一九七八 第七巻 一九二頁

[48] 黄俊傑『朱子仁説在徳川日本的迴響』第四回国際漢学会議論文 台北 中央研究院 二〇一二年六月

[49] 黄俊傑著 藤井倫明訳『東アジア思想交流史：中国・日本・台湾を中心として』東京 岩波書店 二〇一三年 第一章

本論文は、法政大学国際日本学研究所二〇一三年第四回東アジア文化研究会で発表した内容「『東アジアから考える』はいかにして可能か？―日中思想交流経験を中心として―」を日本語訳した。なお、同内容の論文を工藤卓司氏が日本語訳したものが、『日本思想史學』第四五号（二〇一三年九月、六四―八〇頁）に掲載されている。

日本語は易しいか

――近代中国人日本語学習史研究からの一視点――

沈　国威
（関西大学外国語学部教授）

要旨

長く漢字文化圏の書面語として位置した漢文とは異なり、日本語は近代までに商業活動、古典の伝承、新しい知識の受容、そのいずれの面においても重要な言語ではなかったと言わざるを得ない。しかし明治期に入ってから日本語が民族国家の国語へといち早く成長を成し遂げた。西洋文明と結びつけられ、近代の知識を伝える言語となった日本語は、東アジアの諸国にとって学習する対象言語となり、他の言語に絶大な影響を及ぼした。日本語の学習に関しては、植民地支配、植民地における言語政策の推進が背景にある台湾や朝鮮半島の事情と異なり、近代中国はむしろ自ら進んで日本語を学習しようとしたのである。本稿は二〇世紀初頭、中国人はいかに日本語を認識し、それをマスターしようとしたのかを当時の教科書を手がかりに、近代中国の日本語学習史を辿ってみた。

キーワード：国語　漢文　新漢語　日本語学習　言語政策

1　はじめに

中国の研究者・劉進才氏は、アンダーソンが提起した近代民族主義の発生と民族国家の言語：国語の形成との関連について、「ヨーロッパ各民族言語の形成において、それぞれの現代民族国家の言語の誕生は古い神聖言語：ラテン語、ギリシア語、ヘブライ語の束縛から脱却し、地域方言へ接近し、また現代的印刷術により各方言地域において書面語を確立させた結果である」と解説し、また、「清朝末期の中国にとって、民族主義の発生と印刷言語の形成はヨーロッパと同じではない。」とも指摘している[1]。中国はヨーロッパと同じではない、特に印刷言語の面では同一視できないとの主張は肯けるが、近代におけるアジア諸国の国語形成は、個別言語の問題である以前に、漢字文化圏域内の国・地域がいかに民族国家として国語を獲得するかという東アジア全体が直面する近代的な課題を解決しなければならないという点において、むしろヨーロッパと多くの類似性を有する。

われわれは問題意識を伝統的な言語が近代民族国家の言語に進化していくという側面まで拡大させる時、次のような事実に直面するであろう。つまり表意文字の漢字は、片方では「神聖言語」の古典性を有しながら、片方では言語を超越する書写記号体系になりうるという現実である。漢字は、漢字文化圏に言語の記録手段を提供するのみならず、漢字によって記録された古典は、文章の規範をも示しているのである。漢字によって表現が可能となったが、その表現の自由度が漢文によってまた厳しく制限されている。従って域内の各国の近代国語の成立は、まず脱漢文の過程を経なければならないが、漢字はたやすく切り捨てることができなかった。例えば日本では明治初期から様々な議論があり、また実際の施策も数多く試みられたが、漢字の地位は揺るぎなかった[2]。それどころか、漢字文化圏は正に古い漢字によって西洋の近代知識を受容しえたのである。現在、すでに自らの言語の表記体系から漢字を排除した国家、地域でも大量の漢字音が相変わらず書面語の主要な部分を占めている。

日本語が近代国家の国語へ変身するプロセスにおいて、漢字語が決定的な役割を果たした。新しい漢字語（いわゆる「新漢語」）を獲得した日本語は、迅速に新しい知識を取り入れる可能性を有する言語として、漢字文化圏において初めて非母語話者の習う対象となり、漢文（古典中国語）とロールをチェンジした。かくして東アジアが西洋の知識を受容するに当たり、日本語が他の言語に大きな影響を及ぼすことになる。

しかし、日本語の学習に関しては、植民地支配、植民地における言語政策の推進が背景にある台湾や朝鮮半島の事情と異なり、中国は、むしろ自ら進んで日本語を学習し、日本書を翻訳しようとしたのである。お雇い日本人の招聘や日本留学のブームなど、いずれも明治初期の日本と似ている主体性が保たれていた。筆者の最近の研究の興味は近代以後——日清戦争から五四運動までの間に中国人はいかに日本語を認識し、それをマスターするようになったのか、つまり近代中国人日本語学習史の研究である[3]。

筆者が考えている学習史は、次の三つの側面から構成されている。

(1)学習者側の変遷。これには学習者の知識背景、学習の動機付け、目標の外国語に対する態度などが含まれる。
(2)学習内容の変遷。これには目標言語の共時的情況、正書法、文法体系の整備、教科書の編纂などが含まれる。
(3)教授者側の変遷。これには教育機関・教育環境、教授者集団の形成などが含まれる。

二〇世紀初頭の日本語は、外国人によって学習される目標言語となるまでまだ多くのことをしなければならなかった。本稿は、中国人日本語学習史序説として、まず学習者側の諸事情に注目し、近代中国人の日本語観について考察したいと思う。

2 日本語との遭遇

中国の典籍で最も早く日本語について記述したのが宋の羅大経による随筆集『鶴林玉露』（一二五二年までに成立）である。「日本国僧」の節で日本の僧侶に聞いた話として、日本語の単語を漢字音訳の形で二〇語ばかり記録している。その後も一九世紀中期まで、日本語に関する断片的な記述が主に倭寇対策の書物に見られる[4]。明治維新後、中国の官吏、商人や中国での布教経験を持つ西洋人宣教師が日本に入国するようになり、実際に日本語に接した。例えば、初代駐日公使・何如璋をはじめ、張斯桂、黄遵憲、傅雲龍、葉慶頤、黄慶澄らが日本語に関する感想を書き残した。日本語の実際は、いわゆる「中東同文」との伝聞からだいぶかけ離れたもので、何如璋は、「日本文字顛倒、意義乖舛」[5]、「方言殊異、文義支離、繙訳通事、頗難其人」[6]と困惑していた。いわゆる「意義乖舛」とはつまり中国語の知識では理解できない日本語のことである[7]。彼らは詩文で、日本語の「奇妙さ」を数多く記録した[8]。葉慶頤は、「日本與中国地同洲書同文、事物稱名應莫不從同」と日中の「同文殊解」という相矛盾する現実に戸惑いを隠せなかった。彼は、「同文殊解」の原因を「鴂鴃伏獵」という誤用に帰している。最も早く日本語を外国の言葉としてその発音、文字、語彙、文法ないし文体の各方面から記述しようとしたのが、黄遵憲である[9]。黄の記述には想像的な部分もあるが[10]、文字（漢字の伝来、漢字伝来以前の神代文字）に関しては概ね一八八〇年前後日本国内の日本語研究の水準を反映しており、特に日本語の言語系統、語彙、文法、文体等の特徴に関する把握は極めて正確である。

しかし黄遵憲の日本語観察は、中国社会に共有される知識にならなかった。中国人は、長い間日本語を外国語と考えることなく、外国語人材の養成機関である同文館が設置されて十数年経っても、日本語コースがなかった。そのため初代中国駐日公使・何如璋が東京に赴任する際、英語の通訳を三名同行させざるを得なかった。日本到着後、意思疎通に大きな障害があるため、「只得暫覓通事二名」という有様であった[11]。後任の黎庶昌が赴任すると、「使署理署需用東文繙訳」を理由に、「招致学生設館肄習」を提案し[12]、光緒八年(一八八二年)九月公使館で日本語教育を始めた。しかし人材の養成は、遅々として進まなかった。日本語の人材の不足は、一八九八年の戊戌維新の時になっても根本的な改善が見られなかった[13]。

3 学習動機の転換と日本語教育の黎明期

一九世紀の中国において、人々が英語を習うのは、稼ぎの良い仕事に就くためであった。しかしすでに述べた通り、日本語は商業的な言語でも学術的な言語でもなかったので、外国語として学習する動機付けは相対的に弱い。北京の同文館では、英仏独露などの外国語が教授されるが、日本語が含まれていなかった。一八九七年北京同文館、広東同文館は東文館を設置し、日本語教育を正式にスタートさせたが、まもなく中断した。しかし二〇世紀に入り、日本語ブームが突如として到来した。日本語が新しい知識を吸収するための道具となり、短期間のうちにマスターできる言語と喧伝されたためである。

明治維新後、両国民が行き来するようになり、いずれも旅行記の出版があった。ただし量的にも観察の深さにも日本人による旅行記が勝っている。一八五四年、王韜が銭蓮渓の『琉球雑記』を「採摭概略、連綴成篇」し、『遐邇貫珍』(一八五四年六月号)に掲載し、「以備遊人之考鏡」と序文で刊行の趣旨を述べている。一八八四年、玉燕という人が『東語簡要』を上海で出版し、巻頭に「茂苑浣花生」という人の序文があり[14]、次のように書いている。

窃以中外通商、迄今已久、初時不過英、法美諸国而已、継以泰西各国來者益衆、輯睦愈敦。仰見我朝深仁厚沢、敷被遐荒、視中外如一体、足使海国臣民広開見聞。近則東瀛歩武泰西、亦于通商各埠駐設領事、而上海尤首屈一指、且日人于租界建房屋、創市肆、鱗次櫛比、即茶寮之増艶鬥麗、亦可謂酒天花国中、別樹一幟矣。惟我人之欲啜茗消愁者、苦于語言不通、徒呼負負、亦豈非一憾事乎。余友玉燕居士、取歴東瀛、于該国語言文字、靡不精通、茲因公冗來滬、感時事之日新、嘆斯人之舌岐、爰將日本要語摘録一編、付諸梨棗、以公同好、俾使中東人民和好益敦、歴遷益盛。

この近代初の日本語学習書は木版で六五丁、編者は、「将日本要語摘録一編」と内容を紹介しているが、日常的な会話が中心で、「茶寮」という歓楽施設で遊女との簡単な会話しかできず、部数も多くなかったようである。一八八九年、日本に数年滞在した葉慶頤が上海で『策鰲雑摭』を刊行した。こちらも序文に「俾問禁問俗者作権輿或不無小助」とあり、やはり旅行案内のほうに重みが置かれた。一八九五年、中国公使館随員の父に従って、しばらく日本に滞在した陳天麒は、帰国後『東語入門』を出版した。これは当時唯一利用できる日本語の学習書と言われている[15]。巻頭の序文に、

自各国通商以來、我華人之攻読英法諸文者、日甚一日、惟研究東学者寥寥。蓋亦苦于未得其門耳。（中略）余自乙酉年（一八八五）、随家大人使日本、挙業之暇、兼習東西語。在東京六年、該国語言文

字略能会通一二、愧未博究其奥、詎敢自矜、有得出以問世。然既稍有所知、又烏敢私以自秘。況両国近又修睦、増開商市。東人之來我華者愈多、貿易日盛而故無人焉。輯一書以啓後学、窃慮言語不通、情必扞格而易啓猜嫌。爰不揣淺陋、輯訳是書、注以華音、既婜友人慫慂付印、因誌数語于簡端。

とある。王韜も『東語入門』に序文を寄せ、「近以日人通商蘇杭両郡、効日東方言者・頗衆、（中略）東語入門一書、為問道之津梁、舌人之木鐸、俾貿易場中通問答者作先路之導焉」と書いている。この時は銭蓮渓の『琉球雑記』からすでに四〇年も経った。日本語は、「問禁問俗」の他に貿易の役割が加わった。王韜はさらに、

泰西通商五十年来、效英法方言著書教人者独夥、而於東語缺如。使学者無従入門、未免遺憾。得此補之、可称全璧。念祖果能用心於微者矣。念祖工詞賦帖括、夙承家學、長於詩古文辞。他日珥筆詞垣、雍容備顧問、敷陳古義、闡發新猷、當必戛然異人、可操之於勝券也。而念祖殊弗以此為足。蓋其所志自有大者遠者在。謂士君子読書、稽古、論世、知人、当明体達用、坐而言者、可起而行、世方多事、明洋務、諳外情、末本兼賅、中西畢貫。庶幾乎、有所裨益於國家、得著富強之實效。此其亟也。區區之東語、云何哉。

とも述べ、日本語書の編纂は余技ではあるが、いずれは世界を知る第一歩に繋がるとする。以上二つの書物の読者は、いずれも中国国内の人たちと想定している。つまり中国を訪れた日本人とコミュニケーションを行うために日本語を学習するものである。

一九〇〇年最初の日本留学生の一人、戢翼翬が『東語正規』を日本の東京で出版した。序文に「輸入文明之

先導不得不求之於語学」とあり、初めて日本語の学習に西洋の新しい知識を獲得するという目的を与えたのである。その後の多くの教科書もこれを編集方針に掲げ、序文に例えば次のような文言がよく見られる。

◉然則以個人之学問言不得不学日語、以世界之大勢言尤不得不学日語、至若兩国交際上之関係、更無論矣。（呉啓孫）

◉語言者、亦科学之媒介、藉以伝種、藉以播精、且藉以孕育者也。（日語用法彙編一九〇五、畢祖誠、李文蔚）

◉間接輸入文明之導線。（日本俗語文典一九〇五再版、呉初、孟先）

いうまでもなく日本語に対する中国人の見方を変化させる契機は、日清戦争の敗北である。敗戦の反省として、西洋の新知識を受け入れる必要を痛感するが、そのための西洋言語学習、西洋書の翻訳は、いずれも短期間では効果が上がることが見込まれず、日本に目を向けたわけである。康有為は誰よりも早く日本の知的資源を利用することを提案した人物である。張之洞による『勧学篇』（一八九八年五月）の呼びかけもあり、一八九八年秋以降、日本を新知識獲得の近道とすることが中国社会のコンセンサスになり、日本書の翻訳、日本留学がブームを迎えることになる。その際、「東文近於中文、易通曉」（張之洞）が説得力のある文言である。

また康有為は『日本書目志』の序文で、

日本之歩武泰西至速也、姑自維新至今三十年而治芸已成。（中略）吾今取之至近之日本、察其変法之條理先後、則吾之治效可三年而成、尤為捷疾也。且日本文字猶吾文字也、但稍雑空海之伊呂波文十之三耳。泰西諸学之書其精者、日人已略訳之矣、吾因其成功而用之、是吾以泰西為牛、日本為農夫、而吾坐而食之。費不千萬金、而要書畢集矣。

と日本書による新知識吸収の利点が強調されている。康有為はまた「進呈日本明治変政考」の中で次のように述べている[16]。

若因日本訳各書之成業、政法之成績、而妙用之、彼與我同文、則転訳輯其成書、比其訳欧美之文、事一而功万矣。

このように日本語は、新しい知識を伝える西洋言語と同等の価値がある上、西洋言語より簡単である先入観が多くの人の心を掴んだ。「由東訳華、較訳自西文尤為便捷」[17]、「事一而功万」というキャッチフレーズが全中国に広がり、日本語学習の起爆剤となったが、またその後の日本語学習に濃い実用的な色彩を塗りつけたのである。

西洋の新知識を吸収するには、西洋語を習い、その書物を翻訳するのは本来の姿ではあるが、西洋語は簡単には習得できない。馬建忠は、西洋人宣教師らの口述筆録という翻訳方法に対し、激しい批判を浴びせ、新しい翻訳者の養成について、

選長於漢文、年近二十而天姿絶人者、（略）果能工課不輟、用志不紛、而又得諄諄善誘者之指示、不過二年、洋文即可通曉、然後肆力於翻訳、收效必速。

と提案した[18]。二年で西洋言語を翻訳できるとは、楽観的過ぎると言わざるを得ない。その後の日本書を翻訳すべきだと主張する人たち、例えば康有為は、「学好西文非五、六年不可」と指摘する。

4 梁啓超と日本語

日本語は短期間に習得でき、翻訳を行えると考えている康有為は、一八九七年初頭、桂林から弟子の梁啓超に書簡を送り、広西で、学校の設立、外国書の翻訳、新聞の発行、鉄道の敷設の可能性を検討するよう指示した。梁啓超は三月に師に返事し、

日本書同文幾半、似易訳於西文、然自頃中国通倭文者不過数人。超以近日『時務報』『知新報』『農会報』所請日本翻訳艱難情形観之、而知日本書之不易訳矣。今所最可恃者、謂速聘日人到澳、会同門人学習為翻訳書之用、然而超知其必不能成也。

と上海での雑誌編集出版の体験から「日本書之不易訳」と反対意見を述べたが、しかし日本書翻訳という康有為の発想に大いに啓発を受けたに違いない。一八九七年七月、梁啓超は、『時務報』に「訳書」という文章を連載し、最終回の末尾に次のように書いている[19]。

日本與我為同文之国、自昔行用漢文。自和文肇興、而平假名片假名等、始與漢文相雜廁。然漢文猶

居十六七。日本自維新以後、鋭意西学。所繙彼中之書、要者略備。其本国新著之書、亦多可観。今誠能習日文以訳日書、用力甚少、而獲益甚鉅。

同じ文章で梁啓超は、日本語を簡単にマスターする5つの理由を挙げている。つまり、

計日文之易成、約有数端。音少、一也。音皆中之所有、無棘刺扞格之音、二也。文法疏闊、三也。名物象事、多與中土相同、四也。漢文居十六七、五也。故黄君公度謂可不学而能、苟能強記半歳、無不盡通者。以此視西文、抑又事半功倍也。

黄遵憲がかつて「日本之語言、其音少」と指摘し、また割り注で「士音只有四十七音、四十七音又不出支微歌麻四韻」と補足している。梁啓超の第一、二項が黄遵憲からの知識であることは間違いないであろう。第四、五項に関しては、『日本国志』の中に具体的な記述がないが、『日本雑事詩』の中に「市廛細民、用方言者十之九、用漢言者百之一《ママ》而已。」という記述がある。ただし「漢文十六七的」はない。第三項「文法疏闊」は、具体的に何を指し、どこから来たのかが不明である。というのは、当時grammarの訳語としての「文法」はまだ一般的ではなく、日本語の文法を紹介する書物もなかった。筆者は、日本語に関する梁啓超の知識の一部が日本の漢学者・古城貞吉から得たものではないかと考えている。古城は一八九七年当時、上海の『時務報』で日本の新聞雑誌を中国語に訳している仕事を担当しており、同じく『時務報』主筆の梁啓超とは交流関係があった[20]。ところで、日本語は覚えやすいかもしれないが、必ずしも翻訳しやすくない。東京清国公使館の査雙綏は、日本語の翻訳者を求める汪康年に西洋言語より日本語のほうが翻訳しにくいと言っている[21]。

矚代物色翻訳一節、我国通中西文者、尚不乏人、(上海一區、不難物色)通中東文者、實不易覓。(署内東文翻訳已不敷用。)刻下略通東文諸君、或在総署、或辦交渉事宜、在中国者無論矣。此間能通東語者尚夥、精者亦不過四五人、而能通東文者無人焉。(東文較西文即難、若翻訳法律諸則尤難。)

一八九八年秋、戊戌維新が失敗し、梁啟超が日本に亡命し、初めて実際に日本語に接した。日本行きの軍艦のなかで、すでに漢文体の政治小説を読み、翻訳も試みたと言われるが、日本に到着してからまた万木草堂時代の同級生、羅普より日本語の手解きを受けた。梁啓超は、羅普の協力を得、『和文漢読法』を著した。この小冊子は、かなり正確に梁の日本語学習の過程を反映している。一八九九年四月一日、梁啓超が日本に到着した僅か数ヶ月後、「論学日本文之益」という文章を発表した[22]。文中で初めて「待訳而読之緩而少、不若学文而読之速而多」と直接日本語を習い、そのまま日本書を読むよう呼びかけた。日本語は漢字が多く訳しやすいとはいえ、翻訳の手続きを経なければならないのは、やはり時間も労力もかかるので、直接日本書を読み、新知識に直に触れることがベストであると梁啓超は考えた。梁啓超は、「学日本文者、数日而小成、数月而大成」と言っている。なぜこんなに短期間でマスターできるかについて、梁は「日本文漢字居十之七八、其専用假名不用漢字者、惟脈絡詞及語助詞等耳。其文法常以実字在句首、虚字在句末、通其例而顛倒読之、将其脈絡詞語助詞之通行者、標而出之、習視之而熟記之。則可読書而無窒閡矣」と述べている[23]。一年前の「訳書」という文章にある日本語を覚えやすい五つの理由と比べれば分かるように日本語に対する理解、認識に大きな飛躍があった。これはいうまでもなく羅普のお陰である。実際に『和文漢読法』に全く同じ趣旨が述べられている。

5 『和文漢読法』の功罪

梁啓超の『和文漢読法』は日本語学習者に大きな影響を与え、広範な支持を集めた。邢之襄は『和文釈例』(呉啓孫編著、一九〇二)のために序文を寄せ、次のように述べている。

> 日本與欧洲文字絶異、猶不避労瘁孜孜其業如比、而我国之文字、與日本為同源、乃置之不顧、必藉二三訳言者之力、始可以渉猟其書、抑可異矣。

著者の呉啓孫本人は、さらに明白に述べている。

> 今謀新之士輒曰、瀹民智莫急於訳書、而従東文転訳西書、尤為事半功倍。斯説也、余以為不然。夫西書当訳、東書不当訳。何則、東土文字尽與吾同、其所異者、不過数十虚字之間耳。得其鈎勒聯貫之法、循而読之、與漢文無以異也。

そのため、呉啓孫は、日本書から西洋の書物を重訳することは、労力が半分で効果が倍という説に懐疑的である。「穎者数日、鈍者旬月、可以尽通。」という梁啓超の言葉通りであれば、最初から翻訳する必要がなく、直接日本語を読めば良いのではないかと呉は主張する。確かに呉本人は、日本語をマスターするには、時間がかからなかった。彼の『和文釈例』は、和文漢読法の有効性を検証するために執筆したもので、従って「例」

は、漢文体の文章のみであった。いうまでもなくこのような文章にいくら精通しても新知識の吸収には寄与しない。

もう一人日本語簡単説の支持者は、中国国内で短期間のうちに日本語をマスターできた丁福保である。一九〇一年、丁は盛宣懐主宰の東文学堂に合格し、日本語の学習を始めた。彼は東文学堂での勉学は一年足らず（そのうち半年実家にて療養生活を送る）だが、日本語をマスターした。数多くの日本語教科書のうち、編者として唯一日本留学経験のなかった人である。彼はまず『東文典問答』を著し、引き続き『広和文漢読法』を編集した。丁福保は、この二書の巻頭に梁啓超の「論学日本文之益」を全文引用し、賛意を表した。丁福保は、『東文典問答』の序文で、

今歳冬季、陽湖呉稚暉先生自日本赴粤東、途経滬上。謂余曰、東文文法、其緊要處全在動詞助動詞及助詞等。如尽力教人、六七日間、無不通曉者。嗣後即可將普通東文書、隨閲随査、一月小成、三月業大就。子盍不將文法編成浅説、以餉吾党之好学者。

丁福保の日本語教科書の編纂は呉稚暉の影響を受けたことが分かる[24]。丁福保は、また『東文典問答』（東文提要）の巻頭に、

或謂学日本文、数日可小成、此言誠非誣也、茲将東文中緊要字句、録成四十一款、倘能依次熟記、即可当数日之小成矣。

本書の巻末に「東文雑記」が付録されている。これは丁氏が日本語を始めた頃の感想などを記録したものである。その中で日本語の文体と言語生活の現状について、次のように述べている。

東文與東語、其同者十七八、不同者十二三。

閲東文書、其難易約分三大類。一即中古文（上古文更當別論）此猶乎周秦至唐宋之散文也。其文法略有與今違異者、此難読者也。然和文之根柢在焉。一俗文、小学読本之首数冊及小説是也、此難読者也（中間半文半話書簡文亦同）。如不通此、則通俗応酬文、無以読也。一即普通文、幸而講学文之書、十八九用此文。此文在彼国為難、因漢文多也。至我国人読之則反之。故不欲入三島相交接、因陋就簡、通普通文亦可矣。吾所答問者、即注意於此。然苟通普通文、因而以普通文、進読中世文及俗文、亦如舟之有楫、如車之有輪、不難計日可達也。況其間之階級、自當先普通文、其文之有用、亦當譲普通文（報中字兼有三体文故全報紙或則全能解釈或則全不能通即此之故）。習普通文、愚者三月成、習俗文及話、必一年。非其詞法之難通也。普通文者、毎篇之字、素識者十七八。俗文之字、識者不能十四五。文法最易、惟識字最難。聡強之壮年人、一日能記二十字、中数也。積一年方得数千字、乃可通素不通之十六七。西文與東文之難易、亦即在此。習中世文、三月亦可通其法。（東文雑記七八下～七九）

『東文典問答』が刊行されて一年経たないうちに丁福保はもう一冊の日本語学習書を世に送り出した。『広和文漢読法』である。本書は、石印部分八三頁。丁は巻頭で再度梁啓超の「論学日本文之益」を活字印刷の形で再度掲載し、その後に「東語語法略説」を三頁付している。日付は同じく一九〇一年であるが、額面通りに受け取れないであろう。ただし日本語の品詞、用言の活用、格助詞、文法成分及び構文法について詳細に説明を施している点から見れば、この時、丁福保は確実に日本語の知識を深めたに違いない。本書は、「広和文漢読法」と名付けているが、むしろ和文漢読法の限界を悟ったのか、例文はすべてこの方法では解読のできない普通の和文、即ち漢字仮名交じり文である。そのためか、丁は、もう一つ書名を用意した。つまり『普通東文速成法』である。このように普通の和文では、和文漢読法は無効であると丁福保は悟ったわけである。丁は、「和文豈可漢読哉。所謂漢読者、人云亦云耳」と言っている。それならばなぜこの書名にしたのか。丁は「書名、書之記号也。取本有之名而名之、因其記号熟也。此是書之所以名広和文漢読法也。」と説明している。梁啓超に対する敬意と商業的な考慮があったわけである。実は、梁啓超の日本語簡単説には、条件がある。一つは閲読に限定することで、聞いたり話したりすることは必ずしも容易ではない。二は、漢文に精通することである。「若未通漢文而学和文、其勢必顛倒錯雑、瞀乱而両無所成」とあり、漢文の知識を最大限に利用しなければ速成が期待できない。数年勉強してまだものにならない人たちは、漢文がだめだからと梁は切り捨てている。指摘しなければならないのは、梁啓超が「聞く、話す、読む、書く」の外国語四技能の区別に気づいたが、日本語には同じ書面語でも文体の違いがあり、漢文調でなければ和文漢読法も適用できないことに、梁啓超が気づいていなかったようである[25]。

日本語の文体、及び取得の順序について『和文読本入門』（一九〇八）は、緒言で、次のように述べている。

和文有文語体白話体之別。白話体不独用之談話。即書報中用者亦不少。此二者中。在中国人。以学文語体為易固矣。至如何始能分別二者而教之。則頗為一難問題。編者徵之実際之経験。深知初学時二者併教之不可。故本書先使其知組織文語之大体法則。然後再及白話。此亦編者苦心所在也。

ところで和文漢読という日本語学習法について、当時から評価が分かれている。『中日文通』（一九〇五）の著者張鴻藻は、「急がば回れ」と和文漢読法を次のように酷評している。

非取我国文字顛倒転用、而成此簡単不備之国語。（中略）読漢語而舎其虚字、欲返者終帰於不達。

また『日語教程』（一九〇六）の著者湘漁も反対意見を述べている。

数年前、吾国識者多倡導和文漢読之法、其意非不善、其法多不行、蓋僅呆記若干之助詞、助動詞而不究其根源、一遇変化則成食古、勢必牽強付会、思索甚苦而誤謬極多。然則「和文漢読法」者、以已之意思、強解和文、非真能読和文也。

対して『日本文法輯要』（商务印书馆一九三二）は賛意を表している。

吾人之読日本文者、決無須以日本人之読法読之、盡可依吾国之読法、顛倒其詞句、刪去其語尾、改変其助詞、謂之〝漢読法〟……或以此種読法為求速成者之所臆造；然予則極賛成此種読法、以為便利而且正當。

ただしこの本は、「国難」、つまり上海事変の後に出版されたもので、日本語を次のように「方言」と卑しめている。

吾人對於日本文、不可認為外国文、當視為漢文之一種、即漢文之雑有日本方俗言語者。吾国文字、雑入方俗言語者甚多、即経史中亦縷見之。仏書中之梵語、元史中之蒙古語、尤連篇累牘、読其文者、若不理解其方俗言語、則文義亦不易了解、但吾人固不因其雑有方俗言語、而不認為国文。日本通用漢文、為吾同文之国；惟於漢文中雑有假名以記其方俗言語。吾人苟稍加研究、識其假名、治其文法、則理解其文字、較之読仏書與元史、猶易易焉。

客観的に日本語を評価できる時代ではなかった。

6 小結：日本語はどこが難しいか？

二〇世紀初頭の日本語学習者にとって、日本語は必ずしも簡単ではない。それでは、どこが難しいか。中国語は形態変化のない言語と言われている。中国の日本語学習者はまず日本語の活用に困惑する。薛琛は『東語語法提綱』（一九〇〇）の中で、

忽而マス、忽而デス、忽而デアリマス、忽而マシタ、忽而マセウ、忽而キル、忽而ヱル、忽而オモフ、忽而オモヒマス、忽而ドコ、忽而ゴザリマス、忽而ゴザイマス、又有ク変キ、キ変イ、ム、ブ、ニ字変為ミ、ビ、ニ字、或又変為ン。此種詞満紙皆是、安得不目迷五色、灰心而短気也。

と指摘している。和文漢読法は、このような活用などを無視するようにと言っているが、このような現実逃避策では日本語をものにできるはずがない。活用変化の他に、格助詞等のいわゆる虚詞類も中国語と大きく異なっている。『東文新法會通』（一九〇二）の著者廖宇春は、

東文辨名詞易、識虚字難、倘虚字之上雑以東文疑難閃爍之名詞、而初学往往索解不得。……日文最難辨別者、靜助詞、動詞、助動詞耳。

と指摘している。また『日本語言文字指南』（一九〇二）編者・王鴻年も助詞、助動詞の類いは日本語をマスターする上で非常に重要であるとし、次のように述べている。

則字体錯雑、文辞顛倒、学者苦之、于是又有望洋而嘆之感。此無他、不知其文法、故不解其趣旨、譬之入室者、必由于門、東学為室、東文為門、不得其門、則不能入其室也。況其意義錯綜、変化万殊、失之毫厘、謬以千里。

日本語のもう一つの難点は、漢字の発音の難しさである。戢翼翬が『東語正規』の序文での「日本所用漢字雖同音之字、字母均有一定音法。其法繁雑、非鑽研日久、未易弁識。」と言う指摘は代表的なものである。黄遵憲のいう「字同而声異、語同而読異、文同而義異」はすべて日本の土地に足を踏み入れ、日本の漢字に接した中国人の共通の感想であろう。このような「奇字」といわれる日本の漢字使用は、留学生らに「奇字解」というようなものを作らせた。『日語奇字例解』（一九〇五）を著した沈晉康は、

読日語不難、難於識奇字、如［矢釜シイ、間拔野郎、勝手氣盡］等字、苟不下以註解、無論何人、末（原文如此）有善悟之者也。今年以來、日語課本其稍有價值、為学界所贊許亦不下十數種。然未有渉及是問題者。間有之亦隔靴搔癢、未能驟悟。

と指摘している。音韻体系上の相違や表記と発音の乖離に加え、今日では音声教育に欠かせない国際音声字母の知識が欠如していることも大きな要因である。初めてローマ字表記を音声教育に導入した伊沢修二は『東語真傳』（一九〇三、泰東同文局撰）の巻頭「弁言」の中で、次のように述べた。

凡学東語者。有三難。一熟習字母之難。二尋繹語法之難。三措辞文紐之難。欲通東語。非除三難不可。

即ち仮名文字、文法、そして敬語を含む自然な日本語的な表現が日本語を習得する上で突破しなければならない三大難関である。そのために伊沢修二は、仮名にローマ字を付け、品詞、助詞類の使い方に関しても詳細に説明を行っている。

また『東語異同辨』（一九〇五）著者の張毓霊は、次のように指摘している。

余自庚子春抵東京学日語、歴寒暑四五度、経師友数十人、始獲稍窺門径、其難可知矣。テニヲハ文法之難也、呉訓並用読法之難也、半濁音不易発、暗字不可顕、此又口音之難也。

この本は、日本語の中にある同音異義の言葉を分析する辞書で、話し言葉の運用能力を向上させるために編纂された。全書一五〇頁である。日本語を始めて僅か四、五年の作者が、このような書物を完成させたこと自体、驚きである。

『和文漢読法』によって引き起こされた日本語ブームは、学習の展開に従い、徐々に冷静になり、学習者は本格的な文法書を求めるようになる。その要望に答えるのは一九〇五年に刊行された『日本俗語文典』（呉初らによる）である。いわゆる「俗語」は、口語のことであり、序文では次のように述べられている。

口語者文字之母、文字者口語之化身也。然日本之語言文字、雖顕判兩途、要之不識其語言而欲明其文字者難矣。

と書面語に対する口語の優位性が強調されている。

二〇世紀初頭、口語が俗語と呼ばれることからも分かるように、学習対象である日本語もまだ発展途上にある。現代語文法体系の構築、正書法の確立など近代国語の成立に欠かせない重要な作業はいずれも未完成である。このような情況が外国人の日本語学習を難しくしたのである。

注

[1] 劉進才、『語言運動與中国現代文学』、中華書局、二〇〇七年、一三〜一四頁。安徳森著、呉叡人訳、『想象的共同体』、上海人民出版社二〇〇五年版三八〜四七頁。
[2] 漢字とそれによって記録されている典籍の間に切っても切り離せない関係が存在しない。
[3] これは同時に中国人の日本語知識獲得の歴史と日本語翻訳集団の形成史でもある。それまでに全く存在感のない日本語が短期間に学習の対象になり得た理由、中国の民衆は日本経由で西洋の知識を取り入れることに躍起になった経緯、動機付けなどについて、筆者は「中国における近代知の受容と日本」（沈国威編『漢字文化圏諸言語の近代語彙の形成――創出と共有』収、関西大学出版部二〇〇八年、一〜四一頁）、「日本発近代知への接近――梁啓超の場合」（『東アジア文化交渉研究』第二号、二〇〇九年、二一七〜二二八頁）などで考察したことがある。
[4] 沈国威『近代日中語彙交流史』、笠間書院、二〇〇八年改訂新版、七七〜八二頁。
[5] 『清季外交史料全書』（六）「使日何如璋等奏分設駐日本各埠理事折」、光緒四年十一月十五日、學苑出版社一九九九年版巻一四、一〇二〇〜一〇二一頁。
[6] 何如璋『使東述略』、鐘叔河主編『走向世界叢書　日本日記等』、岳麓書社一九八五年、一〇二頁。
[7] 沈国威「關於和文奇字解類資料」、『或問』第一四期、二〇〇八年、一一七〜一二八頁。
[8] 沈国威『近代日中語彙交流史』、八九〜一一三頁。
[9] 日本語に関する記述はまず『日本雜事詩』（一八七九初版、一八九〇定本）に見え、その後『日本国志』に収められた。ただし後者の公刊は、一八九五年以後である。
[10] 例えば、一部の語は遼人の方言から来たと考えている。漢音、呉音等に関する記述も『日本国志』と『日本雜事詩』とでは移動が見られる。
[11] 『清季外交史料全書』（六）「使日何如璋等奏分設駐日本各埠理事折」、光緒四年十一月十五日、學苑出版社一九九九年版巻一四、一〇二〇〜一〇二一頁。「通事」は一般に口語の通訳を指している。彼らは書面語の能力にかなり劣っているので、「只得（やむなく）」とあるわけである。
[12] 『清光緒朝中日交涉史料』第五巻「總理各国事務衙門奏遵議在日所招東文學生畢業後應如何待遇片」、光緒十年七月初五日。
[13] これに対して許海華氏が異なる見方を示している。許海華「近代中国日語教育之發端――同文館東文館」、『日語学習與研究』、二〇〇八年、第一期五二〜五八頁。
[14] 編者も序文の作者も源氏名のようなペンネームを使用している。ここからも本書の性質が窺える。

[15] 実藤恵秀『中国人の日本語研究』、国語文化講座6『国語進出篇』、朝日新聞社一九四二年、二七四頁。

[16] 一八九八年に上奏したとされるこの上奏文は、公表した際（一九一一年）に修正した疑いがある。

[17]「改訳書局為訳書官局摺」、『中国近代出版史料補編』、張静盧輯注、中華書局一九五八年、五一頁。

[18] 馬建忠「擬設翻訳書院議」、張静盧輯注『中国近代出版史料・初編』、上海雑誌出版社 一九五三年、二九～三四頁。

[19]『時務報』第二七冊（一八九七年五月二七日）、第二九冊（一八九七年六月一〇日）、第三三期（一八九七年七月二〇日）。

[20] 沈国威「『時務報』の東文報訳と古城貞吉」、『アジア文化交流研究』第四号、二〇〇九年。

[21] 汪康年著、上海図書館編、『汪康年師友書札』、上海：上海古籍出版社、一九八六～八九年、一二七七頁。

[22] 梁啓超「論学習日本文之益」、『清議報』第一〇冊、一八九九年四月一日。

[23] 梁啓超の知識は、羅普氏より得られたことはほぼ間違いない。

[24] 呉稚暉は、一九〇一年の春日本に留学し、その年の冬帰国した。僅か数ヶ月だが、読み書きができるほどの上達ぶりだと言われる。

[25] 黄遵憲は、「（維新以後的日本職制章程條教號令……）概用和文［即日本文以漢字及日本字聯綴而成者也］」と指摘し、日本語を初めて外国語と捉え、記述した人である。黄はまた同時に日本語の文体の差についても述べている。『日本国志』凡例、括弧の中は割り注である。一方、傅雲龍らの調査報告書では、日本語を方言と記述している。

参考文献

・沈国威『近代日中語彙交流史』、笠間書院、一九九四年（改訂新版二〇〇八年）

・李小蘭「清末日語教材之研究」、碩士論文、二〇〇二年

・李小蘭「丁福保與日語教科書」、『日本思想文化研究』、第七期、二〇〇六年、九一～九七頁

・許海華「京師訳学館日文科之研究」、『日本思想文化研究』、第九期、二〇〇七年、五四～五九頁

・許海華「近代中国日語教育之發端――同文館東文館」、『日語学習與研究』、二〇〇八年、第一期五二～五八頁
・沈国威「時代的転型與日本途径」『中国近代思想史的転型時代』、台湾聯経、二〇〇七年、二四一～二七〇頁
・陳力衛「梁啓超の『和文漢読法』とその「和漢異義字」について――『言海』との接点を中心に」、『漢字文化圏諸言語の近代語彙の形成
――創出と共有』、沈国威編、関西大学出版部、二〇〇八年、四二三～四六二頁
・沈国威「日本発近代知への接近――梁啓超の場合」、『東アジア文化交渉研究』、第二号、二〇〇九年、二一七～二二八頁
・沈国威「日語難嗎？――以近代初識日語的中国人為説」、『東西学術研究所紀要』、第四三輯、二〇一〇年、一一九～一三〇頁
・沈国威『近代中日詞彙交流研究』、中華書局、二〇一〇年
・纂輯　日本訳語　京都大学文学部国語国文学研究室編、京都大学国文学会、一九六八年

もう一つの実学
——東アジアにおける実学研究の現状と問題点——

陳　毅立
（同済大学外国語学院院長補佐、法政大学国際日本学研究所客員所員）

はじめに

現在の日本は実学の国である。ここでいう「実学」とは、主に近代以降、西洋から伝来してきた応用を主旨とする科学、物理学、法律学、医学、経済学、工学の類である。しかし、近代以前の東アジアには、もう一つの「実学」が存在していた。それは、経世治用・利用厚生を核心とする儒教的実学である。この実学は、変化し続ける時代的課題と本来の儒教が持っていた経世済民的理想とを結合して行き詰まる状況を開拓しようとする学問である。

これまでの日本では、一部の思想史の研究者を除けば、この実学の持つ歴史的意味がほとんど評価されていない。その原因は、日本人の儒教認識と無縁ではない。日本社会に固有のものではなく、中国で生まれた外来者としての儒教によって日本社会を説明することにはたいした意味がない、という考えが儒教的実学が等閑視された原因の一つであろう。しかし、現実はむしろ逆である。儒教は、近代以前の中国と朝鮮において大きな役割を果たしただけでなく、近世の日本でも、思想的営為に従事した人々の多くが儒教に依拠して自己の思索を展開したのである。

近年、源了圓（日本実学研究会初代会長）と小川晴久（日本実学研究会第二代会長）の努力によって、日本における実学の研究は活発化しつつある。特に、実学に実心の語を付し、近代の実学と区別するために「実心実学」という概念を設けようという日本の学界からの提案は、中国と韓国でも支持者を得たようである[1]。

本稿では、まずこれまで比較的認知度の低い東アジア実学研究会の状況を読者に紹介する。その上で、韓国で実学者とされる朴趾源（一七三七〜一八〇五、号燕巖）の読書法を取り上げ、それを朱熹の読書法と比較しながら、両者の思想的関連性を探る。最後に朱子学を実学といえるかどうかを検討する。

1　東アジアにおける実学研究の過去・現在・将来

実学の発祥地である中国が実学に注目し始めたのは一九八〇年代後半に入ってからのことである。その契機は文化大革命の終焉と改革開放政策の導入と深いかかわりがあると考えられる。

文化大革命の有名なスローガンである「打倒孔家店」、「批林批孔」に代表されるように、儒教に封建専制思想というレッテルが貼り付けられることによって、儒教の価値は著しく貶められた。当時の知識人が、厳しい政治闘争の中で生き残るために儒教をたたえる議論はほとんど現れなかったといえる。

文革の終焉とともに、長い間抑えられてきた様々な思想は、花が咲くように一斉に現れてきた。鄧小平の「実事求是、一切従実際出発、理論連係実際」（すべてのことは実際状況に基づいて、理論と実際状況と相結合する）のスローガンの下で、人々は儒学の価値を再認識し、儒学における実学思想を再評価し始めた。さらに、改革政策の波に乗じて、日本と韓国との文化交流も盛んになり、中国の学者たちが韓国を訪問した際に、韓国における実学研究の隆盛に大きく刺激され、帰国後、実学研究会の成立をはじめ、中国の実学研究に全力を注ぎはじめた[2]。

改革開放の深化によって、一部の人が先に裕福になり、金銭を追究することがタブーでなくなった。例えば、中国社会に、「向前看 xiang qian kan」というスローガンをもじって「向銭看 xiang qian kan」といい換えた人が現れた。「前 qian」と「銭 qian」は諧音であるが、その意味は全く別なものとなった。このような面白い言語の変化は、中国社会の価値観の変化を示している。言葉を作り変える方法は、中国の社会の言語生活の中で、特にあるよからぬ社会現象を風刺する際に広く使われている。それで中国の実学研究は、市場経済にもたらしたマイナスの部分をいかに克服するかという課題の中で模索しながら前進してきたといえる。現在の中国実学研究会は、民生部が直轄する中国第一級の研究会にまで成長してきたのである。

一方、中国の実学研究を促進する役割を演じた韓国で、学者たちが最初に実学に注目したのは、一九三〇年代頃だといわれる。その理由と背景について、韓国実学研究会前会長を務める宋載卲は次のように述べている。

> 一九一〇年に韓国は否応なしに、日本帝国主義の植民地になった。それ以降、たくさんの韓国の知識人は自国の国権回復のために立ち上って全力を尽くした。国権回復のための努力の重要な一環として、人々は実学に興味を示した。この時期の実学研究には主として二つの側面を見ることができる。
> 第一、日本帝国主義に抑圧されている韓国の国民に民族意識を宣伝する。要するに、韓国の実学者の学問や業績を通して、国民の民族自尊心を喚起させ、日本帝国主義に対抗する団結心を向上させる。
> 第二、韓国の歴史に関する日本側の解釈をただすために、実学研究に取り込み始める。当時の日本の

歴史家からすれば、韓国の歴史は長い間変化もなし、ずっと停滞状態のままになっている。故に、二十、三十年代の韓国側の歴史学者は実学を一つの切り口として、それを研究することによって、韓国の伝統文化に潜在する近代的な要素を探り出す。もって、日本側の停滞性理論と対抗しようとしたのである[3]。

さらに、韓国における実学教育の促進事業の一環として、二〇〇九年一〇月二三日に京畿道の南楊州に東アジア初の実学博物館が開館した。実学博物館には、三つの常設展示室と特別の企画展示室などが揃い、代表的な実学の遺物約一八〇点が展示されている。この実学博物館は単なる展示だけではなく、教育と研究の機能も備えている。館長のアン・ビョンジク氏によれば、博物館側が、実学の専門家七人ほどを招いて彼らを通じて小中高校生を対象とした教育プログラムを本格的に実施する予定もあるそうである[4]。この実学博物館の開館を通じて、韓国だけでなく、中国と日本の実学研究の活性化も期待される。

以上のような中国・韓国の実学研究会の隆盛と活気に比べ、日本の実学研究会は、規模、影響力ともに、比較的小さいといわざるを得ない。これは偶然のことではない。応用的な実学をバックボーンとしてスムーズに近代化を成し遂げた日本にあって、近代以前の実学の影響力がささやかなものであることは、争えない事実である。しかし、上述のように、近年の日本でも儒教的実学が人々の注目を浴びつつある。今後は、日本側から提起した「実心実学」という概念をめぐって、「実心」とは一体何を指すのか、あるいは東アジア三国の実心は同一のものか、という議論が行われることが想定される[5]。

ところで、一九九〇年に韓国の成均館大学校において実学をテーマとした国際シンポジウムが開かれた。その成果として、中日韓三国の間に三つの協定が結ばれた。一つ目は、中日韓三国において、それぞれ実学研究会を設立すること。二つ目は、東アジアの実学研究を促進するために、二年に一度、韓国、中国、日本の順番でそれぞれの国で実学に関する国際大会を開くこと。(第一〇回目のシンポジウムは例外である)三つ目は、中日韓三国の実学研究成果を交流するために、実学に関する研究書を共同で編集し出版することである[6]。

今日では、中日韓三国の協力によって、三つとも実現した。今後の実学研究の動向をより正確に分析・把握するために、一九九〇年以来の東アジア実学国際シンポジウムの共通論題をまとめておく。(表1)

表1 東アジア実学国際シンポジウムの開催状況

回数	年代	場所	共通論題
1	1990年	成均館大学（ソウル）	東アジア三国における実学思想の展開
2	1992年	山東大学（山東省）	実学の概念及び範疇についての検討
3	1994年	早稲田大学（東京）	実学の研究及び現代的意義
4	1996年	高麗大学（ソウル）	東アジア実学研究の諸問題及びその展望
5	1998年	開封大学（河南省）	東アジア実学と21世紀
6	2000年	高崎経済大学（群馬県）	現代文明の危機と東アジアの実心実学
7	2002年	延世大学（ソウル）	東アジア資本主義と実学
8	2004年	湖南大学（湖南省）	実学・湘学と東アジア文明
9	2006年	二松学舎大学（東京都）	実心実学思想と国民文化の形成
10	2009年	実学博物館（南陽州）	東アジア実学、その意味と発展
11	2011年	鄂爾多斯市（内モンゴル）	東アジア新実学の構築

このように、東アジア三国の専門家の努力によって、今日まで数多くの研究成果が収められた。

しかし、朱子学は「実学」であるかどうか、という問題をめぐって、東アジア三国専門家の足並みは乱れている。中国と日本の実学研究会の専門家（葛栄晋、小川晴久など）は朱子学を「実学」とみなしたのに対して、多くの韓国の研究者が理解する「実学」とは、主に英祖・正祖の時代に展開された儒教の一類型であり、それ以前の朱子学（韓国では性理学と呼ぶ場合が多い）を非現実的・非実用的だと批判した思想である。つまり、韓国の「実学」はむしろ政治・経済・文化の発展を妨げる朱子学の桎梏から抜け出すために出発したものだとされている。例えば、第九回東アジア実学国際シンポジウム（二〇〇六年）で、宋載卲（韓国実学研究会会長・成均館大学教授）は、小川晴久（日本実学研究会会長）の提示した「実学は朱子学のまた一つの名である」というテーゼに異議を申し立て、次のように述べた。

哲学的な面に限定して見ると、実学の実学らしい点は性理学との辨別性から探すべきであろう。一七世紀に至ると朝鮮の性理学は絶対的な権威を持った教条的イデオロギーとして固着し、政治・経済・文化の発展を妨げる要素として作用したため、このような性理学的思惟の桎梏から抜け出そうとする動きが、実学発生の一要因になったと私は考える[7]。

「実学」を朱子学を克服の対象とした思想として捉えるのは、図式としては分かりやすいが、単純化に陥る危険性がある。次節では、朴趾源の読書法を取り上げ、その背後にある彼の思想的営為を分析する。さらに、朱熹の読書法に注目し、両者の関連性を探る。

2 燕巌の読書法と学問観

李朝時代に官立の教育機関として、最高学府である成均館と中等教育機関である四学学堂（ソウルの東部・南部・西部・中部の四ヶ所に建てられた学校の総称）が設置された。地方には、四学と同格の教育機関である郷校が建てられ、また、私学として書院・書堂が各地に散在し、儒教経典が教えられていた。両班の子弟は幼い時に書堂で『千字文』などによって基礎を身に付け、八歳頃になれば、中央の四学または地方の郷校に進学し、その中で、学業優秀な者にソウルの成均館に進学する資格が与えられた。

したがって、儒教経典の読み書き能力が、人間の優劣を決める大きな要素となったため、当然、読書が極めて重視された。いくつかの例を見よう。

「鈍才、無知の努力家」と呼ばれる金得臣（一六〇四〜一六八四）の『読数記』に「史記の伯夷伝を十一万回、また老子伝を二万回。師説を一万三千回」という文がある。

また、後期「実学者」の一人であった李徳懋（一七四一〜一七九三）は、厳しい寒さでの中、藁葺きの家で、『漢書』を布団の代わりにし、『論語』を屛風のかわりに凍死をまぬかれたという逸話がある。

さらに、一回読んで終わろうとせず、読んでは読み、完全に理解して身体と一体化するまで何回でも繰り返す、という読書法がある。性理学者任聖周（一七一一〜一七八八）の読書の仕方は次の通りである。

あけ方目を覚ますと、『論語』本文の一篇を黙って覚える。朝起きて、もう一度、以前覚えた『論語』のなかで疑わしい部分を細かく読む。顔を洗い、髪をといて、『易経』繋辞を一頁、または二、三頁ずつ、読めるところまで三〇回ずつ読んだ。食事後、『朱子大全』を細かく確かめながら読み、数頁を写した。疲れると、目を閉じて静かに座る。ある時は、『南軒集』を数頁ずつ読む。朝に食前に読む回数が三〇回にいたらないときは、追加して読み回数を埋め合わせる。夕食後、光を点して、繋辞を一〇回ずつすらすら読んだ。また毎晩これまで読んだところまで合わせて覚え、毎日読むことを繰り返して吟味した[8]。

このように、読書は当時の朝鮮の知識人にとって、欠くことのできない日常の活動であり、修養の教えを身につけるために必須の方法と考えられていた。

燕巌からすれば、当時の支配階級である両班とは士の尊称であり、いわゆる「士」とは読書人のことである[9]。

当然、燕巌は、「君子が一生の間、一日たりとも怠ってはならないのは、ただ読書のみ」[10]というように、士人に読書の必要性を訴え、好学の精神を植えつけようとした。

彼は『原士』において、孔子と陶淵明を読書の士の典型として挙げている。孔子の「発憤忘食」と「韋編三絶」の逸話が、いまでも人口に膾炙しているようである。確かに『論語』によれば、「好学」は、孔子自ら認めるところであった。例えば、「公治長篇」に、「十室の有る村に、私のように忠信である者はいるだろうが、私ほど学問を好む者はいない」[11]とある。また、「述而篇」に、「その人と為りは、発憤して食事を忘れ、楽しみて憂を忘れ、老いの至ることに気がつかない」[12]とある。仮に、当時の世において誰もが「好学」であれば、孔子はこのように公言しなかったであろう。とするならば、この好学精神は当時一般には稀だったのであろう。

また、陶淵明は、一般的に詩人、隠遁者として知られているが、実は非常に読書好きで、読書の喜びを常に語っていた。「五柳先生伝」に「書を読むことを好むが、無理にこじつけることはしない。意を得た個所に出会う度に、喜びのあまり食事を忘る」[13]という文がある。また「与子儼等疏」に「若い頃から琴と書道を学んだが、偶に静かな生活が好きであった。書物を開いて得ることがあれば、喜びのあまり食事を忘る」[14]という文がある。この「欣然忘食」とは喜びのゆえに食事を忘れることにほかならず、その喜びとは書物を読んで、わが意を得ると感じる時もたらされるものである。『論語』は陶淵明の愛読書であった。彼が自評するにあたって、敢えて孔子の「発憤忘食」を念頭におきつつ、それになぞらえたのは当然であった。それゆえ、燕巌が人々に読書を勧めるにあたり、孔子と陶淵明とを持ち出したのもまた当然であろう。彼は以下のような文章を書き残している。

陶潜は雅士であった。ただ生きる間に酒を多く飲めなかったことを恨んだ。孔子は朝に道が聞けたら、その晩に死んでもよいといった。淵明も書を多く読めなかったことを恨んだのであろう[15]。

ここで、「雅士」という言葉が注目に値する。「雅士」たる条件は次のように規定されている。

私のいう雅な士とは、志は赤ん坊のように、容貌は処女のようだ。一年中家に籠って読書する。赤ん坊は弱いのであるが、その慕うところは専一である。処女は世渡りが下手であるが、その守るところは堅固である。仰いで天に恥じることがなく、俯して人に恥じることがない[16]。

「専」と「確」からみて分かるように、「雅士」はいったん学問をなす（読書する）ことを決心すれば、一意専心の心構えで着実に知識を蓄積していく。そして、燕巌は学問するにあたって、二つの原則を守らなければならないと述べている。すなわち、一意専心の集中力と着実な蓄積である。あちらこちらに目移りばかりしても、心に落ち着きがなければ、確実な成果を実らせることはできないし、またいくつかの技能を身につけようとしても、それらを連絡する統一されたシステムを欠いていたのでは、その人の生き方においても世においても実効がない。

他方、書物を読みその精義を深く会得するためには、近道を探し速成しようとする思いは、学問の進歩を阻

表２　燕巌の読書法

◎読書之法莫善於課、莫不善於拕。（読書の仕方は、毎日の割り当てをしっかり決めることは一番いいが、翌日に引き延ばすことは一番悪い。）
◎毋貪多、無欲速、定行限。（多きを貪ってはならない。速さを求めてはいけない。区切りを定めよ。）
◎対書勿欠、対書勿伸、対書勿唾、勿枕書、勿以書覆器。（書に向って欠伸してはならない。書に向って背伸びてはならない。書に向って唾してはならない。書を枕にしてはならない。書を以て器を覆ってはならない。）
◎鶏鳴而起、温其宿。（鶏が鳴いて起き、その宿題を反芻する。）
◎勤於読書、不勧而読書。（読書に勤め、勧められなくても読書する。）
◎不緩不急、字句分明、高低温存。（遅れず急がざれば、字句は分明になり、高低は温存される。）

む大きな原因である。彼は本を読む際に、「毋貪多、無欲速、定行限」（多さを貪ってはならない。速さを追求してはならない。区切りを定めよ）の九字読書法を披露し、単なる速成を図ることを批判した。

また、燕巌は「鶏鳴而起、闔眼跪坐、温其宿。……験之於心、体之於身、其有自得、喜而不忘」[17]（鶏が鳴く頃起き、目を閉じ跪座し、宿題を反芻する。……これを心にこころみ、身に体験し、自得があれば喜んで忘れない）と強調した。すなわち、学問をするためには、朝早く起きて昨晩学んだ内容を復習する。これによって、解き明かされなかった文章や文字の意味が一目瞭然になる。全身全霊で書物を読み、会得した内容は一生忘れられない。『原士』に現れている燕巌の読書法を箇条書きで整理すれば、次の通りである。（表２）

燕巌の漢文小説『両班伝』の冒頭には、賢明で読書好きな両班が登場する。しかし、この生涯読書に没頭する両班は、経済的に苦しく、穀物の返済さえできなかった。そのため、妻に「あなたは一生をかけて読書に没頭してきたが、穀物の返済さえもできない。両班という身分は全く価値がないではないか」[18]と罵倒される。この読書に執着する両班は、上に言及した燕巌の理想とした「雅士」像と合致している。しかし、なぜ「澤及四海、功垂万世」に達するどころか、自分の生計さえ立てられないのだろうか。この問いを解くためには、燕巌の理想とした為学（読書）の目的に注目すべきである。

読書するのは一体何のためであろう。文術を富まそうとするのか、それとも文で名誉を博そうとするのか。……書を読んで有為を求めるのは、みな私意である。年中読書しても学が進まないのは、私意が害するのである。よく書を読む者とは、ただ訓詁に明らかになるだけであろうか。いわゆる士は、どうして五経に通じるのみで済まされようか[19]。

そして燕巌は、『大学』の三綱領八条目を丸暗記し、それを現実の社会に使いこなす方法を知らない人々に対して厳しく批判した。

『大学』の三綱領八條目は聖人の能事（能くなしうる事）である。夫人（田夫野人）も三綱領八條目をよく暗誦することはできる。しかし、よく暗誦できれば聖人の能事に向かえるかといえば、そんなことはない。暗誦とは係わり合いはないのである[20]。

その上、燕巌は「講学の目的は実用にある。専ら読書して実用を知らないのは、真の講学ではない」[21]と明言した。とはいっても、彼の目指している「実用」は西洋流のプラグマティズム（実用主義）[22]とは異なる。彼の見るところでは、「実」と「用」はそれぞれ特定な意味を指すもので、「孝悌忠信は講学の実であり、礼楽刑政は講学の用である」[23]。「孝悌忠信」が「修己」（己を修める）に当たり、「礼楽刑政」が「治人」に当たるならば、燕巌が理想としてめざした学問（講学の中身）は、「修己治人」の学として規定することができる。

3　朱熹の読書法

六朝から唐代初期にかけて、当時の学者の多くが詩文や訓詁などに関心を寄せたため、儒教に含まれる経世済民の精神は次第に影が薄くなった。その様子について、朱熹はこう述べている。

孟子が亡くなってから、俗儒が書物を暗記し、文章を作るというようなことに力を用いて、その骨折りは古の小学で学ぶことの倍も努力はしているが、何の役にも立たない。墨家、道家または仏教などの異端の教は、その高尚な所は古の大学の教えより遥かに過ぎているが、実質のない教えであった。その他の権謀術数は、すべて功名をなすために説かれている。また諸子百家などの学説が起こってきた。これらのものが、世を惑わし民を欺いて仁義の教えを妨げていた。かかるものが世間に現れたため、君子は、不幸にして大道の要領を聞くことができなくなったし、小人は不幸にして治まれる御代の恩沢を蒙ることができなくなった。世は暗闇になり、八方塞がりとなり、それが何度も繰り返し、遂に五代の世の衰えになって、壊乱は極限に至ったのである[24]。

つまり、朱熹の学問は、記誦詞章などの無用な学問を退け、世に役に立つために出発したものである。経世済民の手本はどこにあるか。朱熹は儒教の経典からそれを見出だそうとした。実際、「読書は格物の一事に尽きる」[25]とあるように、朱熹の修養法は何よりも経書を読むことを第一義とした。

彼は『四書章句集注』という経典の注釈書を著した。経書の注釈は彼にとって計り知れないほど大きな意義がある。なぜなら、経書に聖人の「化民成俗、修己治人」[25]の方法が書かれているからである。彼はいう。

今、書物を読む時の肝心なところは、聖人が人に教えた工夫すべきところが何であるのかを知ることである[27]。

さらに、朱熹は、道学と俗学とを区別し、書物の上で理を求めるばかりで、自分の身に引きつけて取り込まない「為学」の態度を批判した。

近頃の人は書物を読んでも、大抵自分自身に引きつけて体得しようとせず、紙の上で読み、文脈が通ずればそれでいいとした。こんなことで何になろうか。……古人の読書は、道を求めるためのものであった。でなければ、読書して何になろうか。今の人は、その道理に取り組もうとせず、何でもあれこれと広く知るのをいいとしている。道学と俗学との違いはここにある[28]。

では、経書を読む場合の適切な方法は何であろうか。朱熹みずからが門人たちに書き示したものがある。

学者が書物を読むには、まず本文を読み、注解を憶え、しっくりくるまで口に出して唱える。注の中、文意、事物、名義を解説し、経の趣旨を明らかにし、それらをつないでいるところを、一つ

表3　朱熹の読書法（興膳宏ほか訳注『「朱子語類」訳注　巻十一十一』より抜粋）

◎聖人言語、一重又一重、須入深去看。若只要皮膚、便有差錯、須深沉方有得。（聖賢の言葉は、一層また一層と深い所に入って読まねばならない。仮に字面に止まっておれば、間違いを生む。深く沈思して始めて分かるのである。）
◎書宜少看、要極熟。小児読書記得、大人多記不得者、只為小児心専。（書物は少なく読み、徹底的に身につけるのがよい。子供が本を読んで覚えるのに、大人だと大抵覚えられないのは、子供は心が集中するからである。）
◎読書不可貪多、常使自家力量有余。（読書は欲張ってはいけない。常に自分の力に余裕を持たせておかねばならない。）
◎読書須是専一。読這一句、且理会這一句。読這一章、且理会這一章。（読書は集中することが大切だ。一句を読み、その一句を理解する。一章を読み、その一章を理解する。）
◎読一遍、又思量、思量一遍、又読一遍。（読書の仕方は、読んでは思索し、思索してはまた読む。）
◎読書不可不先立程限。（読書するには、まず区切りを設けておかなくてはならない。）
◎学者読書、須要斂身正坐、緩見微吟、虚心涵泳、切己省察。（学ぶ者が読書するときには、居ずまいを正してきちんと座り、ゆったり文字を追いながら静かに吟じ、心を空っぽにして深く味わい、わが身に引きつけて省察せねばならない。）
◎読書須是虚心切己。（読書するには、心を虚しく己に引きつけること。）

一つ見極める。そして自分の書いたもの同然になってこそ、よくよく味わうことが出来、先の方への見通しが得られるようになる。そうでなくて空虚な議論ばかりしていては、科挙のための受験勉強と同じで、自分のための学問にはならない[29]。

このように、朱熹の学問に対する態度・方法を見る限り、朱熹の思想は必ずしも、後世の朱子学批判者の指摘したように、読書人の思想を拘束する教条的なものではない。

朱熹の読書法をまとめてみれば、次のような特徴がある。（表3）

以上、燕巌及び朱熹の読書法及び読書に対する両者の認識について述べてみた。従来、「実学」思想史において、燕巌は利用厚生派「実学」者として位置づけられ、彼の思想の近代志向性が強調された[30]。しかし、本稿で見てきたように、読書と学問観を媒介に考察するならば、「実学者」としての燕厳の思想には朱子学的要素が鮮明に存在している。

それ故、はたして朱子学を「教条化した学問」「空理空論の学問」として簡単に整理できるのか、大いに疑問とするところである。どう考えても「教条化した学問」「空理空論の学問」→「実学の誕生」という図式はあまりに単純であり、あまりに先入観が強すぎる。

結びにかえて

朱子学反対者の多くは、理気論を槍玉に挙げ、それを単なる抽象的な思弁・空理空論だと批判した。しかし、そのような批判は必ずしも正鵠を得ていない。現実はむしろ逆である。朱子学の理とは、物のあるべき有り様である。あらゆるものにそうでなければならない一定の法則がある。政治には政治の有るべき有り様があり、人間には人間の有るべき有り様がある。人々はそれを自覚するには、「格物」を徹底しなければならない。朱熹によれば、「格物」は「窮理」である。

「格」とは至ること、「物」とは事の意味である。事物の理に窮め至り、その究極のところに到達しようと欲するのである[31]。

ここで、朱熹は「物」があれば、必ずそれに対応する「理」があることを主張している。もちろん、「物」とは、単なる個々の具体的な物を意味するだけではなく、「読書」、「人の話しを聞く」[32]ことなども「物」の範疇に含まれる。このように、「格物」を「窮理」に読み替えた朱熹の真意はどこにあるか。これは恐らく理がひたすら抽象化され、空理に陥ることを防ぐためであろう。

人々は理を架空のもののように考えてしまっている。『大学』が窮理をいわずにただ格物といっているのは、人々に事物に即して理解することを求めたからである。そうすれば、「実体」を見ることができる。いわゆる「実体」とは、事物に即さなければ、見ることができない。例えば、船を作って水の上で動かし、車を作って陸上で動かすようなものである。衆人の力を以て船を陸上で動かそうとしても、絶対に無理である。その時に、人々ははじめて船は陸上で動かすことができないということが分かる。これをいわゆる「実体」という[33]。

要するに、船の理、すなわち、船でなければならない理由は、陸上でいくら引っ張っても動かないという具体的な「事」によって証明することができる。朱熹はそれを「実体」と呼んだ。換言すれば、「理」は実証することができるリアルな「物」である。

朱熹の工夫法に、「格物窮理」と相離れないのは「持敬」である。両者の関係は、よく「車の両輪、鳥の両翼」に喩えられる。朱熹によれば、「『敬』の一字は、真に聖門の綱領であり、存養の要法」[34]である。「持敬」の目的は、「人はよく敬を会得することができれば、心が穏やかになり、天理がきらきらと光り輝くようになる」[35]にある。つまり、「持敬」は心の修養法である。それを通して、心が専一・誠実の状態を保ち、天理を顕現することができる。

周知のように、宋代勃興した儒教は、仏教の影響を受けたことを否定することができない。宋代になると、「儒教は世を治め、仏教は心を治め、道教は身を治める」という南宋の孝宗の言葉に象徴されるように、老荘思想、仏教、儒教は三足鼎立の局面になった。儒教側は仏教と対抗し、それを克服するために、心の問題をどう取り扱うかが重要な課題になっていた。それ故、程伊川をはじめ、朱熹は、「持敬」を導入し、心の問題を処理した。しかし、朱熹の修心法は仏教のそれと区別しなければならない。朱熹本人も、この問題を意識していた。

儒者は心と理とを一つだとみなすことに対して、仏教徒は心を理と分断して二つだとみなす。仏教徒は儒者と対抗するためにこのような区別をつけたわけではない。そもそも仏教徒の見ているところは儒者とは異なる。仏教では心が空寂になりきって理までもなくしているが、儒教では、心が空でありながら、理は万物に皆備わっているのを見得るのである[36]。

以上からすれば、朱熹は、科挙的学問、仏教、訓詁学では対応できない当時の社会問題の解決策を儒教の伝統的経典から探し出して、それを日常生活の中で徹底的に実践し、新たな局面を切り開いた。これによって、朱熹の思想と理論そのものは、後世の反朱子学者が批判したような「教条的」、「原理主義的」なものではないことが分かる。朱子学が体制教学となるにしたがって、もっぱら性理学の論争に変貌したり、利用厚生の実践が弱くなったりすることは、朱熹の理論自体の問題というより、朱熹以降の朱子学を操る運用者の問題の方が大きいであろう。

最後に、徐復観の説で本稿をまとめる。

専制統治によって歪められる以前の本来の儒学は、民主・自由に近く、ただそれを制度で実現することまでに至らず、「聖君賢相」に託してしまったのだ。それ故、孔孟が当今に生まれ変わるならば、必ず「民主自由」の教えを唱導するのであろう[37]。

今後、本来の儒教のあり方について更なる検討が必要であろう。

注

[1] 小川晴久は最初に実心実学という用語を使ったのは北学派の定礎者である洪大容（一七三一―一七八三）だと指摘した。しかし、最近韓国西江大学の鄭仁在は異議を申し立てている。鄭は朝鮮の陽明学者である鄭斉斗（一六四九―一七三六）の『霞谷集』第十一巻の中に「唯我先正実心実学、為一世儒宗」という一文を発見し、それを「実心実学」の文献的な源泉だとみなしている。

[2] 現在中国実学研究会の会長である葛栄晋は一九八七年韓国を訪問した際、成均館大学校教授の李佑成と出会い、李から『韓国の実学』という本を贈られた。その本に衝撃を受けて帰国後研究者を集め、『明朝と清朝の実学』と『中国の実学』という二冊の実学研究入門書を出版し、中国の実学研究の基礎を築いた。

[3] http://theory.people.com.cn/GB/40553/5636457.html「実学之三国演義」（蔣栄華、最終閲覧日：二〇〇八年一二月二五日）

[4] 『京仁日報』、二〇〇九年一〇月二〇日。原文は次のとおり。「국내외 실학 자료의 집대성과 체계화、연구를 통해 그 성과를 다양한 방법으로 국민들에게 돌려줄 것이다. 이를 위해 실학전공 석좌교수 6～7명을 초빙하고 이들을 통해 초・중・고생들을 대상으로 하는 교육프로그램을 본격적으로 실시할 계획이다.」

[5] 実は、二〇〇八年五月三一日に、片岡龍、清水正之、金泰昌、山本史華が「日本人の実心とは何か」をめぐって座談会を開いた。座談会で

は、金泰昌が三つの論点を提起した。一つ目は武士道精神といわれるものが日本人の実心の典型なのか。二つ目は、日本人の考える実心というものがあるとすれば、それは清き明るき心（清明心ともいう。すなわち天皇や主君に対する二心・異心なき心であり、純粋潔白な忠誠心である）であるのか。中国人や韓国人の心をあえて「からごころ」（唐心・漢心・新羅心）と決めつけ、それらとは違う「大和心」を強調する理由は何か、である。詳細については、公共哲学共働研究所編『公共的良識人』（京都フォーラム発行、二〇〇八年、一〇月一日、一面）を参照されたい。

なお、実心に対する解釈によって、近代以降の実学者の主張や思想には、実心を重視する側面がもっと明らかに見えるかもしれない。福澤諭吉は典型的な例である。これまで、福澤が提唱した実学が近世実学の反対側に位置づけられることはほぼ定説になっている。しかし、周知のように、福澤は東洋と西洋を様々な面で比較し、「東洋になきものは、有形において数理学、無形において独立心」という結論を下した。数理学は今日の実学に当たり、独立心が実心に当たるとするなら、福澤の唱導した実学も見事な「実心実学」である。ただし、日本実学研究会に提起された実心実学は、西洋から舶来したものではなく、東洋の伝統（儒教）の中から発掘されたものである。この点は、福澤の実心実学と根本的に異なっている。

[6] 中国実学研究会編『実学文化与当代思潮』、首都師範大学、二〇〇二年、五二六頁。

[7] 宋載卲「東アジア実学研究の進むべき道―韓国実学研究と関聯して―」『実心実学思想と国民文化の形成論文集』、二松学舎大学東アジア学術総合研究所主催、二〇〇六年、三〇頁。

[8] 以上三つの読書例は崔在穆「朝鮮時代における経書の暗記・身体化・唱劇化の一面」、黄俊傑・辻本雅史編『経書解釈の思想史』（ぺりかん社、二〇一〇年、一二六～一三〇頁）を参照。

[9] 朴燕巌「両班伝」、『燕岩漢文小説』大洋書籍、一九七三年、三二二頁。「読書曰士」

[10] 「原士」、朴趾源『燕巌集』慶熙出版社、一九六六年、一四〇頁。原文は次の通り。「君子終身不可一日而廃者、其惟読書乎」

[11] 吉田、前掲書、一二二～一二三頁。原文は次の通り。「子曰、十室之邑、必有忠信如丘者焉、不如丘之好学也。」

[12] 同上書、一六一頁。「其為人也。発憤忘食、楽以忘憂、不知老之将至云爾。」

[13] 松枝茂夫・和田武司訳注『陶淵明全集』、下、岩波書店、一九九〇年、一八二頁。原文は次の通り。「好読書、不求甚解、毎有会意、便欣然忘食」

[14] 同上書、二一五頁。原文は次の通り。「少学琴書、偶愛閒静、開巻有得、便欣然忘食」

[15] 「原士」、前掲書、一四〇頁。原文は次の通りである。「陶潜雅士也。惟恨其在世之時、飲酒不能多。孔子曰朝聞道夕死可矣。淵明何不恨読書之不能多也。」

[16] 同上。原文は次の通り。「吾所謂雅士者、志如嬰児、貌若処子。終年閉其戸而読書也。嬰児雖弱其慕専也、処子雖拙其守確也。仰不愧天、俯

不作人。」
[17] 同上、一四〇頁。
[18] 前掲書、「両班伝」、一一九頁。「生平子好読書、無益県官耀、咄両班、両班不直一銭。」
[19] 同上。原文は次の通り。「夫読書者、将以何為也。将以富文術乎、将以博文譽乎。……読書而求有為者、皆私意也。終歳読書而学不進者、私意害之也。……善読書者、豈訓詁明而已哉。所謂士者豈五経通而已哉。」
[20] 「咸陽郡興学斎記」、『燕巌集』、二三頁。原文は次の通り。「大学之三綱領八條聖人之能事、而夫人也能誦之矣。夫人也苟能誦之、則向所謂聖人之能事、不係於誦亦明矣。」
[21] 「原士」、同上書、一三九頁。原文は次の通り。「講学者、為其実用也。読書而不知実用者、非講学也。」
[22] 現在、よくいわれる「実用主義」とは、英語 pragmatism の訳語である。『ＯＸＦＯＲＤ現代英英辞典』を開いてみると、pragmatism に関して次のような説明をしている。thinking about solving problems in a practical and sensible way rather than by having fixed ideas and theories。
[23] 「原士」、前掲書、一三九頁。原文は次の通り。「孝悌忠信講学之実也、礼楽刑政講学之用也。」
[24] 朱熹『四書章句集注』、中華書局、一九八三年、二頁。原文は次の通り。「自是以来、俗儒記誦詞章之習、其功倍於小学而無用。異端虚無寂滅之教、其高過於大学而無実。其他権謀術数、一切以就功名之説、與夫百家衆技之流、所以惑世誣民、充塞仁義者、又紛然雑出乎其間。使其君子不幸而不得聞大道の要、其小人不幸而不得蒙至治之澤、晦盲否塞、反覆沈痼、以及五季之衰、而壊乱極矣。」
[25] 梨靖徳編『朱子語類』第一冊、中華書局、一九八六年、一六七頁。原文は次の通り。「読書是格物一事」
[26] 同。
[27] 梨靖徳編『朱子語類』第一冊、中華書局、一九八六年、一六二頁。原文は次の通り。「今読書緊要、是要看聖人教人做工夫処如何」
[28] 同上書、一八一頁。原文は次の通り。「今人読書、多不就切己上体察、但於紙上看、文義上説得去便了。如此、済得甚事。……古人読書、将以求道。不然、読作何用。今人不去這上理会道理、皆以渉獵該博能、所以有道学俗学之別。」
[29] 同上書、一九一頁。原文は次の通り。「学者観書、先須読得正文、記得注解、成誦精熟。注中訓釈文意、事物、名義、発明経指、相穿紐処、一一認得、如自己做出来底一般、方能玩味反覆、向上有透処。若不如此、只是虚設議論、如挙業一般、非為己学也。」
[30] 李朝後期의実学派는三派로大別할수가있다。(一) 星湖를大宗으로하는経世致用学派——土地政策및行政機構其他制度上의改革에致重하는学派、(二) 燕巖으로代表　利用厚生学派——商工業의流通및生産器具一般技術面의発展을指標로하는学派、(三) 阮堂에이르러一家를이룩하게된實事求是学派——経書. 典故. 金石等考証関係를일삼는学派가그것이다。
[31] 朱熹『四書章句集注』、中華書局、一九八三年、四頁。原文は次の通り。「格、至也。物、猶事也。窮至事物之理、欲其極処無不到也。」

[32] 梨靖徳編、前掲書、二八六頁。原文は次の通り。「如読書、便就文字上格、聴人説話、便就説話上格。」

[33] 同上書、二八八頁。原文は次の通り。「人多把這道理作一個懸空底物。大学不説窮理、只説個格物、便是要人就事物上理会。如此方見得実体。所謂実体、非就事物上見不得。且如作舟以行水、作車以行陸。今試以衆人之力共推一舟於陸、必不能行、方見得舟果不能以行陸也、此之所謂実体。」

[34] 同上書、二一〇頁。原文は次の通り。「『敬』之一字、真聖之綱領、存養之要法。」

[35] 同上書、二一〇頁。原文は次の通り。「人能存得敬、則吾心湛然、天理燦然。」

[36] 『朱子学大系第五巻』「答鄭子上」、明徳出版社、一九八三年、三三二頁。原文は次の通り。「吾以心与理為一、彼以心与理為二。亦非固欲如此。乃是其所見処不同。彼見得心空而無理。此見得心雖空、而万物咸備也。」

[37] 徐復観『儒家政治思想與民主自由人権』、学生書局、一九八八年、一九〇〜一九一頁。

禹王（文命）遺跡の語る日本と中国の文化交流史

――文命が発信する大きな夢――

大脇　良夫
（治水神・禹王研究会会長）

要旨

①日本と中国が不幸な関係にあった七八年間（一八九四年の日清戦争から太平洋戦争を経て一九七二年国交回復まで）にも一八の禹王碑が建立され続けていた。現存する六三の禹王遺跡数の約三割に相当する。この事実を両国のたくさんの方々と共有しておきたい。禹は現在の厳しい両国の理解と融和の促進剤となる可能性を感じる。

②次に禹王遺跡研究の原点（二〇〇六年筆者の地元、神奈川県足柄での文命研究）を詳しく振り返ってみる。右記①のためにも、原点理解は必須と考えるからだ。

二〇〇七年以降の調査で明らかになった六三遺跡の詳細については、人文書院刊大脇良夫・植村義博著『治水神禹王をたずねる旅』をご参照いただきたい。わが国初の本格的な禹王研究書（法政大学 王敏教授推薦）であり一読をお勧めしたい。

③最後に日本の古典が禹王をいかに取り上げてきたか、文献史を提示し今後の研究者の参考に供したい。今

後、大いに修正増補されることを望んでいる。現時点での完成度は不満足だが、上記①のための参考資料にはなるであろう。

1　わが国禹王遺跡の概要と特記的特徴

❖（1）禹王遺跡の概要

江戸、明治期中心だが昭和、平成にも建立されている。そして、日清戦争から日中平和条約締結までのいわゆる不幸な時期七八年間にも禹王遺跡が建て続けられてきたことに着目していきたい。表2の一八九四年から一九七二年の一八碑が該当する。

2013年4月1日現在　大脇　良夫作成

昭和時代	平成時代	計
1972　広島佐東：大禹謨 1988　北海道千歳市：禹甸荘碑		24
1928　新潟燕市：句仏上人句碑 1936　新潟南魚沼市　砂防記念碑 1937　東京文京区：東京大学・古市公威像 1954　岐阜養老町：大榑川水門改築記念碑 1990　東京墨田区：幸田露伴文学碑	1989 鹿児島種子島：区画整理竣工之碑 2012 兵庫姫路魚吹八幡宮：屋台の禹木彫像	33
		6
7	2	63

3　禹王遺跡の建立と存続のための必須な三条件：

A．水害多発地帯で防災祈願や収穫豊穣祈願の必要な地…………………必要条件

B．禹王（文命）を熟知する儒学者や土木家の関与………………………十分条件

C．建立された禹王遺跡の価値を認め継承して行く地域文化の継承……存続維持条件

表１　日本禹王遺跡の時代別・種別一覧

種別＼時代		江戸期以前 （または時代不詳）	江戸時代	明治時代	大正時代
区分	Ⅰ群 禹王碑禹王像など禹が標題（表札）に掲げられているもの	1228　京都鴨川：夏禹王廟 時代不詳　栃木真岡：禹廟	1632　東京・国立博物館：大禹像画 1630　名古屋・徳川美術館：禹金像 1637　高松：大禹謨 1704　静岡三島：禹王廟 1708　埼玉久喜：文命聖廟 1719　大阪島本：夏大禹聖王碑 1726　神奈川南足柄：文命東堤碑と文命宮 1726　神奈川山北：文命西堤碑と文命宮 1740　大分臼杵：禹稷合祀の壇 1753　大阪柏原：小禹廟 1838　岐阜：禹王木像 禹王像画掛軸　大禹王尊掛軸 禹王さん灯篭 1849　埼玉北葛飾杉戸：大禹像碑 1855　京都御所：大禹戒酒防微図	1874　群馬片品：大禹皇帝碑 1900　愛知愛西市・木曽川文庫 禹功徳利 1908　岐阜養老町：禹功門	1919　群馬沼田：禹王碑
	Ⅱ群 治水碑（並びに橋碑・句碑）に「禹王の治水事蹟」を刻字されているもの	1373　山口：山口十境詩 「鰐石生雲」	1674　大阪十三：島道悦墓碑 1690　沖縄南風原：宇平橋碑 1721　鎌倉建長寺：河村君墓碑銘 1797　山梨鰍沢：富士水 1819　北名古屋市：水埜士惇君治水碑 1819　佐賀久保田：明春寺鐘銘 1823　兵庫丹波：金坂修道供養塔銘 1838　大分臼杵：不欠塚 1839　鹿児島種子島：水天之碑	1870　茨城取手藤代 神浦堤成績碑 1886　大阪高槻市唐崎：修堤碑 1886　大阪都島区桜宮神社 淀河洪水記念碑 1890　大阪高槻市唐崎：明治戊辰唐崎修堤碑 1891　岐阜大垣：和田光重之碑 1891　東京谷中：人力車発明記念碑 1895　千葉関宿：船橋随庵先生水土功績之碑 1896　鳥取伯耆町：篠田・大岩二君功労記功碑 1897　宮城石巻：川村孫兵衛紀功碑 1908　岡山北区：川口修堤之碑 1909　大阪都島区毛馬：淀川改修紀功碑	1912　福井足羽上町：九頭竜川修治碑 1923　大阪四条畷市：治水翁碑、大橋房太郎紀功碑 1923　神奈川横須賀市：西田明則君之碑 1924　京都西京区：千光寺・黄檗高泉詩碑
	Ⅲ群 地名・寺名に禹が使用されているもの	720　新潟佐渡羽茂町：禹武邑 1455　愛媛西予市：禹門山龍澤寺 時代不詳　山梨富士川市：禹之瀬	福島伊達市：禹父山 福岡博多区：禹弘寺 （現在：観音寺） 1752　長野高森町：禹余堤・禹余石		
合計		6	28	14	6

「表1解説」

1　年代別分類：明治期までに約８割が建立されているが大正、昭和、平成になっても建立され続けている。江戸期以前が54%、明治期22%、大正10%、昭和と平成が計14%という年代構成である。

2　石碑の種別分類：

Ⅰ群：石碑の標題に「禹、夏禹、大禹、文命」が表記されているものが38%。

Ⅱ群：治水碑（や橋碑、句碑）などの碑文中に禹が引用（例：禹の治水業績に匹敵する立派な堤防完成など。神禹の表記が多い）されるものが52%。

Ⅲ群：残り10%が地名や寺名に使用される例である。

筆者の七年間の行脚体験から、表1下の三条件が満たされたものが六三箇所の禹王遺跡として現存すると考えられる。A、Bが備わり建立されても、石碑の価値、趣旨、内容が後世に伝達継承されないとやがて朽ちて整理されかねない。文献で確認できても現存しない例（静岡縣・千貫樋の禹王廟など）が複数確認されている。

❖——（2）日中間に諍いのあった時期（一八九四～一九七二年の七八年間）に建立された一八碑の意義

六三箇所中の二九％にあたる一八箇所は日清戦争後、国交回復までの間の建立である。この多さは、私たちに何かを問いかけているはずだ。国と国が緊張関係にある中においても、中国初代の帝王・禹王が日本の各地に建立され崇められていた事実を日中間で共有しあい、その意義を考察していかねばならないと思う。

日中関係など主な事件
1894～1895年 日清戦争 1898年 列強の中国分割 1899～1901 北清戦争（義和団事件）
1911年 辛亥革命 1912年 清朝滅亡 1915年 日本、中国に二十一か条要求
1931年 満州事変 1932年 満州国建国宣言 1937年 盧溝橋事件、日中戦争開始、南京事件
1972年 日中国交回復 1977年 文化大革命終結宣言 1978年 日中平和友好条約調印 1992年 中国と韓国国交樹立

中戦争開戦という時代背景の中での建立である。建立に至る背景や意義を考える価値は大であろう。古市公威（1854～1934年）は、明治初期のわが国土木会、工学会のエリート中のエリートで日本工学会の初代会長として著名。

表2　1894～1972年の78年間の18遺跡（年代順）

年代	遺跡名称と禹の「刻字」	所在地（水系と県名）
1895	船橋隋庵水土功績之碑「大禹聖人」	利根川、千葉県野田市
1896	篠田・大岩二君功労記功碑「神功禹蹟」	日野川、鳥取県伯耆町
1897	川村孫兵衛紀功碑「神禹以後唯有公」	北上川、宮城県石巻市
1900	禹功徳利「其業何為譲禹功」	木曽川、愛知県愛西市
1908	禹功門	揖斐川、岐阜県養老郡
1908	川口修提之碑「嗚呼微禹　吾其魚乎」	旭川、岡山県岡山市
1909	淀川改修紀功碑「以称神禹之功」	淀川、大阪市都島区
1912	九頭龍川修治碑「称功軼神禹矣」	九頭龍川、福井県福井
1919	禹王之碑「禹王之碑」	利根川、群馬県沼田市
1923	治水翁碑「是頡頏神禹功」	淀川、大阪府四條畷市
1923	大橋房太郎君紀功碑「大禹ノ水ヲ治ムルヤ」	淀川、大阪府四條畷市
1923	西田明則君之碑「大禹治水」	東京湾、神奈川県横須賀市
1924	黄檗高泉詩碑「何人治水功如禹」	桂川、京都市西京区
1928	句仏上人句碑「禹に勝る業や心の花盛」	信濃川、新潟県燕市
1936	砂防記念碑「開荒成田　禹績豹功垂」	魚野川、新潟県南魚沼群
1937	古市公威像「不譲大禹疏鑿之功」	東京大学正門、東京都文京区
1954	大榑川水門改築記念碑「禹功門」	揖斐川、岐阜県養老郡
1972	大禹謨「大禹謨」	太田川、広島県広島市

①18碑すべてが治水に関わるもので自己の治水業績を、禹の偉大な治水業績に匹敵せんばかりと讃えている。明治から大正、昭和初期にかけて「治水神=中国の禹王」として信奉崇拝する習わしは日本全国に浸透していたと考えられる。この伝播のプロセスや発信源は未解明である（⇒203頁の⑦『三壺記』の項参照）。

②本州各地（東北から中国地方まで。太平洋岸、日本海）に、むらなく分布し大都市圏に10個、地方に8個と偏りが少ない。東京圏3、中京圏3、近畿圏4、地方8と禹三信奉は全国に及んでいる。

③78年間に18個建立だから約4年に1基の割で建立されていることになる。戦時を想定すれば、きわめて多い印象の数字である。

④東京大学正門横の「古市公威《ふるいちこうい》像」に、1937年の建立。1931年満州事変、1937年日

表2中の最後の遺跡が一九七二年（昭和四七年）建立の広島市の「大禹謨」である。高さ一九〇センチ、幅三八〇センチ、厚さ一〇〇センチと日本最大の禹王遺跡であるが、建立年に注目したい。日中国交回復となったのが一九七二年九月二五日、大禹謨建立が五月二〇日である。建立に取りかかった一九七一年一月頃といえば、日本は台湾政府との友好一本で中国とは民間を除き国交の無かった時期である。建立責任者の池田早人町長（当時）の慧眼と勇気に驚くばかりである。二〇一四年の禹王サミットが広島市の平和公園の国際会議場などで行われることは、大変意義の高い催しになるのではと期待している[1]。

2 禹王遺跡研究の端緒：禹王研究の原点は神奈川県西部の酒匂川が育む足柄平野

❖——（1）足柄平野の立地

富士山や丹沢山を源流に持ち、静岡県東部から神奈川県西部に流れる全長四六キロメートルの酒匂川《さかわがわ》（静岡県内では鮎沢川と呼称）は、足柄平野に豊かで清冽な水（横浜、川崎市にも酒匂川の水が供給されている）と肥沃な大地を与える一方、急流河川で有名であり暴れ川にも豹変し、一六五〇年からの四五〇年間の大水害は、四〇回とほぼ一〇年に一度に及んでいる。

富士山宝永噴火（一七〇七年）の噴火砂の約六割は、酒匂川に流れ込んだと言われており、河床を上げ続け足柄平野を洪水に陥れたことから「富士山噴火災害とその教訓」を研究する者で酒匂川の名を知らない者はいない。

地元の立場から私も加わっていたのだが、その過程で、酒匂川の治水神が中国初代の帝王・夏《か》の禹王の別名「文命」であることを「文命社の神社明細帳」（次頁で後述）で目にして以来、その不思議に深く打たれ、日本全国にも同じような例があるはずと禹王遺跡行脚を開始したのは二〇〇六年一一月のことであった。もう少し「文命」について触れておく。

❖――（２）文命遺跡の概要

文命遺跡のコアとなる二つの石碑を紹介する。神奈川県南足柄市班目の福澤神社内にある石碑は、建立年一七二六年（享保一一年）（法政大学『国際日本学研究叢書18　相互研究としての国際日本学研究』の表紙に写真掲載）。また、神奈川県足柄上郡山北町岸には、文命西堤碑と文命宮が左右に並んで建立されている（建立年一七二六年）。文命宮には「水土大禹神祠」の刻字がある。

❖――（３）「文命社の祭神は夏禹王」と明記した古文書に驚愕

神奈川県立公文書館所蔵の一八七九年（明治一二年）『神社明細帳』（写真1）は、見るたびに私の胸を掻き立てる。祭神が「夏禹王」であることを明確に示しているからだ。時代は遡るが、一八四一年（天保一二年）完成の『新編相模国風土記稿』第一集班《まだら》目《め》村《むら》、川村岸の項でも文命社を取上げ「祭神・禹」を明記している。禹は、中国初代の王朝・夏（紀元前二一〇〇年頃から紀元前一六〇〇年）の創始者で名は文命、中国では大禹、夏禹とも尊称されている。足柄地域では、「文命中学校、文命遂道、文命用水、文命橋」など文命の名は、あちこちで使用され親しまれている。

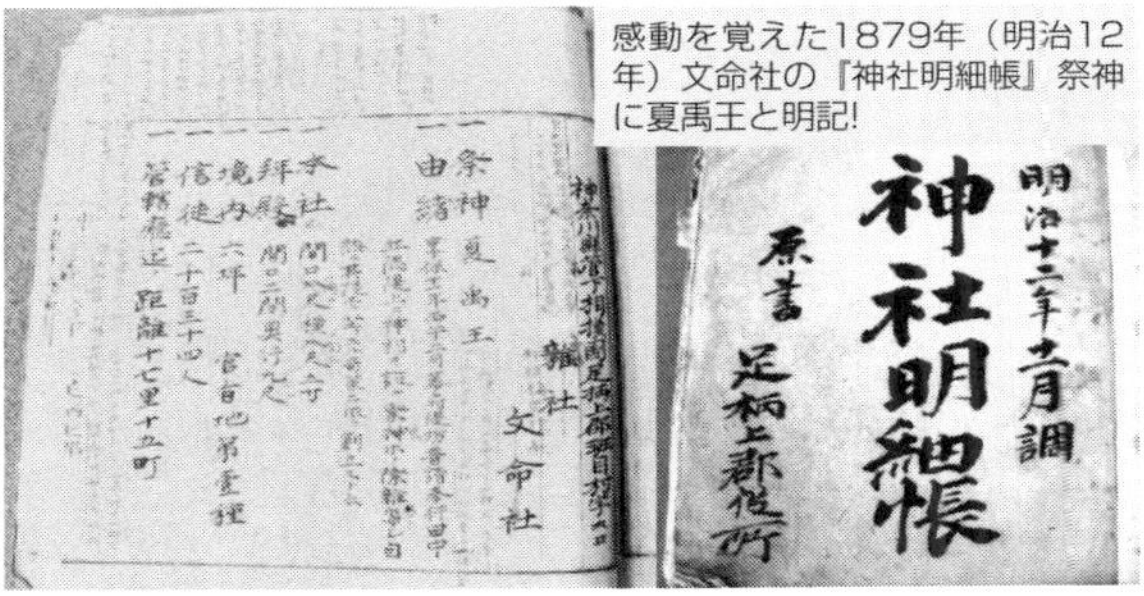
感動を覚えた1879年（明治12年）文命社の『神社明細帳』祭神に夏禹王と明記!
明治十二年青調
神社明細帳
原書
足柄上郡役所
写真１　神社明細表

写真２　最古の文命社

①「文命」は「禹」の名。「夏禹、名曰文命」（司馬遷『史記』夏本紀第二の冒頭）。

②文命社の創建は一七二六年（享保一一年）四月（新編相模国風土記稿第一集「斑目村」の項）。酒匂川の氾濫時に大きな影響を受けて来た斑目・千津島・岡野・壗下・竹松・和田河原の六ヶ村の鎮守として堤防上に設けられた。

③一九〇六年（明治三九年）の勅令二二〇号「神社合祀令（一村一社）」により近隣一一社が文命社に合祀され福澤神社と改称。一九〇九年（明治四二年）のことである。一八八〇年頃たびたび足柄平野を訪れていた福澤諭吉の名を冠したものである。

④日本の神社総数は約八万社といわれるが、祭神に中国の帝王を祀ったことを明記する例を「文命社」以外に筆者は知らない[2]。

⑤写真２は文命社の最古の写真（ハガキ下部の「松田名所　大口文命社」の記載から一九〇九年以前の撮影と推定できる）。その手水鉢には立派な雨覆いがあり、大切にされた様子が伝わってくる。一村一社の勅令により一九〇九年一〇月一日より近隣一一の神社を文命社の地に合祀し「福澤神社」と改称している。

3 二〇〇六年一一月から二〇一三年四月まで七年間の研究成果（国内の巻）

――酒匂川の二箇所から始まり、現在日本全国六三箇所に――

❖――（1）旅は京都鴨川から始まる（二〇〇六年〜二〇〇七年）

次の二つの記録から私は「京都鴨川に文命碑（または文命宮）あり」を確信し、二〇〇六年一一月一五日、高ぶる胸の鼓動を抑えきれないまま京都へ向かったことを今も鮮明に覚えている。

1）文命東堤碑の記述：一七二六年（享保一一年）建立記載

本文「……安貞二年、勢田判官為兼奉／勅治水建　神禹祠于鴨河……」

通釈「……安貞二年（一二二八年）に勢田《せだ》の判官《ほうがん》・為兼が勅命を奉じて鴨川の治水工事を行い、堤に神禹を祀る祠を建てた……」

2）一八四九年（嘉永二年）神奈川県南足柄市班目　服部家文書記載（南足柄市史八巻「別編・寺社　文化財」編第八九番史料）

本文「……石碑之由来存居候哉、存不申候ハ、言聞せ可申、此義外ニ類無之碑ニ而、日本ニ二ヶ所也、西ノ文命与申ハ、京都加茂川之堤ニ有之（中略）、東ノ文命与奉申者、相酒匂川之上、班目村大口ニ建立有之……」

意訳「（文命）石碑の由来について言い聞かせておく。文命碑は他に類の無いもので日本に二ヶ所しかない。一つは、京都加茂川の堤にあり西の文命と申し、もう一つは相州酒匂川の上の班目村大口にあり東の文命と申す……」

❖――（2）京都歴史博物館と京都府土木事務所との共同調査

右記1）一七二六年・2）一八四九年の記録を片手に京都歴史博物館や京都府土木事務所を訪ね歩くとともに、古文書解読や、ときには鴨川探索まで大変な協力を頂き、約半年間に及ぶ共同調査の結果、「京都・鴨川に禹廟は現存しない。しかし、信頼できる複数以上の古文献や古絵図から、鴨川べりに禹廟が江戸期初め頃まで存在したことは認められる」との結論に至った。まとめると、

1）京都・鴨川に禹廟は現存しない。

2）但し、酒匂川文命東堤碑「安貞2年（一二二八年）鴨川に神禹の祠……」の記載の信憑性は高い。江戸期の直前または江戸初期まで（一五九〇年前後）存在したと考えられる。

3）鴨川に夏禹廟が存在したことを示す第一級の史料として以下を確認した。

『相国寺《しょうこくじ》蔭涼軒日録《いんりょうけんにちろく》』歴代蔭涼軒主の公用日記で一四三五年からに遡る。「一四八八年八月二一日の項に五条大橋下に夏禹廟あり」と。

『洛中洛外図』上杉本、町田本の五条橋に「だいこくどう（禹廟）」の記載あり（洛外図は一五四九年までの完成）。

『雍州府志《ようしゅうふし》』一六八六年、儒医黒川道佑著。「旧五条橋の河原に夏禹王廟、四条橋東向うに弁財天社」の記載。

4）鴨川の存在は確認出来なかったが、酒匂川含め全国に八箇所の禹王遺跡存在を確認

京都府土木事務所との共同調査を通じて大阪・島本町、香川県・高松市、群馬県・片品村と沼田市、大分県・臼杵市に禹王遺跡の現存が確認出来た。既知の三遺跡（神奈川県足柄の二碑と、かって存在した京都）

と併せ八碑の禹王遺跡を確認できたことは大きな収穫であった。京都への旅は小さな一歩だったかも知れないが、全国への拡がりを実感できたので大きな大きな一歩に思えてきたのだった。この先のゴールが、どこにあるのかはわからないが、二〇〇七年の春、明るい気持ちで京都をあとにし、以降全国の行脚にとりかかる。

❖——(3)二〇〇七年春以降二〇一三年まで全国行脚の結果六三箇所の禹王遺跡を確認

二〇一〇年から開催の全国禹王サミットの開催が遺跡数の発見促進に大いに寄与したことは明白である。サミット開催のたびに関心が高まり情報が寄せられるからだ。

二〇〇六年の段階では酒匂川と京都・加茂川の二箇所しか発見されていなかった禹王遺跡は、二〇〇七年には高松、大阪・島本、群馬・利根川上流二箇所、大分・臼杵を加え七箇所となり、二〇〇九年に広島、大阪五箇所、山梨・富士川を加え一四箇所、そして、第一回の全国禹王サミットが神奈川県開成町で開催された二〇一〇年までに一八箇所が発見された。それが、第二回サミット(群馬県片品村)が開かれた二〇一二年には五〇箇所まで増え、第三回サミット(高松市)開催の二〇一三年時点では六三箇所となっている。

禹王遺跡は北海道から沖縄まで幅広く分布するが、遺跡数の約八割は本州である。なかでも、関東平野と利根川水系、濃尾平野と木曽三川、大阪平野と淀川水系、と三つの大河への集中度が高い。

第1回　2010年11月27～28日
神奈川県開成町(約800人参加)
第2回　2012年10月20～21日
群馬県片品村(約700人参加)
第3回　2013年7月6～7日
香川県高松市(約600人参加)

さらに、今後以下の開催が決まっている。
第4回　2014年10月18～19日
広島県広島市
第5回　2015年9月12～13日
大分県臼杵市

図1　禹王遺跡発見を促進した「全国禹王サミット」の開催

4　日本の古典にみる禹王・文命

紀元前一〇〇年頃の古代日本は、百余りの小国が乱立し指導的統一政権はなかった。紀元二～三世紀頃になり、ヤマト連合として統合、国としてのかたちを模索し、六七〇年頃に倭国が国名を「日本」に改めたとされている。

この間、自国の権威づけ並びに、国づくりに先進文化や技術の吸収が必要になり、大陸文化との交流を貪欲に求めたとされ、以下の二ルートが、日本への文化移入の主流であったと思われる。

1）中国直ルート

○古代中国との早期交流（紀元前五～三世紀：弥生・倭国時代に稲作・鉄器など先進技術伝来）
○遣隋使・遣唐使による文化・技術・漢人移入（五九九年～八三五年ごろ）

2）朝鮮半島ルート

○楽浪、帯方からの漢人（紀元三〇〇年頃）
○百済中心の半島人が文化・技術を伝来（四～六世紀）し帰化

❖――――（1）中国文化が日本に流入しはじめた紀元前後に、『四書五経』や『史記』は真っ先に移入されたであろう

これらの書を通して、あるいは漢人の口伝えにより、禹王・文命の故事（禹の黄河治水業績、禹王の仁徳や品行の貴さ）は、繰り返し日本に移入され認識が広まっていったものと思われる。

紀元二八五年　百済の王仁が来朝し『論語』『千字文』を日本に伝える
五一三年　百済の五経博士が来朝
五五四年　百済の五経博士が来朝

これら史実に記されている以外にも中国直ルート並びに朝鮮半島ルートを通じて禹王・文命の故事は続々と移入されたに違いない。平安初期当時の日本に実在した漢籍（漢書）の在庫目録『日本国見在書目録《げんざいしょ》』（宮内庁書稜部蔵）により、ある程度の推察検証が可能である。

❖――（2）『日本国見在書目録』にみる「四書五経」や『史記』の日本への伝来事実の証明

①『日本国見在書目録』は、わが国最古の漢籍目録で八七五年（貞観一七年）から八九一年（寛平三年）に成立し、平安時代初期までに、いかなる漢籍が日本に到来していたかを知る上で重要な書籍である。なお、「見在」とは「現存」の意味である。

同書を紐解くと、当時一五七九冊の漢籍が存在し、以下のように禹王・文命を記載する漢籍が確実に日本に移入されていたことが確認できる。番号は在庫数の一五七九番まで付けられており、禹（文命）記載の六書は、ほぼ完冊の形で保管されていたと推察される。

三四～四七番：『尚書（書経）』
七七～八一番：『礼記』
一三二～一六六番：『春秋左氏伝』
一八七～一九六番：『論語』
三九七～四〇一番：『史記』

六三三～六三四番：『孟子』

以上のとおり、少なくとも八七〇年ごろには、禹・文命の故事を記した漢籍が続々と日本へ到来していたことを裏付けることができた。

②酒匂川の文命東堤碑碑文に「安貞二（一二二八）年、勢田の判官・為兼が勅命により鴨川の治水を行い夏の禹王を祀る祠を建て鴨川の安全を祈願した」との故事が記されているが、一二〇〇年代の京都で禹王の治水伝説が語られたバックグラウンドは十分に整っていたと言って良いのではなかろうか。

『四書五経』と『史記（尚書）』以外に禹・文命が記載されている漢籍の所有を『日本国見在書目録』からピックアップすると、『淮南子』『山海経』『貞観政要』『千字文』『荘子』『文選《もんせん》』『列子』などである。

❖——（3）日本での「文命・禹王」の取り上げ方

1）総論

①文命（禹）の徳や品行の貴さを記載する流れ

古事記→日本書記→空海（三教指帰、性霊集）→吉田兼好（徒然草）→太閤記
→白石（折たく柴の記）→荻生徂徠（政談、諼園雑話）→柳沢淇園（ひとり寝）
→梅岩（都鄙《とひ》問答）

②文命（禹）の治水業績を讃え、治水神に肖《あやか》ろうとする流れ

1）全国：三壺記→政談・諼園雑話→誹風柳多留→風来山人集→地方凡例録

2）鴨川治水：相国寺蔭涼軒日録→洛中洛外図→雍州府志→諼園雑話→山城名所巡行記など

2）各論　その1（全国）

①『古事記』（七一二年太安万呂《おおのやすまろ》編）の「文命」記載

大意「時の元明天皇の名は、夏の文命よりも高く、徳の高さは殷の湯王よりも優れている」→天皇家で認識の高まるきっかけになったのでなかろうか。

女帝・元明天皇の在位は、七〇七～七一五年。

②『日本書記』（七二〇年完成）の孝徳天皇（六四五～六五四年の在位）の項に禹王の徳行を引き合いに、孝徳天皇への讃美を綴っている。

③『三教指帰《さんごうしいき》』（七九七年頃、空海著[3]。儒教・道教・仏教の優劣を論じ仏教の優位性を説く）に禹王記載。

大意「善をそしり邪曲の言葉が重なれば肉親をも滅ぼす。君子の言行は、栄達恥辱に関わるもの。禹王であったら、どうするであろうか」

④『性霊集《しょうりょうしゅう》』（八〇〇～八六〇年頃、空海の漢詩文集で弟子真済が編者）

大意「夏の禹王は、罪人を見て己の不徳を反省したり、厳しく律した」

⑤『徒然草』（鎌倉末期一三三〇年頃成立の吉田兼好の随筆集）第一七一段

大意「中国南方の蛮族が反抗を続けて膠着状態にあったとき、禹王は軍隊を引上げ徳政を施すことに向けた。すると蛮族は、その徳に感じ入り降伏した」。『書経』大禹謨編からの引用と思われる。

⑥『太閤記』（一六二五年、小瀬甫庵《おぜほあん》著）

大意「国家という神器を任せるに足る人物は、中代の二帝（堯・舜）と三王（禹王・湯王・武王）である」

⑦『三壺《みつぼ》記』（加賀前田家・加賀藩史料）

大意　文禄三年（一五九四年）秀吉は前田利家に命じた宇治川治水の視察に赴く。利家自らが鋤持て指揮するを見て秀吉曰く「大納言自ら手を下すは、夏の禹王が自ら鋤をもて洪水を切り流し衆生を助け給うなり」

なお、明治期以降の禹王遺跡に自らの業績に禹の治水を引用し自讃する習わしに触れたが（一九三頁）、『三壺記』による秀吉の例が端緒となったのかもしれない。

⑧『折たく柴の記』（一七一六年新井白石著）
大意「幕府の勘定奉行は、重要任務であるが、古に立派に果たした人をあげるならば大禹しか思いつかない」

⑨『政談』（諸説あるが一七二二年説をとる。荻生徂徠自筆）複数箇所に禹王を引用する。
巻之一の大意「国を治めるは、碁盤の目を盛るが如し。目なくば碁は打てぬ。治水を治めるに川筋なければ、禹王が今に再生せりといえども水は治めれぬ」

⑩『ひとり寝』（一七二五年柳沢淇園著。父は柳沢吉保の家老。近世随筆の中で最も文学性豊かと評される書。荻生徂徠門下生）
大意「世人は五厘の金で一攫千金を狙う。禹王は、寸暇を惜しんで地道に励む」

⑪『都鄙《とひ》問答』（一七三九年石田梅岩による心学論の教典。京都の社会教化運動の中心人物）
大意「ものごとを進めるには徳が肝要。たとえば、南方の族が命に従わず解決に手間どっていたとき、禹王は兵を引き上げた。すると、あれほど抵抗していた族が自ら退いてくれた。一つの徳である」

⑫『誹風柳多留』（一七六五〜一七八八年の川柳・狂言の傑作集）の作者のひとり、亦楽の作として「禹に水を治メさせたてぬけめなし」とある。

⑬『風来山人集』（一七七〇年平賀源内著。戯作者でもあった源内の号が風来山人）。
大意「智者は水を好み、仁者は山を好むという。后稷（周の始祖）は農業を教え、禹王は水を治めた。有り余るは減らし、足らざるを補うのが聖人の道である」

⑭『地方凡例録《じかたはんれいろく》』（一七八八年頃、大石久敬著。郡奉行・代官などの地方役人や村役人に至るまで村方支配の規範書とされ、明治初期の地租改正・地方制度の整備に際しても活用された。「巻之九の普請方之事」は、巻頭に禹の治水業績を丁寧に紹介。史記の引用か）

⑮『講孟劄記《こうもうとうき》』（一八五五年、吉田松陰著）「禹の水を治めるや、塗山に娶りてよりわずか四日にして家を出ず。その労、甚だしと云うべし。然るに後世の人君、かかる艱難のことは夢にも知らず」と、禹王に較べ現君たちの苦労の無さを嘆いている。

3）各論　その２（京都・鴨川に禹王廟ありしを記述する文献）

①『相国寺蔭涼軒日録』（一四八八年八月二一日の項）五条大橋下に社あり夏禹廟という。

②『洛中洛外図（上杉本・町田本）』（一五四九年までの成立）五条橋に「だいこくどう（禹廟）」。

③『雍洲府志《ようしゅうふし》』（一六八六年、儒医の黒川道佑著で一七世紀の第一級地誌）。

大意　旧五条橋の河原に夏禹王廟あり。もう一つは、四条橋東詰めの大和橋畔の弁財天社にあり。

④『諼園《けんえん》雑話』（一七二六年頃、荻生徂徠の逸話集）。

大意　酒匂川の川上に禹王碑を建て碑文を丘隅書き大岡越前守殿に渡す。その中に「勢田判官為兼奉勅命治水立神禹廟於鴨川とあるは、何により御出候や」と服部南郭問われ「雍州府志の中に見たり」と云われき。

⑤『山城名所巡行記』（一七五四年刊）。　大意　四条橋の東詰め「神明社」に禹王祀れり。

⑥『都名所図会』（一七八〇年刊）。　大意　四条南の辺りに禹王の廟あり。洪水を鎮め給ふ神なり。

⑦『扁額規範』（一八二〇年頃刊）。　大意　四条橋の東詰め仲源寺にあり。

4）天皇家と禹王・文命　～天皇家の日常の教訓戒めに禹王の徳を座右に飾る～

①京都御所「御常御殿《おつねごてん》」に自戒のために、禹王の故事を題材にした襖絵「大禹戒酒防微図《だいうかいしゅぼうびず》」が掲げられてい

る[4]（写真３）。天皇の日常生活の間に、古くから禹王が鎮座していることを眼にし、中国から真摯に学ぶ姿勢に心打たれる。

②「古事記」（和同5年・七一二年天皇の時、成立）の序文に、元明天皇と文命が取上げられている。抜粋し紹介すると、

「伏惟、皇帝陛下、得一光宅、通三亭育。御紫宸而徳被馬蹄之所極、坐玄扈而化照船頭之所逮。日浮重暉、雲散非烟。連柯并穂之瑞、史不絶書、列烽重譯之貢、府無空月。可謂名高文命、徳冠天乙矣」

傍線部の大意

「皇帝陛下（元明天皇）は、名は夏の国の文命（禹王）より高く、徳は天乙（殷の遊王）より優っておられます」

『古事記』を通じて、天皇家が古くから文命・禹王を認知していたと推察される。

写真３　大禹戒酒防微図
（宮内庁京都事務所所蔵　「大禹戒酒防微図」）

注

[1] 因みに、広島サミットの問い合わせ先は、takahashi@midorii.co.jp　高橋恒治氏宛。

[2] 他にあれば、ぜひご教示賜りたい。oowaki-ytj@nifty.com　大脇良夫宛。

[3] 空海は八〇四年の第一四回遣唐使の留学僧として唐にわたる。

[4] 現在の襖絵は、安政二年の作だが、御所に「大禹戒酒」が導入されたのは、一六四一（寛永一八）年とされている。

「越境」のアジア主義観
――方法論の再検討――

姜　克實
（岡山大学大学院社会文化科学研究科教授）

要旨

戦後の「アジア主義」――竹内好のアジア主義――は、戦争の反省と、日本のアイデンティティー再建との葛藤の産物であり、高度経済成長を背景にした、自己認識、自己肯定、ナショナリズム再建を目指す思想的営為の結果で、その価値も戦後知識人の思想再建にあり、歴史と政治の過程の解釈にあるのではない、と筆者は考える。また、アジア主義は現在、アジアで認知度のない、日本人の専有物であり、一種の自己弁解、自己満足の思想とする性質も指摘される。

思想の営為であるが故に、方法論には、一、「連帯」という希少の価値を普遍化、系統化しようとした努力と、二、「連帯」の価値を突出するため、国権拡張の目的と連帯手段を倒置させた方法的問題点があり、また、三、いまでは、かつて竹内好が価値普遍化の理論作業のために「曖昧」化した、「心情」、「思想傾向」としての連帯意識を、再び現実的歴史解釈法、政治理論に還元しようとする傾向が指摘される。

これらの問題を克服するため、本論文は①アジア主義の原点に立ち戻ってその発生の理由を見ること。②時代と政治環境変遷の中でアジア主義の変化の特徴を把握すること。③アジア主義の実践結果、またその最大公約数的指向からその本質を捉えること、の三点方法を提起している。

また本論では、アジア主義の本質と出発点が日本のナショナリズムと国権拡張意識にあると指摘し、政治実践の面において手段としての「連帯」も、侵略へ、不平等へと展開していく必然性があると指摘した。さらに今日ではアジア主義を原理に「東アジア共同体」を再構築しようとする試みの危険性も警告している。

はじめに

戦後の日本の思想界では、過去の侵略行為に対する正当性主張の意味においても、また反省の意味においても、同様に「アジア主義」という自民族のナショナリズムより発信した思想遺産を、過度に理想化しようとする傾向があった。管見では、アジア主義とは、近代日本の国家的アジア戦略、民間のアジア経綸に随伴して生まれてきたさまざまな主張・思想の中から、健康とされる部分——連帯意識——だけを切り取って理想化したものであり、戦前、「大亜細亜主義」「汎亜細亜主義」「亜細亜モンロー」主義の形で日本のアジア侵略を正当化する理論として利用されてきた。

一九六〇年代以降、戦前の「亜細亜主義」は戦後日本人のアイデンティティーの再建を背景に甦り、思想家竹内好によってその連帯意識の部分が政治の現実から切り離され、抽象化した「思想の傾向」・「心情」となって再び思想界においてもてはやされるようになった。東洋のアイデンティティーを代表する、「近代の超克」[1]の思想方法としてだけではなく、戦前日本のアジア侵略に対する、知識人の思想上の自己弁解、自己確立、良心上の自己完結の理論としても機能したのである。そして戦争の記憶が薄れ、政治、経済の国際化が進んできた今日、三度目の脚光を浴び、アジアの国々をとりまとめる連帯の理論として、学問、思想の場から政治、経済の場へ、東アジア共同体、環太平洋経済圏といった新時代日本の政治、経済戦略の中に利用されようとしている[2]。

一方、注目すべきは、アジア主義は決してアジアの共同の思想遺産ではなく、日本という国境を一歩越えると、その存在を知り、かつその意味を理解し、その主張に賛同するアジア人がほとんどいないことである。むしろいまなお、戦前のマルクス主義学者李大釗の論文「大アジア主義と新アジア主義」に見られるような、アジア主義を「中国呑併主義の隠語」「侵略の主義」「日本の軍国主義」[3]として、警戒する論が多い[4]。

なぜアジア主義と呼ばれるものはアジアで信用されないのか。日本のアジア主義がどのように生まれ、その本質とは何か。アジア人の目で見れば、日本のアジア主義研究にはどんな問題点があるか。これらは、「東アジア共同体」の模索とともに「アジア主義」の評価も高まりつつある今日において、改めて冷静に解析する必要があろう。

これまで蓄積されたアジア主義に関する研究と評論は、殆ど日本国内で、日本人の研究者、評論家によるものであり、自国中心の立場で、日本近代思想の課題としてアジア主義を見つめ、理想化する傾向があった。日本人自身が自覚しにくい弱点を提示し、将来のアジア主義研究に新たな地平、方法を摸索するため、本論では「越境」の方法を意識し、戦前の大亜細亜主義の受け身側だったアジア自身の立場から、方法論を中心にアジア主義の本質、問題点、戦後の思想史的地位、および将来における可能性などについて、概論してみたい。

なお、本論では、「アジア主義」という統括の概念を、戦前の実践型の「大亜細亜主義」「汎亜細亜主義」「亜細亜モンロー主義」と、戦後の竹内好流の思想型の「アジア主義」とに分け、研究の重点を後者に置くものとする。

1 「アジア主義」思想の発生背景と時代的性格

アジア主義は、明治一〇年代から西洋列強への対抗の連帯思想としてあらわれ、日本の国権拡張、大陸への侵略、膨脹政策の進行とともに連帯主張の内容、方法が変質し、次第に民間右翼のアジア経綸、大陸政略として日本帝国主義侵略の目標に寄与するようになった。その後一五年戦争中、国家の政治・外交戦略にも吸収された。「大亜細亜主義」、「汎亜細亜主義」、「東亜協同体」、「大東亜共栄圏」のような歴史的言葉に象徴されるように、日本を「盟主」とする「アジアモンロー主義」の意味で理解され、侵略のイデオロギーとする性格が強かったと、指摘される[5]。

戦後初期の歴史、政治学界において、侵略戦争に対する反省の意味で、「アジア主義」を、「汎アジア主義」「大アジア主義」[6]などのような戦前の表記で表し、日本帝国主義侵略のイデオロギーとして否定的に捉える研究が中心であった。一時的な「連帯」の指向についても、その帰結点は結局アジアの侵略であり、大東亜共栄圏であったとの指摘が多く見られる[7]。

一方、一九六〇年以降、以上のような批判的評価と違う意味で竹内好の「アジア主義」が登場してくる。それは、戦前の帝国主義侵略への深い反省、批判の上に生まれた、東洋全体のアイデンティティー、日本のナショナリズムを肯定する理論であり、「西洋をもう一度東洋によって包み直す」「文化的な巻き返し」を図る思想であった[8]。竹内は「アジア主義という対抗軸」の発見によって「近代の超克」の難題に挑み[9]、敗戦と欧米化によって二重に失われた日本の価値を再構築しようとしたのである。

高度経済成長を背景に生まれた竹内好流の「アジア主義」は、反米意識、民族自尊心の向上という時代の潮流をうまく捉え、議論を呼びながらも思想界を席巻し、次第に学問界、政治界に浸透していった。今日に見られる「アジア主義」の解釈と理解は、ほとんど竹内好流のアジア主義を継承、発展させたものであるといって良い。

竹内好流のアジア主義の特徴は、戦後初期の、アジア主義の変質、あるいは帝国主義侵略の結果に重きを置くアジア主義の批評方法に対して、侵略の性格、結果によるパターン化をせず、「『大アジア主義』とよぼうと『汎アジア主義』とよぼうと、その他何とよぼうと、その間に区別は認めない。全部一括してアジア主義とする」、との捉え方にある[10]。この方法によって竹内好は各時期の各種のアジア主義者の言動から見いだした共通価値を、「どんなに割引きをしても、アジア諸国の連帯（侵略を手段とすると否とを問わず）の指向を内包している点」[11]であるとし、東洋の連帯という価値観の下で、アジア主義を一つの完全な思想体系、連続した水脈として理想化することに成功した。

こうした思想営為は、負の遺産を引きずる瀕死の「亜細亜主義」に新たな命を吹き込み、反米、反西洋のイデオロギーとして、また日本的「東洋」の価値[12]を確立する思想として時代的役割を果たしている反面、多くの研究者が危惧したように、こうした思想的方法を政治、歴史の解釈に適用すると、戦前の日本帝国主義によるアジア侵略を美化し、肯定するジレンマも同時に抱えていた[13]。もしこのような侵略美化の結果につながれば、戦争反省の上に立つ竹内好のアジア主義にとって、致命傷にも成りうる。

こうしたジレンマを克服するため、竹内が用いた第二の思想方法は、価値の曖昧化である。「連帯」というアジア主義の価値を歴史の事実、結果から、また千差万別の思想、主張から抽出し、「私の考えたアジア主義は、ある実質内容をそなえた、客観的に限定できる思想ではなくて、一定の傾向ともいうべきものである」[14]と、一種の思想の「傾向」、あるいは一つの「心的ムード」と規定し、左・右両翼から受け入れられ、また、侵略・被侵略に問わず、普遍的に認めうる、東洋全体のアイデンティティーの樹立を図ろうとしたのである。なぜ、竹内はこのように腐心してまで「アジア主義」の創出にこだわったか。その背後に日本のアイデンティティーの再建という時代の課題があったと考えられる。

敗戦から十数年を経て、日本の経済の復興再建が軌道に乗りつつあったが、精神面では、敗戦によって二重に失われたアイデンティティー再建の課題が未解決のままであった。

一つは、侵略戦争の反省からきた自己否定、自己喪失からの回復であり、いま一つは、占領下の西洋文化、政治上の西側陣営への従属による自民族アイデンティティーの喪失感からの解放であった。

竹内好は太平洋戦争開戦の際、熱烈な軍国青年であった。「東亜から侵略者を追いはらうことに、われらはいささかの道義的な反省も必要としない。敵は一刀両断に断って捨てるべきである」と「宣言」するほどである[15]。戦後、良心に苛まれた竹内は、「戦争責任を軍部と一部指導者に負わせて国民は被害者とする考え方」に反発し、自分の過去を隠すことなく曝け出し、また「戦争処理が完結していない、あるいは戦争そのものが事実としておわっていないという」「加害意識の連続が前提」である戦争責任論のあり方を提起しつづけた[16]。「竹内好の活動をきわだたせたのは、この戦争を、国民は進んでたたかったという事実をしっかりと目の前において筆を進めたことにある」と鶴見俊輔が指摘する[17]。こうした真摯な反省を経たが故に、竹内の戦後の日本人としての自己再建への思いも熾烈で、徹底しているように思われる。

また、敗戦後のアメリカ占領と、一九四七年から始まった冷戦体制の下で、日本はアメリカの政治と文化の影響下に置かれ、独立後も日米安保条約体制の傘下にとどまり自立できずにいた。一九五二年日本独立後、進歩的知識人の中には反米、反西洋の思想が次第に募る反面、新生の社会主義中国に対するイデオロギー的あこがれも含んだ、アジアへの親近感が生まれた。この流れの中でも竹内は多くの社会主義への「迎合」姿勢を示す知識人達とは一線を画し、東洋的価値の再発見によって、日本人のアイデンティティーの確立を目指した。

竹内は戦前日本の近代化のあり方に批判的に目を向け、日本の近代を、アジアに背を向けた、西洋モノマネの「優等生」文化と捉え、痛烈に批判した。一方、こうした優等生文化批判、反省がもたらしたのは、「主体性の欠如」、「自己が自己自身でない」という日本の姿であり、東洋を裏切り、西洋的でもないという、「何ものでもない」自虐な日本認識であった[18]。

こうした「何ものでもない」日本認識を立て直し、自己と自国のアイデンティティーの復活を目指して格闘のすえ、竹内が到達したのは戦後の「アジア主義」である。

この意味でいうと、竹内好の「アジア主義」は、戦争の反省と日本のアイデンティティー再建との格闘、葛藤の産物であり、自己認識、自己肯定、ナショナリズムの是認を前提とする、「近代の超克」の思想であった。時代と政治を解釈する歴史、政治の理論というより、自己、自国の精神的再建を試みる、思想的営為の結果であったと指摘されよう。

2 アジア主義創出の方法的問題

以上のように、竹内流のアジア主義は、一種の時代の要請に応える思想的営為の性格が強いため、アジア主義を理想化する過程において、信念による主観的作業の強引さが免れず、とくに歴史学の目から見る場合、いくつかの方法的問題点が指摘される。

まず、史料選択の面の問題である。

アジア主義の精華たる連帯の理想を突出させるため、竹内好をはじめ、のちの多くの思想家、研究者たちも同様に、戦前のナショナリズム、国権主義、侵略主義を主流とする「大亜細亜主義」、「汎亜細亜主義」の実践から、「連帯」という稀少の価値をより集め、あるいは主張と実践の乖離を看過したり、連帯と侵略の位置関係を倒置させたりして[19]、努めてその価値の部分だけを普遍化しようとしたのである。

現在ほとんどの「アジア主義」に関するテキストでは、竹内の方法を継承し、岡倉天心の「アジアは一つ」の理論、樽井藤吉の『大東合邦論』、宮崎滔天の中国革命への献身などの事例を取り上げ、その平等の面、純真さ、献身的面をアジア主義の理想として謳歌する現象が見られる。一方、このような事例は戦前日本人のアジア認識の中で果たして主流か、稀少価値かに関して、あえて触れようとしない。

指摘すべきは、岡倉天心の「アジアは一つ」の理念はあくまでも芸術論に限るものであり、政治上において天心は明確にアジア主義的組織、運動を否定する姿勢を示していた[20]。また、竹内好も指摘したように天心は孤高の芸術人であり、「アジア主義者として孤立しているばかりでなく、思想家としても孤立している。彼は同時代のどの思想家とも交渉をもたなかった」[21]。このような少数派の芸術論を政治的アジア主義の看板に掲げられたことは、天心本人にしても心外の結果であろう。

また竹内好が「絶後の思想」と評した樽井藤吉（一八五〇—一九二二）の『大東合邦論』にも普遍性の問題が問われるほか、いくつかの問題点が指摘される。弱い朝鮮はなぜ「合邦」の対象であり、清のような「連衡」の対象になり得なかったか。また同書にある平等の精神はあくまでも自由民権期の思想的産物（初稿は獄中の一八八五年ころ）であり、同じ樽井本人の朝鮮認識も、日本の朝鮮支配政策の進行とともに次第に変化したことは、上村希美雄の研究が指摘した通りである[22]。

同様に、アジア主義のテキストに取り上げられた宮崎滔天や、萱野長知らのような中国革命への献身者も、『東亜先覚志士記伝』[23]に記録された千をこえるいわゆる「大陸浪人」の中で、いったい普遍的な現象か、あるいは数少ない例であるかを、まず把握する必要があろう。

第二は、断片の材料から見つけ出した稀少の連帯思想を、ひとつの思想系譜として努めて系統化しようとする方法に問題があると指摘される。

千差万別で一様に解釈できない種々のアジア主義の主張、行動から、一種の思想の「傾向」、あるいはひとつの「心的ムード」として「連帯」の価値を抽出した竹内の方法は、その例であろう。このような方法によって竹内は、岡倉天心の芸術思想、樽井藤吉の朝鮮経綸、宮崎滔天の革命活動だけではなく、日韓併合の工作における内田良平の一進会指導者李容九への償いの心情、民間右翼の大川周明の日本精神論、アジア復興論なども、一連続した思想として捉えていた。

このような方法は、アジア主義の「思想」創出に成功したとしても、果たしてアジアの近代を公平に捉えられるのだろうか。

また既に触れたように、この系譜化作業に見られる、竹内好の連帯を軸に侵略の現実を解釈する思想方法にも問題があった。末葉を以て本幹とし、あるいは思想と実践の必然的な関係を看過したが故に、思想のアポリア（難題）が生じ、その結果、「傾向」、「心的ムード」で取り繕うジレンマに陥ったのではなかろうか。もし逆の方法でナショナリズム、国権拡張を軸に「連帯」を捉え直す場合、日本近代化の基本特徴を把握できるだけではなく、各時期の国権拡張主義に規定された連帯形式（＝盟主化）の特徴、また、連帯から侵略へと変わっていく必然性が自然に見えてくるだろう。

第三に指摘したいのは、竹内好以降の「アジア主義」研究の問題点である。

竹内にとって、アジア主義の連帯意識はしょせん、近代日本人の千差万別のアジア観から抽象された一種の「心情」、一つの「思想傾向」であり、言い換えれば、竹内自身を含む近代知識人が追求する一つの理想像であった。それに期待した効果も、敗戦によって失われた東洋の主体形成であり、歴史叙述の方法、政治の方法ではないはずだった。これは、同時代人林房雄の『大東亜戦争肯定論』[24]とは異質なものであったといえる。しかし、竹内の思想を継承して展開されたのちの「アジア主義」の解釈には、こうした竹内自ら、自立ができず「史的な展開をたどることはできない」と規定した「思想傾向」、「心的ムード」[25]を再び、歴史の解釈、政治の理論あるいは未来の実践に還元しようとする試みが見られる。

松本健一の、連帯の自覚によって、「ナショナルアイデンティティーをこえた、共通のアジア・アイデンティティーの上に立って、未来のアジア構想」である「東亜共同体」（アジアン・コモンハウス）再建への提言[26]や、山室信一の、アジア主義の連帯（＝「文明と人種」に基づく「思想の基軸」）が持つ、「国民国家形成」、「国制や学知の制度化」過程中における制度生成面の「連鎖」、秩序創造面の「投企」の役割の摸索[27]、中島岳志の、「心情」を乗り越える「思想的アジア主義」の創出意欲、それによる「東アジア共同体」建設の可能性の提起[28]などには、その努力の指向と意図が感じられる。ここでアジア主義は、もはや「心情」、「傾向」ではなく、一つの独立した歴史解釈の方法、地域政治秩序の理論として甦ろうとしている。

3　アジア主義の見方

アジア主義を、日本人の専有理論としてではなく、国境を越えるアジア共有の思想財産として位置づけようとするなら、管見ではすくなくとも以下のような方法が必要であろう。

❖――（1）アジア主義の原点に立ち戻ってその発生の理由を考えることである。

アジア主義は、西洋列強のアジア侵略という歴史環境下で、後進国の近代化という使命感に駆られ産まれた思想であり、連帯のような理想的要素を含んでいるにもかかわらず、原点はナショナリズムにあり、目的は日本の国権拡張にあったと指摘される。興亜会の「合従連衡」の戦略的発想にしても、自由民権派の開化指導、民権輸出にしても、謳われた連帯はしょせん目的達成のための方法であり、手段であり、過程であって最終目的ではない。この位置関係は歴史の事実によって立証済みだといえる。国権拡張の点から見れば、興亜の思想も脱亜の論も本質的に異なるものではない。

❖――(2) 時代と政治環境変遷の中でアジア主義の変化の特徴を把握することである。

アジア主義は手段、方法であるが故に、その重要な特徴である「連帯」意識にも普遍の価値はなく、利害関係、利用価値、力関係の変化によって変わるものである。勢力の弱い同志の間で利害が一致する場合平等の連帯が成立するが、このような条件がなくなると、連帯のスローガンが維持されても、指導的、併呑的「連帯」に変わりうる。ここで注目しておきたいのは、力関係で日・清と対抗できない朝鮮の存在である。アジア主義者にとって、そもそも、朝鮮は始めから連帯の対象になっただろうか。曽根俊虎の最初の興亜構想において、「中東」(清国・日本)両国の提携しか想定せず[29]、頭山満はさらに「大西郷の征韓精神も大いなる興亜運動」だ、という[30]。

「…アジア主義でいうところのアジアのなかには、必ずしも朝鮮は確定した位置を占めていなかった」と初瀬竜平が指摘しているが[31]、「連帯」を評価するときの、深省に値する問題提起であろう。

❖――(3) アジア主義の実践結果、またその最大公約数的指向を捉えることである。

前にも触れたように、アジア主義はナショナリズムから発生した玉石混淆のさまざまなアジア認識、アジア戦略の中から、健康とされる連帯意識だけを切り取って理想化したものであるが、この「主義」への創出作業が必要になること自体が、アジア主義の抱えるジレンマ——自国のアジア戦略に対するアジア諸国の反発——を意味していた。アジア連帯の思想とその実践の中、確かに初期興亜会の活動、樽井藤吉の『大東合邦論』に見られる平等・対等の一面があり、宮崎兄弟の中国革命への献身的精神、岡倉天心の「アジアは一つ」の芸術的理想も事実として存在した。この理想の部分を掘り起こして評価する必要はあるが、その前にまずなぜこのような希少価値が提起される、また評価しなければならないかと自問する必要があり、またアジア主義の最大公約数的言論思想の傾向、および実践の結果を踏まえた上で、こうした希少価値を生成した歴史的条件、動機および発展変化の結果を総合的に分析する必要があろう。

❖———（4）国境を越えて、アジアでアジア主義の価値を再検討することである。

「アジア」主義とは何か、日本国内で通用した理論は日本以外の「アジア」でどのように認知されているか、どんな反応を呼び起こすか、と、アジアの声[32]に謙虚に耳を傾け、検討する必要があろう。理論研究、事例研究等の細かい面において、日本国内の学界ほどの深い蓄積がないかも知れないが、他民族の立場と方法の面における警告と提言は、はたして意味のないものであろうか。

以上のような努力を経て初めて、アジア主義を日本人の理想主義幻覚から解放でき、アジアの共同思想財産に成る道が開かれよう。そうしなければ、アジア主義は依然日本人の専有物であり、知識人の、近代アジア侵略の呪縛からの自我解脱、自己満足の思想道具にすぎない。

4 アジア主義の本質と現代における思想的意義

以下は、すでに触れた、「アジア主義」に対する私なりの理解である。実証の面で不十分なところが多いが、理論の大枠だけを示して批判を頂ければ幸いである。

①アジア主義は、竹内好が指摘したように「明治維新革命後の膨張主義の中から、一つの結実として」[33]生まれた、自国の発展、強大化を目標とする思想、方法で、「ナショナリズム」を根底とするものであった[34]。中の「連帯」主張も、列強対抗の弱者連合の策略として、国権拡張の手段、方法として主張された基本的性質を持つものであったと考えられる。時にはその実践の過程において、あるいは事後の歴史反省から一時的、国家間の利権、利害を超えた「心情」的、「理想」的連帯思想が生まれるが、政治実践面における普遍性がないと考えられる。日清戦争後荒尾精の支那領土分割反対の「対清弁妄」も、近衛篤麿の「支那保全」主義も、結局のところ、日本の東亜における指導的地位を築くものであり、近衛がいうように「東洋に於て亜細亜のモンロー主義を実行するの義務」[35]にあった。この原点——出発点と帰結点は、連帯思想の変質の必然性を規定する要素ではないだろうか。この意味で、「アジア主義」や「ナショナリズム」を「革命」的と「反動」的とに区別させ、その理想的部分をもって今日の「東アジア共同体」を構築しようとする考え[36]は、時代の錯誤といわなければならない。

②一見理想のように見える「連帯」(=共同体)思想も、政治面において決して平和思想、国際化の思想ではなく、地域分割、地域制覇の本質を持つ、一種の「対抗」の思想であると認識しなければならない。すなわ

ち、特定の政治勢力と抗争するため、利害一致の数カ国で共同体の壁を作り、自分を守ると同時に、機会があれば相手を征服する、という思想なのである。この性質の「連帯」は戦前の実践において、「朝鮮併合」、「日満支ブロック経済」、「東亜協同体」、「大東亜共栄圏」という侵略と地域制覇の結果をもたらし、日本を侵略戦争に導いた歴史教訓を忘れてはならない。このような地域対抗思想を、今日の国際化、共生化社会の指導思想に立てようとすることは、時代の逆行ではないだろうか。

③以上の国権拡張、政治抗争の性質に規定され、アジア主義が謳歌する「連帯」の理想には、本質的に、また政治実践において真の平等、対等の結果をもたらすことはあり得ない。一時的に対等、平等に見えた面があったとしても、歴史の条件の変化によって、盟主指導的、侵略的「連帯」に変質していく必然性がある。戦前の「大亜細亜主義」、「汎亜細亜主義」の諸々の実践は例外なく、東亜協同体、大東亜共栄圏のような侵略的結果に帰結した理由もここにあろう。

以上のような、政治実践の面で国際間抗争、国権拡張、ナショナリズムの政治本質を持つアジア主義は、一方、決して価値のない思想ではない。アジア主義はまぎれもなく近代日本の思想遺産の一つであり、良い意味においても悪い意味においても日本の近代化、あるいは戦前戦後の思想界に果たした役割が無視できない。管見ではその評価すべき価値は次の三点にある。

まず、アジア主義の核心にある、近代のナショナリズム、あるいはその地域版であるアジアのアイデンティティー主張がもつ価値である。それは、日本近代化のエネルギーであり、国家と民族の元気の元でもあった。もちろん中に国権拡張、侵略意識も同時に内包している点は無視できない。

次に、竹内のアジア主義に表れる戦後の思想史的価値である。この思想は、特に戦後の知識人の思想軌跡

――戦争への反省、戦後の自我、日本精神の再建、またアジア地域の人々の相互理解と永久平和を願う理想の摸索――を映し出す鏡として、また、日本近代化への反省及び西洋中心の世界文明史観への批判の方法として、思想的価値が高い。この意味でいうと、アジア主義の真の価値は、戦前の政治実践の総括、評価、解釈にではなく、戦後日本人の思想再建にある。

その次、アジア連帯思想の、政治以外の面における可能性である。

政治面を切り離して、アジアを一つの地理的概念として捉える場合、この地域には、昔から歴史的、文化的、経済的つながりがあり、特殊な関係で結ばれてきた事実を認めなければならない。今日このような連帯関係を強調しさらに発展させることはアジア全体の利益につながり、決して日本だけの福音ではない。とくにアジアの経済的地位が高まりつつある二一世紀の現在、地域における経済、貿易面の互恵的利益は大きい。

すなわち、今日アジア地域において、国々の親睦関係を深め、経済、文化関係を優先的にかつ対等に発展させる可能性と必要性が十分あることである。ただ、歴史の教訓を鑑みて、このような関係の発展には、あくまでも、「互恵の利益」という醒めたリアリズムの心構えが必要であり、「心情」的連帯を過度に理想化し、あるいは政治、歴史的イデオロギー――例えば日本の「アジア主義」、中国の「新アジア主義」[37]、あるいは「儒教文化圏」、「中華思想」など――を用いて共同体の指導思想とする試みを避けなければならない。

5 アジア主義研究の現状に対する問題提起

いままでの「アジア主義」研究におけるいくつかの問題点を提起して、論を終えることにしよう。アジア主義を扱う種々の文献と研究方法の中、筆者が疑問を感じたのは以下の諸点である。

❖――（1）「興亜会」時期の「平等」「対等」の見方

日清戦争後に現れた侵略的、盟主意識の強い汎亜細亜主義に対して、「平等」と「対等」の立場で「アジア」と向き合う「興亜会」の活動は、理想的アジア主義の原点として取り上げられる傾向がある。一八八〇年前後から活動を始めた興亜会は、アジアとの交流を図る、外務省に近い民間団体で、語学学校を中心に、外交、情報人材の養成が主な事業目的であった。人脈的にも一八九八年近衛篤磨を中心に結成した東亜同文会につながる。この組織は朝鮮の甲申政変まで、清国、朝鮮、ペルシア人を会員に迎え入れ、平等、対等の立場で会員間の交流、交歓が図られたことは、黒木彬文、狭間直樹等の研究によって、明らかにされている[38]。

一方、興亜会の性質及びその「対等」とされる交流に関して、いくつかの問題点が指摘される。まず、成立時の「興亜会規則」を見ると、アジア主義の基本性格の一つとされる欧米との対抗意識は必ずしも明確とはいえない[39]。また、前にも触れたように対等範囲を「日支」両国に限定する意識が強く、朝鮮に対して会員の中では「盟主化志向」が窺われると黒木彬文が指摘する[40]。この朝鮮蔑視の姿勢は、一八八一年五月の、会長渡辺洪基「対韓現今政略大要覚書」にも窺える[41]。

さらに、この「対等」とされる時期も実際、一八八〇年からの二年間のみのようで、一八八二年朝鮮に「壬午軍乱」が発生した後、日清会員間の関係にはひび割れが生じ、対立を避けるべく政治問題を避け、貿易振興論が話題の中心とならざるをえなくなる。さらに一八八四年末の「甲申政変」以降、対清主戦の世論が高まる中、会員数の減少、会報発行の不定期化など、同会の活動が低調期に転じ[42]、この時期から清国、朝鮮会員の多くが脱会し、会の連帯面の機能も実質上停止したと思われる。

前述したように、この時期の清国との「対等」を評価するとき、その背後にある、国権対立の位相変化や、日清間の力関係の認識も視野に採り入れる必要があろう。

❖——（2）民権家の連帯思想について

自由民権家の連帯思想には、在野的反専制政治の性格、また民権の拡張という近代的性格があるため、思想界にとってとりわけ高く評価される傾向がある。しかし、この近代的性格を持つが故に、民権家の「連帯」意識に最初から不平等の要素を内包し、またのちの国権拡張主義につながっていく必然性があったと考えられる。その理由は、民権思想家たちに共通した、アジアの近代化、文明化の先端に立つ日本こそ、民権思想の伝播者、輸出者、また文明開化の誘導者という天性のリーダー意識の存在にあると考えられる。遅れたアジアは、彼らの連帯主張の中ではしょせん、「開導」、「誘掖」の対象であり、あるいは自らの政治理想と抱負を実現する舞台であった。こうした一方的連帯要請（＝開化指導要請）が相手に拒否され、あるいは日本の国権と矛盾すると、彼らはたちまちアジアの蔑視者、侵略論者に豹変する傾向が見られる。一八八五年甲申政変後、民権家中江兆民、杉田定一、大井憲太郎らのアジア侵略論への一斉転向は、こうした民権派の連帯思想の脆弱さを象徴するものであろう。

❖——（3）空白の一〇年（一八八五—一八九四）の存在について

アジア主義の研究には、連帯思想を系譜化、理想化するあまり、甲申政変後から日清戦争までの空白を看過する傾向がある。この一〇年は、日本ナショナリズム、国権意識の高揚とアジア連帯意識不在の一〇年であり、「脱亜」の一〇年であったと言える。思想界において、日本固有の伝統や文化を守ろうとする思想潮流が生まれ、中心的役割を果たしたのは、明治二〇年代の言論界をリードした、政教社同人（志賀重昂、三宅雪嶺ら）の「国粋主義」、新聞『日本』（陸羯南）の「国民主義」および『国民之友』（徳富蘇峰）の「平民主義」であった。これらの欧化主義批判、条約改正励行の主張には、西洋への抵抗というアジア主義者と共通した意識が潜在するが、エネルギーを伝統思想の復活による民族統一、国内政治改革に注ぎ込もうとする傾向があり、日本独自の価値を重んずる反面、アジアへの関心が希薄であったと指摘される。もっとも、日本の国粋、伝統の讃美は、アジアの衰退、「奴隷根性」への批判認識の上に立つ論であるため、この時期の思想家には、最初からアジアへの平等連帯の思想基盤が存在しなかったといえる。

福沢諭吉が一八八五年三月、「亜細亜東方ノ悪友ヲ謝絶スル」有名な「脱亜論」[43]を著したが、民権派の国権への転向、国粋主義の出現を象徴する時代思潮の現れであろう。このアジアに背を向けた一〇年間の存在とその本質の把握は、連帯思想の変質および日清戦争後に現れた「大亜細亜主義」の本質の理解に、重要な意味があると考えられる。

❖――――（4）「亜細亜主義」が日清戦争後に現出した意味について

一〇年間の対立の後、ナショナリズムの対決というべき日清戦争が行われたが、その後に再びアジア主義の連帯思想が台頭した。このアジア主義の再現には、一体どんな政治的意味があろうか。まず「三国干渉」の歴史事実に即して考える必要があろう。東洋の大国との自意識を持つ日本は、結局西洋の前で弱小国にすぎず、三国干渉が日本にもたらしたのは、外交失敗の屈辱感だけではなく、西洋列強への復讐心もあった。こうした「屈辱」と「復讐」心の交錯は、策略、手段としての「大亜細亜主義」台頭の思想背景だったと思われる。また、日清戦争の勝利の上に築かれたこの時期の連帯意識には、もはや「対等」「平等」の内容がなく、勝者日本による、アジアへの盟主的、指導的、侵略的の「連帯」に性質が変わったことも、認識しなければならない。

この時期から、「大亜細亜主義」の基本性格――膨張主義の基本目標、西洋列強への対抗意識、東洋におけるリーダー、指導者意識――が明確に現れ、後の「大亜細亜主義」、「汎亜細亜主義」の実践を規定したのである。

❖――――（5）大陸浪人と中国革命の接点

一方、日清戦争後から辛亥革命にかけて、大陸浪人を中心に、山田良政、宮崎滔天、萱野長知、梅屋庄吉らのような、中国革命への献身的支援者が現れ、中国革命と孫文を始めとする中国革命家を無私に支援したのも否定できない歴史の事実なのである。あるいは、政治目標に国権、利権意識を抱きながらも、中国革命の指導者達と人間的に平等に渡り合い、多大なリスクを冒してまで中国革命を支えた政治家、大陸浪人も多く見られる。

このような事実についても、単なる「美談」に終わらせることなく、大陸浪人の思想と行動を全体的に把握した上、各事例に即して具体的にその理由を分析する必要があろう。

アジア主義の研究は、このように歴史背景の中で、具体的、個別的に行う必要があると思う。

注

[1] 竹内好は「近代の超克」の文章の中、敗戦によって失敗に終わり、姿を消した知識人の「近代の超克」（脱西洋化）の摸索を思想の「アポリ

ア」と規定し、思想荒廃からの再建（＝アポリアへの再挑戦）を期待した（『近代の超克』筑摩書房、一九八三年、参照）。

[2] 最近日本政府、民間の「東アジア共同体」の設立を摸索する動きについて、井上寿一『アジア主義を問いなおす』（ちくま新書、二〇〇六年）第一章を参照。

[3] 李大釗「大亜細亜主義与新亜細亜主義」『国民雑誌』一巻二号、一九一九年一月。

[4] 例えば戚其章は「日本大亚细亚主义探析――兼与盛邦和先生商権」において「大アジア主義は日本帝国主義時代の産物で、日本のアジア、とくに中国大陸において西洋と対抗する政策と手段を提供する侵略の理論である」（『歴史研究』北京：中国社会科学院、二〇〇四年三月号、一四五頁）とし、盛邦和も「十九世纪与二十世纪之交的日本亚洲主义与中国」の論文において、アジア主義の一九世紀末、二〇世紀初のアジア主義の歴史を、「アジア連合」論から「アジア侵略」論への変質の歴史過程と捉え、その侵略趨向の必然性を指摘している（『歴史研究』（同前）二〇〇三年、第三号、一三四頁、参照）。

[5] 戦前の「亜細亜主義」とその性格について、古屋哲夫「アジア主義とその周辺」（『近代日本のアジア認識』京都大学人文科学研究所、一九九四年）を参照されたい。

[6] 例えば『政治学事典』平凡社、一九五四年、には「汎アジア主義」（小椋広勝の解説）、『日本近代史辞典』東洋経済新報社、一九五六年、と『アジア歴史事典』（六）には「大アジア主義」（前者は岩井忠熊、後者は野原四郎の解説）を用いていた。

[7] 初瀬竜平「『アジア主義・アジア観』ノート」『法政論集』五―一、北九州大学法学会、一九七七年七月、四―六頁、参照

[8] 竹内好「方法としてのアジア」『日本とアジア』筑摩書房、一九六六年、四二〇頁。

[9] 子安宣邦「アジア主義という近代日本の対抗軸」『現代思想』、二〇〇八年二月、参照。

[10] 竹内好「アジア主義の展望」、『アジア主義』筑摩書房、一九六三年、八頁。

[11] 同前、一四頁。

[12] このような東洋の価値はあくまで日本の思想界に限定した、独りよがりの価値で、必ずしもアジアに通用しない価値であることを指摘したい。

[13] 例えば、初瀬竜平は、こうした竹内流の「アジア主義」用語統一の結果、「アジア主義のもつイデオロギー性についての認識が欠落していくおそれが出てくる」と指摘している（前掲初瀬竜平「『アジア主義・アジア観』ノート」、七頁）。

[14] 「アジア主義の展望」、前掲竹内好『アジア主義』、一二頁。

[15] 「大東亜戦争と吾等の決意」『竹内好全集』、第一四巻、筑摩書房、一九八〇年、二九六頁。

[16] 竹内好「戦争責任について」『日本とアジア』、筑摩書房、一九六六年、二〇六頁。

[17] 鶴見俊輔「竹内好・ある方法の伝記」『鶴見俊輔著作集』続四、筑摩書房、二〇〇一年、三一八頁。

[18]「中国の近代と日本の近代」、前掲竹内好『日本とアジア』、二五頁。

[19]「乖離」の意味は、その結果を認めないのではなく、その必然性を認識していないことである。たとえば竹内は、「近代の超克」(=侵略的アジア主義)に現れる「失敗」について、必然性と認識せず、思想の「アポリア」として自ら立ち向かう姿勢を示し(前掲『近代の超克』、参照)、またアジア主義に与えた定義——「どんなに割引きをしても、アジア諸国の連帯(侵略を手段とすると否とを問わず)の指向を内包している点」にも、連帯を目的、侵略を手段と捉えている(「アジア主義の展望」、前掲竹内好『アジア主義』、一四頁)。この論法は、本末転倒ではなかろうか。

[20]岡倉天心はアジア主義的政治組織について次のように政治的アジア主義を否定する「東洋の民族はめいめいが、その再生の種子をみずからの内部に求めなければならない。汎アジア同盟はそれ自身はかり知れない力であるが、まず個々の民族が自分自身の力を感じなければならない。外国の援助は、いかに友好的で同情あるものであれ、これにいささかでも依存するのは、許しがたい弱さであり、われわれが着手し、成就しようとする大義にとってふさわしくない」(「東洋の覚醒」、『岡倉天心全集』、第一巻、平凡社、一九八〇年、一六三頁)。

[21]「アジア主義の展望」、前掲竹内好『アジア主義』、四二頁。

[22]一九〇五年『東亜』に載せた「日韓聯邦の議」に「現今朝鮮を保護国と為すも其保護料を取るにあらざれば、我日本は損するのみにして益する所なし」と、政費負担減の理由で聯邦論を主張し(上村希美雄『宮崎兄弟伝』、アジア篇中、五三八頁)、また日韓併合の直前一九一〇年七月再版した『大東合邦論』の「再刊要旨」にも、財政独立できないという理由で「韓人をして合成国の大政にただちに参与せしむべからず」と、あっさり朝鮮人の参政権を否定したことは、テキストに触れられていない。

[23]大陸浪人の数について、『東亜先覚志士記伝』(下、黒龍会出版部、一九三三年)に一〇一八名を記録されている。その職業、活動などの分析について、趙軍『大アジア主義と中国』(亜紀書房、一九九七年)第一章第一節を参照)。

[24]一九六三年から『中央公論』に連載され、翌年単行本が番町書房によって刊行された。

[25]「アジア主義の展望」、前掲竹内好『アジア主義』、一三頁。

[26]松本健一『日・中・韓のナショナリズム―東アジア共同体への道』、第三文明社、二〇〇六年、六頁、参照。この本において松本はアジア主義の連帯思想から「共生」の価値を見出だし、「東アジア共同体」再建の理論に据えようとした。

[27]山室信一、『思想課題としてのアジア基軸・連鎖・投企』、岩波書店、二〇〇一年、「序章」を参照。ここで山室は、「思想基軸、思想連鎖、投企」の方法を提起し、「文明と人種」「文化と民族」の基軸に見出すアジア主義的連帯を、アジア地域の「国民国家形成」や、「国制や学知の制度化」過程中の連鎖(あるいは拮抗)の要素、また、「偽装された侵略思想にすぎなかったとしても」、一面では欧米による国際秩序の制約、「欧米への平準化という強圧」に対する挑戦、抵抗の「プロジェクト」(投企)として具像化し、近代地域政治における一種のアジア的秩序原理のように解釈した。

[28] 中島岳志は「アジア主義とは何だったのか」の文章に、日本のアジア主義が「心情」から「思想」進化できなかった理由は、革命のアジア主義、革命のナショナリズムが常に反革命、体制によって吸収されるというアジア主義がもつ「脆弱性」にあるとし、この脆弱性を乗り越えるため、「政略的アジア主義」の「思想的アジア主義」への昇華、そしてそれに基づく理想的「東アジア共同体」の構築を提言している（『保守のヒント』、春風社、二〇一〇年、一八三頁、二〇〇頁、参照。

[29]『興亜会・亜細亜協会報告』第一巻、不二出版、一九九三年、一七七頁。

[30] 鈴木善一『興亜運動と頭山満翁』、照文閣、一九四二年、一七六頁。

[31] 初瀬竜平「『アジア主義・アジア観』ノート」『法政論集』五―一、北九州大学法学会、一九七七年七月、二一頁。

[32] 例えば、中国研究者孫歌は、論文「アジアとは何を意味しているのか」において、「そもそもアジアという語彙は、一連の問題群をカバーしながらも、その問題群の枠組みとしてはけっして有効に機能できない。というのは、「アジア」によってカバーされる問題群は、けっして同質化されうるものではないからだ。それを無理に「アジア」によって統一しようとすれば、結局はそれを空疎化させる以外にない」とアジアという概念規定そのものに疑問を投げかけていた（『思想』、二〇〇六年七月、一二六頁）。

[33] 前掲竹内好『アジア主義』、一二頁。

[34] 趙軍『大アジア主義と中国』、亜紀書房、一九九七年、三四六頁、参照。

[35]『近衛篤麿日記』第二巻、鹿島研究所出版会、一九六八年、一九五頁。

[36] 前掲中島岳志「アジア主義とは何だったのか」、一八一～一八三頁、参照。

[37] 最近の経済大国化を背景に、中国で発生した、中華思想を中心とする共同体構想である。EUをモデルにして、アジアの共生社会の創出を主張する論である（王毅「思考二十一世紀的新亞洲主義」、『外交評論』、二〇〇六年、第三号、参照）。

[38] 狭間直樹「興亜会について・創立と活動」『東亜』四一二号、二〇〇一年一〇月、黒木彬文「興亜会のアジア主義」『法政研究』七一―四、九州大学法政学会、二〇〇五年三月、参照。

[39]『興亜会報告・亜細亜協会報告』第二巻、（不二出版、一九九三年）、二五九頁。

[40] 前掲黒木彬文「興亜会のアジア主義」、二八三頁。

[41] この論において渡辺は「到底朝鮮ノ一国ハ独立ヲ保ツヘカラサルノ勢アルカ故ニ」日本が「実力」を示して朝鮮で盟主を務めるべしと主張していた（前掲黒木彬文「興亜会のアジア主義」、二七二頁）。

[42] 前掲『興亜会報告・亜細亜協会報告』第二巻、「解説」、一五頁を参照。

[43]『時事新報』、一八八五年三月一六日。

第三部　百年後の検証・中国人の日本留学および、その日本観

傅抱石の日本留学とその影響

——傅抱石書簡と金原日記を通して——

廖　赤陽
（武蔵野美術大学教授）

はじめに　問題意識と研究前史

東アジア地域では、歴史的に多方向的な文化と学知の伝播、交流、受容と変容が頻繁に行われてきた。こうした学知の伝播と変容の主なルーツのひとつは、言うまでもなく留学による人の移動である。近代から現代に至るまで、日中関係に限ってみれば、東アジア地域における留学の流れは主に中国から日本へ向かうものであった。日清戦争以来における日本留学経験者が近現代中国の政治、経済、社会、文化に放った巨大なエネルギーについては、既に膨大な研究成果が蓄積されてきた[1]。しかし、帰国後の彼らの活躍ぶりに比べて、彼らは日本でいかなる教育を受けてどのように勉学し、師弟関係を含めていかなる人的ネットワークが形成されてきたのかに関する研究は稀である。特定の時代における日中関係を背景に、多くの留学生たちが自らこれについて積極的に語ろうとしなかったことも、我々が彼らの日本での留学生活について知ることができない一因となっている[2]。

そして、これまでの中国の日本留学経験者についての研究は、主に政治・軍事リーダー、および文学者に焦点を当てて行われてきたが、近年、近代以来の中国美術界における日本の影響に関する研究も徐々に脚光を浴びてきた。従って、関係する研究は、近代中国美術教育の思想、美術教育機関、美術団体などに関する影響のほか[3]、個々の美術家にも及んでおり、そのうち、傅抱石は注目された一人として挙げられる。傅抱石の生涯に関する優れた基礎研究資料として、傅抱石年譜が編纂出版され、その美術創作とその学術研究の成果に関しては、傅抱石美術全集と傅抱石文集、傅抱石著述手稿などがそれぞれ刊行された[4]。そして、傅抱石に関しては、数々の研究論文、回想録、記念文集のほか[5]、遺族へのインタビューに基づいた一般向けの傅抱石伝や、本格の研究書も台湾と大陸で出版されている[6]。

近代以来における日中美術交流の重要な架け橋としての傅抱石に関する研究焦点の一つは、傅抱石と日本の関係である[7]。しかし、これまでの研究では、傅抱石の日本での留学経歴から、彼と指導教師の金原省吾の関係、日本留学が彼の学術及び絵画に与えた影響などに至るまで、異なる観点から交わされており、曖昧不明な点や誤った指摘も少なくない。その原因の一つは、第一次史料の不足にあると思われる。

以上のことを鑑み、本文は、①傅抱石から指導教授の金原省吾に送った書簡（以下は傅抱石書簡）、②これを裏付けるものとしての金原省吾日記（以下は金原日記）、③傅抱石の著述、画作などを基礎史料として、傅抱石の日本留学中と帰国後の活動を一つの連続した過程として捉え、金原省吾との関係を中心に彼の日本留学の経過を明らかにする上で、日本留学が彼に与えた影響を解明することを試みたい。さらに、このケース・スタディを通して、近現代における東アジアにおける人的移動と知的交流に関する理解を深めていきたいと考えている。

1　傅抱石書簡と金原日記

傅抱石（一九〇四～一九六五）は現代中国を代表する中国画家・篆刻家・美術史家・美術理論家・美術教育家の一人である。江西省南昌市に生まれた彼は、幼少期から家が貧しく篆刻・絵画などを独学で習得した。江西省第一師範卒業後、小・中学校の教師を経て、省立第一高校の芸術科の主課教師を務める。一九三二年から一九三五年の間、二度にわたって日本に留学した。一回目の留学は、特定の学校に在籍しなかったが、二回目の留学中、一九三四年三月に武蔵野美術大学の前身である帝国美術学校研究科に入学許可され、金原省吾に画論を学んだ。

一九三五年六月帰国の後、徐悲鴻の招聘で中央大学講師に就任した。抗日戦争中、重慶に移り、同時に郭沫若の第三庁に所属、のちに中央大に復帰し同大学の教授となった。戦後、南京に戻り、解放後は南京大学（中央大の後身）・南京師範学院芸術系（南京大学芸術系の後身）教授・江蘇国画院院長などを歴任、新金陵画派のリーダーとなり、同時に、中国美術協会の副主席を務める。一九五九年、嶺南画派の関山月と共に、毛沢東詞意に基づいて人民大会堂の壁画「江山如此多嬌」を創作しその名は一般大衆の中にも広く知れ渡った[8]。

傅抱石書簡は、一九三四年七月から一九五六年九月の間に、恩師である金原省吾に送られた書簡であり、現在発見されたものは延べ二一通がある。そのうち、留学中の一九三四年七月から一九三五年七月の間のものは一一通、帰国してから一九三六年末までのものは八通、音信不通の日中全面戦争期を経て、戦後再び連絡を取ることができてからのものは二通ある。

同史料は現在武蔵野美術大学大学史料室に所蔵されているが、その受け入れ経緯によって、さらに以下の二つの部分に分けられる。

1 「雑史料」の中の傅抱石書簡。これは、金原コレクションが遺族によって寄贈されたあと、図書類の史料は同大学図書館の金原文庫に保管され、それ以外の「雑史料」は大学史料室に保管された。そのうち発見された傅抱石書簡 は五通あり、いずれも公表されたことのないものである。

2 金原卓郎夫人寄贈文書。金原卓郎が逝った後、卓郎夫人が保管されている金原省吾関係の書簡・文書などを武蔵野美術大学に寄贈し、今だ未整理の状況にある[9]。同寄贈史料の中から見つけた傅抱石書簡は一四通、うち公開されたことのないものは四通。注[4]に掲げる葉宗鎬（傅抱石の娘婿）『傅抱石年譜』（以下「年譜」と略す）及び陳履生主編『傅抱石全集』第六巻（以下「全集」と略す）に引用された傅抱石書簡は一二通あり、そのうち、全集には書道作品としてカラー図版で五通の傅抱石書簡が収録された。葉宗鎬は全集の編集委員でもあるので、図版元は葉が提供したものであると思われる。葉宗鎬の年譜には、引用された傅抱石書簡は、武蔵野美術大学の金原文庫に所蔵するものと記しているが、金原文庫には公刊出版物のみが収蔵されており、年譜引用の同史料はいずれも当時金原卓郎所持、逝去の後、卓郎夫人が武蔵野美術大学に寄贈した文書のなかの傅抱石書簡である。これまでの傅抱石研究において、年譜と全集から傅抱石書簡の断片的な引用はあるものの、傅抱石書簡そのものに関する研究が全く見られなかった。

一方、傅抱石の恩師である金原省吾は（一八八八～一九五八、以下は金原と略す）は日本近現代の東洋美術史家、および美学理論家、教育家であり、帝国美術学校の創立以来の中心的なメンバーの一人である[10]。金原は生前筆耕に努め、長年にわたって日記を綴ってやまなかった。これらの日記も、金原の著作権の継承者・六男である金原卓郎の抜粋清書を経て武蔵野美術大学に寄贈され、後者によって翻刻出版された（以下、もとの金原日記を「金原省吾日記」とし、翻刻ものは「翻刻金原日記」とする）[11]。なお、金原執筆の帝国美術学校関係の学校日誌やその他の学校関係記録も武蔵野美術大学によって整理刊行された[12]。翻刻金原日記は、一九三四年から一九三五年、一九四四年から一九五〇年のものである。そのうち、一九三四年の日記は当該年度の日記の全文収録であり、一九三五年以降のものは、学校と関係ない部分の省略がある[13]。なお、金原省吾日記の中の傅抱石に関する記録を抜粋し、これに関係する金原夫人の「よしを日記」と合わせて整理したものとして、金原卓郎編の「本学留学時代の傅抱石――金原省吾・妻よしをの日記から」（以下、「金原・よしを日記」とする）が挙げられる[14]。金原・よしを日記、翻刻金原日記及び学校日誌では、一九三四年三月から一九四八年六月までの一四年間の、延べ九六日の日記に傅抱石のことを記録した。そのうち、一九三四年三月入学から一九三六年六月帰国までは七七日、帰国後から一九三六年まで一六日、日中戦争中三日、戦後は二日となっている。

これらの日記には、傅抱石との学問研究上の切磋琢磨、日本留学期間の指導と応援、戦火中の傅抱石へ寄せた思いと心配などがリアルに記されており、金原研究のみならず、傅抱石研究の重要な史料でもある。これまでの傅抱石研究では、傅抱石が金原宛に送った書簡（以下「傅抱石書簡」と略す）が部分引用されたものの、金原日記は全く利用されていなかった。しかし、金原は自らの日記の中に、傅抱石書簡をたびたび引用してその前後の経緯を詳細に説明しているゆえに、傅抱石書簡と照らし合わせて読むことによって、初めて日記と書簡のより一層の解読が可能となる。なお、金原卓郎が整理した同日記には、金原夫人のよしを日記の関係部分も同時に掲げており、夫人の目線を以て至近距離で観察した金原像及び金原―傅抱石関係には、人間らしさと家庭的な温もりが漂っている[15]。

2 傅抱石と金原省吾

❖——（1）傅抱石の二回にわたる日本留学

傅抱石の一回目の日本留学の経緯は以下のようである。一九三二年、徐悲鴻の推薦により、当時第五師の師長・南昌行営弁公室主任・参謀長、後に江西省主席となった熊式輝が一五〇〇元のフランス留学助成金を提供し、経費不足のため留学先を日本に変えた。同年九月五日、日本に上陸、翌年の六月に留学費用を工面するために帰国した。第一回の留学の名義は、景徳鎮の陶芸を改進するための日本工芸美術考察であり、留学中、日本の工芸・デザインや美術教育などを広く考察し、その成果として一九三五年に発表された「日本工芸美術之幾点報告」が挙げられるが、正規の学生として入学し特定の先生に師事することはなかった。

帰国の後、陳立夫の推薦を受けた傅抱石は熊式輝よりさらに一〇〇〇元の追加留学経費を得て、一九三三年の八月に、再び日本に赴いた[16]。翌年三月に帝国美術学校の研究科に入学し金原に師事した。一九三五年六月、傅抱石は母の危篤の知らせを受け急遽帰国し、予定される留学期間を全うすることができなかった。その後、日本に来るさまざまな可能性を探ったが、ついに経済的原因であきらめざるを得なかった[17]。

❖——（2）師弟の出会い

翌年の三月、傅抱石は帝国美術学校の研究科に合格し正式に入学した[18]。傅抱石の名前がはじめて現れたのは、一九三四年三月二五日の学校日誌である。その日の「進級成績発表」に、傅抱石は「人物もよき故、研究科入学許可にせん」と記された[19]。その翌日、金原の前に傅抱石が現れた。

「傅抱石君という支那の省留学生が来た……話は出来ないが、こちらの文章はよみ得るということである。私のものを愛読していて、それで来たのだということである」[20]

「国では江西省第一中学校の高中（高等学校）の芸術科主任を五年やったのだというから変だ。二年間留学期間だという。私の弟子の第一は支那人だというのは、妙な縁だ」[21]

金原の自宅での傅抱石との初対面であるが、傅抱石は、金原に会う以前、すでに心情を抑えきれず一人で金原宅の前を徘徊した。

「先生性和藹，當冒昧往東京杉並区井荻三丁目九〇番地先生之寄居時，雖外出未獲瞻仰，而徘徊門外，不能自己。以為此果先生之居乎？　則木構一椽，備極樸陋……先生極慮專精，校務之外，執筆未遑。室中滿地皆書，促坐其中，揮毫微笑，其沉潛之精神，足使我輩淺嘗者滋愧」[22]。

金原もその一文を自らの日記に抄録した[23]。

傅抱石は次第に頻繁に金原宅を訪問するようになり、多い時には連日の訪問もある。

「傅君が来た。扇面とクッションをくれた。今日は立ち入った話が出た。そして親しさを増した……」と記した[24]。傅抱石の来訪は、常に長時間に及んで金原と会話を交わし、「長く居てかえる時に、先生の時間を邪魔して申し訳ないが、自分には愉快であり、有難いという」[25]。これに対し、金原はいつも温かい気持ちで受け入れている。これを見て、よしを夫人は次のように自らの感想を日記に綴った。

「抱石さんみえたので、予定狂いだった、しかし、そうした場合主人は決していやな風をしない、人に対して、非常に温情を持たれるのに感心する」[26]。

❖――（３）師たる存在

留学中、学校の手続きから、先生の紹介、アパート探しの案内、留学経費のための推薦状、悩み相談など、金原は学業以外のことも物心両面で傅抱石を広く支え、傅抱石も経済、家庭、仕事上に抱える問題や悩みなどをことごとく金原に打ち明けた。一九三四年五月二二日の金原宅訪問中、傅抱石は次のように述べた。

「学生無父、家貧、又無兄弟、家庭負担極重、四五年前、即有志来日本就教先生、但経済毫無、実現不能、去年夏曾遍走支那南北、求大人先生資助、又無結果、後江西省政府以一五〇〇元、資送来月《（ママ）》（「月」は「日」の誤りである—筆者）、故当生引為熱茶《（ママ）》幸事」[27]。

一九三四年八月中、個展の作品準備のために、夏休みを利用して一時帰国した傅抱石は金原に手紙を出して家庭経済の状況によって留学期間を全うする困難を打ち明けた。

「今年度晩之妻已卒業芸術専科音楽系。任中学校之音楽教師、故晩対於家庭之責任略可軽減、但晩仍有極大之困難、若無特別機会、理想中之留学時間之実現、確実不可能」[28]。

一九三五年六月二四日、母の危篤の知らせを受け傅抱石は急遽帰国し、出発の前、紙や絵画などを金原に預け、九月以降に日本に戻る予定であったが[29]、ついに帰ることができなかった。年譜によれば、傅抱石は六月二四日に日本から出発し、母は七月九日（乙亥六月九日）に亡くなり、傅抱石が南昌に着く時に既に間に合わなかったと記したが[30]、同記述には誤りがあると思われる。傅抱石は金原への手紙に次のように報告している。「晩於七月二日到南昌、先母已於六月十二日逝去、嗚呼痛哉。」[31]つまり、家に到着したのは、七月二日のことであり、母は傅抱石が日本から出発する前の六月一二日、既に亡くなった。金原も日記に「抱石君母上、帰国前に亡くなっていた。気の毒だ」と記した[32]。

帰国後の傅抱石も引き続き自らの仕事上の精神的苦悩や経済的困難などを金原に訴えている。「石自返国以来、已有一年余矣。此時期内、精神上、有甚多之苦痛与不安、蓋家庭環境之所限也……」。手紙の中に、南京での生活費が高い故、家庭生活を維持するために複数の教職を兼任せざるを得ない経済的圧力を述べるほか、仕事場でフランス留学帰国組に囲まれた中の唯一の日本留学帰国者としての孤独感と戸惑いも打ち明けた。「中央大学方面、芸術教授、除石為日本留学生外、皆佛国者、因此、研究上及種種上非常不適合」[33]

これについての金原の返信内容は知る由がないが、金原日記を見れば、留学期間中と変わらざる暖かい温情を以てこれに接していることが分かる。

❖――(4) 銀座個展

帝国美術学校に入学した当時、まったく無名な傅抱石は、日本での個展開催を計画した。一九三四年七月、学校の夏休みを利用し傅抱石は個展の作品を準備するために一時帰国した。帰途の長崎丸から出した葉書は現在知られている金原宛の最初の書簡である。帰国中の傅抱石が送った手紙のほとんどが個展のことについて言及している。

「場所最困難、岡登先生所接洽之銀座松坂屋、不知能否決定。生以為中国人或難成功。況生之作品又甚悪劣、更少希望。茲為使進行便利之計、可接受松坂屋之任何條件、或百元以内之貸金、此指松坂屋而言。若松坂屋不成、則生擬就銀座資生堂、鳩居堂二處借貸一処。仍乞先生托人接洽、因生係中国人、自分之接洽、必無結果可断言也」[34]

金原は傅抱石の個展の開催を全力で応援した。自らの日記にしばしばその交渉過程を記した。金原は岡登貞治に委託して開催場所の交渉を行うほか、自らもそのために出かけた。金原の支援のもとに、「傅抱石書画・篆刻個展」は一九三五年五月一〇日から一四日に銀座松坂屋で開催され、展示作品は、絵画五四点、篆刻一二三点、ほか篆刻拓本一九〇余点ある[35]。金原は自ら推薦文を書いた。日本美術院長の正木直彦も推薦文を寄せて現場に臨み、横山大観、佐藤春夫などの著名人もこの個展に出席した。

❖（5）師尊い道を重んじる

留学中、傅抱石も精力的に金原の著作を中国語に訳し、その研究成果を中国の学術界に広く紹介した。

「大著唐宋之絵画、已決定由上海商務印書館出版、先生之大名、可遍中華矣。生回日本後、擬再訳大作『線之研究』、蓋此書必可補助中華画家也。生在上海南京各処、対於先生高深之学理、無不詳細申説、故中華友人、皆望生能長期向先生研究、此亦生之願望也」[36]

同書の翻訳出版について、金原は日記に次のように記した。

「傅君くる……『唐の絵画』と『宋の絵画』とは既に訳したから、三四日中清書してよこす。それは土佐半紙に筆書した、敬意を表すためだという。」[37]

「傅君の訳した『唐宋の絵画』をみる。漢文になると、簡結《ママ》になる。……こういう自分のものの他国語になったのをみると、妙な気がする。丁度夜行汽車で、窓ガラスにうつった自分の顔をみるような気持ちがする」[38]

傅抱石の留学以前、金原の研究の一部はすでに豊子愷などにより中国に紹介されたが、東洋美術の権威としてその業績が広く知らされたのは、傅抱石の努力によるところが大きい。

❖（6）戦火を越えて

一九三五年六月、傅抱石は母の危篤の知らせを受け急遽帰国し、予定される留学期間を全うすることができなかった。傅抱石は帰国の後、一九三六年中、金原と互いに頻繁な通信の往復を保っている。

「思ひあましていた傅君への手紙をかいた」[39]

「今日は思いついてたまっている手紙をかいた、抱石君のは六月から思いあましていたものだ」[40]

傅抱石の帰国直後の一九三六年六月中、金原は旦遠随筆「硯」の一文を書き傅抱石への思いを寄せた。

「郷里から来た旧友が、土産に硯をくれた。……硯では支那の端渓が有名であるが、私はこれを並《ママ》ぶといわれる歙石を一つ持っている。支那の高等学校教授の傅抱石君が留学して、私の学校で、東洋美術史と東洋画論の研究をしていた。……傅抱石君が遺して行ったこの硯は、清代の画人高鳳翰の像が筋彫にしてあり、「乾隆戊午門人陸晋敬写」とある。長髯を左手の第一指と第三指ではさんでいる肖像である。いいものを遺してくれて、この硯に向えば、遠い未知の揚子江岸に傅君を置いて想像する」[41]

日中全面戦争が勃発した後、音信不通の状態の中にも、金原は時々傅抱石のことを日記に書き、その現状を心配している。

「それにつけても抱石君どうしているかと思う。支那もそろそろ崩壊しだした。これでおさまれば抱石君は具合よくいく」[42]、金原は風邪をひいているのか、「傅抱石君からもらった万金油をのむ、九年も前のものだ、抱石君どうしているか」[43]

なお、一九三八年に今古書院で出版した『支那絵画史』の序文にも、傅抱石のことを詳細に紹介した。

戦争終結の後、傅抱石が再び日記に現れたのは、一九四七年七月のことである。

「傅抱石君からの信あり、よんでいて涙うかぶ。」[44]

傅抱石の手紙は、一九四七年六月一九日に南京中央大学から出したものであり、そのきっかけは中学校の教員である鄭秉珊が金原の手紙を持参して来訪し、傅抱石は金原の近況を知って自らの戦時中の経歴と現在の仕事、家庭状況と研究の進展を報告した[45]。現在翻刻された金原日記において、傅抱石の名前が記された最後の期日は一九四八年六月一五日である。

「方方に手紙かく。抱石君にかく。…よしにかけかけといわれて、ようやくかく。もう一年になった。去年秋から手紙出せることになってからでも八九月もたっている。」[46]

しかし、現在見ることができる傅抱石から金原へ出された最後の手紙は、一九五六年九月一三日付けのものである。これは、一九五六年八月、「世界文化名人雪舟等楊逝世四五〇周年記念会」が北京で開かれ、傅抱石は大会の基調報告を行い（のち全文『人民日報』に掲載）、山口逢春は日本の代表団の一員としてこれに参加し師弟の再会を果たした。傅抱石はその封筒に「敬求山口先生　便交　金原省吾先生　傅抱石拝懇」と書いたことから、訪中中の山口逢春に託して金原に渡したものと思われる[47]。これを受けてからの金原の反応は翻刻された日記に記載がないために知るよしがないが、この手紙も亡くなる二年前の晩年の金原によって大切に保管されていた。

3　学術研究における影響

帰国後から抗日戦争中の傅抱石の活動はおよそ前後二つの時期に分けられる。

一、一九三五年八月、徐悲鴻の招聘で南京の中央大学芸術科講師就任、中国美術史と国画概論を教授した。一九三七年八月一五日、日本軍の南京空爆が始まると、一一月、家族と共に南昌に避難した。翌年一月、戦火を避けてさらに故郷の新喩へと移った。一九三八年四月、郭沫若の召喚で政治部第三庁秘書就任、抗日宣伝工作を行う。

二、一九三九年四月重慶へ移り一九四五年抗戦勝利まで金剛坡に住む。一九四〇年八月、第三庁が改編され郭沫若は去ってゆき、傅抱石も中央大学に復帰し、一九四五年一〇月、南京に戻る。

前期の主な関心は、美術史と美術理論の研究にあり、後期は研究を続けながら重心は次第に絵画創作に移る。一九四二年一〇月、「傅抱石教授画展」(壬午重慶個展)が開催され、画壇における名声をついに確立した。

日本留学が傅抱石に与えた影響は、主に以下の学術研究と絵画創作という二つの側面に現れているが、以下、先ず学術研究における影響を見てみる。

金原から受けた学術訓練は、金原日記を通して垣間見ることができる。

「毎日来て彫刻を半日勉強し、画論は一冊ずつの古典の研究とその整理とをすることにした」[48]

「傅君には、『支那上代画論研究』をみるようにいった」[49]

このように、理論の勉強と史料の整理という地味な指導を行い、傅抱石の研究者としての基礎能力の強化を重視しているようである。

「傅抱石君の『中国絵画理論』の序文をかくつもりでそれをみた。抱石君自身の意見はない。そして皆古書からの摘要だ。それを私が一度使って理論づけたいと思う。」[50]

ちなみに、『中国絵画理論』は一九三五年八月に上海商務印書館によって出版されたが、傅抱石は金原の序文を大変喜んでいるにも関わらず、同書にはこの序文が掲載されていなかった。なお、正式の授業よりも、金原宅での話題が広く及ぶ長時間の会話（筆談）は、傅抱石にとって良い勉強になったであろう。

金原の教育指導のもう一つ重要な方面は、論文の指導、添削とその発表先の推薦である。

「晩已將「『…』を読む」一文、完全写成華語、欲寄中華雑誌刊載、現晩擬在此休息中、研究『石涛』、先將其『評伝』写成、但不為易事、橋本関雪氏（編有『石濤』一書）曾云「欲写石濤之評伝為不可能」晩今勉為之、未知有望否」[51]

この手紙に言及した論文は二本ある、その一つ「…を読む」というのは、伊勢専一郎の研究に対する書評論文「読顧愷之至荊浩・中国山水画史」のことであり[52]、もう一つ石濤研究は、傅抱石が留学以前からずっと関心を持っている課題である。

「拙作「石濤和尚年表」一文、蒙先生不棄予以修正、非常感謝。晩擬将該文、在二月号之雑誌上発表。故乞先生費神迅速加以斧削改正、以便晩自己鈔録、不勝禱幸。」[53]

この論文「苦瓜和尚石濤年表」（『美之国』第一一巻第三号、一九三五年三月）及び「古画の偽造と鑑賞に就て」（『南画鑑賞』第四巻第一二号、一九三五年一二月）はいずれも金原の添削と推薦によって発表されたものである。

「夜傅君くる。「美の国」に原稿のっているので、喜んでいた。あとまた原稿二つ来ている。一つは私が文章をなおしてやらなくてはならぬ。」[54]

傅抱石は、帰国の後も日本の石濤研究動向に深い関心を持って追跡し続けており、金原への書簡の中にも関係史料の収集をお願いしており、同時に、自らの石濤研究に対してもかなりの自信と自負を示した。

「南画鑑賞誌、自昭和十年秋季以後、有多篇研究石濤之論文、敬請先生函請小室翠雲先生、将全部（石濤の論文有るものを限り）恵贈一份（若し、贈呈出来なければ購買も宜し、郵便代金でも宜しです）……至石之「石濤生卒考」一文、自信足供貴邦東洋美術史界諸彦之高評」[55]

金原は傅抱石の上記の石濤研究論文を添削して日本の雑誌に積極的に推薦・発表したことと対照的に、もう一本の傅抱石生涯の学術研究にとって極めて重要な意味を持つ論文の発表に対し、慎重または消極的な態度をとっていた。これは、日本の学界で三百年来ただ一人と絶賛を受けた伊勢専一郎の研究に対する書評論文である。傅抱石は「論顧愷之至荊浩之山水畫問題」を金原に見せて添削をお願いするときに、金原はかなり戸惑っていた。

「伊勢専一郎氏の「支那山水画史」の批評をかいて来た。それを「美の国」に出そうかと思ったが、最初のものは、自分の論文のほうがよいからそのことを話したら、何かかいてくるといっていた。南北画論がよいと思う。抱石をけしかけて伊勢氏の攻撃をしたようでは困るからである」[56]。

実際、金原自身が、伊勢専一郎の論文にもその人柄にもかなりの反感を持っていたようである。

「伊勢勇《(ママ)》（「勇」は「専」の誤りである—筆者）一郎氏の「支那山水画史」はつまらぬ本だ。よんでいて、いやになる。彼は自己の様式を作ったというか、それが少しもわからぬ。よほど頭の悪い人だと思う」[57]。

故に同論文の発表に消極的であるのは、傅抱石の意見に賛同できないではなく、自らとその教え子が日本の学界の標的になることを避けたいことにあると推測される。にもかかわらず、金原は遂に「「…を読む」原稿、敬求先生斧正、以便晩重録於原稿紙上」[58]という傅抱石の請求に応じて、その論文の添削に手をかけた。

「寝ていて、抱石君の伊勢氏「山水画史」評をなおす。中中手間どれる。」[59]

しかし、金原の添削を得たとはいえ、同論文はついに日本で発表することができなかった[60]。傅抱石の一生の美術史研究は、主に以下の二つの柱によって支えられている。

一、東晋六朝の時代。傅抱石はこれを中国美術の大転換の時期と見なし、顧愷之から同時期の研究を展開した。最初に書かれた論文は伊勢専一郎の研究を批判するための「論顧愷之至荊浩之山水畫史問題」（一九三五年一〇月）であり、引き続き、「晋顧愷之『畫雲台山記』之研究」（一九四〇年一〇月重慶『時事新報』連載、一九六〇年上海人民美術出版社刊の『中国古代山水畫史的研究』一書にも収録）などの論文が発表された。これに合わせて、彼は顧愷之の画雲台山記の理論を絵画に還元し、作品「雲台山図」を創作した（一九四一年、二作品）。

二、傅抱石が中国美術の円熟期と位置付けた明清交代期。この時代に関する研究は主に石濤を中心に展開されたものである。留学前から傅抱石は石濤に傾倒しその画風は石濤の大きな影響を受けている。日本留学中、「橋本関雪曾云、「欲写石濤之評伝為不可能」」[61]という刺激を受け石濤研究を生涯の課題にし、留学中から帰国後にわたって、「苦瓜和尚年表」（一九三五年）、「石濤年譜稿」（一九三六年）、「石濤叢考」（一九三七年）、「石濤再考」（一九三七年）「大滌子題画詩跋校補」（一九三七年）、『石濤上人年譜』（一九四八年）などの一連の論稿を発表し、ついに石濤研究の代表的な一人になった。

傅抱石は自らの研究足跡を顧みる時に、次のように述べている。

「我對於中國畫史上的兩個時期最感興趣，一是東晉與六朝（第四世紀～第六世紀），一是明清之際（第十七、八世紀頃）。前者是從研究顧愷之出發，而俯瞰六朝，後者我從研究石濤出發，而上下擴展到明的隆萬和清的乾嘉。十年來，我對這兩位大藝人所費的心血在個人是頗堪慰籍。東晉是中國繪畫大轉變的樞紐，而明清之際則是中國繪畫花好月圓的時代，這兩個時代在我腦子里迴旋，所以拙作的題材多半可以使隷屬於這兩個時代之一。」[62]

上記の二つの研究の流れにいずれも留学期間中日本の研究者からの刺激を受けて本格的に芽生え、帰国後ついに大成したものである。

4 絵画創作における影響

留学以前、傅抱石は特定の師匠と流派の伝承を受けておらず、主に自らの独学で絵画の技法を模索してきた。留学の後、数年間の沈黙を経て、彼の画風は一変した。一九三五年の銀座松坂屋個展と一九四二年の壬午重慶個展を比べればその違いがはっきりとわかる。銀座個展の作品は、主に山水、花鳥、書、篆刻を中心とするものであるが、出展した山水長軸「水木清華之居」・「倣黄鶴山樵秋叡鳴泉図」・「竹間人物図」などを見れば、石濤を始めとする明清文人画を模倣する風格がはっきり示されている[63]。これに比べて、壬午重慶個展は傅抱石の独自の画風の形成のシンボルと見られる。

「我們今天可以把一九三四年五月一〇日，傅抱石在東京舉辦〝傅抱石中國畫展覽〟作為傅抱石藝術發展的一個起始座標。這一異國他鄉的展覽，使日本人看到了中國畫的某些特質，可是，另一具有座標性質的一九四二年一〇月一〇日在重慶観音岩中國文藝社舉行的〝傅抱石教授個展〟（壬午個展），卻讓國人看到了一個有著某些日本畫影響的中國現代繪畫風格。這八年的差異，發生在一個美術史家和美術史教授的身上，顯然，不同於一般畫家的表現，而又有著另外的意義。」[64]

壬午重慶個展は、主に傅抱石が金剛坡に居住した期間の作品であり、重慶時期の作品は、主に人物故実と唐人詩意、及び山水によって構成されており、後者は「抱石皴」などの独特の技法を以て「傅家山水」と言われた。この時期の作品には、日本で習った日本画、水彩画、素描などの影響を受けており、本人にもこれを回避する様子は見られない。

「我的畫確是吸收了日本畫和水彩畫的某些技法，至於像不像中國畫，後人自有定論！中國畫總不能一成不變，應該吸收東洋畫的優點，消化之後，為我所用啊。」[65]

傅抱石が日本の日本画家または画壇からどのような影響を受けているかについては、多くの論争がある。美術市場向けの評論の中に、横山大観の影響が度々言われてきたが、傅抱石が横山大観に対して強く批判したことから、これを否定する説も存在する。そして、アカデミ的な研究論文の中では、以下の観点が代表的である。例えば、林木は次のように指摘した。

「以目前的資料分析，没有足夠的証拠可以証明傅抱石与他們（日本画家）有直接的関係，如師承，伝授，交遊等」[66]

同様の観点は、近年の傅抱石研究における代表的な一人である黄戈などによって継承されている。つまり、傅抱石と日本画家の間に、師事、伝授、付き合いなどの直接的関係を持つことを証明できる十分な証拠がない。しかし、金原日記と傅抱石書簡の中から、傅抱石が先生と仰ぐ画家の何人かの名前が具体的に記されている。金原日記に「それは中川（紀元）君から洋画を、私から画論を習いたいというのである。」という記述がある[67]。入学以来、画論は金原の指導をうけているが、彫刻は清水多嘉示に師事している（中国の研究は、「清水多嘉士」と誤記されることがほとんどである）。なお、傅抱石の手紙の中には度々山口逢春、岡登貞治、小林巣居などの先生のことを提起し、そのうち、美術史専攻の岡登を除けばいずれも日本画の大家である。山口逢春の机に傅抱石が送った傅抱石手造りの花瓶が飾っており[68]、一九五六年北京で開かれた雪舟逝去四五〇周年記念大会出席の際、傅抱石と二〇年ぶりの師弟再会を果たした。確かに、傅抱石に帝国美術学校で主に金原に画論を習っていたが、同時に、好学の彼が同校で教鞭をとり、しかも個人的に密接なつながりを持った先生たちから絵画を学んでいないということは考えにくい[69]。

なお、学術的研究を絵画創作に反映させることに長けている傅抱石にとって、金原から学んだことは、単なる理論に止まらず、彼の後の絵画創作にも大きな影響を与えた。その最も強い影響は二つの方面にあると思われる。一つは、金原の「線」に関する研究であり、もう一つは、金原の「東洋の心」などの論文に述べられた中国美術に内在する精神である。後者については次節に譲るが、「線」については、傅抱石が壬午重慶個展の開催に際し自ら次のように述べている。

「同時中国畫的生命恐怕永遠必須寄託在〝線〟和〝墨〟上，這是民族的。……我原先不能畫人物薄弱的線条，還是十年前在東京為研究中国畫上的〝線〟的変化史時開始短時期練習的。因為中国畫的〝線〟要以人物的衣紋上種類最多，自銅器之紋様，直至清代的鈎勒花卉，〝速度〟、〝圧力〟，〝面積〟都是不同的，而且都有其特殊的背景与意義。」[70]

周知のように、線の研究は、金原のライフワークの一つである。一九二七年に代表作『絵画に於ける線の研究』が刊行され、一九三六年にこれを博士論文として提出し、一九五三年改訂再版され、一九五五年これを以て文学博士号を取得した[71]。いわゆる線の速度、圧力、面積などは、正に金原の代表的理論の一つである。

傅抱石は留学期間中日本画ないし西洋画の技法を広く吸収し、受けた影響は一人の画家に限らないが、彼に最も大きな影響を受けたのは、個々の画家の技法というよりも、近代西洋のインパクトに直面した時に、日本画壇が伝統を重んじながら積極的な変革をなしとげたことであろう。

「我可以告訴關心日本畫壇的人。中國畫在日本，除了死去在二百年以上的作家，是看不起的……至於他們研究中國畫……大多数早已变成了自己的面目，能把現實的許多題材，廣泛地應用。……但日本關於應中國繪畫的參考，以至於筆紙顏色，卻遠比中國完備，便利，這是到過東京的人便可知道的。」[72]

留学以前の傅抱石は、中国画の何千年もの伝統とその超然たる独自性を強調し、西洋画との融合に強く反対していた。中西絵画の「結婚」の可能性を否定し、その婚約さえも少なくとも三百年後を待たなければならないと断言した。

「中國繪畫實是中國的繪畫，中國有幾千年悠長的史蹟，民族性是更不可離開。……中國繪畫，既含有中國的所有形成其獨立性，又經過多多少少的研究者，本此而加以洗刷，增大，至數千年不墜。則獨立性之重要可謂蔑以復加……而近代中國的畫界，常常互為攻訐，互作批議，這是不知中國的繪畫是〝超然〟的製作。還有大倡中西繪畫結婚的論者，真是笑話！結婚不結婚，現在無從測斷。至於訂婚，恐在三百年以後。我們不妨說近一點。」[73]

しかし、留学の後、日本画壇の変革の刺激を受けて、傅抱石は一転して中国画の停滞を強く批判し、その変革の必要性と緊迫性を強く主張するようになった。

「自南宋以来，文人畫家只有技巧的熟与不熟的問題，沒有新樣式的創造。只有〝公式〟的練習，沒有自我的抒寫。一部份人雖提〝筆墨〟，〝性靈〟等口號，試問躲在斗室之中，下筆即為古人所囿，有什麼〝筆墨〟〝性靈呢〟？……中国畫便在這種狀態中，反復的咀嚼古代的殘餘。……根據文化的歷史，中國在這時候，需要一種適合現實的新藝術，自無問題。然而我們放眼看看，現在的中國繪畫和〝現代性〟有關係嗎？　許多批評中國畫不合現實的理論，姑不管它。就中國畫的本身而論，它的缺陷實在太多。不過這裡所謂缺陷，不是好與不好的問題，是說畫的本身早已僵化了，佈局，運筆，設色……等技法的動作　也成了牢不可破的定式。……中國繪畫，無論如何是有改進的急迫需要。」[74]

5　日本コンプレックス

傅抱石は日本画壇から強い刺激を受けたとはいえ、本人は日本について語る時にかなりの抵抗感を持っていた。当時の中国画家たちは競って日本画家の作品を真似し、日本画に似ているといわれることは、画家に対してのほめ言葉であり、数日間の日本滞在経験でもあればなおさら自慢話となる。日本を論じること自体がおしゃれな話題であった。傅抱石はこうした中国画壇の日本崇拝の風潮を批判し、次のように語った。

「說起〝日本〟，頗使我不願下筆……日本的畫家、雖然不作純中國風的畫，而他們的方法材料，則還多是中國的古法子，尤其是渲染，更全是宋人的方法了，這也許是中國的畫家們還不十分懂得的，因這方法我國久已失傳。譬如畫絹，麻紙，山水上用的青綠顏色，日本的都非常精緻，中國並無製造。

中國近二十幾年，自然在許多方面和日本接觸的機會增多。就畫家論，來往也不少，直接間接都受著相當的影響。不過專從繪畫的方法上講，採取日本的方法，不能說是日本化，而應當認為是學自己的。因為自己不普遍，或已失傳，或是不用了，轉向日本採取而回的。」[75]

つまり、傅抱石にとって、日本に学ぶことは日本化に非ず、中国古来にあって日本に伝わったものを取り戻すに過ぎず、故に、これは自らのものを学ぶこととなる。

一九三九年、日本軍の重慶空爆の後、傅抱石は横山大観の「日本美術の精神」の一文を読み、「従中国美術的精神上看抗戦必勝」の一文を書き下した。この一文には、傅抱石は横山大観が聖戦を讃えながら日本美術の精神を唱えることを真正面から批判し、その日本美術の一〇分の九は中国絵画の理論の略奪であると指摘した上で、中国美術と抗戦精神について次のように述べた。

「我以為中國的美術，有三種最偉大的精神：第一、中國美術最重視作者人格的修養：第二、中國美術在與外族，外國的交接上，最能吸收，同時又最能抵抗：第三、中國美術的表現，是〝雄渾〟〝樸茂〟，如天馬行空，夭嬌不群，含有沉著的，潛行的積極性。這三種特性，擴展到全面的民族抗戰上，便是勝利的因素。……至於中國畫上所表現的意識、粗粗看來似乎只是些〝閒散〟〝虛無〟、與時代沒有關。換句話說、中國畫是消極的、是退讓的，但仔細的吟味一下，我覺得中國畫完全為一種積極的前進的表現。不過，它的積極，是沉著而不是浮躁，是潛行而不是暴動，……因為中國美術的製作，是根于作者人格的熔鑄，所以〝雄渾〟〝樸茂〟，處處保持一種凜然不可侵犯的态度。……老实说：日本這次發動侵略的戦争，就是把這幅最偉伟大最緊張最積極的中國畫看走了眼！　弄得深入泥沼不能自拔」[76]。

抗日戦争期、傅抱石は第三庁で抗日宣伝に携わった。金剛坡に移住してから、四川の山水の霊気に包まれる中で、彼は絵画創作のひとつの円熟と高潮期を迎えた。重慶時期、彼は専ら人物故実、唐人詩意、及び四川の山水を描き、「雲台山図」、「大滌草堂図」、「金剛坡」、「屈原」、「湘夫人」、「蘇武牧羊」、「石濤上人像」、「虎渓三笑」、「松蔭高士図」などの画作を次々と世に送り出した。

なぜ傅抱石は歴史題材を好むのか、その理由について先行研究には次のように指摘した。

その一、二〇世紀における日本の歴史画の影響。

その二、一九四〇年重慶の文芸界が民族形式についての討論が行われ、抗日戦争によって民族復興思想の高揚を惹き起こした[77]。

この解釈は、画家たちの民族形式の絵画における共通の時代的背景を理解するために大変重要であるが、民族形式の表現における個々の画家の画風の違いを説明するには不足がある。例えば、当時の抗日宣伝活動に携わった画家たちが民衆の好みに合わせて創作した白黒の版画も民族形式の表現の一種と見られるが[78]、傅抱石の画風はこれと大いに異なる。なお、同じ人物故実でも、徐悲鴻が描いた「田横五百士」のような、暴秦に抵抗する亡国の勇士の悲愴物語を通して民衆の対日抵抗の意志の高揚を直接呼びかけるような作品の趣とも全く異なる。

傅抱石のこの時期の絵画は、高古の格調を漂い、時代と相いれない憂国の詩人、隠士、文人、仕女図が主役である。彼の描く人物像は、飄逸とした衣服の線、横向きのつりあがった目つき、緩んでぶら下がる目の下と精気を収斂し深く納めた小さな眼精を特色とし、閑散・自由の中に内在する緊張感に満ちて、媚びない孤高の精神と国破れて山河ありといった気概を貫いている[79]。

傅抱石はかつて金原の「東洋の心」の中の一文を中国語に訳した[80]。金原はその一文に東洋美術の精神を「天」「老」「無」「明」「中」「隠」「淡」「知」「骨」「敬」「恒」などの中国思想哲学の概念を用いて説明している。抗戦期の傅抱石の作品は、まさにこうした意匠を表現している。同時期の彼は中国画の停滞を批判するときと異なって、敢えて中国文人画の頽廃、退譲、消極、閑散、脱現実などの要素に積極的・前進的・現実的な意味を与えた。

日中全面戦争が勃発した後、金原は、東洋の地理的な概念を拡大し大東亜共栄圏と一致させ、同時に、東洋の思想のコアを収縮して日本の独自の伝統との同一化を図り、さらに、日本の文化的特徴を「かかる相反性のものが同在する」と定義し、この日本の「具体の小」を以てアジアの「総合の大」を支配することを図ったが[81]、弟子の傅抱石は金原と相反する方向で「かかる相反性のものが同在する」という師の説を生かして抗日のための民族精神を表現した。

終わりに　東アジアにおける人と知の交流

以上の考察を経て、次のようなことが明らかにされている。

一、日本留学が傅抱石の学術研究に与えた影響

留学以前と留学中、金原が指摘したように、史料羅列の傾向がみられるが、留学を通して、視野を広げて緻密な史料考証と体系的な理論分析を自覚的におこなうようになり、帰国の後、一連の論稿を発表し、中国美術史研究の領域で確かなる地位を確立した。彼の美術史研究は、中国の伝統史論をベースに「日本式研究」が加わり、近代西洋の理論の運用に長けて、中国美術史研究における近代的開拓者と評価される藤固の研究と異なった風格を示し、これと袂を分かつ存在となった[82]。さらに、画論と絵画の両方に優れて、しかも自らの絵画理論を絵画創作に還元する点で傅抱石は中国美術界において他の追随を許さない存在となった。

傅抱石の幅広い美術史研究体系は、二本の柱によって支えられたものである。その一つは、中国美術の転換期である六朝時代、もう一つは、中国美術史の円熟期である明清時期。前者について傅抱石は顧愷之を中心に研究を始め、後者について傅抱石はそのライフワークでもある石濤研究から始めた。この二つの研究は

いずれも日本留学中に本格的に始まって最初の論文を発表し、帰国後も日本の研究の刺激を受けながらこれを超克することを内在的動力の一つとして研鑽を続け、ついに当該分野における不動の地位を築いたのである。

二、日本留学が傅抱石の絵画創作に与えた影響

傅抱石の留学は主に金原から画論と美術史を学び、絵画を専攻することではないとはいえ、金原日記や傅抱石書簡に言及された帝国美術学校の教師たちとの師弟の名分と友情を見ると、彼らから日本画、洋画、彫刻などの影響を受けていないとは考えにくい。帝国美術学校の先生のみならず、留学中の傅抱石は日本画壇全体の動きも注意深く観察し、さまざまな作家から創作の養分を汲みあげている。留学中の銀座個展はまだ石濤の模倣や文人画の形式から抜けられていないが、帰国後の重慶時期の壬午個展ではその画風が一変した。つまり、日本から学んだことは帰国の後、数年間の沈黙と消化を経て、遂に四川の山水の霊気に孕まれ、「悲家国之顛破・不肯俯仰事人」という強い抗戦意志と共に実って、独自の風格を確立したと見られる。

金原の美術理論も傅抱石の絵画に強い影響を与えた。傅抱石の絵画は金原の「東洋の心」の具象化とも言える。彼の高古志向の作品の至る所に、「天」「老」「無」「明」「中」「隠」「淡」「知」「骨」「敬」「恒」の趣が映しだされている。そして、傅抱石は金原の線の研究成果を自らの絵画に応用し、これを中国画の民族的特徴として位置付けることによって、日本画の色彩の表現や西洋画の光線などを柔軟に取り入れながらもこれと異なる趣の中国画の風格を保つことができた。

三、日本コンプレックス

日本留学が傅抱石の絵画に与える影響は、何も絵画の技法に止まらない。彼にとって、もっとも大きな影

響の一つは、明治以降西洋化のインパクトを受けて、日本の画壇がどのように積極的にこれに対応していたか、という点にあるだろう。

帰国後の傅抱石は留学前のように中国画の伝統を固守する態度から一変して、積極的に中国画の改革の必要性とその緊迫性を唱えるようになり、中国画の保守と停滞を批判するとともに「時代是前進的，中国畫呢？　西洋化也好，印度化也好，日本化也好，在尋求出路的時候不妨多方走走」[83]と極めて柔軟な文化受容の姿勢を示した。

しかし、日中全面戦争の勃発に伴い、傅抱石は金原と同様に国民国家化の傾向を現した。国宝といわれる雪舟も狩野も「不知道亦歩亦趨的学誰？」と日本美術の創造性を過小評価し[84]、日本に学ぶことは日本化ではなく中国が自ら失われたものを取り戻すに過ぎないと主張した。これと同時に、かつて自分が批判した中国伝統の文人画の頽廃、退譲、消極、閑散、脱現実などの要素を敢えて積極的、前進的、現実的な意味を以て再評価し、これを表現する人物故実と四川山水を題材とする数々の作品を創作して抗戦必勝の信念を託した。このように、傅抱石は金原と相反する方向で「かかる相反性のものが同在する」ものを表現した。このケースの持つ意味は、傅抱石の個人理解に限らず、同時代における日本留学のその他の中国知識人を理解するためにも重要な示唆を与えてくれる。彼らは日本超克という近代的使命感を以て留日したが、結果的に自覚しているか否かに関わらず日本留学による深刻な洗礼を受けていった[85]。

四、「仙台神話」と「武蔵野実話」

これまでに留学生の師弟関係を描き出し、しかも広く読まれた資料として魯迅の「藤野先生」が挙げられる。しかし、その文章は主に魯迅が仙台留学期間中の鬱と孤独に基づいて構築された理想の師弟像であり、その「仙台神話」を支える二本の柱は魯迅の「棄医従文」と「日中友好」であった[86]。これに比べて、金原と傅抱石の師弟関係は「武蔵野実話」と呼ぶこともできる。ある意味でその持つ意義は、仙台神話をはるかに超えている。なぜならば、まず、金原日記と傅抱石書簡は非公開を前提に書かれたプライベートな記録であり、文学作品に比べて、真実の感情を無造作に表している。次に、日記と書簡に現れた現実的な金原—傅抱石師弟関係に、構築された藤野先生と魯迅の関係よりもはるかに親密で濃いものであり、このような強い人的きずなは日中戦争を超え戦後まで続き、さらに、双方の子女の代によって継承された[87]。

注

[1] 中国人の日本留学史は以下を参照：実藤恵秀『中国人日本留学史』（増補版）、くろしお出版、一九八一年。厳安生『日本留学精神史：近代中国知識人の軌跡』岩波書店、一九九一年。大里浩秋・孫安石編『中国人日本留学史研究の現段階』、お茶の水書房、二〇〇二年。廖赤陽主編『大潮涌動：改革開放与日本留学』北京：社会科学文献出版社、二〇一〇年。

[2] 童曉薇『日本影響下的創造社文学創造社之路』社会科学文献出版社、二〇一一年、第四九頁。

[3] 周棉「留学生与中国美術教育的現代化轉形」、『史学月刊』二〇〇五年第一一期、第二五〜三二頁。田君『中国現代芸術設計教育的萌発——民国工芸美術教育研究』、清華大学美術学院修士論文、二〇〇四年。

[4] 葉宗鎬『傅抱石年譜』、上海古籍出版社、二〇〇四年。陳履生主編『傅抱石全集』全六巻、広西美術出版社、二〇〇八年。『中国近現代名家画集　傅抱石』錦繡文化企業・天津人民美術出版社、一九九三年。葉宗鎬選編『傅抱石美術文集』江蘇文芸出版社、一九八六年。南京博物院編『傅抱石著述手稿』栄宝斎出版社、二〇〇七年。

[5] 傅抱石関係の研究論文や著作、回想録などを含めたリストについては、以下を参照：The Cleveland Museum of Art ed. Chinese Art in an Age of Revolution: Fu Baoshi (1904-1965), New Haven and London: Yale University Press.pp231-234.

[6] 胡志亮『傅抱石伝』、百家洲文芸出版社、一九九四年。張国英『傅抱石研究』台北市立美術館、一九九一年。万新華「傅抱石留学日本及其対日本中国美術史研究成果的訳介」、『芸術学界』二〇〇一年第一期、第一〇七～一三六頁。趙均・黄戈「論傅抱石絵画思想中的日本要素」、『貴州文史叢刊』、二〇一〇年第一期、第一〇二～一〇八頁。

[7] 一九九〇年代以降、日本にも傅抱石に対する認知度が高まり二回も傅抱石展が開かれた。以下を参照：『20世紀中国画壇の巨匠傅抱石――日中美術交流のかけ橋』、渋谷区立松濤美術館、一九九九年。武蔵野美術大学・中国美術学院交換展実行委員会編『傅抱石展――中国美術学院学生優秀作品展記念』武蔵野美術大学図書館、二〇〇四年。

[8] 傅抱石の生涯とその芸術成果をまとめた代表的な研究として、以下のものが挙げられる。葉宗鎬『傅抱石年譜』。陳履生主編『傅抱石全集』全六巻。

[9] 同史料の受け入れ経緯とその利用に当たって、武蔵野美術大学大学史料室前室長の石田順二と同史料室の阿久津朋子の二氏から多くの教示と協力を得ている。ここで謹んで感謝の意を表す。

[10] 金原省吾の生涯について、以下を参照。「金原省吾博士年譜」、『歌集　山草集』、今古書院、一九五七年七月、第二六九～二七四頁。「金原省吾について」、「金原省吾年譜」、武蔵野美術大学図書館編刊『金原・服部図書目録』一九七八年、第五～一〇頁。

[11] 武蔵野美術大学大学史史料委員会編『金原省吾日記　昭和九（一九三四）年』武蔵野美術大学大学史史料集第五集、武蔵野美術大学大学史史料室、二〇〇七年。同編『金原省吾日記　昭和一〇（一九三五）年』武蔵野美術大学大学史史料集第六集、武蔵野美術大学大学史料室、二〇〇九年。『金原省吾日記　昭和十九（一九四四）年―昭和二十一（一九四六）年』武蔵野美術大学大学史史料集第七集、武蔵野美術大学大学史料室、二〇一〇年。『金原省吾日記　昭和二十二（一九四七）年―昭和二十五（一九五〇）年』武蔵野美術大学大学史史料集第八集、武蔵野美術大学大学史史料室、二〇一〇年。

[12] 教務手帳：教務委員会及教授会会議録：助手会日誌等（大学史史料委員会編『学校日誌』武蔵野美術大学大学史料集第一集　金原省吾著大学史史料委員会編『教務手帳：教務委員会及教授会会議録：助手会日誌』、武蔵野美術大学大学史史料集第二集、大学史史料室、二〇〇一年）。

[13] 上掲各集の佐久間保明「まえがき」を参照。

[14] 金原卓郎編「本学留学時代の傅抱石――金原省吾・妻よしをの日記から」、武蔵野美術大学・中国美術学院交換展実行委員会編『傅抱石展――中国美術学院学生優秀作品展記念』第二五～三六頁。なお、金原夫人「よしを」の漢字表記は「夜汐」と思われる。金原省吾逝去した後、金原夫人が奥山薫に贈った金原省吾の遺作『歌集　山草集』（今古書院、一九五九年）に「著者の妻　夜汐子」と署名している。

[15] 金原日記については、筆者「金原省吾と傅抱石――近現代東アジアにおける人的移動と知的交流」を参照。高橋陽一ほか『武蔵野美術大学を造った人びと』、武蔵野美術大学出版局、二〇一四年。

[16] 葉宗鎬『傅抱石年譜』、第八〜一二頁。

[17] 傅抱石書簡、一九三五年一〇月一九日（落款）、一九三五年一〇月二五日（着信）。

[18] 帝国美術学校の入学資格は、本科、別科と研究科の三種類に分かれている。そのうち、研究科の入学資格は、帝国美術学校の卒業者に相当し、その修業年限は一年以上とする。武蔵野美術大学八〇周年記念誌編集委員会編『武蔵野美術大学の歩み　一九二九〜二〇〇九』、武蔵野美術大学出版局、二〇〇九年、第一〇頁。

[19] 大学史史料委員会編『学校日誌』第九九頁。

[20] 金原・よしを日記、一九三四年三月二六日。金原日記における文字表記はすべて新漢字と現代かなづかいに直した。以下同。

[21] 金原・よしを日記、一九三四年三月三〇日。葉宗鎬『傅抱石年譜』（第五〜七頁）によれば、傅抱石は一九二六年江西省立第一師範学校卒業の後、付属小学校教員、省立第一中学校教員などを経て、省立第一中学校高中部芸術科の主課教員となったのは一九三〇年三月のことであった。

[22] 金原省吾著・傅抱石訳『唐宋絵画之研究』商務印書館、一九三五年、序。

[23] 金原・よしを日記、一九三四年六月二二日、一九三四年六月二三日。

[24] 金原・よしを日記、一九三四年五月二二日。

[25] 金・よしを日記、一九三四年六月九日。

[26] 金原・よしを日記、一九三四年六月一九日。

[27] 金原・よしを日記、一九三四年五月二二日。

[28] 傅抱石書簡、一九三四年八月一五日（落款）、一九三四年八月二五日（着信）。同書簡は略字や日本語を入りまじえているものであり、便宜上日本語の漢字表記で入力した。以下同。

[29] 金原・よしを日記、一九三五年六月二〇日。

[30] 葉宗鎬『傅抱石年譜』、第三二頁。

[31] 傅抱石書簡、一九三五年七月六日（落款）、一九三五年七月七日（消印）。

[32] 金原・よしを日記、一九三五年七月一七日。

[33] 傅抱石書簡、一九三五年九月一九日（落款）。

[34] 傅抱石書簡、一九三四年一一月二〇日（落款）、一九三四年一二月六日（着信）。同書簡に言及した岡登先生は岡登貞治のことである。彼は金原の依頼を受け、傅の個展開催の場所を確保するために奔走していた。

[35]「傅抱石書画・篆刻個展目録」、武蔵野美術大学大学史史料室収蔵。

[36] 傅抱石書簡、一九三四年七月二四日（落款）、一九三四年八月三日（着信）。
[37] 金原よしを日記、一九三四年六月九日。
[38] 金原・よしを日記、一九三四年六月一三日。
[39] 金原・よしを日記、一九三六年三月二六日。
[40] 金原・よしを日記、一九三六年九月六日。
[41] 金原省吾「硯」、『随筆集　香炉』今古書院、一九三八年三月、二七四〜二八〇頁。
[42] 金原・よしを日記、一九三七年一一月一六日。
[43] 金原・よしを日記、一九四四年七月一〇日。
[44] 金原・よしを日記、一九四七年七月四日。
[45] 傅抱石書簡、一九四七年六月一九日（落款）、一九四七年七月四日（着信）。
[46] 金原・よしを日記、一九四八年六月一五日。
[47] 傅抱石書簡、一九五六年九月一三日（落款）。
[48] 金原・よしを日記、一九三四年四月一三日。
[49] 金原・よしを日記、一九三四年四月一八日。
[50] 金原・よしを日記、一九三四年一〇月二二日。
[51] 傅抱石書簡、一九三四年一二月二九日（落款）、一九三四年一二月三一日（着信）。橋本関雪（一八八三〜一九四五）、日本画家、『石涛』（中央美術社、一九二九年）という著書がある。
[52] 一九三五年一〇月一九日、傅抱石は金原への手紙に、「読顧愷之至荊浩・中国山水画史」という論文は『東方雑誌』で発表されたと報告した。但し、現在、葉宗鎬選編『傅抱石美術文集』に収録された同論文のタイトルは「論顧愷之至荊浩之山水畫問題」とする。
[53] 傅抱石書簡、一九三五年一月六日（落款）。
[54] 金原・よしを日記、一九三五年三月五日。
[55] 傅抱石書簡、一九三六年六月二三日（落款）。
[56] 金原・よしを日記、一九三四年一二月二二日。
[57] 翻刻金原日記、一九三四年一一月一三日。
[58] 傅抱石書簡、一九三五年一月三〇日（落款）、一九三五年一月三一日（着信）。
[59] 金原・よしを日記、一九三五年二月四日。

[60] 同論文の中国語原稿は、一九三五年秋号の『東方雑誌』で掲載された。なお、その日本語原稿は『美之国』一二巻五号（一九三六年年五月）にも掲載されたと葉の文集に記しているが、筆者は『美之国』を調べた結果、同論文を見つけることができなかった。

[61] 傅抱石書簡、一九三四年一二月二九日。

[62] 傅抱石「壬午重慶畫展自序」、葉宗鎬選編『傅抱石美術文集』、四六四〜四六五頁より引用。

[63] 同個展の作品は、売り出されたものを除いて、一九三五年六月、傅抱石が母の危篤のために帰国する際、金原に預け、金原の遺族により武蔵野美術大学に寄贈し、現在、武蔵野美術大学美術館・図書館に所蔵されている。

[64] 陳履生「青天一明月　孤唱誰能和——『傅抱石全集』序」、陳履生主編『傅抱石全集1　1925〜1945』広西美術出版社、二〇〇八年。

[65] 董慶生「懐念抱石師」、『傅抱石先生逝世二十周年記念集』第七二頁、何懐碩「序」より引用、『中国近現代名家画集　傅抱石』錦繍文化企業・天津人民美術出版社、一九九三年。

[66] 林木『二十世紀中国画研究』広西美術出版社、二〇〇〇年、第五三四頁。同結論は、近年における傅抱石研究の主な代表者の一人である黄戈などにも継承された。趙均・黄戈「論傅抱石絵画思想中的日本要素」。

[67] 金原・よしを日記、一九三四年三月二六日。

[68] 一九三八年九月二二日に山口逢春は金原宛に送った手紙に、「甲戌夏抱石君造」の花瓶を自ら彩色手描きしている。

[69] 上記の諸先生の帝国美術学校とその後身での在職期間と所属学科：中川紀元、一九二九年〜一九三五年、西洋画。清水多嘉示、一九二九年〜一九七〇年、彫刻。山口逢春、一九三〇年〜一九三六年、日本画。岡登貞治、一九三三年〜一九三五年、図案。小林巣居、一九三三年〜一九三七年？一九四八年〜一九五一年、日本画。武蔵野美術大学八〇周年記念誌編集委員会編『武蔵野美術大学の歩み　1929—2009』第一五四頁。

[70] 傅抱石「壬午重慶畫展自序」、葉宗鎬選編『傅抱石美術文集』、四六一、四六四頁。

[71] 傅抱石書簡、一九三六年四月二二日（落款）、一九三六年五月一三日（着信）。金原省吾『絵画に於ける線の研究』今古書院、一九二七年。同『絵画に於ける線の研究（改訂版）』今古書院、一九五三年。

[72] 「民国以来国画之史的観察」、原文は一九三七年『文史半月刊』、『逸経』第三四期に掲載されたものであり、葉宗鎬編『傅抱石文集』、第一七九頁より引用。

[73] 傅抱石『中国絵画変遷史綱』南京書店、一九三一年、三〜四頁。

[74] 傅抱石「民国以来国画之史的観察」葉宗鎬選編『傅抱石美術文集』第一七四〜一七五頁。

[75] 傅抱石「民国以来国画之史的観察」葉宗鎬選編『傅抱石美術文集』第一七八〜一七九頁。

[76] 「従中國美術看抗戰必勝」原文は一九四〇年四月一〇日重慶版『時事新報』に掲載、葉宗鎬編『傅抱石文集』、二二六〜二二七頁より引用。

[77] 万新華「傅抱石抗戦時期歴史人物画之民族意向研究　下　線条的背後」『栄宝斎』二〇〇九年第二期、第六四～七九頁。

[78] 王進「抗戦時期大後方木刻版画　審美価値研究」、西南大学修士論文、二〇一一年。

[79] 同時期の作品は、陳履生主編『傅抱石全集1　1925―1945』を参照。

[80] 傅抱石「中国国民性与芸術思潮――金原省吾氏之東洋美術論」原文は一九三五年一〇月の『文化建設』に発表され、葉宗鎬選編『傅抱石美術文集』、一一八～一四一頁より引用。このタイトルから、訳文ではなく傅抱石の論文だと誤解されやすい。なお、金原の原文は一一個の概念でまとめたものであるが、傅抱石の訳文には紙幅の関係か、「天」から「淡」までの七つの概念に止まった。

[81] 金原の「東洋」と「東洋画」に関しての戦前と戦時中の認識の変化について、筆者「金原省吾と傅抱石――近現代東アジアにおける人的移動と知的交流」を参照。

[82] 金原も藤固の研究を注目しその著作を読んでいる「藤固氏の『唐宋絵画史』をよむ。私のの《ママ》引用などもしてある。この本中中支那の本としては珍しく整理してある」（翻刻金原日記、一九三四年一一月一六日）。傅抱石書簡には、李宝泉（フランス留学帰国、美術評論家、著書は『致弥羅』女子書局、一九三三年、『中国当代画評』木下書局、一九三七年などがある）・藤固（中国近代美術史家、日本・ドイツ留学）の二人に対する評価が書かれており、前者については「雖留学佛国、無何等研究」、後者については、研究は「遊戯」であり志は「官職」・「術名」にあるとコメントしている（傅抱石書簡、一九三六年六月二三日）。おそらく、金原の尋ねに対する返答と思われる。但し、傅抱石本人の史論には、藤固の研究の引用もある。

[83] 傅抱石「民国以来国画之史的観察」、葉宗鎬選編『傅抱石美術文集』第一八一頁。

[84] 傅抱石「従中国美術的精神上来看抗戦必勝」、葉宗鎬選編『傅抱石美術文集』第二二七頁。ただし、戦後、傅抱石は雪舟に対しての再評価が行われ、その芸術の成果を高く評価した。傅抱石「雪舟及其芸術」（一九五六年一二月北京で開かれた雪舟逝去四百五〇周年記念会での講演）、葉宗鎬選編『傅抱石美術論文集』第五五五～五六三頁。

[85] 廖赤陽「『日華文学』の系譜と『在日中国人』社会」、『華僑華人研究』、第七号、二〇一〇年、第七八頁。

[86] 董炳月「『仙台神話』的背面」、同著『「国民作家」的立場――中日現代文学関係研究』三聯書店、二〇〇六年、第二七七～二九二頁。

[87] 一九八〇年代の中国改革開放の後、傅抱石の娘も父の母校武蔵野美術大学に留学し、父の同窓の塩出英雄に師事した。彼女が金原宅に訪れたときに、「自分の家に帰ったような親しみを感じた。金原先生の奥さんはもう九十才の高齢であったが元気で、私の祖母のように親しくもてなしてくださった。金原先生の息子さん、卓郎先生から父が金原先生に宛てた何通かの手紙や戦争前後の日記を見せてくださった。」、傅益瑶「父傅抱石と恩師金原省吾先生とのきづな」、武蔵野美術大学・中国美術学院交換展実行委員会編『傅抱石展――中国美術学院学生優秀作品展記念』、第二一二頁。

何香凝と日本留学

竹内理樺
（同志社大学助教）

二〇世紀初頭、初期の女子留学生として、夫とともに日本に渡った何《か》香凝《こうぎょう》（一八七八～一九七二）は、日本女子大学や女子美術学校で教育を受け、日本で孫文（一八六六～一九二五）と出会い、革命家としての第一歩を踏み出した。

帰国後、彼女は夫・廖仲愷（一八七七～一九二五）と孫文の革命活動を補佐し、女性運動の指導者として政治に関わるようになったが、孫文と夫のあいつぐ死により政治的役割は重要性を増し、中華人民共和国建国時には、民主諸党派の指導者の一人として政府に参加した。また建国後は、中央人民政府委員、政務院華僑事務委員会主任、人民政治協商会議全国委員会副主任、全国人民代表大会常務委員会副委員など政府の要職を歴任し、自身が創設に関わった民主党派、中国国民党革命委員会の主席や、中華全国婦女連合会名誉主席、中国美術家協会主席も務めた。

何香凝は清国から中華民国、中華人民共和国と三つの激動の時代を生きた女性革命家・女性政治家として、また女性運動の先駆者として評価されているだけでなく、著名な画家でもあり、一九九七年四月には彼女の名を冠した何香凝美術館が深圳市華僑城の一角に建設されている。

何香凝の日本留学は八年以上に及んだが、後年、彼女自身が日本留学期について語ることは少なく、何香凝の主な著述や手紙、演説などを集めた文集『双清文集』下巻[1]に収められた文章の中で、自身の日本留学について言及しているのは、日中全面戦争前夜の一九三七年前半に書かれた「自伝初稿」と、同年七月一日に書かれた「我学会焼飯的時候（私が料理を習い覚えた時）――自伝之一章」、そして中華人民共和国建国後の一九六一年一〇月に発表された「我的回憶」の三文のみである[2]。「我的回憶」は辛亥革命五十周年を記念して書かれたものであり、一九六一年一〇月六日と七日の『人民日報』に二日連続で発表された。他の二文が比較的短文なのに比べ、自身の幼少期から孫文と廖仲愷の亡くなった一九二五年頃までの活動を追憶し、詳細に綴った長文の著述である。

これらの文の中で彼女本人が語る日本留学時の状況は、革命活動に関する内容がほとんどで、日本留学で受けた影響や日本観については触れられていない。また、何香凝に関する研究においても、日本留学期を対象とするものはほとんど見られず、当時の活動内容や孫文との関係を紹介するものがわずかに見られるのみである。第一六六回日文研フォーラム（二〇〇三年一一月一一日、国際日本文化研究センター）で陳暉氏が行った報告、「明治教育家　成瀬仁蔵のアジアへの影響――家族改革をめぐって」は、何香凝の日本留学経験やその後の活動を通して成瀬仁蔵がアジアに与えた影響を検討するものであるが、焦点はあくまで成瀬仁蔵にある[3]。

本稿では、何香凝自身の日本留学期に関する前述の記述や、革命家・政治家、画家、女性運動の指導者の三つの側面から彼女の思想と活動を考察し、何香凝の日本観や日本留学から受けた影響、彼女にとっての日本留学の意義を明らかにしたい。

1 革命への関わりと孫文との関係

何香凝は一九〇二年末、夫の廖仲愷に二ヶ月遅れて日本に留学した。一八七八年に香港の裕福な家庭に生まれた彼女は、幼い頃に纏足に断固抵抗し、当時の女性としては珍しい「天足（纏足をしたことのない自然のままの足）」の女性であった。その「天足」が縁となり、父の遺言で纏足をしていない女性を妻に求めていたアメリカ華僑の廖仲愷と一八九七年に結婚する。

結婚当初、夫婦は廖仲愷の兄の家に同居し、廖仲愷は叔父の経済的援助を受け香港官立皇仁書院に通う学生の身分であったが、学校で学んだ西洋の学問や、近隣に住む画家・伍懿庄[4]を訪れて手ほどきを受けた絵画の技術を何香凝に教えた。この結婚は両親らが決めた旧式の婚姻であったが、何香凝にとっては夫の影響で視野を広げ、夫とともに外の世界に飛び出していく契機となった。

中国人の日本留学は、一八九六年に清国政府が一三名の官費留学生を派遣したことが発端となり、その後、政府の留学奨励策に加え、明治維新をモデルに政治改革を推進しようとした康有為、梁啓超ら変法派の運動の影響で、多くの官費・私費留学生が日本に渡航し、日本留学生は年々、増加の一途をたどっていた。

廖仲愷も日本留学を強く希望していたが、父の遺産を管理していた兄は学費の負担を承諾せず、何香凝が結婚時に持参した装身具を売って費用を工面し、二人の日本留学が実現した。何香凝は幼い頃から父の寵愛を得ていたが、父は封建的な伝統観念に基づき女性には教育の必要はないと考え、何香凝には「女書館」における二年間の儒教思想教育しか受けさせなかった。したがって、日本留学が彼女にとって初めての正規の教育となった。来日後、廖仲愷は日本語の補習学校を経て早稲田大学経済予科に入学し、何香凝は日本女子大学の補習学校で日本語を学んだ後、東京女子師範学校予科に入学した。

当時、在日中国人留学生の中には、国外にあって改めて清国政府の腐敗ぶりを意識し、救国の志を強める者が少なくなかった。何香凝も留学後の一九〇三年六月、江蘇省出身の留学生の同郷会が発行していた雑誌『江蘇』第四期に「敬《つつし》んで我が同胞姉妹に告ぐ」という文章を発表し、女性、特に中国人女子留学生に対し、天下の興亡については国民一人一人に責任があると説き、国家の再興のため立ち上がるよう呼びかけた[5]。

後に何香凝は、結婚後、廖仲愷が時事について語るのを聞く中で「国家の興亡には匹夫も責有り」という認識を持つに至ったと述べているが[6]、この文の中で彼女はさらに、「男子と同じ耳と目を持ち、同じ身体を持つ女性は人類ではないのであろうか。人類であれば、天下の興亡をわれわれ二億の（女性）同胞はどうして見過ごすことができようか。」と述べ、男女は平等であり、したがって女性にも男性とともに国家再興のため尽力する責任がある、という自身の女性観を示した。また、女性たちに対し、「みずからをなお愛玩物のようにみなすことをやめ、いそいで女性の数千年にわたる暗黒の地獄をやぶり、ともに社会の幸福をはかり、長い歴史を持つわが国の名声を回復しなければならない。」と訴えた。何香凝は、中国女性は長い間、封建的な儒教観念のもとで抑圧されており、男性とともに国家再興のため働くだけでなく、自身を解放するためにも立ち上がる必要があると考えていたのである。

一九〇三年九月、何香凝と廖仲愷は神田神保町の清国留学生会館における集会で、日本亡命中の孫文と出会い、その後、孫文の下宿を度々訪ねてその思想に触れ、革命活動に参加するようになった。夫婦は当初、学校の寄宿舎に別々に住んでいたが、一軒家を借りて革命の同志を集め、義勇軍を結成しひそかに軍事訓練を行った。何香凝は翌一九〇四年に香港に戻って娘の廖夢醒（一九〇四～一九八八）を出産するが、娘を実家に預けて単身東京に戻り、学業と革命活動を続けた。一九〇五年七月、ヨーロッパから戻った孫文が日本を革命の本拠地と定め、八月に東京で中国同盟会を結成すると、何香凝は八月二〇日の正式発足以前に孫文と黎仲実を紹介者としていち早く参加の手続きをとり、同盟会最初の女性会員となった[7]。

何香凝らは自宅を同盟会の通信連絡と集会の場として提供したが、孫文は何香凝に、秘密を厳守する必要から日本人女性の使用人を雇わないよう要請した。裕福な家庭に育った何香凝に幼い頃から家事をしたことがなく、生まれて初めてみずからの手で家事を行うことになった。何香凝に後に、その頃日本にはまだガスや水道、電灯もなく、通学しながら家事をして日常生活を送るのはたいへん忙しく苦労したが、その苦労は中国革命のためであるという信念があり、革命のため甘んじて耐えようと考えたことを明らかにしている[8]。また、同盟会の集会の際には食事や茶の接待もし、日本の警察や清国政府のスパイに気づかれないよう、会議参加者の靴を隠して門番を務め、孫文宛の秘密文書の受け渡しの任務も担った。当時は革命活動に参加する女性はまだ少なく、また最初の同盟会員の一人であったことから、孫文は彼女を深く信頼して日本語で「おばさん（御婆様）」と呼び、ほかの同志もそれに習って呼ぶようになった[9]。

孫文と何香凝はその頃家族のような親しい間柄であり、孫文は手元にお金がなくなると「おばさん、何十円か下さい。」と気安く何香凝に声をかけて数十円の金をねだったという[10]。何香凝は、当時は多くの人びとが孫文の革命事業を助け、莫大な募金をする者もいた中で、このような些細なことを書くのは賤しいように思えるかもしれないが、孫文との家族のような親密な間柄を示すため触れたのだとわざわざ断りを入れているが、まさしくこれは、日本留学時の彼らの関係の親密さと信頼関係の強さを物語るエピソードだといえるだろう。

何香凝は一九〇六年に東京女子師範学校予科を修了し、同年四月に日本女子大学教育学部（博物科）に入学したが、翌年胃潰瘍を患い、一時休学した。その後一旦は復学するが、再び体調不良と第二子妊娠のため、一九〇八年四月末に日本女子大学を退学するに至る[11]。同年九月に息子の廖承志（一九〇八～一九八三）を出産後、翌一九〇九年に学業を再開し、今度は女子美術学校日本画撰科高等科に編入した。そして一九一一年三月に同校を卒業すると[12]、二人の子を連れて帰国し、すでに中国国内で活動していた廖仲愷と合流した。一九一二年、中国初の共和制国家、中華民国が成立したが、一家はその後も孫文と行動をともにし、一九一三年七月の第二革命失敗後は袁世凱の迫害から逃れ、前後して再び日本に亡命する。翌年七月、孫文は再起を図り日本で中華革命党を組織し、何香凝は廖仲愷とともに中華革命党員として、在日華僑や留学生に対する募金と宣伝活動に従事した。

中国国内では各地で軍閥が勢力をふるい、政権を争う混乱状況が続いたが、やがて孫文はソビエトの支援を得て広東に軍政府を再建し、中華革命党を中国国民党と改称して、北伐による中国統一を図る国民革命を進める決意をする。一九二四年一月二〇日、広州で開かれた中国国民党第一次全国代表大会において、孫文は三民主義に新たな解釈を加えて中国国民党を改組し、中国共産党と協力する第一次国共合作の方針を示した。

同年一一月、孫文は北上宣言を発表して海路で北京に向かい、上海、神戸を経て一二月に天津に到着したが、肝臓がんのため北京で病床についた。何香凝は夫人の宋慶齢（一八九三～一九八一）を助けて孫文の看病をするため、翌年一月末に広州から北京に向かったが、孫文の病状は回復せず、三月一二日に五九年の生涯を閉じた。亡くなる前日、孫文はすでに準備されていた「国事遺嘱」、「家事遺嘱」、「ソ連への遺嘱」に署名し、何香凝は宋子文、孫科、孔祥熙、戴季陶らとともに「国事遺嘱」と「家事遺嘱」に証明者として署名した。また、孫文は何香凝に、いつもの「おばさん」ではなく改まって「廖仲愷夫人」と呼びかけ、宋慶齢の後事を託した。何香凝が、必ず「国民党改組の精神」を擁護して孫文のあらゆる主張を遵守し、宋慶齢を守るため尽力すると誓うと、孫文は何香凝の手を握り「感謝する。」と答えたという[13]。

何香凝は中国同盟会設立当初から国民党を支えた老党員であり、日本留学期から孫文と強い信頼関係で結ばれていたが、さらに遺嘱の証明者となったことで、孫文の遺訓と遺志を継承することがみずからの「歴史的使命」[14]だと決意し、自他ともに認める孫文の遺志の継承者の一人となった。それが彼女のその後の政治的方向性を決定づけることになる。

孫文の死後、国民党は集団指導体制をとり、左派の指導者であった廖仲愷は国民政府財政部長に就任して党の財政改革に着手したが、同年八月、何香凝の目の前で何者かによって射殺された。何香凝はそれまで主に女性運動の面で政治に参加し、孫文や夫の活動を補佐していたが、夫の死後は寡婦・廖仲愷夫人として夫の政治的地位を受け継ぎ、夫の遺志の代弁者とみなされるようになる。しかし、孫文と夫の遺志を継承し、帝国主義と軍閥を倒し中国の自由と平等を達成することを目指した彼女の意に反し、廖仲愷の死後、国民党内は各派の対立が激化し、国民党革命軍総司令となった蒋介石（一八八七〜一九七五）が次第に党と軍における指導権を強化していった。

一九二七年四月一二日、蒋介石がクーデターを起こして共産党員を弾圧し、南京国民政府を樹立すると、何香凝は、蒋介石の行動は廖仲愷の遺志に反すると激しく抗議し[15]、汪精衛（一八八三〜一九四四）、宋慶齢ら国民党左派や共産党員、計四〇名による連名の声明を出して蒋介石を糾弾した[16]。一方、国民党左派と共産党の間にも矛盾は生じており、同年七月に汪精衛は共産党との合作解消を提議し、孫文が定めた国共合作の方針は挫折に至った。何香凝は、蒋介石と汪精衛が協力して孫文と廖仲愷の志した国民革命を遂行すべきだと考えていたが[17]、翌年八月に出席した国民党二期五中全会で党の中央集権化が図られ、蒋介石への権力集中がより強化されたことに失望し、国民党内のみずからの職務を辞し、党中央とは今後行動をともにしない決意を表明した[18]。

翌年一一月、何香凝は夫の名を冠して広州に設立した「仲愷農工学校」の資金調達を名目に上海から出国し、東南アジアを経由してフランスとドイツで二年弱を過ごした。しかし、一九三一年九月一八日に満州事変が勃発すると、急遽フランスから帰国し、上海で書画展覧会による募金をもとに抗日救護活動を推進した。何香凝は帰国後、一国民として行動し、政治の第一線とは距離を置くことを明言し[19]、それ以降も一九四〇年代中頃までその立場を貫き続け、宋慶齢と協力して社会運動や抗日救国運動を指導した。しかし、日本に対して不抵抗主義を維持し、共産党攻撃と独裁化を強める蔣介石ら国民党中央に対しては、孫文や廖仲愷の思想から逸脱する行為として批判し、抗議を重ねた。宋慶齢と何香凝は孫文夫人、廖仲愷夫人としてのみずからの立場が依然として国民党内に影響力を持つことを自覚しており、蔣介石もそれを完全に無視することはできなかった。また、共産党側や世論も彼女らの言動と影響力に注目しており、毛沢東は彼女らの運動に敬意を表し、ともに抗日戦線に参加して「真の民主共和国」の建国に協力するよう求めた[20]。

何香凝は、三民主義の実現による自由・平等の中国を建設するには、国民党が孫文思想の正統な継承者として指導的立場に立ち、共産党およびその他の政党と協力する必要があると考えていた。しかし蔣介石ら国民党中央は、日中全面戦争の段階に入ると一時は共産党による「一致抗日」の呼びかけを受け入れ、全面抗戦を実現させたが、再び独裁と共産党攻撃を強化していった。

日中戦争終結後、内戦回避と民主・平和の実現を目指す何香凝は国民党内の民主派勢力を拡大し、国民党中央に対して影響力を行使しようと図ったが、一九四六年六月、国共両党は全面内戦に突入する。何香凝はその後も内戦停止を訴え続けたが、ついに国民党中央と協力して連合政府を樹立する考えを放棄するに至った。彼女は再び政治の第一線に復帰し、孫文が目指した「平和、統一、民主、富強の新中国」を樹立するため、国民党の愛国民主勢力を結集して新たな組織、中国国民党革命委員会を設立し、共産党主導下の新政治協商会議に参加した。新国家・中華人民共和国にとっては、孫文の遺志の継承者である何香凝らの参加は、孫文の革命的伝統を継承するというみずからの革命の正統性を示すための象徴となったのである。

2 美術との出会い

前述のように、体調不良と息子・廖承志を妊娠したため日本女子大学を退学した何香凝は、出産の翌一九〇九年四月に女子美術学校日本画撰科に編入し、美術を学んだ。

女子美術学校は一九〇一年に東京美術学校彫刻科教授の藤田文蔵と、横井玉子が設立した私立学校で、学制改革により、一九四九年に現在の女子美術大学となった。創立二年後の一九〇三年に創設者の横井玉子が亡くなり、翌年には藤田文蔵が依願退職したため、一九〇四年以降は二年前から同校の経営に携わっていた佐藤志津が校長を務め、「芸術による女性の自立」、「女性の社会的地位の向上」、「女子の芸術教育者の育成」という建学の精神を引き継いでいった[21]。

創設当初の女子美術学校には日本画、西洋画、刺繍、造花、裁縫の部門があったが、女子には生活に役立つ技芸を教えるべきだという風潮を反映して、刺繍や造花、裁縫を選ぶ生徒が多く、日本画や西洋画を学ぶ者は非常に少なかったという[22]。何香凝は日本画撰科で端館紫川の指導を受け、同時に田中頼璋にも師事した[23]。一九六一年に著した回想録の中で何香凝は、田中頼璋の家に週二回通って虎や獅子の絵を習ったが、当時、日本の文化界は日中文化交流を重視しており、彼女が中国人留学生でしかも女性であったことから、たいへん熱心な指導を受けたと述べている[24]。

学業を再開するにあたり美術学校に入学したのは、カリキュラムがあまり厳しくなく、二人の子どもの育児や家事、革命活動に携わりながら学業を続ける彼女の健康状態に合っていたのと、当時孫文が、中国国内での武装蜂起時に必要な軍旗や布告文のデザインをする人材を求めていたからであったというが[25]、もともと彼女自身が絵画に興味があり、手先が器用で芸術的素質もあったのであろう。何香凝は軍旗のデザインだけでなく、縫製や刺繍までこなした[26]。また、女子美術学校が建学の精神に「芸術による女性の自立」を挙げているように、何香凝自身にも、女性としての自立を図る一つの手段として絵画の技術を身につけようとする考えがあったのかもしれない。夫の死後、一時は国民党内で夫の職務を引き継いだが、やがて党中央や蒋介石の路線に反対し、政治の中枢とは一線を画すようになると、画家であることが彼女の立脚点となり、自作の絵画を売って生計を立て、絵画を通じた独自の抗日活動を行うことになった。娘の廖夢醒は、国民党の職を離れて一九二九年に出国して以降、何香凝は「国民党から一銭のお金も受け取ることはなく、絵を売ることで生計を立てて暮らし」、「画家として清廉で簡素な生活を送った」と述べている[27]。

一九三一年九月一八日に満州事変が勃発すると、何香凝は滞在していたフランスから急遽帰国して上海で書画展覧会を開き、書画の「義売（慈善販売会）」を通じた抗日救護活動に従事した。新聞には「何香凝主催」と銘打った書画展覧会の広告が数日にわたり掲載された。また、展覧会の準備状況も何度も報道され、何香凝が反帝国主義と中国の自由・平等のため犠牲となった「国民党と国家の先哲」廖仲愷の夫人であり、夫の遺志を継承し果敢に奮闘する「中国婦女界の傑出した人材」であること、彼女の呼びかけに全国各地の書家と画家が応え、協力していることが報じられた。この書画展覧会の反響は大きく、何香凝の統率と影響力のもとで予想以上の成功をおさめ、彼女の名声や信望と相まって、社会的にも大きな影響を与えた。

その後も何香凝はたびたび書画展覧会を主催したが、書画展覧会は各地で開催されるようになり、慈善販売会、すなわち抗日救護活動を支えるための募金活動の役割だけでなく、一般大衆に国家の危機を訴え、抗日と救国のため立ち上がるよう世論を喚起する役割も担った。

何香凝の画風は、日本で学んだ日本画を基礎とし、帰国後は知識人・文人との交流の中で山水画や水墨画の影響を受け、徐々に変化していった。広州で活動していた一九二〇年代前半は、折しも何香凝らと同時期に日本留学経験があり、中国同盟会にも参加した嶺南画派の高剣父、高奇峰兄弟が中国画の変革運動である新国画運動を推進しており、その運動を批判する新国画派との間で活発な論争が行われていた。高奇峰は日本留学中、何香凝と同じく田中頼璋に師事し、帰国後は兄とともに洋画の理論を中国画に取り入れようと試みた。中国画のあり方をめぐるこのような情勢に、何香凝も強い関心を寄せていたことが推察される。また、孫文と夫が亡くなった後の一九二〇年代後半には、蒋介石との軋轢の中、立場を同じくする同志との交流を深めていった。特に、中国同盟会以来の同志でもあった画家の経亨頤（一八七七～一九三八）や陳樹人（一八八三～一九四八）、詩人の柳亜子（一八八七～一九五八）らとは、「寒之友社」を結成して詩画の合作や美術展を行い、彼らの影響で何香凝の絵画にはさらに中国の伝統的な文人画や山水画の要素が加わるようになった。その後、フランス、ドイツに滞在した一九二〇年代末からの二年弱の時期は、質素な生活を送りながらも画作に没頭する日々を送り、当時の絵画には西洋画の影響さえ感じられる。

一方、何香凝の絵画にはさまざまな題材が見られるが、特に一九一〇年代に描いた「獅子」や「虎」と、一九二〇年代に描いた「梅」の題材が、代表的なものとして評価されている。

「獅子」の絵は、彼女が一九一三年に描いた絵に、後に柳亜子が『国魂』という画題と「国魂（国民としての精神）が眠れる獅子の目を醒めさせる、絶妙な技を持つ金閨（婦人）が巧妙にその様子を描き出している」という題詩をつけた[28]ことから、彼女の描く獅子の絵すべてに「覚醒しようとする獅子」のイメージが与えられ、注目されるに至ったと考えられる。獅子や虎などの動物画は、何香凝自身も述べているように、もともと日本留学中に師事した田中頼璋から学んだ題材であり、絵画の基礎を学ぶ際には、師の描いた下絵をなぞって練習した。また、清末や民国初期の中国には、中国を「眠れる獅子」に例えてナショナリズムを高揚させる言説もあり[29]、知識人が勇猛果敢な姿勢を表象するシンボルとして獅子や虎を好む傾向があった。夫の廖仲愷や革命の同志も彼女の描く獅子や虎の絵を好んだといい[30]、そのため何香凝も獅子や虎をよく描いたのだと考えられる。何香凝の絵画作品は、時には書画展覧会や生活資金を得るため売却され、時には献金・募金や自身への支援への謝礼に贈られ、また戦時中の逃亡生活で散失したものも多く、その全貌を知ることは難しいが、現存している作品を見る限りでも、虎の絵は晩年までしばしば描かれており、その画風は時代によって大きく変化している。

梅や菊の絵も生涯を通じて多く描かれたが、日本留学期から一九一〇年代にかけては、日本画の花鳥画風の作品が散見される。また、「寒之友社」時代に同志と合作した絵画には、古来知識人の好んだ画題である「歳寒三友」（松・竹・梅）や「四君子」（蘭・竹・梅・菊）が描かれることが多く、その後も時代によって水墨画風のものや、華麗に彩色されているものなど、さまざまな変化が見られる[31]。いずれにせよ、何香凝の絵画は日本留学期に師について学ぶ中で基礎が築かれ、そこに彼女自身が中国古来の水墨画や山水画の要素を加え、西洋画からも影響を受けるなど、試行錯誤を重ねる中でさまざまな画風の作品が生まれたと見ることができるだろう。

3　女性運動の理念と日本留学の影響

孫文が国民党の改組と国共合作の方針を打ち出した一九二四年一月の中国国民党第一次全国代表大会に、何香凝は三人の女性代表の一人として出席した。大会宣言には何香凝が提出した議案をもとに[32]、「法律上、経済上、教育上、社会上の男女平等の原則を確認し、女性の権利の発展をはかる」[33]という一文が盛り込まれ、大会後、国民党中央執行委員会の中に組織部、宣伝部、農民部、青年部などとともに婦女部が創設された。こうして男女平等の原則が初めて政府レベルで主張され、政府主導の女性運動が正式に行われることとなった。何香凝は婦女部長就任者が半年ほどの間に相次いで辞任したため、その後代理部長と広東省婦女部長を兼任し、一九二七年三月に正式に婦女部長に就任して、婦女部の活動を指導した。

婦女部はまず、第一次全国代表大会における何香凝の提案に基づき[34]、同年三月八日に中国で初めての三・八国際婦人デーの記念大会を開催し、女性たち自身が立ち上がって具体的な行動を起こす必要性を喚起した。次に、貧民生産医院などの女性救済施設の設立に着手し、その後、婦女労工学校、広州女子美術研究所、広州女子制作品販売合作社、労工婦女夜学校、女工補習学校など、女性に知識と技術を与え、生産労働を支援するための学校や施設を次々に設立した。何香凝はみずから寄付を募って施設を設立するための資金を調達し、時には自身で費用を負担することもあった[35]。こうして何香凝が指揮する婦女部は、女性の教育と経済的自立を図るためのさまざまな施策を推進した。

前述のように、何香凝はすでに日本留学後間もない一九〇三年に発表した「敬しんで我が同胞姉妹に告ぐ」の中で、男女は平等であり、女性は数千年来の封建社会の抑圧から解放されるため、みずから立ち上がるべきだという見解を示していたが、女性運動を指導する上でも、それが彼女の基本理念となっていた。

一九二六年一月の中国国民党第二次全国代表大会で何香凝は婦女部長として「婦女運動報告」を行い、中国女性が数千年にわたり古い制度や礼教の圧迫を受け、政治社会から完全に隔離されていることを指摘し、国民革命は女性の参加がなければ完全なものとはいえず、女性に政治を理解させ、国民革命に動員するには、「特別な方法で、政治的訓練の機会を与える必要がある」と述べた[36]。

さらにこの大会では、何香凝と宋慶齢、中国共産党員で周恩来夫人の鄧穎超（一九〇四～一九九二）の三人が中心となってまとめた「婦女運動決議案」が採択された。「決議案」には、国民党は今後、特に女性運動に留意し、女性の革命活動参加による革命戦線の拡大を図る必要があること、女性運動は、女性の国民革命への動員と同時に、女性自身の解放に尽力すべきことが提起されていた。また、女性運動の具体的方針としては、男女平等や女性の財産相続権、女性の労働条件保護を保障し、人身売買の禁止や、自由結婚と自由離婚を定める法律の制定、女子教育の向上、労働者および農民女性への教育、女性の労働条件の向上などが挙げられていた[37]。

何香凝は一九二六年二月に発表した「国民革命は女性の唯一の活路である」の中でも、女性は男性と同じく国民として不平等な地位に置かれているだけでなく、男女間の不平等や法律上の不平等、古い礼教や古い風俗の圧迫も受けており、女性の人権はことごとく喪失されていると指摘した[38]。そして、女性が権利を獲得するためには、まず民族全体の解放を達成する必要があると述べ、女性はみずからの権利獲得と国民の責務を果たすため、国民革命に参加しなければならないと説明し、知識人女性だけでなく、労働者階級から知識人階級まで、すべての階級の女性を動員する必要があると主張した。

当時は一般的に、女性自身の解放や地位向上を図る運動よりも、女性の国民革命参加が優先して考えられており、宋慶齢も、女性は国民の一部であり、女性解放運動は国民革命の一部であるため、女性は全民族の自由平等を求めるためにも、女性自身の自由平等を求めるためにも、国民革命に参加しなければならない、と述べていた[39]。しかし何香凝は、国内で男女平等や参政権、女権を語るだけでは女性運動を根本的に解決することはできないとし、国際間の民族平等獲得のための闘争と女権運動、女性の参政権運動を同時に行わなければならないと考えていた。

何香凝は、女性は男性と同じく民族間の平等を求める以外に、「数千年来の礼教の束縛による不平等」とも闘う必要があり、そのためにはまず、下層階級の女性たちに相当の知識を与えて喚起することから始める必要があると主張し、政府は各地に公立学校を創設し、下層階級の女性に知識を得る機会を与えるべきだと主張した[40]。さらに一九二八年八月の国民党二期五中全会においても、阮桐人、滔雲起、王楽平らとともに女性運動に関する四つの提案を提出し[41]、国民政府に対し、第二次全国代表大会で議決された「婦女運動決議」の実現を要求するとともに、女子校の増設と中等教育における男女共学による女子教育の推進、女性を保護するための女性機関の設置、戦死した兵士の妻子を収容し生活技能を修得させる工芸学校の設置を求めた[42]。

何香凝は女子教育の推進、特に労働者や農民など下層階級の女性を教育し、啓蒙する必要性を訴え、みずからも女性運動を指導する中で、女子教育のための施設の創設に力を注いできた。彼女のこのような女性運動における姿勢や理念は、日本留学期に受けた教育の影響を受け、形成されたものだと考えられる。

前述のように何香凝は日本留学後、日本女子大学の補習学校で日本語を学び、東京女子師範学校予科を経て、一九〇六年四月に日本女子大学教育学部（博物科）に入学した。彼女は一九六一年に著した回想録の中で、「一九〇三年初め、私は東京目白女子大学に入学した。」[43]と記しているが、日本女子大学校は一九〇一年四月二〇日、日本最初の女子高等教育機関として、現在の東京都文京区目白に設立された。すでに五〇年以上の時が流れ、八〇歳を過ぎていた何香凝の記憶の中では、学校名と所在地が混同されてしまったのであろう。入学の年月日から見たところ、何香凝は日本女子大学最初の中国人留学生であったという[44]。また彼女は、日本女子大学の補習学校に入学した当時、日本語のレベルが不足して授業を聞くことが困難であったため、校長の成瀬仁蔵が学校の舎監夫婦に彼女の日本語学習を手伝うよう頼んでくれ、自身の学習問題に非常に関心を寄せて支援してくれたことを追憶し、「今もなお感謝している」と述べている[45]。

何香凝が日本に留学した頃、中国人女子留学生の教育の中心となっていたのは、下田歌子が開設した実践女学校であり、同校では一九〇四年に中国人留学生のための「附属中国女子留学生師範工芸速成科」も設置された[46]。明治期の女子教育における基本的指針は良妻賢母の育成であり、下田の教育理念も、東アジアの女性を連帯して「東洋女徳の美」を守り抜く「良妻賢母」を養成することにあった[47]。一方、日本女子大学の校長であり、キリスト教(プロテスタント)の牧師でもあった成瀬仁蔵(一八五八〜一九一九)は、四年間にわたるアメリカ留学から帰国すると女子大学設立準備運動を始め、その一環として、アメリカで得た高等教育、特に女子高等教育に関する成果をまとめ、一八九六年二月に『女子教育』を出版した。成瀬が『女子教育』で示した女子高等教育の方針は、女子を「人として」、「婦人として」、「国民として」教育することであり[48]、これが日本女子大学の教育理念にもなった。彼はこの区別順序を誤ってはならないと述べており[49]、女性も男性と同じく、まず「人として自覚を持つ」必要があると考えていた。

成瀬は、従来の女子教育は「賢母良妻」の養成を目的とする「女としてのみの教育」であったが[50]、「教育の進歩、宗教の伝播、愛国心の養成、その他富国強兵の如き、およそ社会万般の事業」はすべて「男女両性の協力同心」がなければ完成しないと指摘した。そして、日本の高等女子教育は、第一に「普通教育に重きを置く」こと、第二に「女性の天職を尽くすに足る資格」を養うこと、第三に「国民たる義務を全うする資格」を養うことであるべきだと主張した。彼は、「女子の範囲」をあまりに狭隘に制限し、男子と区別すべき孤立したものとみなすことに反対し、「賢母良妻」は女子の天職の主要なものではあるが、母として子女を教育するために必要な知識芸能を学ぶことが必要だと説いた。

また彼は、「女子もまた社会の一員、国家の臣民」であるため、女子にも「高等普通の国家教育を授けること」が必要であり、女性は夫との死別・生別など不幸な境遇に陥る可能性もあり、「一芸一能」を持ち、非常の場合には家族を養い、国家の公益を助ける覚悟と技量を備え、国民としての職務を全うできるよう教育すべきだとした[51]。それまで女性は家を守り家庭内でのみ活動することが強調され、国家や社会に直接に関与する責任ある主体とは考えられていなかったが、成瀬は女性を国民として積極的に位置づけ、人間および社会（国家）をつくる教育の根底に女性を据えていた[52]。そして当時の社会通念であった伝統的な性的役割分担や性別分業、愛国主義に優先する、教育上の男女平等を目指したのである。具体的な教育内容としては、知力すなわち思考力を養う「智育」と、道徳を教え「精神ある人物」を養成する「徳育」、身体のすべてを強健にする「体育」の「三育」だけでなく、「実業教育」と「専門教育」が重視された。特に実業教育については、「実業を重んじ、労働を恥とせざるの精神」を日本女性の「頭脳に吹き込」み、自活の道を備えさせる必要があり、智育・体育と結びついた手工教育を行うことで、女子労働を見直し、社会に対する義務と国家に尽くす責任ある女子を育てられるとした[53]。

女性を男性と同等な国家と社会を担う存在ととらえ、女性を啓蒙することで国家の再興に参加させ、教育と技術を与えることで女性の自立を図ろうとした何香凝の女性運動における基本理念は、成瀬仁蔵の目指した教育理念に通ずるものであり、何香凝が日本留学で得た知見に基づき、自身の活動や経験を経て確立させたものと考えることができる。成瀬仁蔵の『女子教育』は中国語にも訳されており、早稲田大学の前身である東京専門学校で学んでいた二人の初期の中国人留学生、楊廷棟と周祖培によって翻訳され、『女子教育論』として一九〇一年に東京と上海で前後して出版された[54]。何香凝が『女子教育』を読んでいたとする説もあるが[55]、前述のように彼女の回想録には成瀬仁蔵に関する記述はあるものの、『女子教育』あるいは『女子教育論』についてはまったく言及されておらず、彼女が同書を読んでいたのかどうか、真偽のほどは定かではない。しかし、本書を実際に手にしていなかったとしても、病気のため一時休学した時期を含め、日本女子大学に約二年在籍した何香凝が、成瀬の女子教育論について何らかの知識を得、影響を受けた可能性は大きいといえるだろう。

一九二〇年代半ば、何香凝は第一次国共合作の方針のもとで国共両党の女性党員を指導して女性運動を推進し、また、夫・廖仲愷とともに広州で起こった省港ストライキを積極的に支持した。そのような経験の中で、労働者や農民など下層階級の女性にも知識や技術を与え、救済し保護する必要性を切実に感じ、知識人女性だけでなく、すべての階級の女性に教育の機会を与えて啓蒙し、国家の建設に参加させる必要があると認識するに至ったと考えられる。

おわりに

何香凝にとって日本への留学は、孫文と出会い、革命家として第一歩を記した出発点であり、日本留学期に孫文との間で結ばれた固い信頼関係は、彼女のその後の政治家としての方針と路線を決定づけた。また、彼女は画家として晩年に至るまで画作を続け、息子の廖承志や友人と合作することも多く、美術を通じた独自の活動と交流を行ったが、画家としての基礎も日本留学中に培われたものであった。さらに、日本で触れた西洋の自由・民主の思想や女性解放思想、日本で受けた教育の基本理念を通じて、彼女独自の女性観が形成され、女性運動を指導する際の思想的な基盤になったと考えられる。すなわち、何香凝のあらゆる面での原点は、すべて日本留学期にあったということができるだろう。

何香凝自身が日本留学の影響や日本観について直接語ることはなかったが、冒頭で述べた一九六一年に書かれた回想録・「我的回憶」の中では、前述のように、絵画の師である田中頼璋から熱心な指導を受けたことや、成瀬仁蔵から受けた学習面での関心と支援に言及しているほか、興中会や日本同盟会の時期に革命活動を援護してくれた山田良政、宮崎寅蔵（滔天）兄弟、犬養毅、菊池（良一）、萱野良知、寺尾亨、山田純三郎らの名前を挙げ、六〇年以上を経た「今もなお彼らのことを心に留めている」と述べている[56]。また、一九一三年に袁世凱の迫害から逃れて日本に亡命した際、犬養毅、宮崎滔天、頭山満ら「日本の友人」が再び彼らを保護し援助してくれたこと、中華革命党を組織した際にはみずから入党し、活動を支援する日本人がいたことに触れ、次のように述べている。

「中日（両国）の人民間の友情は深いものである。しかし、日本の帝国主義政府当局は中日両国の人民の友好的平和的関係を保ちたいという善良な願いを完全に無視し、絶えず中国を侵略している。」[57]

この言葉こそが、何香凝の日本観を示しているとはいえないだろうか。何香凝は日本の侵略に抵抗し、特に一九三一年の満州事変勃発後は民衆を組織して抗日救国活動を指導したが、日本の国民や一般大衆と、軍や政府当局を切り離して考え、自身が日本で交流し、学業や革命への支援を受けた日本人に対しては、日中両国の関係がいかなる状況に陥ろうとも、常に深い感謝の念を持ち続け、彼らへの恩義と友情を忘れることはなかった。しかし、それを公の場で発言することはできず、中華人民共和国建国後、八〇歳を過ぎてようやく、「老革命家」としての回想録にその思いを吐露することができたのではないだろうか。

何香凝の息子・廖承志は、父・廖仲愷が暗殺された後、中国国民党を離党し、二〇歳になる直前の一九二八年八月に中国共産党に入党した。中華人民共和国建国後は何香凝が主任を務める政務院華僑事務委員会の副主任や、中国人民保衛世界和平委員会副主席、中国共産党中央対外聯絡部副部長などの職に任命され、主に外事と華僑に関連する業務に従事し、一九五二年以降は、外事の中でも特に対日業務の責任者となった。彼は一九〇八年九月に日本で生まれ、幼少期のほとんどを日本で過ごし、父の暗殺後も、何香凝が彼を早稲田大学第一高等学院に入学させたため、日本滞在経験は長く、日本語が非常に堪能であった。そのため対日外交の責任者を任され、日中両国の国交正常化に大きな役割を果たしたが、彼も自身の個人的な日本観を明らかにすることはほとんどなかった。回想録の中でさえ、日本で受けた差別体験[58]や日本の警察による迫害・暴行[59]についてしか語らず、公的な発言では、当時の中国政府が定めた政策通りの対日観しか語らなかった。日中国交正常化が実現し、「日中平和友好条約」の締結と日本の対中ＯＤＡ実施を経て、日中関係が絶頂期を迎えた時期になり、ようやく幼少期の楽しく懐かしい思い出[60]が彼自身によって日本語で綴られたのである[61]。

中華人民共和国政府に参加した何香凝と廖承志にとって、中国国民党の出身であったことや、日本や華僑と深い関係を持っていたことは、自身の特長であると同時に弱点でもあった。彼らはその特長を生かした業務を担当しながら、その弱点が攻撃の対象となり失脚の誘因とならぬよう、細心の注意を払っていたのだと推察される。しかし、彼らの中には日本滞在時の経験や、当時の日本人との交流が深く根づいており、廖承志が携わった日中両国の国交正常化の実現により、母子が連綿と築いてきた日本との絆は、みごとに結実したのであった。

注

[1] 尚明軒・余炎光編『双清文集』下巻、人民出版社、一九八五年。なお、上巻には何香凝の夫・廖仲愷の著作が収められている。

[2] その他に、一九五六年一〇月一九日の『人民日報』に掲載された「回憶孫中山先生」と、一九五七年八月に出版された『回憶孫中山和廖仲愷』があるが、内容は「我的回憶」とほぼ重複しているため、『双清文集』には収められていない（『双清文集』下巻、九〇六頁、注参照）。

[3] その他、日本女子大学文化学会発行の『文化学研究』17号（二〇〇八年）には、「卒業研究」として、阿久根麻里子「何香凝～日本とのかか

わり～」という論文が見られる。

[4] 伍懿庄（一八五四～一九二七）は嶺南画派の祖と言われる居廉に師事した画家。一九二〇年代に広東で活躍し「二高一陳」と言われた嶺南画派の代表的人物、高剣父、高奇峰、陳樹人とは同門に当たる。書画だけでなく詩作にも優れた資産家であり、高剣父に経済的支援をしたと言われている。

[5] 何香凝「敬告我同胞姉妹」一九〇三年六月二五日（『双清文集』下巻、一頁）。

[6] 何香凝「我的回憶」一九六一年一〇月六、七日（『双清文集』下巻、九〇六頁）。

[7] 中国国民党中央委員会党史委員会『革命文献』第二輯、中央文物供応社、五五頁、尚明軒『何香凝伝（増訂版）』民族出版社、二〇〇四年、三八頁。

[8] 何香凝「我学会焼飯的時候——自伝之一章」一九三七年七月一日（『双清文集』下巻、二一四頁）。

[9] 同右、二一五頁。宋慶齢も、一九一五年一〇月に孫文と結婚した後、はじめて何香凝と日本で会ったが、中国人留学生がみな何香凝を「おばさん」と呼んでいたと記している（「何香凝——一位堅定的革命者」（『回憶与懐念——紀念革命老人何香凝逝世十周年』北京出版社、一九八二年、六五頁）。

[10] 何香凝「我学会焼飯的時候——自伝之一章」（『双清文集』下巻、二一六頁）。

[11] 石井洋子編「中国女子留学生名簿——一九〇一年～一九一九年——」（『辛亥革命研究』第二号、一九八二年三月、六四頁）。

[12] 同右、五八頁、周一川『中国人女性の日本留学史研究』国書刊行会、二〇〇〇年、五九頁。

[13] 何香凝「改組国民党的前後回憶」一九四一年六月（『双清文集』下巻、三六二頁）、何香凝「我的回憶」（『双清文集』下巻、九四五頁）。

[14] 何香凝「改組国民党的前後回憶」一九四一年年六月（『双清文集』下巻、三六二頁）。

[15] 何香凝「蔣介石是反革命派——在国民党湖北省党部、漢口特別市党部的演説」一九二七年四月一三日（『双清文集』下巻、六四頁）。

[16] 「与汪精衛等討蔣通電」一九二七年四月二二日（『双清文集』下巻、七二—七三頁）。

[17] 何香凝「孫中山先生逝世二周年紀念日数日前的感想」一九二七年三月上旬（『双清文集』下巻、五七頁）。

[18] 「何香凝電中委会抗議」（『大公報』一九二八年一一月一四日）。

[19] 何香凝「在上海与記者的談話」一九三一年一一月二九日（『双清文集』下巻、一一四頁）、「何香凝到滬後談話」（『申報』一九三一年一一月三〇日）。

[20] 「致蔡元培書」（『毛沢東書信選集』人民出版社、一九八三年、六六—六九頁）。

[21] 谷口秀子「女子美術学校の設立と誕生」（女子美術大学歴史資料室編『女子美術教育と日本の近代——女子美一一〇年の人物史』学校法人女子美術大学、二〇一〇年、五三頁）。

[22] 吉田千鶴子『近代東アジア美術留学生の研究――東京美術学校留学生史料――』ゆまに書房、二〇〇九年、一三六頁。

[23] 端館紫川（一八五五―一九二一）はフェノロサの鑑画会や内国勧業博覧会などで活躍した日本画家で、川端玉章に師事し、花鳥画や山水画を得意とした。田中頼章（一八六八―一九四〇）も、山口県萩で森寛斎に学んだ後、一八九九年に上京して川端玉章に師事した四条円山派に属す日本画家である。山水画や風景画、虎を描いた動物画などが有名であり、一九一〇年、文展（文部省美術展覧会）に「鳴滝」で入賞し、一九一六―一七年には二年連続で特選に選ばれている。一九二四年以降は文展の後身である帝展（帝国美術院展覧会）の委員をつとめた。何香凝らと同時期に日本に留学して中国同盟会に参加し、一九二〇年代に広東省の画壇で活躍した嶺南画派の高奇峰も、田中頼章に師事している。

[24] 何香凝「我的回憶」（『双清文集』下巻、九一五頁）。

[25] 尚明軒『何香凝伝（増訂版）』四一頁、廖承志「我的母親和她的画――為何香凝中国画遺作展覧而作」（『人民日報』一九七九年二月一四日）。

[26] 何香凝『回憶孫中山和廖仲愷』生活・読書・新知三聯書店、一九七八年、一三頁。

[27] 廖夢醒「我的母親何香凝」（『回憶与懐念――紀念革命老人何香凝逝世十周年』一〇四頁）。

[28] 王暁松「何香凝の芸術家人生」（『女子美術教育と日本の近代――女子美一二〇年の人物史』三〇五頁）。

[29] 「眠れる獅子」の言説・イメージについては、石川禎浩「眠れる獅子（睡獅）と梁啓超」（『東方学報（京都）』第八五冊、二〇一〇年、四七九～五〇九頁）を参照されたい。

[30] 廖承志「我的母親和她的画――為何香凝中国画遺作展覧而作」。

[31] 何香凝の絵画や芸術活動については、拙稿「何香凝の芸術活動――一九三〇年代における美術を通じた抗日救国運動を中心に」（同志社大学言語文化学会『言語文化』15―4、二〇一三年三月、三五九～三八九頁）参照。

[32] 何香凝「紀念〝三八〟」一九四七年三月一日（『双清文集』下巻、四六一頁）。

[33] 「第一次全国代表大会宣言」（栄孟源主編『中国国民党歴次代表大会及中央全会資料』上・第二冊、光明日報出版社、一九八五年、二二頁）。

[34] 何香凝「回憶中国的第一個〝三八〟節」一九六一年三月五日（『双清文集』下巻、九〇〇頁）。

[35] 中華全国婦女連合会編著・中国女性史研究会編訳『中国女性運動史 1919―49』論創社、一九九五年、一四五頁、『何香凝伝（増訂版）』一三〇頁。

[36] 「婦女運動報告――在国民党第二次全国代表大会上」一九二六年一月八日（『双清文集』下巻、三〇～三三頁）。

[37] 『中国女性運動史 一九一九～四九』、一八一～一八二頁。

[38] 何香凝「国民革命是婦女唯一的生路」一九二六年二月二四日（『双清文集』下巻、三五頁）。

[39] 宋慶齢「婦女應当参加国民革命」一九二七年二月一二日（『宋慶齢選集』上巻、人民出版社、一九九二年、三九頁）、宋慶齢「婦人は国民革命に参加しなければならない」一九二七年二月一二日（宋慶齢・仁木ふみ子訳『宋慶齢選集』ドメス出版、一九七九年、五六頁）。

[40] 何香凝「談婦女運動」一九二七年一一月三〇日（『双清文集』下巻、七九頁）。

[41]「審査会収到提案及建議案共十一項」（栄孟源主編『中国国民党歴次代表大会及中央全会資料』上・第二冊、五四五頁）。
[42]「与陳樹人等在国民党二届五中全会上的提案」一九二八年八月（『双清文集』下巻、一〇〇～一〇二頁）。
[43] 何香凝「我的回憶」（『双清文集』下巻、九〇七頁）。
[44] 久保田文次「日本女子大学と中国」（『成瀬仁蔵記念館』一三号、一九九八年、一二頁）。
[45] 何香凝「我的回憶」（『双清文集』下巻、九〇七頁）。
[46] 陳姃湲『東アジアの良妻賢母論――創られた伝統』勁草書房、二〇〇六年、九三頁。
[47] 同右、九八頁。
[48] 成瀬仁蔵『女子教育』青木嵩山堂、一八九六年、二九頁。
[49] 成瀬仁蔵著・成瀬先生研究会編『今後の女子教育』日本女子大学、一九六一年、二二頁。
[50] 同右、三〇頁。
[51] 成瀬仁蔵『女子教育』、一〇～二九頁。
[52] 影山玲子『成瀬仁蔵の教育思想――成瀬的プラグマティズムと日本女子大学校における教育――』風間書房、一九九四年、一七六～一七七頁。
[53] 成瀬仁蔵『女子教育』、二三九～二四七頁。
[54] 大浜慶子「成瀬仁蔵著『女子教育』の中国語版と近代中国における役割について」（『成瀬仁蔵記念館』一九号、日本女子大学成瀬記念館、二〇〇四年）。
[55] 陳暉「明治教育家 成瀬仁蔵のアジアへの影響――家族改革をめぐって」（国際日本研究センター、二〇〇三年一一月一一日）一九、二二頁。http://shikon.nichibun.ac.jp/dspace/bitstream/123456789/1562/1/foru_166.pdf#search='%E9%99%B3%E6%9A%89+%E6%88%90%E7%80%AC'
[56] 何香凝「我的回憶」（『双清文集』下巻、九〇九頁）
[57] 同右、九一九～九二〇頁。
[58] 廖承志「憶青少年時代」一九三七年三月三〇日（『廖承志文集』編集辦公室編『廖承志文集』上、徳間書店、一九九〇年、一～九頁）。
[59] 廖承志「我的縲絏生涯」一九六九年六月三一日（『廖承志文集』下、四七九～五〇二頁）。
[60] 廖承志「私の童年」一九八二年七月一九日（人民中国雑誌社編『わが青春の日本――中国知識人の日本回想』一九八二年、二一～一二頁）。
[61] 王雪萍編著『戦後日中関係と廖承志――中国の知日派と対日政策』慶應義塾大学出版会、二〇一三年、二四～三一頁。

郭沫若の日本体験と詩歌創作

藤田　梨那
（国士舘大学教授）

序

一九二〇年代に郭沫若の新体詩が文壇に登場し、中国近代詩歌に確実な礎を築いた。目下『女神』に対する研究は多様な成果を上げている。五四精神、浪漫主義、自我の謳歌、愛国精神など評価は多方面にわたる。文学史において、『女神』は五四時期浪漫主義思潮の代表作品であるというのが定評である。中国の近代文学研究は、これまでとかく××主義、××思想をすべての文学作品をはかる基準にしてきた。郭沫若の近代詩はその基準に適った典型となった。

しかしそもそも浪漫主義の本質はなにか？　近代自我意識の起源はどこにあるのか？　『女神』が生まれる背景や契機は何だったのか？　このような基本的な疑問に人々は案外と答えられていない。

朱寿桐氏は浪漫主義文学研究の中で、とくにその周辺性を重視した。その著書『中国現代浪漫主義文学史論』で氏は次のように指摘する。

「浪漫主義概念の本質は空間的には周辺性、時間的には非古典性、傾向的には非正統性、風格的には非現実性、およびこの四つの特性の融合である。芸術の主体の周辺的心理状態が浪漫主義の諸要素の中において決定的な要素である。」[1]と。

ここでは朱氏は浪漫主義と現実主義（リアリズム）、ヨーロッパで発生したこの二つの文学思潮が現代中国の時代環境の中で変形し、周辺と中心の状態を形成したと考える。氏は、浪漫主義は「周辺化した心理状態の活発な表現であり、周辺から中心に向かって詩的突進をする精神軌道である」[2]と言う。氏の指摘は、われわれに浪漫主義について一歩進めて、より深くその性格にアプローチする手がかりを示してくれた。

魯迅が「摩羅詩力説」を書いたのは日本留学中である。胡適が新詩を試みたのはアメリカ留学中である。胡適の「反抗」と「行動」は「迫上梁山」の孤独の中で行われた。郭沫若の『女神』は日本で誕生した。魯迅、胡適、郭沫若はみな異国に身をおき、祖国から見れば、遥か遠い「周辺」の地において新文学の第一歩を踏み出したのである。

五四運動期、魯迅、胡適はすでに帰国したが、郭沫若は九州福岡にいた。彼は海をへだて、祖国の新文化運動に心を寄せた。この時期、彼は中国文化の中心から遠く離れていたし、日本においてさえ近代文明の中心である東京、中国留学生が最も集中する東京から遠く離れ、いわば「田舎」である九州に「蟄居」していた。このような空間的な周辺性はこの時期の彼の心理状態を支配し、『女神』の底流に潜在していた。

『女神』はその出版当初から賛否の評価がはっきり分かれた。当時の青年たちは強烈な鼓舞を受け、熱狂的に『女神』を歓迎した。一方、文人と学者からは「節度がない」「単なるスローガン」「内的含蓄を欠いている」と冷ややかな批判を受けた。この二分した評価が今日においても見られる。一部の学者、あるいは文人は『女神』に否定的な態度をとりながらも、同時に中国近代詩歌に最も大きな影響を与えたのもまた『女神』であることを認めざるを得ない。

このような現象はどうして起こるのか？　その原因はまさに『女神』の特質――周辺性、非古典性、非正統性――にあるのではないだろうか。

『女神』の特質を考える時に、日本という文化的環境、風土が必然的に関わってくる。「風景」の発見が郭沫若の口語詩創作に重要な「突破口」あるいは契機となり、「風景」の発見が『女神』の歴史的意義とかかわる重要な要素であると筆者は考える。本論文にこの観点から、郭沫若の日本体験と「風景」の発見を五四新文化運動と関連し、郭沫若の口語詩誕生の契機およびその意義を論証する。

1　「風景」発見の瞬間

われわれは、『女神』についてよく「自我精神の高揚を謳歌」したものとして評価する。しかしこのとき、われわれは往々にして「自我」を頭の中に初めからあるものと考える。柄谷行人が『日本近代文学の起源』において指摘したように、「近代文学を扱う文学史家は『近代的自己』なるものがただ頭のなかで成立するかのような考え方をしている。しかし、自己が自己として存在しはじめるには、もっとべつの条件が必要なのだ。」[3]、「客観物なるものは、むしろ風景のなかで成立したのである。主観あるいは自己もまた同様である。主観（主体）・客観（客体）という認識論的な場は、『風景』において、成立したのである。つまりはじめからあるのではなく、『風景』のなかに派生してきたのだ」[4]。

外界物と認識論の関係はヘーゲル、フッサール、ハイデッカーにおいては重要な命題である。この文の「風景」は英語のlandscapeと同じ意味を表すが、オランダの精神病理学者ファン・デン・ベルクは、それまでの現象学を心理学の領域に導入し、近代自我と「風景」の発見の内在関係を論証している[5]。

風景の感知は認識論では、単純に視覚の問題ではない、むしろそれは概念の優位性の転倒によって可能になる。すなわち、「風景」の発見は過去から現在に至る直線的な歴史のなかではなく、転倒した時間のなかで実現したのである。柄谷行人が示唆するように、近代以前の人々は「風景」を知らなかった。彼らは外界の風景よりむしろ概念によって規定された風景を見ていた。南画のなかの山水は大抵概念的な象徴物として描かれている。古典詩の風景も一定の象徴あるいは概念を表している[6]。ヨーロッパにおいて、「風景」の出現はルネサンス時代からと言われている。ファン・デン・ベルクは、レオナルド・ダ・ヴィンチの「モナリザ」にある背景の風景がヨーロッパに出現した最初の「風景」と見ている。「モナリザは風景から疎外された最初の人間である。背景の風景はまさに風景として初めて描き出された最初の風景だ。それは純粋な、人為の入っていないものであり、中世の人々が知らなかった自然である。」[7]とその著書『The Changing Nature of Man』で論じている。すなわち「モナリザ」は中世以来の宗教美術の伝統――自然がいつも描かれている人物の背景として存在し、キリスト教的概念を象徴する――を覆し、自然を形象から解放して、本来の面目を現したのである。「風景」が初めて文学のなかに登場したのは一八世紀ロマン派の作品においてである。ルソーはその『懺悔録』と『新エロイーズ』に流浪知識人としての彼自身の周辺的存在としての心理と「自我」への注視を著したのみならず、同時に人々に大自然――アルプス山脈の美しさを伝えた。一七二〇年代、彼は二回アルプス越えを体験した。その体験はロマンティックな描写によって生き生きと描かれ、高山が異質な空間という、いままで人々が抱いていた考え方を覆し、アルプスへの関心を呼び覚ました。近代登山はこの頃から始まった。

郭沫若が日本留学中に得た大きな収穫の一つは「風景」の発見だと筆者は考える。彼はかつて「自然の追懐」というエッセーにおいて、「私の文学活動期は九州大学で学生生活を送っていたころである。そのころ私は日本の自然と人事に題材を得ていた。書いたものはたいてい新しい様式をとっていた。」[8]と回想している。

しかし、その時期はもっと早く、彼が来日した一九一四年に遡る。この年の一月に東京にやってきた彼はそれから半年の猛勉強によって東京第一高等学校の入学試験に合格し、官費留学の資格を勝ち取った。当時日本の学校の新学期は九月である。彼はひと夏を房総・北条の海辺で過ごした。ここで、彼は生まれて初めて海水浴を体験した。

「自然の追懐」に彼は次のように回想する。「北条鏡浦は風のない時はまことに鏡のように穏やかである。海に飛び込んだときに、ふと故郷四川の峨眉山麓が脳裏に浮かんだ。私はあたかも峨眉山麓の水に泳いでいるように思えた。しかし、私は水泳の経験がなかったので、口を開けたまま海に飛び込んで、勢い潮水を飲んだ。それは塩辛い水であった。まるでスープを飲んだようだ。この瞬間、私は空気を吸ったことのない赤ちゃんのことを思いだした。赤ちゃんは初めてこの世紀の空気を吸ったときに、おそらくいまの私と同じように困惑するだろう、と。しかし房総での僅か二ヶ月の海浜生活は十二分に私を愉快にさせてくれた。」[9]この追憶は重要な問題を二つ示している。

一、日本留学まで、彼は故郷の河で泳いだことがなかった。

二、房総の海辺で味わった愉快な体験は、故郷を遠く離れた異国で体験したもの、すなわち故郷のさまざまな束縛から放たれたところで得たものである。

「風景」はまさに人々が生活上のさまざまな束縛、概念から解放され、自由に自然に相対するとき初めて現れるのである。「風景」は人間の内面と観照し合い、外在的でありながら同時に内在的である。郭沫若が体験した自然は日本の房総海岸であり、それは彼の意識に映る一つの「風景」に違いないが、この「風景」は彼に懐かしい故郷の山水を想起させる。故郷で暮らしていたときあまり意識しなかった峨眉山の風景が突然現れた。故郷の「風景」は実は遠く故郷を離れた異国の地で彼と邂逅した。この瞬間、峨眉山の「風景」は初めて「内的風景」として彼の前に現れたのである。

日本留学十年の間、郭沫若は東京から岡山、岡山から九州と生活の地を移した。千葉房総の海、岡山の東山、操山、旭川、四国の瀬戸内海、九州の十里松原、博多湾、太宰府、門司の筆立山、日本の美しい自然が彼の詩歌に度々現れる。彼は日本の自然美を愛で、たびたび「風景」と邂逅した。邂逅するというのは、彼が出逢うすべての「風景」には故郷の山水の記憶が介在するからである。それは『桜花書簡』の多くの手紙に、また『女神』の多くの詩に残されている。

2 登山体験

郭沫若の日本体験の中で、水泳とならんでもう一つの体験も重要である。それは登山である。いままで郭沫若と登山についてほとんど注目する人がいなかった。しかし「風景」の発見という点において、彼の登山体験は重要な意味をもつ。

一九一四年夏、郭沫若は房総の海辺から故郷の父母宛てに手紙を書いた。書簡のなかで父母に峨眉山登山を勧めている。彼が初めて山登りを試みたのは一九一五年、岡山第六高等学校に在学した時代である。六高の近くに東山と操山があり、彼は何度も山登りを楽しんだ。「自然の追懐」に次のような記述がある。

「月夜にたった一人で東山の山陰を徘徊した。足音が周囲の美しい寂寞を破るので、私はいつも下駄を脱いで裸足で歩いた。」操山では、彼は「放課後いつも子供のように学校の右側から遠回りして山登りに行った。」

山頂で夕日を眺めて、「濃厚な紅の夕日の輝きが天いっぱいに広がり、迸る血液のようだ。この偉大な時空に身をおき、霊感が怒涛のように湧き出た。」[10]と。

また一九一七年、岡山に移り住んだ頃、父母宛ての書簡に、「峨眉山を遊歩されましたか。ヨーロッパ人は最も登山を好みます。近来日本も大いにこれを奨励しています。登山は精神修養と身体健全に共に莫大な影響を齎します。私は昔夢で登山して、詩を一句得ました。〝天空独我高〟（天空独り我高し）と。近来しきりに（峨眉山に）登り、この一句の真意を確かめたいと思います。」[11]と、登山に触れている。

一九一八年三月、弟宛ての書簡にも似たようなくだりが見られる。

「私たち兄弟は長く峨眉山麓で暮らしてきたが、まだ一度も峨眉山に登ったことがない。本当に可笑しなことです。以前夢に登山して詩句を得ています。〝俯瞰群山小、天空独我高〟と。試しに一度山に行ってその光景を確かめて来てくれませんか。」[12]

これらの書簡から、郭沫若は故郷で泳いだことがなかったと同じように、一度も峨眉山に登ったことがなかったことが明白である。彼は「今津紀遊」の冒頭でも認めたように、「私は峨眉山麓で育った。故郷で十数年過ごしてきたが、一度も峨眉山に登ったことがなかった。いま海外にいて、万余里も離れて、故郷の明月を思い、山上の風光を渇望している」[13]。

故郷の月、峨眉山の風光に対する郭沫若の渇望は紛れもなく日本の風景から触発されたものである。「風景」の発見は彼自身の原風景に通じるドアを開け、故郷の風景が初めて彼の内面世界に現れたのである。

登山については、郭沫若は父母、兄弟宛ての書簡に度々言及しているし、『三葉集』「自然の追懐」「今津紀遊」及び『女神』にも言及が多く見られる。郭沫若と登山の問題はいままでほとんど注目されなかった。しかし、登山と水泳は郭沫若が最初に西洋文化に接し、自我意識の目覚めを促す重要な体験であった。今日われわれがこのことに気づきにくいのは、登山も水泳もすでにスポーツとしてあまりにも日常的なものとして慣れてしまったからである。われわれは登山あるいは水泳から自我の確立、主観の認識問題を連想しない。しかし、近代文明が初めてアジアに伝わってきたころ、西洋の多くの具体的な事項、例えば登山と水泳は確かにアジアには新鮮な意味をもたらした。従って、文学研究に当たり、作者の生活環境や社会背景に遡行し、作者の心理や思想にできるだけアプローチすることは不可欠であろう。では、郭沫若はなぜ登山に注目したのか？　ここに二つの歴史的要因が考えられる。

一、彼が留学した大正時代はちょうど「大正登山ブーム」の時期と重なる。スポーツとして、登山はスキーと連携して、「岩と雪」の征服を新たな目標として掲げた。

二、ルソーの自然主義思想の影響である。

一、近代スポーツの普及は社会的発展を前提とする。日本は明治以前には純粋にスポーツとしての登山はまだなかった。昔から高山は神祇・修行の場、あるいは鬼神の域として恐れられてきた。明治中期頃にスポーツとして登山が初めて日本に現れる。イギリス人ガウランド（Gowland　一八四二―一九二二）とウェストン（Walter Weston　一八六一―一九四〇）らによって近代登山がもたらされたのである。彼らが初めて日本中部にある槍ヶ岳に登頂し、一八九六年にウェストンが『日本アルプスの登山と探険』（『MOUNTAINEERING AND EXPLORATION IN THE JAPANESE ALPS』）を出版した。日本アルプスはガウランドによって命名された。

一九〇二年に小島烏水は日本人として初めて槍ヶ岳登頂を果たした。ウェストンより遅れること一一年である。同年に「日本山岳会」が成立し、大衆的登山ブームの到来を告げた。登山ブームを促進した要因にはまた志賀重昂の『日本風景論』があった。

注目しなければならないのは、当時の日本登山者に文筆者が多かった点である。小島烏水は雑誌「学灯」の編集者であり、また彼自身も作家であった。志賀重昂は雑誌「日本人」の創刊者、評論家であった。彼らの登山記と登山に関する著書は日本人の山への関心を大いに刺激した。

郭沫若が留学したころは、登山はすでに新たな段階に入っていた。すなわちスキーと連携して、「岩と雪」の征服を新たな目標として目指した「大正登山ブーム」時代である。この頃は、中学生から大学生、さらに一般民衆に至るまでみな登山チームを作り、山を目指した。当時の新聞には毎日のように登山記や登山報道が見られる。登山は社会的なブームとなった。近代登山はそれ以前の信仰登山を脱し、登頂を目的とする一つのスポーツとして定着した。郭沫若の留学生活はまさにこのような社会的ブームのなかにあった。彼は書簡に「ヨーロッパ人は最も登山を好みます。近来日本も大いにこれを奨励しています。」と記したのはちょうど当時のこのような社会現象を反映している。

二、ルソーの自然思想が明治日本の自由民権運動及び自然主義文学に大きな影響を及ぼしたことはよく知られているが、近代登山にも同じように影響を与えた。近代登山はヨーロッパから発祥したスポーツであるが、中世ヨーロッパ人にとって、高山は妖魔の集まるところであり、旅行の障害物であった。ルソーのアルプス体験とその『懺悔録』と『新エロイーズ』はいままで人々が山に抱いた考えを覆し、美しい大自然の魅力を見せつけた。郭沫若は留学中にルソーに関心をもち、『懺悔録』と『新エロイーズ』を愛読した。詩集『女神』に「盗賊礼讃」という詩があり、ルソーの自然回帰の思想を謳歌している。「今津紀遊」では九州での登山中にルソーがアヌシ山でガレ嬢、グッラフェンリード嬢と邂逅したことを想像した。これらはみな郭沫若が留学中にルソーに強い関心を持ったことを物語っている。

3 「風景」と「内面」

柄谷行人はレオナルド・ダ・ヴィンチの名画「モナリザ」について、特にモナリザの化粧を施されていない素顔に注目した。

「風景は以前からあるように、素顔ももとからある。しかし、それが単にそのようなものとして見えるようになるのは視覚の問題ではない。そのためには、概念（意味されるもの）としての風景や顔が優位にある〝場〟が転倒されなければならない。そのときはじめて、素顔や素顔としての風景が〝意味するもの〟となる。それまで無意味と思われたものが意味深く見えはじめる。〝内面〟ははじめからあったのではない。それは記号論的な布置の転倒のなかでようやくあらわれたものにすぎない。」[14]

ここの「記号論的な布置の転倒」とは既成概念としての風景と人間が感知した自然風景とが認識論的価値における転倒を意味する。柄谷行人のこのような考え方は基本的にファン・デン・ベルクを継承している。ファン・デン・ベルクは『The Changing Nature of Man』において、「モナリザ」の「人に疎外された風景」と「風景に疎外された人間」に注目し、「モナリザ」のなかの風景は、ヨーロッパ最初の風景として描かれたと指摘した。

柄谷行人はこの観点を踏まえて、「モナリザという人物の微笑はなにを表現しているのかと問うてはならない。そこに〝内面性〟の表現をみてはならない。おそらく事態はその逆なのだ。〝モナリザ〟には概念としての顔ではなく、素顔がはじめてあらわれた。だからこそ、その素顔は〝意味するもの〟として内面的な何かを指示してやまないのである。このような転倒は、風景が形象から解放され〝純粋の風景〟として存在したことと同時であり、同一である。」[15]と言及する。

これはまさに近代的意識がその端緒を現す瞬間である。「風景」の発見に「内面」の発見と同時であり、「素顔」は内面の「声」あるいは内面の意味として現れる。それは中世の形象的、概念的空間とまったく異なる等質の空間においてはじめて可能になるである。

認識論の深化は必然的に心理学の出現を導き出す。柄谷行人は近代文学史家を批判して、「〝近代的自己〟なるものがただ頭のなかで成立するかのような考え方をしている。しかし、すでにいったように、自己が自己として存在しはじめるには、もっとべつの条件が必要なのだ。」[16]と指摘する。

彼は心理学的観点を援用し、「意識」を最初からあるものではなく、「内面化」の過程で派生したものと見る。外界と内面の分化は外界の抑圧――リビドーが外傷を被って内向化する――ことによる。「意識」は「内面世界」の発見、心理上の内外界の分化及び抽象的思考言語と密接な関連をもつ。彼は、「真の自己」は自分に最も近い「声」が優位を占めるときに成立し、この時内面に始まり、内面に終わる「心理的人間」が初めて現れると考える。認識論における近代と前近代の分岐点はこの内面の発見とその表現にあると言える。

ルソーが近代文学に与えた影響は、ジェン・スタロバンスキーが指摘するように、作者は自分と読者の間にあった「第三者」（神）の真実性を超え、作品に直接自己を現す。自己の体験の真実性を読者に訴えるという新しい文学態度を創出したことである[17]。われわれはそこに浪漫主義特有の非古典性、非正統性、従って周辺性を見てとることができる。ルソーの斬新さは自己と言語の新たな結合にあり、言語を直接主体に結びつけ、内面の「声」を表現したことである。『懺悔録』がその代表と言えよう。そこに作者がアルプス山中で発見した「風景」や、作者の静かな告白、内面への深い内省が描かれている。彼の懺悔は教会ではなく、アルプスの「風景」のなかで、村或いは友人の家で行われた。『懺悔録』と『新エロイーズ』の文体とそこにある自己表現はそれまでのヨーロッパにはなかったものである。

このように、近代人の内面表現は根源的に言語活動と緊密に関わっていることが明らかである。言語表現の動機は古典の踏襲や概念と形式の重視から個人内面の「声」の重視へと変化していく。表現する主体、言語と感情とが一体となる。明治時代に起こった言文一致運動はこの変容の発端となった。

郭沫若の場合は、第一節に触れたように、彼が自然に接し、風景に開眼したのは日本においてである。日本の自然の中で彼は人類がもっている時間、空間的「鶩遠性」（遠くへばかり目指したがる習性）を見出した。「風景」の発見は彼に故郷の風景を感得するドアを開けると同時に、彼の目を内面世界へと導く。近代口語詩創出の原動力はここにあると見るべきだろう。

古典で育った彼ではあったが、留学中にその古典に疑問を抱き、再理解を試み始める。『桜花書簡』において、彼は峨眉山に登ったことがないと告白し、自分が作った詩句「俯瞰群山小、天空独我高」の真実性を反省する。「浪花十日」においては、「およそ海を見たことのない古人が作った嘘であろう、よく〝無風不起浪〟（風なければ浪起こらず）というが、実際のところ、海にはよく風もないのに波があったりするものだ。ふと混沌の脳裏に一句浮かんだ。〝挙世浮沈渾似海、了無風処浪頭高〟（世を挙げて浮沈すべて海に似たり、風の了無する所に浪頭高し）。」[18]

この詩句は当時の彼の心情を海と浪をもって表現したものである。「浪花十日」が書かれたのは一九三七年夏、郭沫若が日本に亡命して九年目の頃である。日々、警察と特高の監視を受けていた彼は、夏休みに家族と今津に海水浴に来ても、警察がついて来る。その折、周作人が来日し、東京で多くの文人墨客の歓迎を受けた。

その折、周作人が郭沫若に面会を申し込んできたのである。二人の境遇の違いは歴然としている。郭沫若の心中は穏やかでなかったであろう。彼は自分と周作人の処する状況を〝挙世浮沈渾似海〟と、自分の憂欝な心中を〝了無風処浪頭高〟と表現した。自分の内面世界を海と浪に重ねて吐露したのである。

ともかく、日本の山、日本の海は、その後彼が「内在律」、詩の音楽的リズムを発見する契機となった。彼は詩の中にある既成概念を疑問視し始める。たとえば、それまで山と言えば聖人、仙人、隠者を連想する。水と言えば無常、流転を連想するなど。彼ははっきりと詩歌を研究するには、「心理学の方面、或いは人類学考古学の方面——わが国の考拠学ではなく——から着手し、その発生史を研究して初めて耀きが出て、科学的研究にあるのだ。」[19]と宣言した。また詩の内在律については、「詩の精神は内在的韻律にあり、平上去入や句の中の押韻などではない！」[20]と言い切る。ここに明らかに「記号論布置の転倒」はすでに郭沫若の思考意識に現れている。文学を遡行し、その本質にアプローチする彼の姿勢をここに見てとることができる。これが彼の口語詩創作の理論的中核となった。

4 「言文一致」への指向

西洋と東洋の近代文学の出現にはみな一つの特徴を示している。それは「形象」と「声」の優劣位置の転倒である。日本は古代より中国の影響を受けてきた。奈良時代から今日まで、漢字は日本語表現のなかで重要な部分を占めてきた。明治期に起こった言文一致運動は言うまでもなく言語制度の革命であった。その目的は「形象」（漢字）と古典韻律とを抑圧し、「音声」の優位を確立させることであった。文学表現は久しく続いて来た漢文、韻文の形式によらずに、最も内面に近い音声の表現形式を模索し始めた。小説では、国木田独歩、夏目漱石、志賀直哉が近代小説の基礎を築いた。詩歌では、島崎藤村、上田敏らが翻訳と創作の両面から近代口語詩を確立させた。

一方、中国の近代文学もやはり白話運動から始まった。詩歌では、二〇世紀初頭、胡適と五四運動の主導者たちが新詩（口語詩）の突破口を模索し始めた。胡適は早くもアメリカ留学時代から新詩創作を始めた。「文学改良芻議」（一九一七年）、「歴史的文学観念論」（一九一七年）、「建設的文学革命論」（一九一八年）、「談新詩」（一九一九年）はみな白話運動と新詩運動に関する草分け的な論文である。彼は言語と詩歌の韻律に注目した。白話によって書かれた詩歌は古代のどの時代でも見られたが、定型詩がずっと主流を占めてきた。胡適は初めて歴史的観点から文語詩に対する批判的止揚に挑んだ。彼は言語の演変を重視し、「死んだ文字は決して生きた文学を生み出せない」と断言し、新しい言語制度の構築を提唱した。

彼は「談新詩」に、「中国近年の新詩運動は〝詩体の大解放〟と言える。この詩体の解放があったから豊富な材料、精密な観察、深い思想、複雑な感情が初めて詩に表現されるようになった。五言七言八句の律詩は決して豊富な材料を容することができない。二八文字の絶句は決して綿密な観察を描けない。長短一定の七言、五言は決して深い思想や複雑な感情を婉曲的に表出することができない。」[21]と、指摘する。

彼は固定形式や概念を打破し、直接に切実の材料、観察、思想と感情をただ今の言葉、自然の音節によって表現することを追求した。新詩についての胡適の考え方のうち、最も斬新で重要な視点は「歴史的文学観」である。文学は時代を追って変遷する。「各時代の文学はおのおの社会の風格に従って変わり、おのおのその特徴をもつ。」従って、「進化論の観点から見ても、古人の文学が今の文学より勝っているとは決して言えない。」[22]胡適の新文学思想は多く進化論とアメリカ実験主義の影響を受けているが、「歴史的文学観」は今までの文学史に対する根本的な反省と言える。これはこれまでの中国文学史において初めてのことである。詩歌のリズムについて彼は、心理学の手法を用いて詩歌について具体的に分析し、詩歌の表現については「語気の自然なリズム」と「文字の自然調和」を提唱した[23]。詩集『嘗試集』(一九一九年)に収められた詩歌は胡適が自分の提唱した新詩を実現するための大胆な実験である。それらの多くは改行詩で、平仄と脚韻に拘らない口語詩である。

銭玄同もまた五四期白話運動の重要な人物であり、これまでの文学文化に激しい攻撃を実行した知識人の一人である。彼は文語に反対し、白話を文学の「正宗」と主張し、雑誌「新青年」で積極的に白話文運動を推進した。彼は胡適『嘗試集』のために書いた序文に、「古人が文字を作った時は、言語と文字はきっと一致していた。なぜなら、文字は本来言語の記号であり、口にその音を発して、手ではその音の記号を書く。決して書いた記号が口に話している音と違うことがないはずだ。」[24]と書いている。文字表現については、象形と表音の関係という問題が残るとしても、銭玄同は文字の音声表現機能に注目したことは明らかであり、このことは白話表現にとって重要なことである。彼は、文字は声を直接に表し、更に極端に走って、漢字を廃止し、併音(発音符語)を用いることを提唱した。

歴史家朱希祖も文言を批判し、雑誌「新青年」第六巻に「白話文の価値」を発表した。文言文について彼は、「文言の文を作るとき表現は必ず含蓄にし、直接に言ってはいけない。故に言葉は典故、或いは古語を使う。文を捻るときは或いは簡潔、或いは古めかしく奥ゆかしく表現するに務める。だから彼らの語句はわざとらしい、嘘っぱちに見える。まるで芝居の演者が仮面を被って、本当の面目を隠すようである。白話の文は本当の面目をそのまま出しているから、そのようなことはない。」[25]と批判している。

彼の着眼点は主体と言語表現の関係であることは言うまでもない。これは第三節で見て来たレオナルド・ダ・ヴィンチ「モナリザ」に見られる、素顔に関する柄谷行人及びファン・デン・ベルクの論述とかなり共通している。口語表現が言語制度として成立したことは、言語と概念の「記号論布置の転倒」の大革命であり、「音声」——内面——がついに優位を勝ち取ったことを意味する。

もう一つ注意すべき点は、五四運動を推進した主な知識人、いま挙げた胡適、銭玄同、朱希祖、彼らはほとんど海外留学の経験をもっていた点である。彼らは日本或いはヨーロッパ、或いはアメリカで文化と思想の啓蒙を受け、西洋の科学思想、哲学思想を中国に持ち帰った。それが中国の新文化運動に新鮮な刺激と啓発となった。

胡適らは積極的に口語創作を提唱し、「生きた文字」を使って新しい文学を作り出そうとした。そのために新しい表現形式を作り出す必要性を感じた。彼らはすでに言語表現と心理の関係に気づいたが、しかしまだ系統的な理論がなかった。一九四〇年代美学者朱光潜[26]の『詩論』（一九四二年）が世に出て、われわれは詩歌についてのより具体的、より系統的な論述を見ることができた。朱光潜は心理学、言語学及び美学の角度から詩誕生の過程とその表現原理について分析した。彼は詩における情緒、リズムの働きを重視し、「リズムは音調の動態であり、情緒への影響が大きい。リズムは情緒を伝える最も直接的、しかも最も有効な媒介だと言える。なぜなら、それ自体が情緒の重要な一部分であるから。」[27]と論じている。ここでのリズム論は基本的に古典詩を対象としている。朱光潜の詩歌研究の対象は主に古典詩である。彼は言語の音節と古典詩の韻律の関係を詳細に分析し、古典韻法の欠点に気づいた。『詩論』において彼は次のように指摘する。

「中国古典詩法の最も大きい弊害は韻書に拘泥し、文字の発音が時代と地域に従って変化することを無視している。いま流行している韻書は大半が清朝の佩文韻である。もしいまわれわれが使っている韻の大半が千何百年前と同じものだとしたら、少しでも言語音声史を知っている人であれば誰でもこの仮定は大変荒唐無稽であると分かるだろう。」[28]と。

詩歌について、朱光潜もやはり「音声」優位の基本態度を採っている。彼は詩歌を思想や感情と言語の完全調和の心理反応と位置付ける。従って現代の詩は古代の韻法で作るべきでないと考える。しかし彼自身が『詩論』附録「新詩を書く若い友人へ」に告白したように、「この二十年来私はほぼ毎日詩を読んでいるが、ついぞ詩を一首も自分で作ったことがない。」[29]彼はすでに古韻が現代の言語表現にそぐわないことに気づき、そして、古典詩についていままでになかった理論的研究を試みた。しかし、自ら詩歌創作の経験がなく、古典詩の分析と批判に止まり、ついに近代詩の道を見出せなかった。

胡適が「新青年」で白話文学を提唱したころ、郭沫若は日本留学中であった。五四運動（大正八年）が勃発した頃、郭沫若は九州帝国大学医学部に在学していた。彼は胡適の「文学改良芻議」も「歴史的文学観念論」も「談新詩」も読まなかったが、しかし、そのような状況のなかで、彼にも時代の脈拍を感じたかのように、激しい詩の発作に襲われた。口語詩の創作はこの頃から始まり、ついに詩集『女神』を誕生させた。

郭沫若は留学する前にすでに口語詩の啓蒙を受けていた。民国二年（一九一三年）、高等学校でアメリカ詩人ロングフェロー（Longfellow）「矢と歌」という詩を読んだ時、その平易な英語に彼は「異常に清新さを感じ、まるで初めて〝詩〟に出逢った」ように感じた。詩の単純な反復に彼は「詩歌の真の精神を悟った」[30]と言う。彼が感じた「清新」は、これまで諳んじるほど覚えたがあまりその美を理解しなかった中国の古典詩歌とははっきり対照をなしている。日本留学中に彼はタゴール、ハイネ、ホイットマンの詩を読んで、その「清新」「平易」「明朗」さに大いに驚いた。

彼が驚いたのはその詩歌に詠まれている情緒だけではなく、その「脚韻がない」「定型反復」の文体は彼に詩の視野を開いてくれた。『女神』に収められた山を詠い、海を詠い、愛と悲しみを詠ったすべての詩歌はこの「驚き」の刺激を受けたものであると言える。無論、西洋近代詩歌の影響は彼の詩作に限るものではないし、また彼は中国の古典詩をそれきり捨ててしまったわけではない。それどころか、むしろ西洋詩から啓発された感性が中国古典詩の美の再発見に役立ったのである。留学期も、その後も彼は古典風の定型詩を書き続けた（郭沫若の漢詩について別に論じたいと考える）。

近代口語詩において、郭沫若は二つのことを突破した。一つは形式の突破である。もう一つは表現の本質への突破である。この二点はいずれも「記号論的布置の転倒」のなかで実現されたものである。「芸術は内面から発生し、魂と自然の結合である」[31]と、『三葉集』において、郭沫若は田漢、宗白華と詩歌の起源とその本質について討論した。また、「詩はわれわれの心の詩意と詩境の純真な表現であれば、命の泉から流れ出るStrain、心の琴から奏でるMelodyであれば、命の戦慄、魂の叫びであれば、それが真の詩だ、いい詩だ。」[32]と言う。「詩の原始細胞はただ単純な直覚、渾然な情緒」[33]であり、彼は「直覚」を詩の「細胞核」、「情緒」を「原形質」、「形式」を「細胞膜」と喩え、「細胞膜」は「原形質」から分泌される。つまり形式は情緒によって決まると考えた。従って彼は、他人が作った既成の形式の踏襲に反対し、形式において「絶対の自由、絶対の自主」[34]を主張した。宗白華宛ての書簡に、「詩の生成は自然物の生成と同じ、些かの造作も混ざってはいけない。新詩の命はここにある。古人は彼らの言葉で彼らの情懐を表す。それらはすでに古い詩となった。今人は私たちの言葉で私たちの生趣を表わす。これが新詩である。詩の文字が情緒自身の表現になる。この体相一如の境地に至って初めて真の詩、よい詩が生まれてくるのだ。」[35]と書いている。ここに彼自身の新詩創作の動機ははっきり表明されている。それは、古典の踏襲、既成概念と形式の重視から脱却し、内面の「声」を直に表現し、主体、言語、感情が緊密に融合した状態を追求することである。

郭沫若の新詩理論が心理学、生物学及び西洋の文学理論に負うところが多いのは見てきた通りである。「論詩三札」において、彼は「詩の精神はその内在韻律にあり、内在韻律はすなわち〝情緒の自然な消漲（起伏）〟

である。これが私は心理学において求め得た一つの解釈である。」[36]と指摘する。「論詩三札」は一九二一年に書かれている。このことは、『女神』創作期に彼はすでに心理学から詩歌について理論的に研究し始めたことを物語っている。その後「文学の本質」（一九二五年）、「論節奏（リズム）」（一九二六年）において、一貫して心理学と歴史的文学観によって詩歌の生成とその本質を系統的、理論的に論じている。詩の内在的要素について、彼は「情緒」と「節奏（リズム）」を重視した。

「文学の本質」で彼は、「文学の原始細胞に含まれるのは純粋な〝情緒〟の世界、その特徴は一定の節奏（リズム）にある。節奏（リズム）は詩と同時にあり、先天的で、決して第二次的とか、情緒を美しくするとかいうものではない。心的現象において、情緒は時間の要素と感情の延長を付加されたもので、それ自身一種のリズムをもっている。」[37]ここで彼はリズムの内在性、原始性を強調し、いかなる外来形式の支配をも否定する。リズムについて彼は「論節奏」に更に詳しく分析を行い、新詩と古典詩の違いは、「旧体詩は詩の外に音楽の効果を施した。詩の外形に韵語を用いることによって、詩を音楽と結びつける。私は裸体の詩は音楽効果の韵律を借りないで、情緒の動きを直抒するもの、これが所謂散文詩、自由詩であると考える。一定の外形の韵律がないが、それ自体はリズムをもっている。」[38]という。この「情緒」と「節奏（リズム）」の考え方は郭沫若の新詩創作のために確実な理論的基礎となった。同時に古典詩に対する認識も以前より一段と深まった。

一九一九年代郭沫若は五四運動の中心人物たちとは約せずして近代口語詩の試作を始めた。歴史的観点によって詩歌の発生を解釈し、心理学の方法によって詩歌の本質を分析する。詩歌についての郭沫若の理論的思考は胡適の新詩論をさらに一歩進めた。後の朱光潜の詩論にも近似するものである。

5 郭沫若の新詩実践

『女神』の近代的意義の一つは近代人の内なる「声」を発し、音声の優位を掲げたことである。われわれはいま『女神』のいくつかの詩から音声優位の特徴を見ることができる。その特徴を挙げると、第一人称「我」の頻用、感嘆詞、感嘆符語の頻用、英語の使用などがそうである。

『女神』に登山から発想した詩がある。「筆立山頭展望」、「登臨」、「梅花樹下酔歌」などは郭沫若が実際の登山体験から創作した詩である。「筆立山頭展望」は九州門司の筆立山に登った時の作品である。作者は筆立山頂から展望した門司地方の情景を詠っている。

笔立山头展望

大都会的脉搏呀！
生的鼓动呀！
打着在、吹着在、叫着在、……
喷着在、飞着在、跳着在、……
人的生命便是箭、正在海上放射呀！
黑沉沉的海湾、停泊着的轮船、进行着的轮船、数不尽的轮船、
一枝枝的烟筒都开着黑色的牡丹呀！
哦哦、二十世纪的名花！

近代文明的严母呀！

大都会の脈拍よ！
生の鼓動よ！
打っている、吹いている、叫んでいる……
吹き出している、飛んでいる、跳ねている……
命は矢、海に放たれたよ！
暗い海岸、停泊中の汽船、進行中の汽船、無数の汽船、
煙突にみな黒い牡丹を咲かせているよ！
お、二十世紀の名花！
近代文明の厳しい母よ！

生き生きとした情景は第一句の「脈拍」によって象徴されている。日々発展し、躍動する大都会を読者の前に見せつける。これは一九二〇年代に郭沫若が見た北九州工業地帯の風景である。熊本学園大学・岩佐昌鷙教授の調査によると、門司は明治中期から製造業が著しく発展し、一九二〇年頃にはすでに日本最大の石炭生産地と対外貿易地に成長した。八幡製鉄所、浅野セメント、帝国ビール、日本製粉、朝日ガラスなどの工場がここに集中していた。門司は重工業と軽工業が共時に発展する大都市であった[39]。「筆立山頭展望」に見られる門司の情景は擬人の手法によって生き生きと浮き彫りにされている。門司は臨海地域であり、大きな港をもっている。各工場の製品はここから各地へと運ばれていく。近代汽船が門司港を出入りし、入江にまで繁栄のあ

りさまを呈している。作者は港の海岸をキューピットの弓に喩え、汽船と船尾に湧き出る白い波の帯を矢と喩え、出港する船を海に放たれた一本一本の矢に喩えた。放たれた矢は人間の生命の力を象徴している。汽船が吐き出す黒煙は二〇世紀の花、近代文明の母と喩えられる。このような情景はすべて筆立山山頂から展望されたものである。近代登山の目的は山頂を征服し、周りの風景を愛でることであるので、この詩は登山と近代文明への礼讃が一体となっていることが明らかである。用語は完全に口語で、感嘆詞「呀」「哦哦」と「！」が頻繁に使用していることから、作者の情緒の高揚をリアルに伝え、内なる「声」はそのまま迸っている。この詩の最も大きな特徴は叫びの連発形式であろう。「打着在、吹着在、叫着在、……」（打っている、吹いている、叫んでいる）のような表現は、異なる動詞の進行形が次々と重なっていくという形式によって、一つの不安定で、絶えず躍動する風景を描き出す。感動と躍動が入り混じり、内面と外界が高揚する情緒のなかに融合していく。この詩は分行詩ではあるが、内容は緊密に連続し、一気呵成になっているので、各行を繋げればそのまま散文詩になる。この詩と同時期の『三葉集』において、彼はまた、「今人は私たちの言葉で私たちの生趣を現わす。これがすなわち新詩である。」と強調した。「筆立山頭展望」は彼が指向した口語詩の理想を実践した好例と言えよう。

「天狗」（天の狗）という詩も特徴的である。郭沫若は九州帝国大学医学部在学中、人体解剖の実習を行ったときにこの詩を着想した。中国民間伝説の天狗伝説と人体解剖を借り、自由奔放の精神を詠み出している。詩の各行の冒頭に第一人称「我」を冠している。

天狗
我是一条天狗呀！

我把月来吞了、
我把日来吞了、
我把一切的星球来吞了、
我把宇宙来吞了。
我便是我了!

我是月底光、
我是日底光、
我是一切星球底光、
我是X光線的光、
我是全宇宙Energy底总量!

天の狗

私は一匹の天の狗(いぬ)だ!
私は月を呑み込んだ、
私は太陽を呑み込んだ、
私はすべての星を呑み込んだ、
私は宇宙を呑み込んだ、

私は私になったのだ！
私は月の光、
太陽の光、
すべての星の光、
X線の光、
全宇宙のエネルギーの総量だ！

この詩は全部で二九行、ここに冒頭の一部を挙げた。古代伝説を近代医学と融合した奇想天外な作品である。自称「天の狗」の「我」は、日月星辰と宇宙を呑み込んで、自分を全宇宙の生命まで高め、「全宇宙のエネルギーの総量」になる。この詩は各行にすべて第一人称「我」を冠って、自己主張を強調する。作者が表そうとしたのは、自己と宇宙が二者合一の境地である[40]。「X光線」「Energy」はみな近代科学的用語である。郭沫若は英語を使っている。天の狗の狂暴、情緒の躍動が一貫して詩を貫き、科学用語が情緒の頂点にぴったり合致して使われている。一気呵成の激情の表現には「いささかの造作も、一瞬の猶予」[41]も許さない。詩人の脳裏を駆け巡ったのはこれら科学用語の響き——内面としっかり噛み合っている「声」である。

近代意識は実は解剖学と密接に関連している。ルネサンス時代に発展した解剖学は医学の発展を促進したのみならず、美術、文学、哲学、宗教学の分野にも啓蒙的な働きをした。ダ・ヴィンチやゲーテも解剖の専門家であった。解剖学の発展は人びとにいままでの人種や階級の区分に異議を抱かせ、自然観察、自己反省へと導き、さらに観察の視野を宇宙へと広げた。「天の狗」はまさにこのような意識の射程を象徴している。

従来の批評には、「粗野、乱暴、叫び」などの点を挙げて否定するものが多かったが、中国近代口語詩誕生の段階で、その「粗野、乱暴、叫び」こそが、内なる「声」を忠実に表現しようとした模索であり、主体と「声」の一体化を強く求めた作者の願望の現れなのである。

「立在地球辺上放号」（地球のふちに立って叫ぶ）は「力のリズム」を詠んだ詩である。

无数的白云正在空中怒涌，
啊啊！好幅壮丽的北冰洋的情景哟！
无限的太平洋提起他全身的力量来要把地球推倒。
啊啊！我眼前来了的滚滚的洪涛哟！
啊啊！不断的毁坏、不断的创造、不断的努力哟！
啊啊！力哟！力哟！
力的绘画、力的舞蹈、力的音乐、力的诗歌、力的Rhythm哟！

無数の白雲が空に沸き立つ、
ああ！壮麗な北氷洋の情景よ！
果てしない太平洋は渾身の力で地球を覆そうとする。
ああ！目に前に押し寄せる滾滾たる怒涛よ！
ああ！不断の破壊、不断の創造、不断の努力よ！
ああ！力よ！力よ！
力の絵画、力の舞踏、力の音楽、力の詩歌、力のRhythmよ！

郭沫若は「論節奏」でこの詩について解説している。特に「力的Rhythm」について彼は、「海辺に立って波の轟々と咆えるような声を聞くと、思わず血が湧き、腕が鳴る。精神には一種の前進しようとする勇気が湧きでる。」[42]と説明する。郭沫若は九州帝国大学留学中によく海岸を散歩し、寄せては引いていく波を眺め、波のリズミカルな音を聞いた。そのたびごとに彼は情緒の高ぶりを感じ、突如詩興が襲来するという。この詩は「力的Rhythm」つまり力の躍動を謳歌している。第一句にある「白雲」は古典漢詩の世界では特別な意味を持つ。それは神仙の境地、俗世間を離脱した境地、清らかで静の境地を現す言葉であった。古典文化の中で育った郭沫若はこのことは誰よりもよく分かっていたはず。しかし、「立在地球辺上放号」にある「白雲」は「静」とまったく反対で、空で渦を巻きながら湧き出るのではないか! 力の躍動を謳歌するこの詩には古典的概念の「白雲」はそもそもそぐわないものである。郭沫若が敢えて「白雲」を使ったのには、彼が博多湾でそのような白雲を見たからである。彼が見た白雲は古典詩にある「白雲」とまったく違っていた。彼は目の前にある白雲と海の怒涛を「力のリズム」と感じた。そして心に高ぶる情緒をそのまま表現した。静寂の「白雲」を躍動する「白雲」にしたのである。

英語表現は最後の一句「力的Rhythm哟!」に見られるが、この一句は『郭沫若全集』に収録される際に、「力の律呂哟!」と書き直されている。しかし一九二〇年「時事新報・学灯」に初めて掲載されたときは、「力的Rhythm哟!」になっている。つまり口語詩を試み始めたころ、郭沫若が「声」を大事にしたことを物語っている。

詩の後半の三行はそれぞれいくつかの短い句を単純反復しながら、畳み込んでいく。それは、運動のリズム、声のリズム、時間のリズムであり、短く速いテンポで力強く重ねていき、これら全部を合わせて「力のリズム」として、すべてを上へと高める。一種の上昇、高ぶる効果を発揮している。たった七行の詩に感嘆詞は一〇回も使われ、「！」も一〇回使われている。作者の感情の鷹揚を現している。郭沫若は「論節奏」に、「大海を見たことのない人は、私のこの詩を読めばきっとその狂暴さを嫌うだろう。しかし私と同じ体験を持つ人はあのような海辺に立つと恐らく私と同じように叫ぶだろう。実は海の怒涛のリズムが私を鼓舞したのであって、このように叫ばずにはいられないのだ。」[43]と述べる。現実をリアルに捉える。内面の情緒を直妾に表現する。これは浪漫主義と自然主義とを問わず、近代文学の起源に存在する決定的な要素である。一九二〇年代胡適たちが、詩は「做」（作る）ではなく、「写」（うつす）だと主張した理由もここにある。「立在地球辺上放号」という詩は、「做」＝作ったのではなく、作者は風景の発見に触発された情緒を「写」＝うつした詩である。その命は心の「声」を切実に表現するこの一点にあると言える。

一九二〇年秋、郭沫若は「秋蝉」という奇妙な詩を作った。詩はたった三行である。

声声不息的鸣蝉呀！
秋哟！时浪的波声哟！
一声声长此逝了……

しきりに鳴く蝉よ！
秋よ！季節の波の音よ！
鳴きほそりつつ消えていく……

この詩は完全に「声」を詠んだ詩である。蝉の声、季節の声。蝉は夏中盛んに鳴く。秋に入ると更ににぎやかに鳴く。しかし、その声はやがて終わる命をも象徴する。絶え間なく鳴く蝉（第一句）の声の中に、秋の足音が伝わって来る（第二句）、秋が深くなるにつれて、蝉の声はだんだん消えていく（第三句）。たった三行の詩は「声」を通して命が辿る行程をくっきりと詠み出している。たった三行の詩に、「！」は三回も使われている。最後の句に「……」を使って、まさに消え入ろうとする命の余韻を残している。こんなに簡潔な詩が、表現する内容はこんなにリアリティに富んでいる。この詩からわれわれは俳句の雰囲気さえ感じる。俳句は季節によって言葉を使い分ける。蝉は夏の季語である。蝉、秋蝉は『万葉集』にすでに登場している。日本人が好んで詠む対象の一つである。高濱虚子に、「鳴きほそりつつ／秋の蝉／ををしけれ」という句がある。この句は「声」をポイントに、命の強さを表現している。郭沫若の「秋蝉」は三節区切りという形式は俳句と同じであり、「声」に表現の重心を置くという点で、高濱虚子のこの句と似通っている。

郭沫若が留学中に和歌や俳句を読んでいたことは彼の書簡等ですでに知られている。『三葉集』で詩歌の性格について友人と討論した中で、「日本の古詩人西行上人と芭蕉翁の和歌、俳句は」「冲淡」（淡白）の詩だと言及している。

松尾芭蕉は江戸時代の俳諧大家、わびさび、恬淡を俳風として世に名を馳せた。芭蕉の俳句は五、七、五の発句に七、七と続ける所謂連歌の形式を取り、俳諧の連歌ともいう。俳諧の連歌が明治時代に入り、正岡子規の改革によって、発句の部分が独立して、五、七、五形式になる。正岡子規は写生、写実をモットーに、新たに俳句の世界を開拓した。高濱虚子も基本的に写生、写実において正岡子規を継承したのである。実際の情景を平易な言葉で詠むという俳諧や俳句は、中国近代口語詩を模索していた郭沫若にヒントを与えたかどうかは興味深い問題であろう。少なくとも、簡潔な形で、「声」を端的に表現するという点で、「秋蝉」は日本の俳句と共通する特徴もあると言えよう。漢字と表音文字の仮名が混在する日本語、特に和歌、俳句の表現形態が口語文学を模索する中国の知識人たちに一定の啓発と影響を与えたことは注目に値する。この方面の研究を今後さらに深める必要があろう。

結論

中国近代詩はそのスタートの第一歩からすでに精神と言語、内容と形式の問題を孕んでいた。新文学の誕生は単に古い制度、古い形式に反抗するだけでは実現できない。新しい認識が必要である。歴史的に文学の起源に遡行し、客観的に各時代の文学の特質を捉え、その上で新しい文学を指向する。言文一致に相当する口語文学運動の大きな功績は、新しい認識世界と表現世界を開拓したことであり、これまでの文学の概念と言語概念を根本的に転倒したことであると言えよう。

二〇世紀初頭、多くの中国知識人が故郷を離れ、海外へ留学した。彼らは海外で汲汲として近代科学と近代思想を吸収した。異国の人文環境、自然環境の中で彼らは自国のこれまでの文化や制度を客観視し始め、中国の近代化について考え始める。郭沫若においては、日本で体験した「風景」の発見は彼に大自然を自然のままに感受することを教え、自己の内面を見つめることを啓発した。彼の浪漫的な精神がここに由来し、詩歌の魂がここに目覚める。これまで見てきたように、彼は心理学、美学、認識論の角度から詩歌を探求し、「情緒」と「節奏」（リズム）に関する分析は胡適より更に一歩深まった。口語詩実践においては、確かに胡適の『嘗試集』は近代中国口語詩を最初に実践した大胆な作品であり、詩集に収められた多くの詩は口語形式になっている。しかしなかには定型詩も見られる。この段階では胡適はまだ完全に古典詩の束縛を脱しきれないでいた。

詩の形態と韻律においては、なお古典詩の形式を残している。一方、郭沫若の『女神』は徹底した口語形式を採っている。彼は執拗に「声」を追求した。自然の「声」、時間の「声」、音楽の「声」、心の「声」、彼は山や海に見いだした「風景」の中で拾った「声」を詩で表現しようとした。その実践は大胆奔放で、時には破壊的にさえ見える。彼の口語詩に対する評価の分裂もここに由来すると言える。

近代口語詩の確立は決して短い時間でできたのではない。日本の場合は明治三〇年代頃まで、詩と言えば漢詩を意味していた。明治初期に『新体詩抄』『海潮音』などの翻訳詩、『若菜集』のような新しい表現形式に挑戦する詩歌があったが、五言、七言の古典漢詩は依然として詩歌の主流を占めていた。明治四〇年代以後、北原白秋、高村光太郎らの努力によって、口語詩はようやく完成したのである。中国の口語詩も古典詩歌との衝突を経て、幾度もの実践を通してその存在権を獲得した。胡適や郭沫若の新詩はみなこの時期の反抗と模索を代表する実践である。『女神』はこの過程のなかで重要な役割を果たした。それは近代人の内面の「声」を詩に発し、音声の優位を勝ち取ったことであろう。近代口語詩が定着した今日、『女神』の多くの詩はあまりにも乱暴で、粗野でスローガンに近く、美しくない、と感じる読者が多い。しかし、これはまさに『女神』の浪漫精神の「周辺性」「非古典性」「非正統性」なのであり、一九二〇年代口語詩誕生には必要であった。その大胆で画期的な文学行為は重要な意味を持つ。

出版当初、『女神』が青年たちの熱狂的な情熱を引き起こしたのは、近代人の内面の「声」を周辺から中心に向けて発したからである。『女神』の「声」は伝統的文学から見れば大変過激で、非主流的ではあるが、しかしその「声」がひとびとの抑圧された心の叫び、特に青年たちの叫びを表出した。だからこそ青年たちが鼓舞されたのである。そういう意味で、『女神』が言文一致の新詩運動に果たした役割と意義を歴史的観点から研究し、評価することが必要である。

注

[1] 朱寿桐『中国現代浪漫主義文学史論』文学芸術出版社　二〇〇四年、六頁。
[2] 同上、一四頁。
[3] 柄谷行人『日本近代文学の起源』四一頁。
[4] 同上、三六頁。
[5] J. H Van den Berg『The Changing Nature of Man』
[6] 柄谷行人『日本近代文学の起源』「風景の発見」。
[7] J. H Van den Berg『The Changing Nature of Man』一五七頁。筆者訳。
[8]「自然的追懐」一九三五年、『郭沫若佚文集』上所収、四川大学出版社、一二六頁。
[9]「自然的追懐」一九三五年、『郭沫若佚文集』上所収、一二六頁。
[10]「自然的追懐」一九三五年、『郭沫若佚文集』上所収、一二九頁。
[11]『桜花書簡』一九一七年六月二三日父母宛て書簡、一二六頁。
[12] 同右一九一八年三月一日書簡、一三八頁。
[13]「今津紀遊」一九二二年　『郭沫若全集』第一二巻所収　三〇五頁。
[14] 柄谷行人『日本近代文学の起源』六〇～六一頁。
[15] 同右、六八頁。
[16] 同右、三七～四一頁。
[17] ジェン・スタロバンスキー『透明と障害』三二二頁。山路昭訳　みすず書房　一九七三年。
[18]「浪花十日」『郭沫若全集』第一三巻所収　三九三頁。
[19]「論詩三札」『郭沫若全集』第一五巻所収　三三七頁。

[20] 同右、三三七頁。
[21] 「談新詩」『胡適全集』第一巻所収　一五九頁。
[22] 「文学改良芻議」『胡適全集』第一巻所収　六頁。
[23] 「談新詩」『胡適全集』第一巻所収　一六八頁。
[24] 「談新詩」序　『中国新文学大系』第一巻　一三四頁。
[25] 「白話文的価値」『中国新文学大系』第二巻　一〇八頁。
[26] 朱光潜、（一八九七〜一九八六年）、安徽桐城の人、美学者、文芸評論家。イギリス、フランス留学、北京大学教授。著書、『文芸心理学』『悲劇心理学』『談美』『詩論』『西方美学史』『美学批判論文集』など。
[27] 『詩論』三聯書店　一九八四年版　一三〇頁。
[28] 『詩論』一九五頁。
[29] 『詩論』二七八頁。
[30] 「我的作詩経過」『郭沫若全集』第一六巻所収　二一一頁。
[31] 「芸術的生産過程」『郭沫若全集』第一五巻所収　二一七頁。
[32] 『三葉集』『郭沫若全集』第一五巻所収　一三頁。
[33] 『三葉集』『郭沫若全集』第一五巻所収　四九頁。
[34] 『三葉集』『郭沫若全集』一五巻所収　四九頁。
[35] 『三葉集』『郭沫若全集』第一五巻所収　四七〜四八頁。
[36] 「論詩三札」『郭沫若全集』第一五巻所収　三三七頁。
[37] 「文学の本質」『郭沫若全集』第一五巻所収　三四八頁。
[38] 「論節奏」『郭沫若全集』第一五巻所収　三六〇頁
[39] 岩佐昌暲「福岡滞在期の郭沫若の文学背景その他」九州大学大学院言語文化研究所「言語文化研究」一七号　二〇〇三年二月。
[40] 「天狗」についての具体的な分析は、藤田梨那「郭沫若の「天狗」論」国士舘大学文学部「人文学会紀要」第三六号を参照されたい。二〇〇三年一二月
[41] 『三葉集』『郭沫若全集』第一五巻所収　一五頁。
[42] 「論節奏」『郭沫若全集』第一五巻所収　三五七頁。
[43] 「論節奏」『郭沫若全集』第一五巻所収　三五七頁。

周恩来の中日関係観

曹　応旺／翻訳：杉　権
（中共中央文献研究室研究員）

「概要」

周恩来は一九一七年九月から一九一九年四月まで日本で一年半勉強し生活していた。日本は非常に美しい文化があり、日本人民は勤勉で、勇敢で、叡智だと周恩来は評価していた。中華人民共和国が建国してから、氏が最も多く会った外国からの客人は日本人であった。日本の客人が言った「我々は同文同種だ」との意見に賛同し、これは「友好の種だ」と見なしている。

中日両国は相互理解が最も深く、親戚の国だと言う。中国と日本は歴史において「二千年にも亘る往来と文化交流を有し、両国人民は深い友情に結ばれている。これを大切にすべきだ。しかし、一八九四年以来、半世紀に亘って、日本軍国主義者が中国を侵略し、中国人民に重大な災難を蒙らせたのみならず、日本人民も被害を深く受けた」と周恩来は主張する。氏は中日友好関係の発展を重要視し、極東においては日本と中国の関係は平和に対して決定的役割を果たし、中日友好は双方にとって有利であり、非友好なら双方にとって不利であると考えている。如何に中日友好関係を発展させるべきか？　周恩来は、平和共存、求同存異、礼尚往来、友好は先の原則を打ち出して、目は前方を見つめるべきで、後ろを向くべきではない、大局を重んじ、軍国主義を警戒し、中日関係の米国要素に的確に対処すると提言する。

「キーワード」周恩来、中国、日本、中日関係

二〇一三年の夏休みに日本に来たとき、半世紀にわたって中日友好の仕事に携わっている八八歳のご老人、石川士郎氏を表敬訪問した。二〇〇六年から二〇〇九年までの間、彼とは何回か交流していた。

今回お会いしたところ、石川氏は「最近の中日関係は中華人民共和国建国以来、最も厳しい時期だ」と憂慮の顔で話してくれた。中日両国は、一九七二年九月に当時の日本の総理大臣・田中角栄が北京を訪問して国交正常化を実現したので、石川氏の話で考えれば、島購買事件後の中日関係は国交正常化前の二〇数年間よりも厳しいという結論になる。

中日関係が厳しい情勢の下で、周恩来は如何に中日関係を認識し、処理したかを研究するのは、現在も続く中日関係が抱えている問題を打開し、中日関係の厳しい情勢を緩和するには、参考と啓発になるところがあるだろうと思う。これらが、「周恩来の中日関係観」について述べたい理由である。

1 周恩来の在日経験

中国を知らない、日本を知らない、中日関係を知らない人なら、中日関係観を持ちがたい。中国人にとっては、日本を知ろう、中日関係を知ろうとすれば、書籍やマスコミ、他人から聞く日本の話等だけでは難しいこ

とである。日本で勉強し、生活する経験とそれを踏まえた調査研究も必要であり、此方より彼方へ、表より裏へ、粗を捨て精を取り、偽を捨て真を貯めるようになって、初めて日本が解り、中日関係が解り、中日関係観が形成される。

近代の中国において潮流をリードした人物の多くは、日本で勉強し生活したことがある。周恩来はそれをよく知っている。一九五六年五月一〇日、中南海で日本の客人と会ったとき、次のように話している。

「民主革命初期の時、多くの中国人が日本へ勉強に行って、貴方達の経験を学んだ。郭沫若院長は貴方達のところで教育を受けていた。廖承志先生は幼い時から貴方達のところで学んでいた。趙安博先生も日本で勉強したことがある。孫中山先生も日本に行ったことがある。中山という二文字が日本の名前を使っている。当時、改良派の康有為氏と梁啓超氏も日本に住んだことがある。従って、改良派も革命派も皆、日本に行ったことがある。中国共産党創立初期も多くの人は日本に行ったことがある。例えば、李大釗氏も行った事がある。陳望道氏が訳した「共産党宣言」は日本語版から翻訳されたものだ。

周恩来は、訪れてきた日本の方々に何回も自分が日本で勉強し生活した体験を話している。一九五六年五月一〇日、氏は「私は日本で一年半留学したが、出来が悪い生徒だった」と言った。一九七一年一月二九日に周恩来は人民大会堂で日本卓球協会・後藤鉀二会長をはじめとする日本の友人と会った時、日本で生活し勉強していたことを詳しく紹介した。

「私は一九一七年九月から、一九一九年四月まで日本で一年半暮らした。下宿したところは多く、よく引越しをした。日本へ行って間もないとき、ちょうど十月革命が発生した。中国に戻って間もなく、一九一九年五月四日の『五・四運動』が勃発した。十月革命から、『五・四運動』までの間、私は日本にいた。日本の新聞で十月革命についての紹介を読んでいた。日本は『過激党』と呼んで、紅軍を『赤軍』と呼んだ。日本を離れる時、神戸で船に乗るまで、桜の花が満開の京都に一ヶ月泊まった。船で洞窟を通って、琵琶湖に行った。琵琶湖はとても綺麗だった[1]。」

当時、周恩来は、日記で日本での勉強や生活ぶりと印象、考えたことなどを綴っていた。氏は一九一八年二月四日の日記にこう書いている。

「日本に来てから、すべての事について、そこから何かを学ぼうとする目で見るべきだと思うようになった。日本人の一挙手一投足、すべての行事などを私たち留学生はきちんと留意すべきだと思う。私は毎日一時間余りを使って新聞を読んでいる。時間は大切だというが、それほど時間を割いても彼らの国情などをちゃんと知るべきだ」[2]。

日本人の一挙手一投足とすべての行事についての観察と学習で、周恩来は日本に対する認識を深めた。

第一に、周恩来は「私は日本で生活をし、日本についての印象がとても深い。日本は非常に美しい文化がある[3]」と語る。

第二に、周恩来は日本人民は勤勉で勇敢で叡智があると認識する[4]。

第三に、周恩来は日本での学習と観察を通じて、「新しい思想」を切り開き、「新しい学問」を求め、「新しいこと」をやるべきだと悟るようになった。彼は一九一八年二月一一日の日記で「考えるなら、今よりも新しい思想を考え」、「やるなら、今最も新しいことをやり」、「学ぶなら現実に最も近い学問を学ぶべき」を「三つの宝」と喩える。さらに二月一六日の日記には「決して旧来のものに固執して新しいものと対抗しないし、旧来のものを惜しんで偲ばない」と書いてある。

第四に、周恩来はこの「新しいもの」は軍国主義ではない。軍国主義は行き詰まると考える。氏は「邃密群科済世窮（邃密なる群科世に窮まるを済う）といった救国の志で日本へ赴いた。日本へ行く前、「軍国主義」は中国を救えると考えたことが、氏にはある。日本での現地観察をしたら、「日本も軍国主義を行う国だ。軍国主義の第一条件は〝強権有り公理無し〟だ。二つの軍国主義の政策がぶつかりあったら、どっちが強いか弱いか競い合ってしまう。しかも、軍国主義は必ず領土拡張を最も重要なこととする。」と悟り、「以前、〝軍国〟や〝賢人政治〟という二つの主義は中国を救うだろうと思ったが、今になって考えれば、大きな間違いだった。」と[5]新たな認識を生み出している。

では、この「新しいもの」は一体何だったろうか？ 当時の周恩来の認識はぼんやりとして、あまりはっきりしたものではなかった。まさに、一九一九年四月五日に京都で書いた「雨中嵐山」で表されたもののようだった。

瀟瀟雨、霧蒙浓（激しい雨、濃い霧）‥

一線陽光穿雲出、愈覚姣妍（一筋の陽光が雲間に射す、見れば見るほどに美しい）。

人间的万象真理、愈求愈模糊（この世の万象の真理は、求めるほどにぼんやりとする）‥

……模糊中偶然見着一点光明、真愈覚姣妍

（ぼんやりとした中に、偶然、一点の光明見ていると、更に美しく感じられる[6]。）

ただし、「新を求める、求新」という志向こそ、その後の周恩来の人生の道に絶大な影響を与えている。「求新」は彼にマルクス主義を選択させて、中国の近代化のため終身奮闘させることとなった。

日本での経験を振り返って、「できが悪い学生だった」と周恩来は言ったことがある。これは一九一八年三月と七月の二回にわたり行われた日本語試験の成績が良くなかったからだった。日本語試験の成績が良くなかったのは大量の時間を日本研究にかけていたからだった。物事の発展は弁証的なものである。「禍兮福所倚（禍は福の寄り添うところ）、福兮禍所伏（福は禍の寄り添うところ）といわれるが、周恩来は日本語が下手で進学できなかったのは禍だったが、日本研究と社会問題研究に励み、新しいものを考え、新しいものを学び、新しいことをやるという志向で、最終的に開国の総理となり、世に名を知られる政治家を育て上げている。これは福だった。

もし、日本語が上手で進学できたら、科学者か、エンジニアや教育家になったかもしれないが、必ずしも総理級の政治家にはならなかっただろう。周恩来が禍に因り福を得て、成功に導くことのできた鍵となる条件は、新しいものを考え、新しいものを学び、新しいことをやることにあった。

2 「我々は〝同文同種〟である」

これは一九五四年一〇月一一日、周恩来が日本国会議員訪中団と日本学術文化訪中団と会見したとき、日本の客人から持ち出された話だが、周恩来はその客人の見方に賛同し、「先ほど改進党の先生が我々は〝同文同種だ〟と言われた。したがって、我々はこういった友誼を踏まえて中日関係を改善させることはまったく可能だ」と答えた。彼は「これが我々の友好の種だ」とみる[7]。

「同文」とは、中日両国は文字や文化と習俗において似通うところが多いことを指す。

文字では、中日両国は皆、漢字を使用する。日本語の文法は中国語と違い、片仮名で表記する外来語も大量にあり、日本語の漢字も音読みと訓読みの区別があるけれども、文字としては漢字は日本語の主体となる。中国人は日本語が解らなくても、日本でテレビ番組の字幕を見たら、番組の内容は大体見当がつく。日本の新聞や本を読んでも、大体の意味が理解できる。店名や道路の標識はほとんど漢字で書かれているので、道を間違えることもない。日本にいても、中国にいても、中日両国人同士で言葉が通じなかったら、漢字を通じて手振りを交えた筆談ができる。周恩来は日本語は下手だったけれども、日本にいた時、毎日一時間以上日本の新聞を読んでいた。手振りを交えた筆談の経験も多くあったそう。

文化では、古代中国の多くの古典が日本に伝わって、日本民族思想の重要な源となった。たとえば「和を貴いと為す」は聖徳太子が言ったと多くの日本人は知っているが、実は、これは聖徳太子より遥かに古い中国の儒家経典「論語」に出ているものである。もう一つの例を挙げて言えば、日本に「上善若水」という名前の清酒があるが、この「上善若水」は中国道家経典「道徳経」からのものである。もう一つ例を挙げよう。東京メトロのある駅のホームの壁画に漢字で「立春、雨水、啓蟄、春分、清明、穀雨、立夏、小満、芒種、夏至、小暑、大暑、立秋、処暑、白露、秋分、寒露、霜降、立冬、小雪、大雪、冬至、小寒、大寒」といった二十四節気が書かれてある。疑いもなく、この二十四節気は中国から日本に伝わってきて、日本の農業発展を促進したと思う。

周恩来は日本での一年半の所見等を通じて中日間のこういった文化的つながりをよく知っている。彼は「歴史上、我々の文化は互いに交流し、影響しあった」、「歴史上、両国は文化往来がとても頻繁だった[8]。」と言う。中日両国は相互理解がもっとも深い。東方の国々では最も中国を知っているのが日本だ。我々もわりと日本のことを知っているが、貴方達と較べればまだ差があると、周恩来は話す[9]。

習俗では、中日両国の共通点も多い。中国の春節、端午節、中秋節は中身が多少違うが、日本の祭日でもある。戦後、日本政府はこれらの祭日の時間を農暦（旧暦）から西暦に変えたそうだ。中国の箸、豆腐、しょう油も日本に伝わって日本人の好みのものとなっている。日本の民族衣装というべき着物は呉服とも呼ばれる。それは古代中国の呉の国から伝わった織り方によって作った織物だからだ。周恩来は日本で豆腐を食べたり、箸を使ったりすることがある。一九一七年一二月二二日に、南開の同窓陳頌言に書いた手紙には日本の魚料理を食べた事に触れ、こう書いている。「美味しく戴いた。その風味は故里の魚料理を戴いているようだった」[10]。

「同種」とは、中日両国は人種的血縁的に密接な繋がりがあることを指す。

中国人も日本人も有色人種で、肌が黄色で瞳が黒い黄種人である。中国人と日本人は顔つきや振る舞いが似ていて、口を開いて話さない限りでは、中国人か日本人か解らない場合も多いだろう。一九五五年一〇月一五日、毛沢東と林山栄吉氏が率いた日本国会議員訪中団との会見に周恩来は同伴した。「我々は皆有色人種だ。有色人種は軽蔑されている。最大の〝欠陥〟が有色だ。有色金属が好きで、有色人種が好きでない人はいるが、私から見れば、有色人種は相当有色金属に似ている。有色金属は貴重な金属だ。有色人種は少なくとも白色人種と同等に貴重だ。」と毛沢東は語る[11]。

周恩来は中国と日本は親戚で、血縁関係があると見る。秦朝の時代に徐福は三千人の少年少女を連れて日本に渡って来た。今日の日本に徐福の子孫も少なくなかろう。羽田孜元総理が自分の祖先は徐福だと言っている。羽田と言う氏姓は秦の始皇帝の「秦」で、日本語での発音は同じである。しかし、周恩来は「徐福東渡」という意味で中日は親戚関係にあると捉えるのではなく、現代の中日両国間の通婚から主張する。一九五六年一一月六日、周恩来は日本の客人と会ったとき、次のように話した。

「過去数年、我々は三万から四万人の日本人の帰国に協力した。彼らは戦後期間中に、我々のために有益なことをやってくれた。我々は彼らを懐かしく想っている。いま、少なくない日本人女性が中国で中国人と結婚しているが、実家は日本に在る。彼女たちも実家に帰って家族と会いたがっている。我々両国はすでに親戚の国同士だ[12]。」

このような話は氏が何回も話している。一九六一年二月二八日、周恩来は来訪の日本の客人に「中日両国は戦争を経て新たな要素が現れてきた。少なくない日本人が中国から帰っていったが、中国に残っている日本人も少なくない。戦争は人々を対立させるものだったけれども、互いの接触と理解も増やしている。ご存知のように、五〇〇〇名余の日本女性は中国人と結婚している。これは歴史上稀なことだ。両国はすでに親戚関係となっている。」[13]と語る。

3　如何に中日間の歴史を見るべきか

一九七二年九月二五日に、田中角栄日本国総理大臣を歓迎する宴会では、周恩来は「我々両国の歴史においては、二千年もの友好往来と文化交流を有して、両国人民は深い友情に結ばれている。我々はそれを大切にすべきだ」と挨拶した。

これは周恩来の一貫した考えである。二千年もの友好の歴史と比較すれば、一八九四年以来の数十年間における良くない歴史は短い一刻だと周恩来は考える。一九五四年一〇月一一日、周恩来は会見した日本の客人に「中日関係の歴史から見れば、我々は二千年も平和共存していた。貴方達の国は海にあり、数千年も独立していた。もしも、歴史上で日本を侵略した中国の民族があったと言えば、それは元朝のモンゴル族上層部だった。しかし、彼らは負けて帰ってきた。六〇年来、中日関係は良くないが、これは過ぎ去った。我々はそれを終わらせるべきだ。歴史を再び繰り返してはいけない。これはできるはずだと想う。中日両国人民の中に友情が存在しているからだ。数千年と比べれば、六〇年は大したものではない。」と述べる。

では、一八九四年以来の中日関係をどう見るべきか？

第一に、「一九八四年以後の半世紀にわたり、日本軍国主義者の中国侵略によって、中国人民が重大な災難を蒙ったのみならず、日本人民も深く被害を受けた。前の事を忘れず、後の戒めと為す。こうした教訓を我々はしっかりと覚えるべきだ。」と周恩来は指摘する[14]。

第二に、周恩来は日本軍国主義者を広範な日本人民と厳格に区別すべきだと考える。一九五六年五月一〇日、周恩来は、「日本は偽満州国を助けた。それは少数の軍国主義者がやった悪事だった。多くの日本人は良いことをやる」[15]と会見した日本の客人に話した。一九六一年二月二八日、周恩来は山本熊一氏が率いた日本経済友好訪中団と会見した際、「日本軍国主義は中国人民に災難を齎したと同時に、日本人民にも災難を齎した。」「日本は戦争で原爆の破壊を蒙って、損失はとても大きかった。教訓を汲み取った日本人民の間では、侵略戦争反対の運動が日増しに高まっている。」と指摘し、一九六四年四月一八日、松村謙三氏等、日本の客人に「戦争の禍害は軍国主義が作り出したもので、日本人民も中国人民も苦しみを蒙った。しかし、軍国主義の罪悪も人民を教育している。人民は立ち上がって軍国主義に反対し、侵略戦争に反対し、それを人民に押し付けることに反対している。」[16]と指摘する。

第三に、周恩来は少なくない日本人が反戦同盟に参加し、中国の解放戦争に参加して、中国革命の勝利に貢献したと評価する。一九五四年一〇月一一日、周恩来は日本の友人と三時間以上も会談した。一部の内容は「周恩来外交文選」に収録されている。その中にこういった会話がある。

「一九四五年八月一五日以後、日本軍は武器を捨てた。その日の前までに、一五年間戦争で戦っていたけれども、一旦、武器を捨てたら、日本人が中国人と友好的になった。中国人も日本人を友人として、憎みを抱かない。最も大きく、最も感動的な出来事は東北で起きたのだ。当時、武器を下ろした多くの日本軍人は帰国せずに、一部の日本民間人と一緒に中国人民解放軍に参加した。病院で医者や看護婦をやる方もいれば、工場で技師や、学校で教師をやる方もいる。昨日は、まだ戦場で戦い合ったが、今日は友人となった。中国人民は彼らを信頼し、憎しみを覚えない。大多数の日本の友人が仕事を良くしていて、手伝ってくれている。我々は彼らにとても感謝している。彼らは皆、自発的に集まってきたもので、我々が捕虜にして強制連行したものではない。昨年、大多数の方が帰国された。二万六千人余りもいた。信じられなければ、日本に帰ったら、彼らに聞いてみるとよい。

戦い合っていた人々は武器を投げ捨てたら、一緒に仕事をして、しかも互いに信頼している。多くの中国人は負傷して、日本人医者に手術をしてもらう。病気の時、日本人看護婦に看病してもらう。彼らをとても信頼している。工場で、中国人は日本人技師を信頼して、一緒に機械を動かしている。科学院で、中国の科学技術者は日本人科学技者の研究成果を信頼している。これは友情だ、真の友情だと言える。信頼できる友情だ[17]」

第四に、周恩来は中国に対する日本の侵略は、中国人民を目覚めさせる役割と反面教師の役割があったと考える。アヘン戦争以来、西側政治家は中国を「眠れる獅子」に喩える。悠久の歴史を有しながら、眠っているうちに、何回も帝国主義に辱められた。「九・一八事変」と「七・七事変」での日本の中国に対する侵略で、中国を目覚めさせたのだ。この間に生まれた「義勇軍行進曲」は中国が目覚めたシンボルだった。「中華民族に迫り来る最大の危機、皆で危急の雄叫びをなさん」と、この歌詞はけたたましく叫び、「立ち上がれ　隷属を望まぬ人々よ！　我等の血と肉をもって、我等の新しき長城を築かん」、「立ち上がれ！　立ち上がれ！　立ち上がれ！　万人が心を一つにし、敵の砲火に立ち向かって進め！」と呼びかける。この歌に感化されて、中国が日本軍国主義を負かしたとも言える。中華人民共和国は建国後、これを国歌に定めた。周恩来はこれは世界で最も良い国歌だと言ったことがある。一九七一年三月一三日、明貝昭二氏等日本の客人と会ったとき、次のように語った。

「一八九四年から一九四五年までの五一年間は中国人民にとって、大きな試練だった。だから、日本の資産階級・南郷三郎氏が毛主席と会った時、日本帝国主義が中国を侵略したので、日本人民が中国人民に謝罪すべきだと言ったら、毛沢東同志は『謝罪は要らない。かえって、私たちは日本軍国主義に感謝する。甲午戦争と日露戦争だけだったら、中国人民を教育できなかったろう』と言われた」

周恩来は、一九七二年四月二一日、三木武夫氏とその随行者と会ったとき、「歴史上、言われた通り、一衣帯水で、中日の良い関係はあんなに長かった。その中で、半世紀、たったの五〇年だったが、中国人民だけではなく、日本人民も軍国主義の災難を蒙った。軍国主義の被害を蒙ったから、中国人民は自覚できた。団結ができた。だから解放された。軍国主義は貴方達の広範な人民にも直接被害を蒙らせたので、戦後、軍国主義の復活に反対する人民がますます多くなっているのだ。従って、我々両国人民とも、軍国主義という反面教師で目覚めさせられたのだ」[18]と述べた。

第五に、周恩来は近代以来の日本の工業化を日本の軍国主義と区別すべきだと考える。一九五四年一〇月一一日、周恩来は日本の客人にこう話した。

「ここ百年来、日本は経済と文化では中国の先を進んでいる。明治維新を通じて、日本は工業化した。中国は過去の長い間に、各面において立ち遅れてきた。中国には古くからの文化があるとよく言われるが、あれは昔のことである。歴史ではその地位があるけれども、ここ百年の中国の発展は遅れをとっている」

軍国主義は日本に災難を齎したが、工業化は日本人民の経済発展に有利だった。日本人民は立ち遅れた国を工業化した国にした。これは日本にプラスがあったと同時に、アジアと世界にも貢献があった[19]と、周恩来は考え、

「ここ八〇年来、中国は西洋文化を学んでいるが、多くは貴方達のところを通して学び取ったものだった。健在な中国の古い世代で、今、政治活動に従事している方々の多くは日本に留学したことがある。在席の郭沫若先生が留日生の重要な代表的人物だ。彼は貴方達の帝国大学で医学を勉強したことがある。日本文化は私たちにこのような良い事を与えてくれたので、私たちは感謝すべきだ」と指摘した[20]。

4　如何に中日関係を処理すべきか

中日両国は隣り合っていて、領海、領土、領空が接している。中日両国は「同文同種」で、互いの理解が最も深い。中日両国は密接な経済的、政治的、文化的、生態系の繋がりを有する。中国で発生する黄砂、大気汚染は日本に注目される。日本福島原発の核漏洩も中国で注目される。従って、相手が良ければ、自分もその中から恩恵を受けるし、相手が災いに見舞われた時に、自分だけ身の安全を図れるはずがない。

中日関係は最も重要な国と国の関係の一つだと周恩来は考える。

一九五六年五月五日、周恩来は中南海紫光閣で日本労働者代表団、日本五金機械産業組合代表団、日本機関紙代表団と会見したとき、「極東では日本と中国の関係が平和に対して決定的役割を果たす。我々両国が友好なら双方にとって有利であり、非友好なら双方にとって不利だ。我々は友好なら、共存共栄ができる。友好で

はなかったら、生存も繁栄も影響される」と言い、同年一一月六日に、「中日両国人民が多く行き来して、関係が密接になったら、お互いはより近く感ずるようになり、より友好的な関係を築けるだろう。これは極東とアジアの平和に寄与するものだ」と、会見した日本の客人に述べた。

一九五七年四月二〇日、日本の客人を歓迎する宴会では、「中日両国人民は歴史上の友好伝統を回復すべきであることはもちろん、新たな基礎を踏まえた友好関係を発展させていかなければならない」と挨拶した[21]。

如何に中日友好関係を発展させるべきか？　周恩来はいくつかの重要原則を打ち出している。

一つは平和共存を堅持すること。

一九五三年の末、周恩来は互いに領土主権を尊重し合い、侵犯せず、内政干渉をしない、平等互恵と平和共存といった原則を提言した。そして一九五四年一〇月一一日、会見した日本の客人に、中日関係の鍵は平和共存だと指摘し、「昔、日本は中国を侵略したので、今日、中国は強くなったら、日本を脅かさないかと皆さんは聞くかもしれないが、私達は誠心誠意で世界平和のために奮闘していると皆さんに保証する。」「いわゆる〝同文同種〟も〝共存共栄〟も他国を侵略するためではなく、排斥するためでもない。平和共存のためだ。」「正常な往来に従ってやれば中日の文化交流の発展力はとても大きなもので、その鍵は平和共存だ。どちらも別の思惑を持つべきではない」と語った。

一九七二年九月二五日、田中角栄首相を歓迎する宴会では「中日両国は社会制度が異なるが、これは我々両国が平等で友好的な付き合いの支障になるべきではない。中日国交を回復して、平和共存五原則の上で友好善隣関係を樹立することは我々両国人民の友好往来を更に発展させ、両国経済と文化交流を拡大して、明るい見通しを切り開くことができるだろう。中日友好は排他的なものではなく、アジア情勢の緊張を緩和し世界平和を維持することに貢献するだろう。」と周恩来は指摘した[22]。

平和共存をどう堅持するか？　まず誠と信を守るべきだと周恩来は考える。学生時代の周恩来は「誠能動物論（誠が物事を動かす論）」という文章を書いて、「誠は物事を動かすことができ、誠が無ければ、物事も無くなる」と考え、総理になってから、中日関係の処理に当たって、更に誠と信を強調している。「政治に従事する各国の人々が往来を増やし、了解を深めるべきだと私たちは主張する。とりわけ、中日両国について、平和友好と共存共栄を求めているので、大いに往来すべきだ。互いは誠を持って付き合い、言った通りに物事をやる。決して陰謀をやらない。古い時代の陰謀詭計はもう通用しない。新しい方法でこそ共存できるようになる」と一九五七年二月二七日、周恩来は日本の客人に説明した。

一九七二年九月二八日、周恩来は来訪の田中首相と会談した際、「私たちは新たに国交を正常化するには、まず信義を大切にすべきだ。これは最も重要である。私たちは外国と付き合うとき、ずっと、信義を守っているのだ。我々は約束を守るのだといつも言っている。中国には「言必行、行必果」という古い言葉がある。皆さんのご来訪がこの精神を表している」と語り、「言必行、行必果」を中国語で書いて田中氏に贈った[23]。

二つ目は求同存異を堅持すること。

中日の「同文同種」は中日両国の共通面を指すが、国際関係においては、この種の共通面は特殊性を有する。これは、絶対多数の国々は同文でも同種でもないからだ。中日間の「文」と「種」は共通する面もあるが、差異も明らかだ。周恩来は東京で半年余りも日本語を勉強したにもかかわらず、日本語での交流は出来なくて、日本語試験は二回も落第した。日本語と中国語は大きな違いがあるとよく判る。中国人系日本学者の陳舜臣氏が「日本人と中国人」という本で中日の「文」と「種」の差異について深く研究した。

当然ながら「異」を研究するとき、「同」を無視してはいけない。さもなければ、一方に偏ってしまうおそれがある。中日間では、「文」と「種」において同と異があるだけではなく、両国の利益においても同と異がある。周恩来が外交活動を指導する重要な原則は求同存異だ。外交に関する求同存異は、一九五五年に、日本の高碕達之助氏も参加したバンドン会議で周恩来が打ち出したものだ。「我々の会議は求同存異にすべきだ」と彼は主張する。

一九六四年四月二三日、日本関西経済訪中団と会見したとき、「中日両国ともアジア・アフリカ国だ。九年前、両国ともバンドン会議に参加した。あの場で私たちが尊敬している高碕達之助先生と知り合った。彼は日本政府代表団団長だった」と振り返った。

その五日前、周恩来は松村兼三と会談したときも、求同存異の原則に触れた。アジア・アフリカの国々同士では「紛争はありうることだが、総じて言えば、求同存異ができるはずだ。民族独立を実現し、自国を建設し、侵略戦争に反対して、世界平和を維持するために、これらの国々は友好協力をしなければならない」と考え、田中総理を歓迎する宴会では、「双方の努力によって、充分な協議で大同を求めて小異を残せば、中日国交正常化は必ず実現できると確信する。」と強調した[24]。

三つ目は礼尚往来（礼は往来をたっとぶ）、友好は先。

礼尚往来は中華民族の伝統である。中華人民共和国建国当初から、周恩来は「礼尚往来」を外交活動の指導原則に定め、「貴方が私に友好的だったら、私も貴方に友好的だ。貴方が私に友好的ではなかったら、私も友好的にはしない。鋭く対抗する。来して往せずに礼非ず。私達はいつも後発で人を制す方法を採っている。貴方が一手を打ってきたら、私も一手を返す。」と説明する。その後の周恩来の説明によれば、「礼尚往来」とは大体四つの意味が含まれる。

第一、「待つこと。自分の見解を他人に押し付けるべきではない」。

第二、「決して、第一砲を撃たない。他人が先に悪いようにしてきても、私達は絶対先に人にすまないことをしない」。

第三、「人に侮られて、備えざるを得なくなるほどに攻められたら、反撃する」。

第四、「三舎に退避。つまり、先に攻められたら、先ず、退けて警告する。また攻めてきたら、また、退けて警告する。但し、事は三回を越えない」。


中日友好関係を発展させるため、周恩来は中日両国人民が大いに往来すべきだと強調し、松村兼三氏との会談では「私たちの政策はこうだ。私たちに対して友好的な国なら、私たちはより一層友好的な態度で付き合い、私たちを敵視するなら、私たちも同様の態度で抵抗する。つまり、友好を推進するにあたっては、私たちは積極的に進んで友好的な姿勢で皆さんと仲良く付き合うことを求めるのだ。もし私たちを敵視するなら、私たちは抵抗していくが、人より先に敵視しないのが私たちの原則だ。これらの原則を言葉二つで言えば、友好は先に、抵抗を後にすることだ[25]」と述べた。「友好が先」の原則を出したのである。


四つ目は前を見つめて大局を重んずること。

中日関係は極めて複雑である。後ろを見るだけで前を見ずに，小利をばかり計算し大局を考えなければ、中日関係はうまくいかない。周恩来は一九五六年六月二八日に、「我々両国は歴史上で友好的な関係が長かった。その中の短い一時期だけは不愉快なことがあったが、今はその一時期を忘れて、長期の友好関係を発展させるべきだ。このたび中国政府が進んで収監していた日本戦犯を釈放したのもこれを証明している。」と指摘し、一九六一年二月二八日に訪中の山本熊一氏に「山本先生は謝罪の話をされた。これはもう過ぎ去ったことで、再び持ち出さなくていい。双方とも前を見つめるべきで、中日両国人民は永遠に友好的に付き合うべきだ。」「中日両国人民とも歴史を鑑みて、数十年の不愉快な出来事の影響を取り除くよう努めて、中日両国の数千年の友好関係を新しい時代を踏まえて永遠に発展させていくべきだ。」と述べた。

一九六四年四月二三日、日本関西経済訪中団と会った時、中日両国が誠心誠意で仲良く付き合って協力することは「この二つの民族と二つの国家にとっての遠大な理想だ。」「中日経済協力の問題に関しては、視線をより遠くへ向けるべきだ。」「平和共存五原則とバンドン会議十原則に従って、平等互恵を踏まえて経済協力を行えば、限りない発展の見通しが展開されるだろう。」と指摘した[26]。

一九七二年七月一六日、周恩来は佐々木更三氏と会見。田中首相らが中国へ謝罪に来るつもりだと客人が話したところ、周恩来は、「謝罪というような類の話はもう話さなくていい。今の日本新政府はすでに昔、侵略を発動した日本帝国主義から遠くかけ離れている。いま、我々は未来を向くべきで、後ろを見るべきではない。それよりも今後の問題解決に取り組むべきだ」と答えた。

中日友好関係を発展させるには、小局が大局に従わなければならない。台湾がまだ祖国に復帰していない状況下、中日関係の発展は如何に台湾の問題に対処するかというところにもある。

一九七三年九月九日、周恩来は小川平四郎日本駐中大使と会ったとき、次のように述べている。「確かに台湾という障害があり、この事実を認めるべきだ。けれども、これはいつかは解決する。中日両国はこのことで大きな方針に支障を与えるべきではない。大きな方針とは、中日両国が如何に平和友好条約に調印できるかということだ。これは極東情勢の改善に有益だ。中日両国が小によって大を失わないよう希望する。中日平和友好は大局で、台湾は小局だ。台湾という小局で大局の前進を妨げるべきではない。小局は大局に従うべきで、大局は小局に従うべきではない。名も言も正した状態にすべきだ。中国は一つだけだ。二つの中国があってはいけない。一部の日本人はどうしても台湾と往来しようとする。私たちはこれを重視しないが、一つだけ強調する。もし日本政府、または国会の代表者が台湾へ行ったら、問題は大きい。それはいけない。それは二つの中国を認めるに等しい。台湾を中国の一部と扱うなら、それは別の問題である[27]。

五つ目は軍国主義を警戒すること。

軍国主義は近代五〇年間、日本が中国を侵略した元凶で、中日両国が新たな基礎に立って友好関係を前進させるに当たっての大敵で、中日友好の大局を維持するに当たっての破壊的要素だ。周恩来は軍国主義を警戒し、軍国主義の復活を極力制止しなければならないと認識する。一九六〇年一〇月二三日に、周恩来は高碕達之助氏に、「日本は敗戦国だが、戦後すでに一五年経った。独立した日本は自分の自衛力を持つべきだ。これは私達の一貫した主張だ」と語ったが、これは日本軍国主義の復活とは違う意味であって、混同してはいけないと周恩来は考える。

一九七二年一一月九日、周恩来は「軍国主義者・東條英機を美化することは日本人民に何もプラスがない。政治家にしろ、知識人にしろ、軍人にしろ、日本が東條の侵略失敗の歴史を研究しないばかりか、美化しようとしたら、将来、必ず過去の二の舞を踏むだろう」と会談した日本の客人に強調し、一九七四年四月二二日、「自衛か拡張か、これは日本の思想界ではまだ問題となっている。若干の自衛力は当たり前だが、自衛武装を口実に軍国主義を回復しようとする勢力がいる。武士道やら、天皇制やら、靖国神社法案やらも持ち出されている。このような人は多くないが、そのエネルギーはとても大きい[28]。」と日本の客人に指摘した。

また、日本の発展方向には二つの道への戦いがあるだろうと周恩来は見ている。

「多くの日本人民は平和、独立、中立と民主主義の道を求めていると思う。ここ数年の国民運動の発展はこれを語っている。けれども、軍国主義を復活して日本の昔の道に戻ろうとする人も少ないながらいると私たちも留意している。」

日本が軍国主義を復活したら、解決できない五つの矛盾を引き起こすと周恩来は分析する。即ち、日本軍国主義と日本人民との矛盾、中国との矛盾、アジアの国々との矛盾、アメリカとの矛盾、日本経済界との矛盾だ。「今日の中国は新しい中国だ。他国を侵略しないが、いかなる外来の侵略に対しても、必ず抵抗して、それを撃退する。日本が軍国主義を復活したら新たな矛盾を作り出してしまい、新中国と友好的にできないばかりか、対立してしまう。これは日本にとっても、不利だ。」

「日本がいったん、軍国主義を復活したら、アメリカの話を聞くか聞かないか迫られることになる。アメリカに従うことを日本人民は認めないだろう。しかし、従わなかったら、アメリカは更に日本を制御しようとするだろう。」と指摘し、「友好的な隣国として、この点をはっきり指摘したい。再び軍国主義の古い道を歩むのは前途がない。」[29]と語る。

六つ目は中日関係の米国要素に的確に対処すること。

第二次世界大戦では、日本軍国主義への反撃に当たって中国とアメリカは互いに支援しあった。中国は抗日の主戦場となって、アメリカをはじめその他の戦場における連合国の圧力を軽減した。そして、アメリカの対日決戦とソ連の宣戦が日本軍国主義の失敗を加速させた。中、米、英三ヶ国による「カイロ宣言」と「ポツダム公告」は、日本が窃取した中国の領土、例えば東北、台湾、澎湖列島等々を中国に返還し、日本軍国主義を永遠に壊滅させるべきだと宣告した。周恩来は「アメリカ人民は偉大な人民であり、中国人民は偉大な人民だ。

我々両国人民はずっと友好なのだ。」と語る。

戦後、米政府は中国共産党指導の中国に対して二二年にもわたった孤立と敵視政策を採り続け、一方的対日講和をし、日本の反共、反中勢力を扶植していた。日本政府は米国に束縛され、米国の中国排斥政策に追随していた。この間、周恩来は中日関係を促進するための政治三原則と貿易三原則を打ち出した。政治三原則は日本政府に対するものだ。「第一、日本政府は中国政府を敵視してはいけない。これに中国政府は日本政府を敵視していないからだ」。「第二、アメリカに追随して〝二つの中国〟の陰謀をやってはいけない」。「第三、中日両国関係の正常化の方向への発展を妨げてはいけない」である。

貿易三原則は経済界に向けてのものだ。即ち、「一、政府協定：二、民間契約：三、個別配慮[30]」。また、民間から始めて、民で官を促し、蓄積漸進で中日国交を推進すると打ち出した。

田中首相が訪中し中日国交正常化を実現させたのは、ニクソンが訪中し、中米関係が和解するという背景があってのことで、民で官を促す蓄積が基礎的役割を果たした。ニクソン訪中を最も座視してはいられない国は日本だったが、田中訪中による日国交正常化の実現は米国の先を進んだ。これに対して一九七五年一月二〇日、重病を患う周恩来は病院で会った日本の客人に、「田中先生は就任直後すぐ国交回復の決断を下した。これはすばらしいことだ。称賛に値する。彼はニクソンより勇敢だ」と、田中氏を讃えた。

周恩来は、ソ連が解体し、東欧が激変して、中国の特色ある社会主義が未曾有の発展を勝ち取っているのを目にすることはできなかった。但し、米国がアジア太平洋回帰でリバランス戦略を推進している今日、日本は政治が右傾化し、中国、韓国との関係緊張が国際社会の憂慮を引き起こしている。これは周恩来が見たくなかったことだろう。

一九七二年四月二一日、周恩来は三木武夫日本元外相と会って次のように述べた。

「私達は連携して誰かに反対するのではなく、如何なる国による戦争発動にも反対し、侵略に反対するのだ。侵略しようとしない相手に、私たちがなぜ反対するのか？　戦争を起こそうとしない相手に、私たちがなぜ反対するのか？　私たちは平和と友好を堅持する。太平洋はいつか、本当の〝太平洋〟になれる」[31]。日本が平和牽引の役割を果たす限り、太平洋は太平になる。これは米国に有利で、中国にも有利で、日本にも有利だ。これこそ、周恩来が望んでいることだろう。

注

[1] 周恩来外交活动大事记　一九四九—一九七五　世界知识出版社　一九九三年版、第一四五、一四六、五七七〜五七八頁
[2] 周恩来早期文集　一九一二年一〇月—一九二四年六月　上巻、中央文献出版社　南开大学出版社　一九九八年版、第三一七頁
[3] 周恩来外交文选　中央文献出版社　一九九〇年版、第九〇頁
[4] 周恩来外交活动大事记　一九四九—一九七五　世界知识出版社　一九九三年版、第八八頁
[5] 周恩来早期文集　一九一二年一〇月—一九二四年六月　上巻、中央文献出版社　南开大学出版社　一九九八年版、第三三一、三三五、三三七頁
[6] 周恩来早期文集　一九一二年一〇月—一九二四年六月　上巻、中央文献出版社　南开大学出版社　一九九八年版、第四一三頁
[7] 周恩来外交文选　中央文献出版社　一九九〇年版、第八八頁、八九頁
[8] 周恩来外交文选　中央文献出版社　一九九〇年版、第九〇頁
[9] 周恩来外交活动大事记　一九四九—一九七五　世界知识出版社　一九九三年版、第一四五頁
[10] 周恩来早期文集　一九一二年一〇月—一九二四年六月　上巻、中央文献出版社　南开大学出版社　一九九八年版、第三〇四頁

[11] 毛泽东外交文选 中央文献出版社 世界知识出版社 一九九四年版、第二一九頁
[12] 周恩来外交活动大事记 一九四九—一九七五 世界知识出版社 一九九三年版、第一六八頁
[13] 周恩来外交文选 中央文献出版社 一九九〇年版、第三〇五頁
[14] 周恩来外交文选 中央文献出版社 一九九〇年版、第八七、四九四頁
[15] 周恩来外交活动大事记 一九四九—一九七五 世界知识出版社 一九九三年版、第一四六頁
[16] 周恩来外交文选 中央文献出版社 一九九〇年版、第三〇三、三〇四、四〇五頁
[17] 周恩来外交文选 中央文献出版社 一九九〇年版、第八八頁
[18] 周恩来外交活动大事记 一九四九—一九七五 世界知识出版社 一九九三年版、第五八三、六二九頁
[19] 周恩来外交活动大事记 一九四九—一九七五 世界知识出版社 一九九三年版、第八七、八八頁
[20] 周恩来外交文选 中央文献出版社 一九九〇年版、第九〇頁
[21] 周恩来外交活动大事记 一九四九—一九七五 世界知识出版社 一九九三年版、第一四四、一四五、一六八、二〇一頁
[22] 周恩来外交文选 中央文献出版社 一九九〇年版、第八七～九〇、四九五頁
[23] 周恩来外交活动大事记 一九四九—一九七五 世界知识出版社 一九九三年版、第一九三、六四九頁
[24] 周恩来外交文选 中央文献出版社 一九九〇年版、第一二二、四二一、四〇七、四九五頁
[25] 周恩来外交文选 中央文献出版社 一九九〇年版、第五一、三二七、三二八、四〇六頁
[26] 周恩来外交文选 中央文献出版社 一九九〇年版、第一六八、一六九、三〇三、三〇四、四一二、四二一頁
[27] 周恩来外交活动大事记 一九四九—一九七五 世界知识出版社 一九九三年版、第六三八、六八四頁
[28] 周恩来外交活动大事记 一九四九—一九七五 世界知识出版社 一九九三年版、第二九二、二九三、六五五、七〇一頁
[29] 周恩来外交文选 中央文献出版社 一九九〇年版、第三〇六～三〇八頁
[30] 周恩来外交文选 中央文献出版社 一九九〇年版、第四九二、二九〇、二八九頁
[31] 周恩来外交活动大事记 一九四九—一九七五 世界知识出版社 一九九三年版、第七〇八、六二九頁

法政速成科のメタヒストリー
――法政速成科一一〇周年に際して――

古俣　達郎
（法政大学史センター専門嘱託）

はじめに――法政速成科一一〇周年に際して――

法政大学清国留学生法政速成科（以下、法政速成科）は、本年（二〇一四年）をもって、その設立から一一〇周年[1]を迎える。二〇一一年に、辛亥革命一〇〇周年を迎えたこともあり、法政速成科への注目は近年、非常に高まっており、身近なところでは、法政大学国際日本学インスティテュートに所属する大学院生たちの学位論文においても、法政速成科および中国人留学生史をテーマとしたものが年々増加しつつある。

本稿では、このように法政速成科研究が隆盛を迎えつつある中で、一度、過去に遡り、法政速成科に関するこれまでの言説の系譜を辿ることによって、法政速成科像の変遷や法政速成科研究の進展状況を明らかにすることを目的とする。

方法論的にはさしあたり、筆者自身の法政速成科そのものについての解釈を述べることは禁欲し、これまで法政速成科がどのように語られ、論じられてきたか、という観点から見ていくこととする（ただし、「おわりに――法政速成科研究への諸提案――」においては、筆者なりの法政速成科研究に関する見解を少々述べている)。本稿で詳述したように、法政速成科は各時代によって、さまざまに論じられ、法政速成科に関する表象や解釈も変遷を重ねてきた。もちろん、その時代固有の事情による資料的制約があったことも確かだが、その表象や解釈は社会的、政治的なコンテキストや法政大学内の状況を反映したものでもあった。本稿で論じた過去の法政速成科への言説に対して、今日の新たな法政速成科研究は、どのように法政速成科を論じ、そして、どのような法政速成科像を描くのだろうか。本稿がそのための一助となるならば、筆者にとって望外の喜びである。

1 法政速成科と法政スピル運動――「梅謙次郎物語」の一部として――

法政速成科[2]とは、明治後期に法政大学が清国からの留学生に短期速成(修業年限は当初一年であったが、のちに一年半)の法学教育を施すために設立した学科である。

日清・日露戦争での日本の勝利は、アジア圏に大きな衝撃を与え、「近代化のモデル」として日本への注目が高まり、中国・韓国を中心としたアジア圏からの留学生の急増へつながった。

中国においては、一九〇五年に清朝が科挙制度を廃止し、それに代わって日本への留学が公然と奨励されたこともあって、日本留学熱は最高潮に達した。この時、日本のさまざまな教育機関は、急増する留学生のための受け皿として留学生向けの学科を設置したり、新たに学校を設立したりしたが、法政速成科もそのうちの一つである。

法政速成科は、留学生の中心的存在だった曹汝霖と范源廉が、中国の政治状況の改善のためには人材養成が必要で、そのために「速成の法政班」を開設し、人材養成を行いたいと、当時の法政大学総理 梅謙次郎に懇請したところ、梅もそれに賛同し、一九〇四年五月に開設された[3]（なお、一九〇七年には速成科とは別に、修業年限三年の普通科と修業年限一年の予科も設置されている）。法政速成科からは、第一班から第五班（一九〇八年四月卒業）まで計一二五六名の卒業生を送り出し、帰国後、卒業生の多くは、法律、政治、教育などさまざまな分野で活躍したことで知られている。

以上が法政速成科に関する概要であるが、法政速成科はその廃止後、しばらくはあまり顧みられることがなかったようである。その理由としては、設立者である梅の逝去（一九一〇年）、辛亥革命の勃発（一九一一年）によって中国人留学生の大半が帰国したこと[4]等が要因ではないかと推測されるが、少なくとも一九一〇年代から一九二〇年代後半まで約二〇年間、法政大学の歴史に関する資料群のなかで、その名を見ることはあまりない。管見の限りでは、この期間の法政速成科に関する言説としては、卒業生数が報告されている卒業式の学事報告[5]、一九二三年創刊の『法政』における松室致学長の序文[6]、東川徳治の『博士 梅謙次郎』（一九一七年）[7]等を挙げることができる。最後の東川のものは、後々まで参照される重要な文献ではあるが、これらはいずれも個別的なものであって、まとまった言説の系譜として描くことは難しい。

このような状況に最初の変化が起こったのが、一九二〇年代末に起こった「法政スピル」運動[8]においてである。

その頃の法政大学は、一九二〇年の大学令を乗り切り、専門学校令に基づく法律専門学校から私立大学へ脱皮し、松室致学長の下、予科・文学部においては野上豊一郎を中心に、森田草平、内田百閒、小宮豊隆らの漱石門下が、経済学部においては高木友三郎経済学部長の下に、平貞蔵、友岡久雄、山村喬ら新人会出身のマルクス経済学者たちが集まるという、「ブリリアントな陣容」（飯田泰三）で、法律学を中心とした単科大学的なあり方から、法文学部と経済学部の二学部および予科と大学院を備えた総合大学へと発展する途上にあった[9]。

特に野上が指導する予科は評判が高く、加えて、関東大震災の被害が他大学と比較するとわずかで、建設されたばかりの富士見校舎もほぼ無傷だったという僥倖もあり、志願者が急増していた。一九二四年に入学した中野勝義の回想によれば、「法政の予科が非常にいいという評判で、非常に鍛えるということで、当時震災で各大学が焼けてしまつて、法政だけが校舎が健全だということで、それからうんと志願者がふえた」[10]とのことである。いわば、この当時の入学者たちは法政大学へ強い意欲と誇りをもって入学してきたのであって、その彼らが発展の過程にある母校への愛校心から、現代風の言葉遣いに直すならば、「大学のアイデンティティ」の探求を目的として始めた運動が「法政スピル」運動であった。

「法政精神」を意味する「法政スピル」は、当初は「法政スピリット」と呼ばれていたが、その最初の使用例は、中野もその創刊に関わった『法政大学新聞』の第二号（一九二八年一二月一四日）[11]の梅の銅像作成を呼び掛ける記事の中においてである。

梅先生を誇れ！　大法政の建設者を高く頭上に仰いで進め！　法政の学生は謙次郎梅先生を忘れてゐる。この建設者を忘れて建学の精神は無い、建学の精神を没却して、我等の大学精神は無い。光栄の歴史五十年、而もこれに副ふ可く法政スピリットは余りにも小さい。

この創刊間もない『法政大学新聞』の記事から、「法政スピル」運動はその出発点において、すでに梅謙次郎をシンボリックな存在として見いだしていたことがわかる。注目すべきは「法政の学生は謙次郎梅先生を忘れてゐる」とされている点で、法政速成科だけではなく、この時期には梅謙次郎もまた「没却」されていたようである。

上の記事から約一年後、「法政スピル」運動がより昂揚する中、『法政大学学友会報』(『法政大学新聞』が一時的に改題したもの)には「梅謙次郎物語」が全三回で連載されることになり、その第一回目の冒頭には、「最近学生の間で盛に法政スピリットの問題が呼ばれるやうになつた。先には制服の問題もあり今又校歌改作の問題ある中に故梅謙次郎博士の心を中心として大法政の精神を作らうとする運動が起こつて居る」[12]と書かれている。校歌云々については後ほど触れるが、この記事からもわかるように、「法政スピル」運動は一貫して、梅をそのシンボルとして「大法政の精神を作る」ことを目指しており、この「梅謙次郎物語」は梅の人物像を様々な業績とエピソードによって紹介することを目的として書かれているのである。第二回目では、梅がフランス留学時にエッフェル塔に登った逸話が紹介され[13]、法政速成科に関する記述が登場するのは、最後の第三回目の「梅先生物語【3】青年教授の弟子は現国民政府の要人達」[14]である。ここでは、まず梅による法政速成科の設立を紹介した後、次のように書かれている。

三十九年八月には法政大学総理の資格をもつて清国漫遊の途に上り、粛親王、張之洞、袁世凱その他諸名士との会見を遂げ、法律および法律学に関する意見を述べ諸氏又一切を依頼したので本学と清国との関係はいよいよ緊密を加え帰朝後は更に修業年限三ケ年の普通科を設け分校を新設し四〇年四月より開始した〔筆者註:普通科設置のこと〕。かうして先生の名は「日本の梅」として清国全土まで広がるに到たつた、留学生にして先生の教育を受けた者実に一千四百二名の中にはかの有名なる范源廉、夏同龢、汪兆銘、胡漢民などありその他帰国後要路に立ちて新機運勃興に関与せる人物は甚だ多い。汪兆銘の如き在学中学術優秀にして常に主席を占めた、当時の清国公使は「彼は革命党員なり。これを上席にするは不都合なり」と再三抗議されたが、先生はこれは馬耳東風に付し大いにその見識をしめされたといふことである。

引用した部分も含めて、これらの「梅謙次郎物語」の記述の大半が、先述の東川徳治『博士 梅謙次郎』に基づくが、「范源廉、夏同龢、汪兆銘、胡漢民」の四名がここでは紹介されており、また、次節で見るように、汪兆銘は戦時下の言説では親日派としてのみ言及されるが、ここでは「革命党員」としての汪兆銘であって、そのような「革命党員」をも許容する梅の見識と懐の広さが述べられている。

これとほぼ同様の内容が、学内誌（紙）ではなく、一般誌の『法律春秋』（一九三一年三月号）にも掲載されている。この記事は「学園風景　法政大学の巻」（筆者名：法政大学X・Y・Z）と題した法政大学の歴史と現状を紹介した記事[15]で、東京法学社から青年日本号の事績まで触れており、その内容の精度から、恐らく、学内関係者の手によるものと推測される。ここでは法政速成科の設立に象徴されるように「梅博士時代は単に国内の学生のみを相手にして居なかつた点に注目しなければならない」として、梅におけるある種の「インターナショナリズム」が称えられている点が興味深い。

このように「法政スピル」運動の中で、法政速成科に関わる言説がみられるようになったが、この段階においてはどちらかというと、梅を顕彰するための一エピソードとしての性格が強く、法政速成科そのものが注目されていたとは言い難いだろう。なお、「法政スピル」運動は、先の「梅謙次郎物語」にあった校歌改作問題（元々、現在は行進曲として使われている「名 大いなれ法政」が校歌であったが、当時の学生たちは「曲調が賛美歌のようで盛り上がりに欠ける」と感じており、新たに現在の佐藤春夫作詞、近衛秀麿作曲の校歌が作成されることになった）が一九三〇年に解決したことにより、収束に向かい、その後の数年間は梅及び法政速成科に関する言説は再度あまり見られなくなる[16]。

2 日中戦争と法政速成科――「汪兆銘ブーム」の中で[17]――

前節でみたように「法政スピル」運動において、梅を顕彰するための一エピソードとして法政速成科が登場したが、「法政スピル」運動の収束に従って、梅および法政速成科に関する言説は再びあまり見られなくなった。

このような状況から、法政速成科が脚光を浴びる事態となったのは、皮肉なことに、日中戦争下においてであった。それは汪兆銘が近衛文麿内閣の対中政策に呼応し、南京で親日政権を樹立したことによって、日本では自叙伝、全集などが矢継ぎ早に刊行されるなど、いわば「汪兆銘ブーム」ともいうべき現象が起こっていたためである[18]。

「汪兆銘ブーム」に乗っかるように、学内誌（紙）においては、『法政大学新聞』の「汪兆銘は特待生 学友新井庶務課長語る」（一九三九年四月二五日付）を皮切りに、『法政大学報』に掲載された、郭定森「法政大学へ留学時代の汪精衛」（一九四〇年七月号）、雲外生（＝竹内義一元法政大学事務長[19]）「梅先生と汪精衛氏」（一九四二年九月号）など汪兆銘の法政速成科時代に関する回想などが次々に掲載された。

これらの言説で注目されるのは、梅に対する敬意については「法政スピル」運動期と共通しているが、「法政スピル」運動で紹介されていた「革命党員」の汪兆銘が清国公使から抗議を受け、それを梅が聞き流すというエピソードが消え、それに代わって、次のようなエピソードが中心的に紹介されている点である。竹内の記述を引用しよう。

其頃文部省が清国政府の内嘱もあり、又学政上其必要を認め、清国留学生取締規則なるものを発令したことがあった。是れは其当時の実情に於て適切なるものであつたにも拘らず、日本政府が支那留学生を不当に抑圧するものと誤解し、国辱と視認し該取締規則の撤回を主張し、同盟休校を呼号しボツボツ帰国するものもあつて、留学生を収容する各校とも大騒ぎとなつた。実際汪精衛氏は其誤解なることを級友其他に説明し、中途退校の不利を免かれしめんと尽力したのである。

然るに一部頑迷なる学生は汪精衛氏を以て媚日漢奸なりと称して汪精衛氏の行動を非難攻撃した。其中にも某生の如きは多衆集合の法政の講堂に於て、汪氏に殴打を加る抔の騒ぎもあつたのだつた。其際先輩の范源廉君も法政の大講堂に他校の支那留学生を招集し、鎮撫演説を為す等大に尽力して之を説得し、漸く事無きを得たのであつた。

此の如く当時の汪氏は同学を愛護するが故に、却つて漢奸の悪名を付されたのであつたが、最近は同胞を愛護するの故を以て重慶側より漢奸視されて居るのと全く同一徹である[20]。

この「清国留学生取締規則」[21]に関するエピソードは、郭定森が先に紹介していたもので、彼も「汪先生が同学を愛護して却つて人に辱められたわけであります。今日同胞を愛護して却つて嫌悪されるものとよく似ております」と、竹内同様の感想を述べている。

どうやら、このエピソード自体は事実のようだが、先の「法政スピル」運動期で紹介されていた汪兆銘が「革命党員」として清国公使から抗議をうけるというエピソードが消え、それに代わって、「清国留学生取締規則」に関するエピソードが急浮上してきたことには、ある意図を感じざるを得ない。それは「清国留学生取締規則」のエピソードに見られる日本の文部省に融和的な汪兆銘の態度は、後の日中戦争期における「親日派」としての汪兆銘を予告するものであり、現在の「親日派」としての汪兆銘の姿をより強調するだけでなく、「親日派」として現れた汪兆銘の必然性をも示すものとして取り上げられていると考えられるのである。

もう一つ注目しなければならない点としては、「法政スピル」運動期の言説の担い手が主に学生達であったのに対して、日中戦争期のそれは竹内など大学当局及びそれに近い立場の人物から発せられていることであり、当時の大学当局は「汪兆銘ブーム」に乗っかる形で、汪兆銘及び法政速成科を宣伝のために「利用」していたと考えられるのである。一方の汪兆銘自身もこのような大学側の姿勢に呼応していたようで、一九四一年六月の来日時には護国寺の梅及び富井政章の墓を訪れ、その際には小山松吉総長らと歓談し、護国寺から引き揚げた後、汪兆銘は小山宛てに謝礼と母校の発展を祝した手紙を送付、その直後に、大学から名誉教授の称号を受けており[22]、他にも、同年十月に「留日法政大学同学会」の会長に就任[23]するなど、積極的に大学側の動きに呼応しているのである。

さて、このような日中戦争期の言説のハイライトとして忘れてはならないのは、大川周明を迎えて、「新東亜建設、大陸経営にあたる人材養成」[24]を目的として設立された「大陸部」の設立趣意であろう。

本学ハ三十有余年前当時駐日清国公使ノ懇請ニ依リ日支親善ノ目的ヲ以テ特ニ法政速成科ヲ設ケタルニ其ノ後支那国情変革ノ為ニ廃止シタリト雖モ其ノ間要請シタル留学生ハ支那全省ニ亘リ而カモ胡漢民、湯化龍、汪兆銘、王維唐ノ逸材続出シ現ニ要路ニ在ルモノ少ナカラスト聞ク今ヤ東亜新秩序ノ建設ニ邁進セントスルノ秋ニ方リ教育報国ノ一端トシテ茲ニ大陸部ヲ設ケ之ニ関スル諸学科ヲ教授シ人格ノ陶冶及国体観念ノ涵養ニ努メ大陸進出ノ適材ヲ養成スルト共ニ中等学校支那語科教員タラシメントスルニアリ[25]

先に見た「梅謙次郎物語」においては范源廉や夏同龢の名前があったが、ここでは「胡漢民、湯化龍、汪兆銘、王維〔揖〕唐」という風に、いずれも反蒋介石派もしくは親日政権の人物のみが記されていることに注目されたい。いうまでもなく、胡漢民は最後まで蒋介石の対抗者であったし、湯化龍は「親日派」とされる安徽派、王揖唐は華北政務委員長である。王揖唐に関して言えば、先ほど汪兆銘と大学当局との関係については触れたが、彼も一九四一年に大学を訪問し、歓迎を受けているのである[26]。

このように日中戦争下において、法政速成科は大学において公的に顕彰されることになったが、そこでの「法政速成科像」は、汪兆銘及び彼に追随する人々のみが注目されることによって、大陸部という「東亜新秩序ノ建設」のための「教育報国」の先駆けとして、言及されていたのであった[27]。

3　戦後法政大学と法政速成科——中国研究会から『法政大学百年史』まで——

戦後の法政大学は、戦時下において、小山松吉・竹内賀久治両総長が積極的に国策と戦争に加担したことへの反省の下、その焼け跡からの復興期においては、野上豊一郎総長のもとで新制大学令を乗り切り、野上の急逝後は、大内兵衛総長を中心にリベラルで進歩的な学風を形成していった[28]。

一九四九年、中華人民共和国が誕生したその年に、法政大学中国研究会によって『法政大学七十周年記念中華民国法政大学留学卒業生人名鑑』[29]が刊行された。同著は、法政大学七〇周年記念して作成された法政大学を卒業した中国人留学生の人名辞典である。刊行した中国研究会とは、エドガー・スノー『中国の赤い星』の翻訳者で、マルクス経済学者の宇佐美誠次郎（経済学部教授）を会長として設立された研究会[30]で、当時、その中心として活躍していたのが、宇佐美の愛弟子で、後に「青ヶ島の先生」として知られることになる高津勉[31]であった。高津は同書のはしがき「中国と本学」の中で、「一九四九年はわれわれにとつて記念すべき年である。何故なら、本学創立七〇周年記念の年であると同時に中国で世界各国の驚異のうちに中共の指導により中華人民共和国が成立し、新しい中国を建設せんとその第一歩を踏み出し、世界革命史上にその雄姿をあらわした年だからである」（高津勉「中国と本学　編者はしがき」）と述べているが、当時の法政大学では、現在の明治一三年創立説ではなく、一年早い明治一二年創立説がとられており[32]、そのため一九四九年は法政大学創立七〇周年と中華人民共和国の誕生が時を同じくすることになったのである。

同著の画期性はいくつかあるが、まず挙げなければいけないのは、宇佐美による「序」である。この「序」は単に法政速成科そのものの解説だけではなく、中国人留学生史を踏まえたものであり、なおかつ留学生そのものに関する世界史的位置づけも行うなど、学内において理論的・歴史的に法政速成科の位置づけを行った考察として意義深いものである。

その他、同著はこれまでの言説と比較して、いくつか注目すべき点がいくつかある。例えば、巻頭には、「謹んで本書を中国留学生のために御尽力下された初代総長［ママ］故梅謙次郎博士の霊に捧ぐ」との言葉と校歌が掲載されており、「法政スピル」運動との共通性が感じられる。他にも、戦時下に紹介されていた「清国留学生取締規則」に関するエピソードが消え、逆に「法政スピル」運動でみられた汪兆銘が「革命党員」として清国公使から抗議をうけるというエピソードが復活している点も注目される。先に言及した「序」の中で、宇佐美は「しかし大いに誇るべき一つのエピソードをわたくしは知つている。それは、かつて汪兆銘がまだ進歩的な革命党員の一人としてわが法政大学に留学していた時の事である」として、先のエピソードを紹介し、

時の政府の権威を意とせず、毅然として学問の自由と自主的な教育を守つた梅博士の態度は、わが

法政の輝かしい伝統として何人も敬意を表さないものはないであろう。と同時に、そのような国際的な師の愛を享受した汪兆銘が、戦争中あのような恥ずべき民族的裏切りを敢えてしてついに断罪されたことを、現代中国の民衆と共におそらく梅博士もあの世で深く悲しんでおられるにちがいない[33]。

と記している。

より重要な点としては、法政速成科卒業生として、新たに、沈鈞儒らが「発見」されたことである。宇佐美が「われわれは梅総長の伝統をもつことを誇りとすると同時に、また多数の秀れた中国人留学生、たとえば孫文のふところ刀であり、のちの反動政府の刺客の手で暗殺された廖仲愷、また、救国七大人の一人であり中華人民共和国最高人民法院最高委員長人民政治協商会議副主席たる沈鈞儒等々を――わが大学の卒業生として持つことを名誉とする」と書いているように、彼らの「発見」によって――しかしながら、廖仲愷に関しては法政速成科ではなく、早稲田大学及び中央大学の卒業生のようだが――、戦時下に代表される汪兆銘一色の「法政速成科像」から法政速成科を「解放」し、新たに新中国と関係づけることを可能にしたのである[34]。

中国研究会は、その後、一九五六年に『草原』という雑誌を刊行[35]した。同誌の中心は法学部生（社会学部からの転部）の平野克明で、創刊号に掲載された平野の「法政大学と中国」は、先の宇佐美の「序」を踏まえた上で、より詳細な法政速成科に関する論述となっている。彼はここで法政速成科を中心とした多くの卒業生の例から「吾、法政大学は中国ともっとも親しい友人である。ここに在学する僕達は、この歴史的な関係を心に刻むと共に、今後日本と中国との文化交流には、何よりも我々が乗り出さなければならない義務がある」として、これは「梅総長の遺志である」と述べている[36]。平野がこのように書いた頃は、実際に、大内兵衛総長の中ソ訪問を皮切りに、近藤忠義、中村哲、谷川徹三などの当時の法政大学の中心的な教員たちや学生たちが次々に訪中しており、中国側からも、「法政大学日中友の会」（会長柘植秀臣）が文化交流を求める書簡を送ったところ、「中華全国学生連合会」から、それに賛同する旨が記された返信がくる等の出来事もあった。これらに関して、『法政大学新聞』は「法政大学と中国の古い関係の上に更に新しい文化的交流が芽生えてきている」[37]と評しており、この時期において、法政速成科は日中友好の「文化交流」のための歴史的シンボルとして捉えられるようになっていたと考えられる。

一九五九年に刊行された『草原』第四号では、「法政大学と中国――創立八十周年を迎えて――」と題して、学内からは宇佐美の他、小峰王親、尾坂徳司、小田切秀雄、中村哲、学外からは岩村三千夫、さねとうけいしゅう、平野義太郎ら、錚々たる研究者が寄稿しており、同じく、創立八〇周年に際しては、法政大学にとって初の本格的な「通史」として、『法政大学八十年史』が刊行（一九六一年）され、同著の中で、法政速成科は法政大学史上の位置づけを与えられることになった。

『八十年史』では、「概観」と「制度史」の章において、それぞれ一節を使って、法政速成科に触れているが、「概観」においては、学校経営上の問題はあったにせよ、「〔中国人留学生〕の大量受入れ」は「法政大学の歴史にとって重大な歴史的意味」、「社会的・学問的な意味」[38]をもっていたと評価している。また、『八十年史』においては、先に言及した中国研究会による沈鈞儒らの「発見」に続いて、陳天華の「発見」があったことは非常に重要な出来事であった。陳天華は法政速成科に在籍していた学生で、「清国留学生取締規則」に関する『朝日新聞』の報道に憤激し、大森海岸で入水自殺した人物で、彼の書いた『警世鐘』や『猛回頭』などが辛亥革命に多大な影響を与えたことで知られている[39]。

陳天華の存在感は、『八十年史』から約二〇年後に刊行された『法政大学百年史』では、一層増すこととなり、汪兆銘は卒業生の一人として名前が記載されているだけで、経歴さえ紹介されていない一方、陳天華は顔写真入りで、彼の「絶命書」の引用とともに紹介されている[40]など、陳天華を中心とした「法政速成科像」が描かれているのである。

以上に見たように、戦後の言説は沈鈞儒や陳天華などを次々に「発見」することによって、戦時下に代表される汪兆銘一色の「法政速成科像」を塗り替えていったのであるが、このような「発見」の中には、在籍及び卒業が明確に確認されていない人物が幾人か含まれていたことを記しておく必要があるだろう。先に廖仲愷に関しては触れたが、その他、この当時に法政速成科の卒業生とされた国民党の大物の戴季陶（天仇）、法政大学の卒業生とされた中国共産党の創立メンバーの一人で、中華人民共和国副主席の董必武は、両者とも日本大学の出身者のようであり、他ならぬ中華人民共和国総理・周恩来の法政大学在学説も流布したが、それを裏付ける資料は見つかっていない[41]。

最後にもう一つ、一九七一年に毎日新聞社から刊行された『大学シリーズ　法政大学』の中で、大島清が執筆した「日中友好の懸け橋――法政速成科――」という文章に触れておきたい。ここで、大島は法政速成科について紹介した後、「法政大学に学んで中国革命と新中国の建設に尽力した有名無名の多くの人物がある」（傍点筆者）[42]と記している。大島がどれ程意識的であったかは別にして、これまでの言説が著名人に焦点をあてがちであったのに対して、ここでは「無名」の人物の存在について言及されていることが注目される。

残念ながら、大島自身が「無名」の人物について掘り下げることはなかったようだが、次節で触れるように、『法政大学史資料集　第一一集』以後の研究においては、このような「無名」の人物の存在も射程に入れた研究がなされるようになった。

4 『法政大学史資料集 第一一集』以降の展開――「無名」の人々への注目――

『法政大学史資料集』とは『法政大学百年史』の刊行後、「法政大学の歴史に関する諸資料を発掘し、継続的に…（中略）…記録として」[43]残すことを目的として、毎年刊行されている資料集である。現在（二〇一四年）、第三四集まで刊行されており、一九八八年に刊行された第一一集では「法政大学清国留学生法政速成科特集」と題して、法政速成科に関する資料を集成し、それに安岡昭男による優れた解説が付されている。

同資料集が刊行されたことの意義はいくつかあるが、なによりも、一次資料が集成されたことによって、法政速成科に関する資料が学内外の研究者に活用されるようになったことが大きい。実際、『第一一集』以前においては、言説の担い手は学内関係者が主であったのに対して、『第一一集』の刊行後、学外の研究者においても「研究」の対象と見なされるようになったのである（なお、当時すでに、さねとうの一連の業績はもちろん、上垣外憲一『日本留学と革命運動』（東京大学出版会、一九八二年）等、中国人留学生史に関する研究の積み重ねがあったことも忘れてはならないだろう）。刊行後から二〇〇〇年前後まで[44]の同資料集を活用した研究としては、塚本元（法政大学）「法政速成科と中国人留学生　湖南省出身者を中心に」、黄東蘭（愛知県立大学）「法政速成科の中国留学と清末期の地方自治」、李暁東（神奈川大学。現：島根県立大学）「近代中国における日本留学と日本の教育者たち――「速成教育」をめぐる論争を中心として――」、山室信一（京都大学）『思想課題としてのアジア――基軸・連鎖・投企――』[45]、などをあげることができる。これらの研究はさまざまではあるが、その多くに共通する点として、これまでの言説のように、汪兆銘や陳天華など著名な政治家や思想家のみに焦点を当てるのではなく、先の大島の言説でみたような「無名」の人々、「地道」な活動によって中国の近代化に貢献した人々の存在を視野に入れた研究が行われている点が注目される。神谷昌史が『思想課題としてのアジア』への書評の中で述べているように、「法政の卒業生・在学経験者が、華やかな革命運動のみならず、地道な法制度整備や教育事業への従事、地方自治への参加などのような様々な回路を通じて中国の近代化に果たした役割の大きさと裾野の広がりを窺い知ることができる」[46]研究が開始されたのであった。

こうして、「梅謙次郎物語」の一エピソードとして出発した法政速成科の言説は、戦時下の汪兆銘、戦後の陳天華らを中心とした「法政速成科像」を経て、ついにはその背後に存在していた数多の「無名」の人々による「地道」な活動をも視野に入れるに至ったのであった。

おわりに——法政速成科研究への諸提案——

以上、本稿では法政速成科に関する言説を辿ってきた。最後に、本稿での分析を踏まえて、法政速成科研究に関する筆者なりの見解を記しておきたい。

まず、過去の法政速成科の言説において観察されるのは、法政速成科を語る際に、一人もしくは特定の傾向性によって分類された一群の人物のみに代表させてしまう傾向があった点である。戦時下の汪兆銘と親日派の卒業生しかり、戦後における陳天華の扱いについてもそうかもしれない。しかしながら、法政速成科を特定の人物のみに代表させることには無理があるのであって、むしろ汪兆銘も陳天華も、そして沈鈞儒も共に学んでいた「空間」として考えるべきはないだろうか。彼らのその後の進路の差異があるのならば、それは如何にして生じたか。法政速成科はもちろん、彼らの日本経験等において何らかの差異があったのか、といった問いを個々の人物史を照らし合わせることによって、検証しなければならないだろう[47]。

この点に関連して、他大学との比較を行う必要もあると思われる。法政速成科に語る際には、どうしても、ある種の「法政ナショナリズム」を伴いがちであるが、そもそも当時の中国人留学生たちは、中国同盟会など個々の在籍する学校を超えて活動していたのであって、この点を無視しては、彼らの実態は見えてこないであろう。彼らの日本経験において、在籍校という偏差がどのように作用していたか（もしくはいなかったのか）、これらの問いについては、個別大学を超えた幅広い調査・研究が必要である（その点、近年、各大学において、大学史関係セクションが充実しつつあることは望ましい状況にあると思われる）。

最後に、日中による共同の調査・研究活動について提案しておきたい。一九五〇年代に法政速成科を中心とした法政大学と中国との歴史的関係性をもとに、中国との「文化交流」が唱えられたことを見たが、「文化交流」に加えて「学術交流」も行われなければならないのではないだろうか。というのも、先に在籍が確認できていない人がいることに関しては触れたが、これは法政大学に法政速成科の在籍者名簿や学籍簿等が残されていないからである。在籍はしていたが卒業はしなかった人物については資料が無いに等しく、これらの人々については中国からの情報提供がなにより重要なのである。また、日本では法政速成科出身の「無名」の人々への注目が高まりつつあるが、彼らに関する調査は、中国での「地道」な掘り起し作業が必要不可欠である。もちろん、「調査」のレベルのみではなく、「研究」のレベルにおいても日中の研究者間で交流がなされることによって、法政速成科に関する理論的な深化や新たなパースペクティブが開かれることが期待されるだろう。法政速成科開設一一〇周年という節目の年はこれらを実現する絶好の機会ではないだろうか。

注

[1] 一〇〇周年の際には、雑誌『法政』上で、石大為、王敏、飯田泰三、大石智良の四氏による座談会が行われた。石大為／王敏／飯田泰三／大石智良「中国人留学生と法政大学――その過去と未来――」『法政』二〇〇五年一・二月号、四～九頁。

[2] 法政速成科に関する概説としては、安岡昭男「解題　清国留日学生と法政速成科」『法政大学史資料集　第一一集（法政大学清国留学生法政速成科特集）』一九八八年を主に参照した。

[3] 曹汝霖（曹汝霖回想録刊行会編訳）『一生之回億』鹿島研究所出版会、一九六八年。

[4] 辛亥革命と留学生の帰国については、さねとうけいしゅう『増補版　中国人日本留学史』くろしお出版、一九八一年、一〇四～一一〇頁。

[5] 当時の学事報告に関しては、『法政大学史資料集　第三二集（法政大学歴代総長・学長の辞（一））』二〇一一年に所収されている。

[6] 松室致「法政大学沿革」『法政』創刊号（一九二三年七月、法政大学学友会発行。同上、所収）。

[7] 東川徳治『博士 梅謙次郎』有斐閣、一九一七年（復刻版：大空社、一九九七年）、七二～七五頁。

[8] 「法政スピル」運動に関しては、「HOSEI MUSEUM Vol.50　名校歌を生んだ「法政スピル」」『法政』（二〇一二年七月号）を参照されたい。

[9] 飯田泰三「解題――騒動の背景と基本構図――」『法政大学史資料集　第一三集（「法政騒動」関係資料（二））一九九一年、二三五～二三八頁。

[10] 法政大学八十年史編纂実行委員会『「法政大学八十年史」資料　第一回座談会速記録』一九五八年、二六頁。

[11] 「大法政に魂を入れよと梅先生銅像　建設の議起る」『法政大学新聞』第二号、一九二八年一二月一四日。

[12] 「更生する梅博士若き学徒の胸に　梅先生物語【一】」『法政大学学友会報』一九二九年一一月一五日。

[13] 「エッフエル塔上に巴里人を見下した膽ッ玉　梅先生物語【二】」『法政大学学友会報』一九二九年一一月二六日。

[14] 「梅先生物語【3】　青年教授の弟子は現国民政府の要人達」『法政大学学友会報』一九二九年一二月一二日。

[15] 法政大学X・Y・Z「学園風景　法政大学の巻」『法律春秋』一九三一年三月号（第六巻第三号）。

[16] 但し、梅に関しては、一九三四年に校友会の主導で「梅・松室賛徳会」が結成されている。「梅・松室賛徳会」に関しては、霞五郎『超えて来た道　法政大学校友会八十年史』一九七〇年、一二一～一二七頁。

[17] 本節の内容は、第三回法政学研究会における筆者の報告「法政大学大陸部とは何だったのか――戦時法政大学試論――」と一部重複している。

[18] 当時刊行された汪兆銘に関する文献としては、『汪兆銘全集』東亜公論社、一九三九年、『汪主席和平建国言論集』中央書報発行所、一九

四〇年、『中国の諸問題と其解決』日本青年外交協会出版部、一九三九年、中山樵夫編訳『日華両文　汪兆銘言論集』三省堂、一九三九年、『日本と携へて』朝日新聞社、一九三九年、森田正夫『汪兆銘』興亜文化協会、一九三九年、澤田謙『王精衛伝』春秋社、一九四〇年、安藤徳器編訳『汪精衛自叙伝』大日本雄弁会講談社、一九四一年、『全面和平への道』改造社、一九四一年等がある。

[19] 竹内義一は汪兆銘在学時に法政大学事務長を務めていた。

[20] 雲外生「梅博士と汪兆銘」『法政大学報』一九四二年九月号、一三～一四頁。

[21] 「清国留学生取締規則」に関しては安岡　前掲論文、二五一～二五四頁、参照。

[22] 『法政大学報』一九四一年九月号、八頁。なお、一九四二年九月二五日に行われた梅の三三回忌の際にも汪兆銘の墓参が非常に話題となっていたようである。三三回忌の記録を読んだ大内兵衛は次のように記している。「この記録は、日支事変後のことであり、しかも法政大学関係者の主催という関係もあって、時局的色彩がある。それは、とくに王精衛《[ママ]》が日本に来て梅先生の展墓をしたということを大事件のように多くの人が語っていることにもあらわれているが、正直のところ王精衛《[ママ]》の展墓には何か政治的な演出であるかのようなにおいがある。そこで梅先生のほんとうの大陸主義または日支親善論というのはどういう見地であるのかがかえつて問題として研究せられる必要があると思う。わたくしは非常に大まかにいつて、王精衛《[ママ]》およびあの人をかついだ日本の人々のそれとは相当ちがつていたのではないか思うのである。梅先生が法政大学に中国人のために速成科を設けた意味はもつと正しく孫文主義に通じていたのではないかと思う」（大内兵衛「梅先生とその弟子」『法学教室』有斐閣、一九六七年七月号（『法政大学史資料集　第三三集（法政大学歴代総長・学長の辞（一））二〇一一年、所収』）。

[23] 『法政大学報』一九四一年一月号、四三～四四頁（『法政大学史資料集　第一一集』一六四～一六六頁、所収）。

[24] 『法政大学百年史』一九八〇年、二四八頁。

[25] 「法政大学専門部大陸部設置認可申請」『法政大学史資料集　第九集』一九八六年、四頁。大陸部は一九三九年四月に設立され、一九四五年九月に最後の卒業生を送り出し、廃止となった。

[26] 「華北政府の大立者王輯唐氏来校」『法政大学報』一九四一年一月号、二六頁。

[27] なお、同様の事例として、「中国人留学生史」の開拓者ともいえるさねとうけいしゅうの日中戦争下の仕事をあげることができるだろう。河路由香が詳細に分析したように、さねとうの『中国人留学生史稿』日華学会、一九三九年、『明治日支交渉』光風館、一九四三年といった仕事は、「大東亜共栄圏建設という当時の国家目標に沿う」ものであった（河路由香「盧溝橋事件以後（一九三七～一九四五年）の在日中国人留学生：さねとうけいしゅう『中国人日本留学史』再考」『一橋論叢』二〇〇一年九月）。この点に関しては、さねとう自らが戦後の『中国人日本留学史』の「あとがき――私と中国――」の中で認めている。

[28] 戦後の法政大学の歩みに関しては、『法政大学と戦後五〇年』二〇〇四年、参照。

[29] 法政大学中国研究会『法政大学七十周年記念　中華民国法政大学留学卒業生人名鑑』一九四九年。

[30] 中村哲も一時期、会長を務めていたようであるが、時期は不明（中村哲「これからの名簿を」『草原』第四号、一九五九年、一九頁）。なお、少し後になるが、『法政大学八十年史』（一九六一年）では、中国研究会は次のように紹介されている。「法政大学は明治三七年（一九〇四年）、清国留学生のために特別の速成科を設け、その中からは旧国民政府の要人や、現在の新中国の指導的人材を数多く輩出した。戦後のアジア問題への関心と、新中国の発展に刺激されて、この会もいきおい新路線に立っている。現在の会の活動は、中国語学の講習会、沈志遠の『新民主主義経済論』の研究、中国近代史研究に集約されている」。

[31] 高津勉『青ガ島教室――くろしおの子との五年間――』法政大学出版局、一九五五年、同『黒潮のはてに子らありて――青が島教師十年の記録――』鏡浦書房、一九六一年。

[32] 法政大学の創立年に関しては、『法政大学八十年史』を境に、明治一三年説が取られるようになった。

[33] 法政大学中国研究会、前掲書、六～七頁。

[34] 周作人の予科在籍が判明したのもこの時である。周作人に関しては、尾坂徳司「周作人先生のこと」『法政』一九八八年九月号、を参照されたい。

[35] 『草原』は、二号から九号まで、法政大学市ヶ谷図書館に所蔵されている。

[36] 平野克明「法政大学と中国」『草原』第二号、一九五七年、五八～六〇頁。

[37] 「留学生（その一） 芽生える交流 中国に多い卒業生」『法政大学新聞』一九五六年一月二五日。

[38] 『法政大学八十年史』一九六一年、五三頁。

[39] 『陳天華集』湖南人民出版社、一九八二年、及び朱慶葆・牛力『中国思想家評伝叢書一八九　鄒容　陳天華評伝』南京大学出版社、二〇〇六年、によると、陳天華は一九〇四年三月以降に法政速成科に入学したとのことである。

[40] 『法政大学百年史』一九八〇年、一六七～一八〇頁。

[41] 周恩来在学説に関しては、中村哲「法政にいた周恩来」『法政大学新聞』一九五八年一〇月二五日が発端である。この記事によると、一九五七年に風見章が周恩来と会談した際に、周恩来自ら自分は法政に在籍していたと風見に証言し、その事を中村は風見から直接聞いたとのことである。

[42] 大島清「日中友好のかけ橋――法政速成科――」『大学シリーズ　法政大学』毎日新聞社、一九七一年、一一九頁。

[43] 「資料集刊行のことば」『法政大学史資料集　第一集』一九七八年。

[44] 二〇〇〇年代前半以降の、特に王敏を中心とした中国語での近年の業績に関しては、筆者の力量不足故に、ここでは論じられなかった。改めて、ご教示いただければ幸いである。

[45] 塚本元「法政速成科と中国人留学生　湖南省出身者を中心に」『法政』一九八八年一一月号、八～一三頁、黄東蘭「法政速成科の中国留学と

清末期の地方自治」『開かれた法政二一　伝統と展望』（法政大学一二〇周年・図書館創設一〇〇周年記念国際シンポジウム報告集）、二〇〇一年、四九～五七頁、李暁東「近代中国における日本留学と日本の教育者たち――「速成教育」をめぐる論争を中心として――」神奈川大学人文学会編『中国人日本留学生研究の現段階』御茶の水書房、二〇〇二年、二九～五二頁、山室信一『思想課題としてのアジア――基軸・連鎖・投企――』岩波書店、二〇〇一年。

[46] 神谷昌史「中国人留学生と中国の近代化――山室信一著『思想課題としてのアジア』にみる――」『法政』二〇〇二年五月号、三四頁。

[47] 尾坂徳司の次のような考察は、今日においても傾聴に値するものであり、彼の考察を実証的に明らかにする仕事は未だ残されている。「法政速成科の学生は、同一の講義を受けておりながら、じつは中国政情の影響を受けて立憲君主派と革命派に分かれており、そこに生じる緊迫した対立関係が彼らを鍛えてゆき、ついには各自が求める異なった道を歩むことになったのだろう。その中の一名だけを法政速成科のチャンピオンに取りあげるのは、やはりまちがっている。ある一派に肩入れして、ずるずる中国政情の渦にまきこまれて失敗したのが日本の中国外交である。殷鑑遠からず。教育はえこひいきがあってはならない」（尾坂、前掲論文、二九頁）。

終論

韓国、中国（朝鮮族を含む）と、日本における道徳教育の現状をめぐる一考察

――義務教育用教科書の内容検討を中心に――

王　敏

（法政大学国際日本学研究所専任所員、教授、
中国・東アジアにおける日本研究を担当するアプローチ③リーダー）

1　「道徳」に関する歴史的文化的背景の一部を共有する中・韓
――中韓とは異なる日本――

日中韓の道徳教育を比較する前に、前提となる三か国の文化事情について述べておきたい。それは、ひとことでいえば中国と韓国には共通となる儒教の基礎があるが、日本の文化には儒教の影響がきわめて小さいということである。相対的に見れば、道徳教育についても文化事情を映して、儒教を人生観、生活観、幸福感、世界観ないし生活の知恵として基準とする中国と韓国に対し、日本は思いやり文化の特徴が顕著である。

儒教へのかかわりは、儒教が中国で生まれた思想であるゆえに、中国人による、中国人のための、中国人の生活思想という性格をもともと有している。東アジアに広まって、なかでも李氏朝鮮王朝は学びとった儒教を国教とし、一六世紀に李退渓と李栗谷の大儒が出て儒教を大成させたともいわれる。このため朝鮮半島は「儒教の模範生」とされ、「小中華」を自負したことはよく知られる。

アジア四小龍の経済指標及び人間開発指数（2011 年）

国家・地区	日国内総生産（購買力平価）百万ドル	国内総生産（為替レート）百万ドル	1 人当国内総生産（購買力平価）ドル	1 人当国内総生産（為替レート）ドル	貿易 百万ドル	輸出 百万ドル	輸入 百万ドル	人間開発指数
大韓民国	1,556,102	1,163,847	31,753	23,749	1,084,000	558,800	525,200	0.897
シンガポール	314,963	266,498	59,936	50,714	818,800	432,100	386,700	0.866
香港	354,272	246,941	49,342	34,393	944,800	451,600	493,200	0.898
中華民国	886,489	504,612	37,931	21,591	623,700	325,100	298,600	0.882

ちなみに、人間開発指数（Human Development Index, HDI）は、平均余命、識字率、就学率、国内総生産によって決まり、先進国、開発途上国、後発開発途上国を分けるための指標としても使用される。数値によって超高人間開発、高人間開発、中人間開発、低人間開発に分けられる。

韓流は東アジアを席巻しているが、中国も例外ではない。なかでも韓国発の時代劇ドラマの人気にはすごいものがある。なぜか、と尋ねられれば、儒教的考え方に貫かれたストーリーの展開が中国人には身近に感じられるからだということがはっきりしている。「チャングムの誓い」にしろ、「イ・サン」にしろ、生活化された儒教的価値基準を反映した台詞にあふれている。

中国は社会主義のもとで儒教批判、儒教排斥が進められたが、中国人のアイデンティティとかかわる思想であり、排除は中国が中国でなくなることを意味することに気づき、やがて運動は挫折した（文化大革命）。そして、二一世紀に入ると儒教が再認識されて、中国文化の普及の軸として、世界に発信されだした。孔子学院がその象徴であり、大学に付属するなどの形ですでに二五〇カ所の開学数にのぼっている。また、義務教育の現場でも伝統文化を参考にする人間形成教育の再開に盛んに努めている。こうした動きが起こるのは、儒教を核心とした伝統的知のカテゴリーから、現代人の指針となる倫理の規範となるところを吸収したいからでもある。

参考になる成功事例として、一九八〇年代に経済発展のシンボルとされた「亜州四小龍」と人間開発指数との相関関係を挙げておきたい。

一方、中国、韓国の歴史的な経緯と異なって、日本は儒教、仏教を脇にして、幕末・明治維新を境に、総体的に西洋化に励む教育が進められてきた。教育勅語など一部には儒教の影響も色濃かったが、それも第二次大戦までのことであり、ひたすら儒教色の排斥が民主化ととらえられる教育が進められてきた。

当然、三国の教育・文化事情が、それぞれの倫理、道徳教育にも反映している。小文は、こうした三国の違いを、倫理を基軸に展開した道徳という教科について、日中韓の教科書内容の比較分析を試み、その一端を垣間見ようとしている。

一言にまとめれば、各国教科書の目次（本文の付録を参照）を追ってみるだけで、儒教的思考に裏付けられた中韓と、そうでない日本の実情が浮かび上がる。こうした日中韓の現在における異同を踏まえたうえで、「知」の良性循環を生産的に進めていくにはまだまだ道は遠いと、あらためて実感した。とりあえず、次世代に残す課題のポイントをできる限りコンパクトに整理しておきたく、本論文集に掲載された諸先賢の優れた論考を学習しながら、浅薄な小文をもって二〇一〇―二〇一三年度の研究報告・「終論」とさせていただくことにした。

❖――（1）愛国心を育てる

以下、日中韓各国の道徳教科書における愛国についての記述はどうなっているのか。特徴を示す目次項目とその出現数を見ていく。（以下、【朝鮮族】としてあるものは主として中国東北部に居住する朝鮮（韓）族における教科書内容である。）

【韓国】「私たちの国が大好きです」、「美しい我が国」、「統一にむかって」、「国を愛する気持ち」、「誇らしい我が国」、「一つになった国、平和な世の中」、「国の発展と私」、「我が国の文化と世界文化」、「わたしたちは誇らしい韓民族」、「民族の発展と民族文化の暢達」、「国家の重要性と国家発展」、「南北統一と統一の実現の意

志」、「正しい愛国、愛族の姿勢」（合計一三か所）

【中国】「私たちの建国記念日」、「祖国は心の中にある」、「私の祖国は広い」、「祖国の山川は綺麗だ」、「祖国の山川の保護者」、「忘れてはいけない屈辱」、「奴隷になりたくない人よ、起きろ」、「中華民族の発展のために」、「燦然としている中華文化」、「民族精神を発揚と培養する」（合計一〇か所）

【朝鮮族】「烈士のお墓」、「開国の典礼」、「長征」、「五壮士」、「円明園廃滅」、「漢字が好き」、「中華民族の振興のために勉強する」（合計七か所）

【日本】「我が国を愛しその発展を願う」（一か所）

道徳教科書において、愛国心をテーマとした項目は、日本は目次中にたった一か所だけであった。戦前の軍国主義教育を反省したうえで戦後、民主教育が取り組まれてきたが、愛国を柱にした目次はたったの一つ。これに比べ、中国も韓国も、自分の国への誇りを持たせるための愛国精神は、これでもかというほど最初から継続して教えられる。

韓国では、愛国精神にとどまらず、「愛族」精神も大事な柱になっている。中国では多民族国家をひとつにするため「中華民族」意識を教えられる。「中国人」ではなく、中華文明の子どもたちの創出ともいっていい。道徳教育の重要な柱として多民族国家を超えた新しい中国人意識が目標になっている。これは、韓国にも日本にもない「愛国」の中国スタイルであろう。

❖――――（2）社会や故郷、学校、家族を正しく理解させる

【韓国】「楽しい学校生活」、「家族は大切です」、「環境が笑っています」、「共に暮らすお盆」、「仲の良い家

族」、「愛が溢れるわが家」、「共に生きる世の中」、「近隣の人々」、「私たちの学校、私たちの街」、「平和な地球村」、「幸せな家庭」、「親族間の礼儀」、「近隣の人々との礼儀」、「学校生活の礼儀」、「社会生活と道徳」、「正しい国家、民族生活」、「家庭・お隣・学校生活と道徳の問題」（合計一七か所）

【中国】「学校に行く」、「私の家族と仲間」、「私の故郷」、「故郷をもっと美しくしよう」、「家庭、学校と地域」、「私の故郷」、「私たちの地球」、「人類のお住まい」、「同じ青空の下」、「愛し合う家族」、「先生と友人と同行する」、「コミュニケーションの芸術」、「責任を負い、社会に貢献する」、「社会に溶け込み、使命を背負う」（合計一四か所）

【朝鮮族】「黄山の奇石」、「地球お爺さんの手」、「故郷を描く」、「北京」、「父と鳥」、「宇宙生活の物語」、「農業の変化が大きい」、「北京が明るくなった」、「我が民族小学校」、「金色の草原」、「東方の真珠」、「万里の長城」、「頤和園」、「兵馬俑」、「桂林山水」、「双龍洞の旅行記」、「黄河の変化」、「江南の風景」（合計一八か所）

【日本】「友だちと　いっしょ」、「あなたが　そだつ　町」、「みんなにささえられているわたし」、「わたしの成長を温かく見守り続けてくれる人……家族」、「学校はどんなところ？」、「季節を感じる心をみがこう」、「社会をつくる」、「いきいきしている自分　かがやいている仲間」、「この地球に生まれて」、「コミュニケーションは心のキャッチボール」、「この学級に正義はあるか」、「家族だからこそ…」、「この学校が好き」（合計一三か所）

❖――――（3）自己完成を目指す

【韓国】「自分でできます」、「正しい姿勢」、「わたしの体」、「順番を守る」、「冬休みを充実に」、「自分でできています」、「節約の生活、もとの所にもどす習慣」、「綺麗な姿」、「正しい言葉、綺麗なことば」、「大切な約束」、「道徳の勉強　このようにしています」、「正しい心構え」、「自分のことは自分でする」、「任されたことに責任を」、「正直な行動」、「節制する生活」、「敬う気持ちと愛する心」、「まじめな生活」、「生涯の意味と道徳」、「個性の伸張と人格の陶冶」、「人間らしい暮らしと人生の姿勢」、「現代社会と伝統道徳」、「人生の設計と価値への追求」、「人間の暮らしと価値葛藤」「道徳問題と道徳の判断」（合計二五か所）

【中国】「時計と友達になる」、「清潔を保つ」、「きちんとご飯を食べる」、「自己整理ができる」、「私は元気だ」、「私は綺麗な目を持っている」、「歯が生え変わる」、「夏だ、注意することは？」、「気を付けて、傷つかないで」、「素晴らしい私たち」、「私たちは成長している」、「勉強しながら成長する」、「規則と友達になろう」、「私の役柄と責任」、「お金の知識」、「誠実と伴う」、「成長の喜びと悩み」、「自己認識」、「楽しい生活を過ごす」、「健康、安全な生活を過ごす」、「自尊自信の人間になろう」、「独立の人間になろう」、「精神強固の人間になろう」、「法律が分かる人間になろう」、「希望を持ち、明日に向かう」（合計二五か所）

【朝鮮族】「口語交際」、「一人で行って」、「ご褒美」、「私は誰」、「信用を失ってはいけない」、「時間と競走する」、「尊厳」（合計七か所）

【日本】「うつくしい　心を　そだてよう」、「にこにこ　してるかな／むねを　はって　いこう」、「気もちのいい　一日」、「がんばってるね！」、「うそなんか　つくもんか」、「体も元気！　心も元気」、「しては　ならない　ことが　あるよ」、「あいさつは　心の　リボン」、「あたたかい　心を　とどけよう」、「ありがとうをさがそう」、「心　いっぱいに　かんじよう」、「心のノートをひらいてみよう」、「そっと自分に聞いてみよう」、「心をみがき大きく育てよう」、「かがやく自分になろう」、「今よりよくなりたいという心をもとう」、「ふみ出そう　ひとり立ちへのたしかな歩み」、「勇気を出せるわたしになろう」、「自分に正直になれば、心はとても軽くなる」、「自分のよいところはどこだろう？」、「いまの自分をみがこう　みんなの中で自分を生かそう」、「自分らしく心を育てかがやかせよう」、「自分を育てる」、「自分の一日は自分でつくる」、「夢に届くまでのステップがある」、「まじめであることはわたしのほこり」、「自分を見つけみがきをかけよう」、「『ありがとう』って言えますか?」、「がんばれよと　力強く…」、「わたしの原点はここにある」、「心は世界を結ぶ」、「『こんなことはしません!』これがわたしの思いです」、「心豊かに生きていくために…」、「道徳の時間で気づいたこと…」、「いろいろな立場があり考えがある」、「同じ一人の人間として」、「道徳の時間に感じたこと、考えたこと」、「日本人としての自覚をもって　真の国際人として世界に貢献したい」(合計三八か所)

❖———(4) 命の大切さを教える

【韓国】「命の大切さ」、「守るとあんぜんです」、「命を尊重します」、「大切な命」、「生命はなぜ大切なのか?」(合計五か所)

【中国】「美しい命」、「私たちの生命」、「身体を大事にする」、「今日は安全か?」、「公共場所の危険に注意する」、「危険なことがあった時」、「命を大事にする」、「命で世界を輝かせる」、「人間の命の独特性」、「命の花を咲かせよう」、「侵害を避け、自分を守る」、「身近の侵害と保護」(合計一二か所)

【朝鮮族】「生命 生命」(一か所)

【日本】「生きものを　そだてよう」、「生きているね。つながっているね。かがやいているね」、「いのちを感じよう」、「生命を愛おしむ」、「いま生きているわたしを感じよう」、「生きているんだね自然とともに」、「生命を考える」(合計七か所)

❖———(5)「心」の大切さ及び定義の違い

【韓国】「一つの心で平和統一を」(一か所)

【中国】「祖国は心の中にある」「親の心を読む」（合計二か所）
【朝鮮族】「相手の心で考える」（一か所）
【日本】「うつくしい　心を　そだてよう」二か所、「体も元気！　心も元気！」、「立てるかな／心と　心を　むすぼう」、「あいさつは　心の　リボン」、「あたたかい　心を　とどけよう」、「……あい手の　心を　かんじよう」、「心のアルバム　一年」、「心のアルバム　二年」、「心のノートをひらいてみよう」、「今よりよくなりたいという心をもとう」、「……心をかよわせ合う」、「わたしたちの心を育ててくれるふるさと」、「心に残したい言葉」、「心と心をつなぐネットワーク」、「あなたの心にあるそのあたたかさ」、「心のひびく言葉」、「心の姿勢」、「思いやりって……なんだろう?」、「ありがたい心の贈り物に」（合計二〇か所）

韓国、中国を通して言えることは社会や故郷、家族など周囲のことも修身の精神とつながっている。その先は愛国精神に通じることはいうまでもない。

これに対し、日本の道徳教育の特徴は、心に帰する。周囲を気遣う思いやりを意識させる教育方針がうかがえる。一方、心の醸成に関して、韓国は内に向かう心だけでなく外に発信する力を感じさせる。中国も力強さを感じさせる「心」の醸成である。日本的な心遣いの教え方は、韓国や中国とは性格が異なるといっても過言ではない。

日本は戦後、迷惑をかけない、ひたすら心の美しい人を求める教育を目指してきたようである。しかし、「美しい」の内容が哲学的視点から見れば、倫理化されておらず、論理的表現に収斂されていないと思われるため、外国には理解されていない面もある。端的に言えば、恐らくその内容は、宮沢賢治の作品に描かれた、動物や植物にも愛情を注ぐコスモポリタンな人間像かもしれない。小学三・四年の項目中にある「植物も動物もともに生きている」は日本人のアイデンティティとみなされる「自然融合感」への限りない共鳴であり、日本独自の鰻塚や針塚に通じる「草木国土悉皆成仏」の心の訴えと思える。

❖────（6）それぞれの国の特徴

【韓国】人の心を育てることから礼儀、知識を教えることまで、幅広く学生に教えている。なお、愛国教育と民族意識を極めて重視し、北朝鮮との統一のことを教えるのは他の国にはない特徴である。例えば、小学校二年から「統一にむかって」という内容も教え始めるという。それに、中学校二年に入ると、「統一の意義」、「北朝鮮社会についての理解」、「統一のための努力」、「統一のために我々がすべきこと」など詳しく北朝鮮との統一を紹介する内容が現れている。

【中国】全面的な道徳教育のシステムを確定している。一方、社会主義の政治の内容が目立った特徴として挙げられる。例えば、小学校二年の教科書には「鮮やかな赤いスカーフ」「赤いスカーフが風にはためく」のような共産主義に親しむ教育内容が書かれている。さらに、中学校三年では「我が社会主義の国家」、「共産党の基本方針」、「団結した多民族国家」、「対外開放の国策」、「一人っ子と環境保護の国策」、「科学で国を振興させる国策」、「続ける発展の戦略」のような共産主義と国の国策を紹介する内容が教えられている。

【朝鮮族】中国の少数民族の一つとして、中国語または漢文の教育を重視している。例えば、入学した学生が最初に教えられる内容は「漢語ピンイン」である。また、必ず各学年に「漢詩二首」など漢詩の授業が出てくるという。もう一つは、論理的な教育より、朝鮮族の授業内容はほぼ物語、ストーリー、寓言の形で書かれている。朝鮮族の学生にとって中国語が母語ではないことが理由と考えられる。

【日本】国や民族に対する愛国教育はほとんど見つけられないが、その代わりに、美しい心を育てること、礼儀を学ぶこと、命を尊敬することなど、学生を正しく成長させる内容は数多く紹介されている。

要は、日本の道徳教育の独自性は中韓の人びとにもっと認識されていいと思われる。また、中韓のそれも日本に一層、知ってもらう必要がある。相互認識を深めていく参考資料として、本研究所の発行による論文集『国際日本学』第七号（二〇〇九年）に掲載された小論「日中愛国心の違い」の加筆文を、次に付してご批判を仰ぎたい。

2 「日中愛国心の違い」に関する考察

❖――（1）阿倍仲麻呂と鑑真

「ふるさとは遠くにありて想うもの」。同じような意味の通言に、「故郷忘《ぼう》じ難《がた》し」というのもある。日本人は、ふるさとは忘れられないという。そう信じているというほうが正確かもしれない。四季で変化する美しいふるさとの山河。うれしいときも悲しいときも、心にふるさとを思い浮かべるようだ。だが、中国人なら、「ふるさとの人々は遠くにありて想うもの」と言い換えたくなる。

二〇〇八年五月一二日、中国四川省を震源地とする大規模地震が起きた。家屋や学校など建物が崩壊し、助かった人の数より死者のほうが多い被災地や、瓦礫、土砂に埋まった山間部の町や村が世界に報道された。日本にも四川省からの留学生がたくさんいた。概して中国人はひどいホームシックになりにくいとされるが、彼らがマスコミに取材されたとき、「すぐにも飛んで帰りたい」と不安そうに語る姿が胸を打った。この姿を目にした多くの日本人は、中国人のふるさと志向を見た思いかもしれないが、中国人は家族を心配したのである。

やはり親や兄弟の安否を一番に気にしたのである。中国人は、家族や友人といった「人」を真っ先に思い出し、山河と結びつける思い出を基礎にしないものである。「ふるさと」という概念において中国人は、人間を中心に据える発想を持っている。

日本人のふるさと志向は歴史の偉人にもその列を見つけられる。遣唐使に加わり唐に渡った阿倍仲麻呂（六九八—七七〇）が望郷の士であったことは広く定説化している。

仲麻呂は渡唐以来三六年が過ぎた七五三年、ようやく日本への帰途に着いたが、船は季節風に翻弄されて安南（ベトナム）に漂着して帰国を果せなかった。故国を恋焦がれる思いを募らせながら七七〇年に異国の地の長安で亡くなったといわれている。このことは望郷の心情を埋められなかったとして仲麻呂を歴史の主役に仕立てている。

望郷はあらゆる民族の一人ひとりに共通する心情である。仲麻呂もそのひとりだったことは疑いない。しかし、日本で生活する華僑、華人は六〇万人を超えて、長い間故郷に戻っていない人も多い。現実問題に関する語り合いに比べ、望郷が話題になることは少ない。このような体験などから、望郷といいながら、中国人は、どこかドライ、淡白に映るのを免れないと思われる。それに対し、日本人の望郷はウエットである。なにか固有の感性に裏付けられているような印象が常にある。したがって日本人の一人だった仲麻呂にも、日本人特有の心情があったという想定も成り立つ。日本人特有の望郷心の実像を検証できれば、日本的思考の特徴も浮かび上がろう。

仲麻呂と好対照の中国人を同時代で探し出せる。それは名僧鑑真（六八八—七六三）だ。

日本での仏法流布を願う鑑真と日本へ帰ろうとした仲麻呂は同じ遣唐使船の帰還便を利用した。二人は七五三年、蘇州を出航するとき計四船の別々の船に乗った。第二船に乗った鑑真は現在の鹿児島県に漂着して渡海できた。仲麻呂は第一船に便乗し、沖縄にいったんはたどり着きながら、その後不運にも遭難したのである。東西一〇〇〇キロから一五〇〇キロの東シナ海の航海が、現在では想像もできないほどの大冒険になっていた。

鑑真にとって、仏教普及の上ではまだ準備段階の日本で興隆への礎を築きたいというのが、渡海を決意した理由だったことは言うを俟たない。すでに律宗の高僧として唐の国内に名を知られ、揚州の大明寺で権威ある講座を開いていた。日本からの中国留学僧、栄叡と普照が渡唐九年経ち高名の戒師を日本へ案内するようにとの朝廷命を果たすべく、鑑真に懇請したとされる。日本への渡海成功は決意から一二年後、六回目にしてようやくの達成であった。六〇歳代半ばという高齢に達し、渡海の労苦によって失明までしている。鑑真の苦難は井上靖の『天平の甍』（一九五八年）に再現描写されているところだ。鑑真が平城京入りしたのが七五四年だった。東大寺の大仏の開眼供養からは二年後である。渡日から亡くなるまで一〇年足らず、布教への使命に燃え、東大寺に戒壇を設け、日本仏教興隆への基礎をしっかり構築した。その功績ははかりしれない。

鑑真の渡日は後年のヨーロッパのキリスト教宣教師による地球規模の布教活動とダブってくる。宗教のミッションは生地や故郷を捨てさせてまでも成り立つらしい。布教活動に奉仕する人たちが故郷を思わないわけではないであろうが、布教の地で生涯を終えることも厭わない。鑑真についても望郷の念にかられたとは寡聞にして知らない。異郷の地で命果てても悔やむことはなかったと思われる。郷愁を抑制するほど、使命に忠実であろうとする信念が勝っているからであろう。

東大寺大仏の開眼供養で導師を務めた菩提僊那《ぼだいせんな》（七〇四—七六〇）についても、一言触れないわけにはいかない。西域を経て中国の五台山で修行、遣唐使の要請で七三六年に渡来したインド僧である。鑑真と同じように、仏法をよりどころにして故郷は捨てている。この菩提の渡日にベトナム地方出身の僧も同道した。鑑真に従って日本にやってきた青い目の僧もいた。中央アジア出身とみられる。このことは、王勇氏の『唐から見た

遣唐使　混血児たちの大唐帝国』（講談社選書）に詳しい。

生まれ育ったところへの郷愁を捨てることのできる精神的背景は何であろうか。使命感、あるいは目標意識というか、人を行動へと駆り立てる信念のような内容を伴う、確定したものと考えられる。言葉に表すことができる動機、理由に違いないはずである。

故郷を遠く離れながら郷愁に縛られないでいられるのは宗教的ミッションだけに限らない。歴史上の偉人には、故郷や生地にこだわっていない例は多い。長い中国史では、詩人の李白（七〇一―七六二）にしろ杜甫（七一二―七七〇）にしろ、広い大地を放浪する生き方を全うしている。

広東省を中心に独自の方言を保ち続ける客家《はっか》も故郷に縛られない生き方を宿命とした。もともと華北が生活地とされる漢族の一集団である。集団ごと出身地を捨てて南下移住した。現在の難民に通じる例かもしれない。客家と共通する心情の集団が、世界に散る華僑（華人も）である。故郷を遠く離れて異国に移り住み、中国人の自意識を忘れないでいる人々である。東アジアや東南アジアを中心に、世界では三〇〇〇万人はいるとされる。シンガポールでは主流の民族であり、マレーシアでは人口の三割を超える。生地に帰ろうとしない集団を生み出しているところが中華民族を特徴付けているようである。


このような予備知識で阿倍仲麻呂に戻りたい。

日本は七一七（養老一）年、長安を模して建設した平城京が開城してから最初の遣唐使を派遣した。多治比県守を大使に五五七人という大規模なミッションで、新興国日本の威信をかけたものであった。派遣要員は厳しく人選された。留学生に選ばれた仲麻呂は「ときに十有六なり」（『日本後記』）の若さで、同期には、少し年上の吉備真備（六九五―七七五）がいた。真備は二度日中を往来し、日本王朝政府で右大臣にまで上り詰めてリーダーになった。仲麻呂も真備も将来を嘱望された留学生の逸材だったことは間違いない。

仲麻呂は長安に到着してまもなく、科挙受験の養成学校の「太学《たいがく》」に入った。唐朝で高等文官を目指したわけである。向学心を満たしながら四、五年後の二〇歳を過ぎたばかりで、難関の進士に及第している。科挙試験の中心テキスト『論語』だけで一万一七〇五字、「四書五経」全部では四十三万余字になる。「四書五経」とは儒教の経典で、キリスト教の聖書やイスラム教のクルアーン（コーラン）に位置づけられるものである。四書とは『論語』『孟子』『大学』『中庸』であり、五経とは『易経』『書経』『詩経』『礼記』『春秋』である。

高等文官採用試験「科挙」は、暗記力も競った。引用を求める試験回答文に間違いが一字でもあれば致命傷になる。一日一〇〇字ずつ休みなく憶え続けたとしても十二年もかかる。儒教経典をよりどころにした科挙の試験内容は、前述した生活知恵の結晶と理解され擁護されているから、中国人に立身出世の道として普遍的に受け入れられたのである。古代以来の科挙制度が二〇世紀初頭まで存続しえた所以であろう。

科挙は「郷試」と呼ばれる地方試験と「会試」「殿試」の中央試験からなり、中央試験の受験資格は地方試験の合格者に限られる。科挙が最も徹底していた清朝前期、郷試は全国で一〇〇万人以上が受け、及第が一〇〇人に一人、会試・殿試は約三〇人に一人という狭き門で、やっと三〇〇人前後の及第者だけが栄誉の「進士」の称号を得た。科挙の狭き門を中国史は「五十少進士」という言葉で伝えている。五〇歳で進士になることができればまだ若いほうだという意味である。外国語の漢文に精通し、漢詩も詠む外国人進士の誕生は漢族社会を驚かせたことだろう。

科挙及第は将来の栄達を約束する。若き仲麻呂も得意になったに違いない。任官は皇太子側近として仕える「左春坊司経局校書」。唐朝の客卿の道を歩んだ。文才が秀でていたためか、交遊した中に盛唐を代表する詩人の王維や李白らがいた。最後の勤めは皮肉にも漂着した先の安南の節度使。南の辺境を治める重職である。

なお、仲麻呂から一世紀たった晩唐のこと、朝鮮半島の新羅の崔致遠も科挙に及第している。身分や出自を基本的に問わない試験制度だったとはいえ、異国人の及第者数は限られる。崔致遠は一二歳で渡唐、一八歳で及第しており、逸材であったことがわかる。こちらは数年後に帰国し、官途についている。

当時の唐は世界帝国であった。都・長安は一〇〇万の人口を擁して、その一割が異国人であったらしい。中国文明の中心地としてばかりでなく、シルクロードを通して西域からヒト・モノが流れ込む魅力に富んだ大都市であった。進士に及第した仲麻呂は、身近な先進文化に驚嘆し、その栄華を享受したであろう。毎日が新鮮で、飽きることのない時間を過ごしたに違いない。

しかし、仲麻呂は自分の渡唐に続く遣唐使一行が一四年後に長安にやってきたとき、その帰国に便乗して自分も帰国したいとの許可を玄宗皇帝に申し出ている。望郷の念が勝っていたのである。しかし、このときは許可が下りなかった。玄宗のお気に入りの臣下であったのが、不許可の大きな理由だったらしい。このとき親友の吉備真備は帰国メンバーに入った。仲麻呂は帰国一行を見送ったあと、望郷を漢詩に詠んだ。

　義を慕って名空しくあり　忠を輸（いた）せば孝は全からず
　恩を報ずるに日有るなし　帰国は定めて何年ならん

三〇歳を超えて働き盛り、自分の行く末を考える年ごろである。故国に残した親が老齢に達したことに焦りとも見られる気持ちを詠み込み、帰国への思いは早くから募り、膨らんでいたことが分かる。七五二年、日本からの遣唐使の一団がまたやってきた。この一行を引率する責任者の副使にあの真備がいた。五三歳になっていた仲麻呂にとって、親友との再会によって望郷心が再燃し、帰国へと駆り立てられたことは想像できる。

皇帝直属の秘書監・衛尉卿の要職について、エリートとしての出世が保証されていたにかかわらず、郷愁のほうが勝った。このときの一行の帰国に便乗できなければ故国を二度と踏む機会は訪れないと考えたであろう。仲麻呂の訴えが玄宗に届き、帰国許可が下りた。玄宗の臣らしく唐朝の使者として「送日本使」の資格で帰国一行に加わる、という理由付けであった。七五三年のことである。仲麻呂に対する送別の宴が賑々しく開かれている。王維が惜別の情を詠んだ「秘書晁監の日本国に還るを送る」は『唐詩選』にも採録されて後世の中国人に膾炙したが、日本人の間では仲麻呂が詠んだ「天の原ふりさけみれば春日なる三笠の山に出でし月かも」（『古今集』）が広く口ずさまれている。長安を出た一行が大運河を通って出発港の明州（寧波）に向かう途中、船が長江に出たところで当時は中の島であった金山を眺めて故郷の情景を思い出して歌にしたといわれている。

しかし、仲麻呂の帰国はかなえられなかった。彼の乗った第一船だけが、遠くベトナムに漂着した。悲惨が待ち受けていた。漂着地で襲撃に遭い、乗船者一七〇人のうち助かったのは仲麻呂を含めて一〇人ぐらい。しかも長安に戻ることができたのは遭難から二年も経ってからで、仲麻呂はその後、唐朝の廷臣を全うし唐土に骨を埋めた。

日本人のほとんどが仲麻呂に親しみをもっているのは、こうした歴史の荒波に翻弄された生涯に同情しているからであろう。だが、仲麻呂は帰国をあきらめ切れたであろうか。

❖――――（2）ふるさとは土地か人か

不思議なことは、阿倍仲麻呂の唐朝における事跡を知らないという多くの日本人が、帰郷をかなえられなかった悲劇の偉人として真っ先に仲麻呂の名をあげることである。ホームシックの一番の象徴として認識しているようだ。故郷を懐かしがるのが人間としてごくふつうの感情であって、要職にありながら私情に負けた人物として非難することはない。

望郷における日本人についての不思議は、日本で骨を埋めた著名な外国人を語るとき、どういうわけか、望郷を念頭に置いていないことが多いようである。中国人の鑑真の場合もそうだし、明末の儒学者・朱舜水（一六〇〇―一六八二）もそうである。日本に尽くした聖賢は望郷を超越した偉人として考えているからだろうか。それは日本人らしい判断であって、鑑真に望郷の情がなかったわけではない。

中国人ばかりでなく、西欧人にも望郷を意識させない人が何人もいる。母国に戻ることなく墓が日本につくられた。明治時代に顕著な例が多い。小泉八雲（ラフカディオ・ハーン、一八五〇―一九〇四）はギリシャ生まれのイギリス人でありながら、アメリカに渡り、新聞社の記者として取材で訪れた日本に渡来、惹かれてそのまま住み着いた。藩士の娘と結婚したハーンは、日本で亡くなった。ポルトガル人のヴェンセスラオ・モラエス（一八五四―一九二九）はもっと日本人になりきった終焉だったかもしれない。リスボンの名門の家系に生まれ、海軍士官として一八八九（明治二二）年に来日したのを機に日本に興味をもち、日本への領事館設置を母国に働きかけて神戸や大阪の総領事を務めた。一九〇〇年に美人芸者・福本ヨネを落籍して結婚したが、先立たれるとヨネの故郷の徳島に居を移し、晩年は一人で暮らしたという。

ハーンは古きよき日本の暮らしに安らぎを見つけて日本に帰化した。弱肉強食のサバイバルが横行する西洋と比較しながら、日本の温和な習慣に彩られた庶民に惹かれたことが代表作の紀行からよく分かる。多くの作品が明治二七年出版の『知られぬ日本の面影』に納められている。

「日本では古の牧歌的な暮らしの一部が明治の変革の陰に今なお残されている。そういう古い暮らしぶりをほんの束の間でも味わった者には、西洋で叩きこまれる考え方——『生存競争』だとか『闘争は義務』だとか、富や地位を得るためには、なりふりかまわず弱い仲間を踏みつけに『せねばならぬ』とかいう教えは、何か恐ろしく野蛮な社会の掟のように思えてくる」（小泉八雲著『明治日本の面影』「出雲再訪」、講談社学術文庫）

自然と一体化した牧歌的な情景と日本人の庶民が必ず共存しているということが、ハーンの日本観のかなめになっている。西洋にはない魅力として、日本の庶民の暮らしを認識した。ハーンは、日本の急速な近代化で古きよき暮らしの風景が消えていくのを悲しんだといわれるが、日本への愛情は終生持ち続けたようである。ハーンの著作等からは、比較文化の要素としての故郷は登場しても、感傷に浸る対象としては欠落しがちであったことがうかがえる。簡単に帰ることのできない故郷を懐かしむ感性とはおそらくほとんど無縁で、ハーンは日本で暮らしていたのである。

在日中国人を考えてみたとき、「故郷」（中国語も日本語の「故郷」とほぼ同義）を話題にすることは日本人よりも少ないと改めて思う。

なぜだろう。一般的に言って、中国人が「故郷」という言葉で最初に連想するのはたいてい人々の顔である。土地よりもそこで息づく親であり、友だちであり、知人たちであり、家の周りに住んでいる人たちである。談笑し、語らい、会話し、遊んでいる人の輪のイメージが脳裏に浮かぶ。言わば人間中心の故郷観であろう。生地や故郷の風土そのものだけにこだわらない感情が、中国人には一般的であるように思われる。福建や浙江、江蘇省の人々は郷土意識が強いとされるが、それも日本人ほどの風土への執着ではない。同郷の人々と話を交わすことができれば、それで満足するところがあると察せられる。

日本人と中国人が「故郷が懐かしい」と同じことを言っても、恐らく中国人は家族や親戚、友だちの顔を思い浮かべながら懐かしむ。山や高原の景観を脳裏に描くのは人々を思い出した後であろう。「多くの日本人が生まれ育った土地の景色がはじめに浮かぶらしい」と聞けば、中国人も含め、外国人は、なぜ人間を第一にあげないのかと不思議がるであろう。

日本人が「故郷」と聞いて思い浮かべるイメージとして、山や海、川、森などの景色、風土が一般的らしいことは前述したが、こういう自然に恵まれていない大都会生まれの人は「わたしにはふるさとはありません」という言い方になる。人々の語らいや談笑は、ふるさとのイメージの一部にはなっても、風土が欠けるとふるさとのイメージは不完全というわけである。ふるさととはどういうものか、理屈で説明できるわけではない。言葉で伝え合うものではない。個人が心に抱いている感性のイメージであろう。

近代化される東京で、ふるさとの岩手県渋民《しぶたみ》村への望郷の念を「今日もまた胸に痛みあり　死ぬならば、ふるさとに行きて死なむと思ふ」と辞世の句に残したのは二七歳で亡くなった石川啄木である。ところが、この啄木にしても、実際、ふるさとでの人間関係がかなり行き詰まっていたから、上京したのである。啄木のふるさと志向は、まさしく風土そのものに集約されているのであろう。

日本人の「ふるさと」願望を表した光景を思い出した。渇水が続くと、枯れかかったダム湖がテレビで映し出される。湖底に沈んだかつての村が現れて、土地のお年寄りが道の跡や朽ちた庭木を見て「もう二度と見ることはないと思っていたのに」と懐かしむ言葉が語られる。日本人が過去の景観に浸っている姿である。もちろん、景観だけではなく、ともに暮らした村人の思い出が頭をよぎるのであるが、それも景観を先に目にしたことで浮かんでいるはずである。

中国では、未曽有の災害となった二〇〇八年の四川大地震で、ほぼ壊滅した村や集落ぐるみでのあらたな土地への移転が復旧策として実行された。被災者の意向より党・政府の決断が優先されたからだが、日本では二〇〇七年の中越地震の被災者たちの新しい土地よりも自分たちの住んでいた土地に戻りたいという希望に沿って、行政が対策を進めているのとは大違いの印象を受けざるを得ない。故郷を山、川、谷などと一体のものととらえ、かけがえのない存在と考えるのが日本人である。中国人は肉親の移転とともに故郷も引っ越していくところがある。この違いは風土観、自然観、家族観、人生観ないし文化の違いという面もあることを指摘しないわけにはいかない。

中国人は土地の概念でいう「ふるさと」への執着からいざというときには離れることができる。山や河、緑の田畑などのイメージで住んでいる土地を愛するより、愛する人々、かけがえのない人々が住んでいる土地という思いでふるさとを見ているからである。一九九三年に着工した長江の三峡ダムが完成すれば、高さ(落差)一七五メートル、幅二・三キロメートルの巨大ダムとなり、水位は一九〇メートル近く上昇し上流六三〇キロにわたる土地が水没する。完成予定は二〇〇九年という。水没対象地域の立ち退き人口は一〇〇万人を超える。反対する人もあったにかかわらず、「ふるさと」を離れることをやむを得ないと受け入れて、もうほとんど立ち退きは完了したという。一〇〇万人という数は一つの大都市が消え去ることに等しい。恐らく日本では、ある理念のために大局に立つ観点に基づき、ダム建設の企画を受け入れにくいと思われる。「ふるさと」の土地に執着する人々が多く、実現しにくい建設計画になろう。

❖――――（3）唱歌に表れる「ふるさと」像

阿倍仲麻呂当時の日本列島は未開発地の多い緑の大地という印象であろう。都のある大和地方も、神々の住む静寂と清浄の地であったにちがいない。

奈良県桜井市の大神《おおみわ》神社は、三輪山（標高四六七メートル）を崇めてご神体にしている。神門や拝殿はあっても、神の鎮座する場所として神殿のない神社として全国に知られる。代わりに山そのものがご神体であって、人は三輪山に向かって参拝する。列島における神々信仰の祖形を伝えているという。仲麻呂の時代の日本人は素直に自然を崇高して神そのものとみなして信仰した。

創建が飛鳥時代（六世紀末―七世紀前半）にさかのぼるといわれる広島県・厳島神社は、所在地の宮島そのものをご神体にしている。ここも緑多い自然と調和した瀬戸内の景観を呈している。神々の住処である島の頂とその山肌を埋める森林に向かって、古来からの信仰をうかがわせる祠が島の周囲の海べりにいくつも散在しているという。中国でこのような癒される森を見つけることは困難である。仲麻呂の渡唐した当時も、現在とあまり変わりないだろう。仲麻呂が、緑に満ちた景観をもう一度見たいと願ったとしてもうなづける。若いうちから神々の恵みを受ける日本の風土を恋しく思ったと想像できるのである。

茨城県の鹿島神宮も三重県の伊勢神宮も杜が境内である。宮城県の塩竈神社を訪れたときの印象を私は忘れられない。陸奥一の宮という由緒ある神社なので、どの社殿からも深遠な印象を受けた。参拝を終えて山を下り、ふと後ろを振り返ったとき、社殿はまったく見えないことに驚いた。見えたのは山を覆う森だけ。「山を覆うこの森が日本の神社なのだ」と思わずにいられなかった。

仲麻呂の時代は、もっと手つかずの大木の原生林が全国を覆っていただろう。仏教の影響で神社に神殿を建て出した頃といわれ、神殿も拝殿もない自然の森そのものを神域とみなして厳かに扱ったに違いない。いうなれば、ほぼ列島全土が神域の雰囲気だったと思われる。開発され尽くした現在の列島状況からは想像すらできない自然の恵みを受けた緑の列島であったろう。

「天の原ふりさけみれば春日なる三笠の山に出でし月かも」

これは情景の描写である。歌の調べに高潮感はとくに感じられず、たんたんと月の出の情景を詠った感がある。「ふるさと」を思い出して、ふるさとと一体となり自分を静かに没入させているようだ。晩年の仲麻呂には、五〇年以上も前のふるさとの記憶像しかない。一〇代半ばに大和を立ち大唐へ向かった。帰国まで一〇年、二〇年は覚悟したが、まさか倍以上の長きにわたって戻れないとは予想しなかったであろう。よくぞ長生きしたものだとの感慨も湧いたであろう。戻る機会を得られてから、いっそうふるさとが懐かしくなったはずだ。ふるさとといえば、三笠の山と月という連想ができあがっていたのかもしれない。三笠の山に出る月は、仲麻呂の「ふるさと」そのものだった。日ごろ繰り返し思い出していた情景が胸にぐーんと迫る中、冷静を装いつつ詠ったという理解も成り立つのである。

しかし、この歌が記憶の中の一つの情景を詠みこんだといってしまえば、それだけのことで終わる。その通りであるが、もっと余韻を感じ取らなければ仲麻呂の思いは救われないはずだ。まず、森に覆われた当時の三笠山を想像したい。そして神奈備《かむなび》の深山に神々しい月がかかっているという思いを感じ取ってやりたい。ふるさとから連想されたのは人々の談笑や言葉の記憶でなく、自然の情景であるところに、仲麻呂の日本人たる面目が現れたと思っている。

それはどういうことか。日本人のふるさと像の景観志向と関係していると考えられる。日本の歌には情景を歌ったものが多い。唱歌「ふるさと」の歌詞を見てみよう。

一、兎追いし彼の山　小鮒釣りし彼の川

夢は今も廻りて　忘れ難き故郷（ふるさと）

二、いかにいます父母　つつが無しや友がき

雨に風につけても　思いいずる故郷

三、志を果たして　何時の日にか帰らん

山は青き故郷　水は清き故郷

この唱歌は日本人に共有される「ふるさと志向」を教えているようである。「ふるさと」から連想されてくる自然の情景が描かれている。子どものころ、両親、兄弟姉妹と一緒に歩いた思い出も、友と遊んだ思い出もすべて自然情景と重なっている。自然情景に包み込まれて懐かしさが胸に迫ってくる。この歌詞を歌ううちに、思い出を超えて「彼の山」「彼の川」に実際に踏み込んでいっているような一体感が、抵抗なく生まれることを疑わないと思われる。多くの日本人がこの歌を覚えて愛唱歌としているのは、日本人の心情に合致しているからに違いない。望郷のこころを満足させる基本的な要素があるからであろう。この歌ほど、日本が「ふるさと志向」の共有を文化にしている実態を物語るものはない。

日本の唱歌では、昔から歌い継がれてきたなつかしい自然や故郷を歌ったものが圧倒的に多い。日本全国どこにもあるような歌集で、たまたま手許にあった埼玉県音楽教育連盟が編纂した『歌集さいたま　さあ歌おう』を見てみると、全歌数一五九のうち、文部省唱歌など風土愛を歌うと思われるものがほとんどである。

特に、ストレートに国を愛するような内容の歌詞のものはほとんどなくて、「早春賦」「茶つみ」「里の秋」

「たきび」「お正月」のような季節の歌、「静かな湖畔」「四季の歌」「遠くへ行きたい」など自然の歌、「通りゃんせ」「ずいずいずっころばし」「あんたがたどこさ」などのわらべ歌、「ほたるの光」「今日の日はさようなら」などの行事の歌ばかりである。まさに、風土や故郷に集約された「愛郷歌」といえよう。

❖――――（4）亡命と愛国心のはざま

俗諺に「犬は人になつき、猫は家に馴染む」とある。故郷を思い出すとき、人々を懐かしむか、野山の風景を懐かしむか、おおざっぱに二つに分かれることを述べてきたが、人になつくのが中国人や西洋人であり、風景派が日本人になるのではないか。なつく方向の違いで犬派と猫派の違いになる。このたとえは俗っぽくなりすぎたが、言わんとするところは分かっていただけるだろう。猫好きのひとは、ひそかに日本人的な「ふるさと」意識が濃いのではないか、と思っている。

「ふるさと」という言葉からは、自然・風土の情景が浮かぶ響きがあるという。「ふるさと志向」を動機とした日本人の史実は、阿倍仲麻呂だけではない。このことを再認識してほしくて、これまでと違った視点も交えつつ書き進めよう。

江戸後期、伊勢国白子村（現在の三重県鈴鹿市）の船頭・大黒屋光太夫（幸太夫とも、一七五一――一八二八）は一七八三（天明二）年、水夫一六人とともに米や木綿などを積んで江戸へ出航した。船は駿河沖で暴風雨に見舞われ遭難、八ヶ月漂流した後にロシア領であったアリューシャン列島アムチトカ島に流れ着いた。ロシアは東西に長い大陸の国である。

望郷の念を捨てきれず、大陸の反対側にある都ペテルブルクへ、女帝エカテリナに謁見し許可を得るため、ソリと徒歩で踏破した。地球一周の三分の一の距離にもなる。九一年に会見したあと、またオホーツクに戻って、ロシア滞留九年後の九二年一〇月に帰国したという。日本へは女帝の勅許をもったラクスマンによる護送が付き、光太夫のほかに帰り着いた水夫は磯吉と小市だけ。小市は根室の土を踏んで間もなく病死した。やっと帰国した光太夫らを、幕府は鎖国政策から罪人扱いとし、江戸で軟禁処分に付した。ふるさとには一度も帰ることを許されず、軟禁されたまま江戸で七八歳の生涯を閉じた。帰国こそできたものの、ふるさとを夢見続けた後半生であったと思わずにはいられない。

日本人は、故郷に戻りたいのに戻れない状況に置かれたときほど、悲惨な感情がほとばしるようである。歴史上のキリスト教禁教令による国外追放は、過酷な仕打ちであったと思われる。この例には、摂津高槻城主などを経験した高山右近（一五五二―一六一五）の豊臣秀吉によるマニラ追放がある。江戸幕府ではさらにキリシタン弾圧が徹底された。

日欧交渉史を追った泉秀樹氏の『風と海の回廊』（廣済堂出版、一九九四年）によると、日本史ではよく知られる一三、一四歳の天正少年遣欧使節団（一五八二―一五九〇）四人のうち、原マルチノは一六二九（寛永六）年にマカオに追放されて病没したという。中浦ジュリアンは、一六三三（寛永一〇）年に拷問にあって殉教した。同書は迫害を覚悟して鎖国化の日本に戻った信仰者も紹介している。単身でローマに行き、コレジオ・ロマーノで教義を学んだペドロ岐部（日本名不明）は一六三〇（寛永七）年に拷問と刑死が待ち受ける日本に戻ったという。キリスト教禁教下では非業の死しかないにもかかわらず、海外にいた多くの無名の信仰者が日本の風土を恋しく思うあまり、危険を冒して帰国したと想像されるのである。それは原則と正義のためではなく、故郷の風土が恋しい気持ちに沿う正直な選択であると思われる。日本人に特有の強烈なふるさとと志向をここにも見ることができるであろう。

大黒屋光太夫も高山右近も、遠く異国の地でふるさとと志向を募らせたとき、もう二度とふるさとの景色を拝めないと思って悲嘆にくれたであろうことが想像できる。日本人は自然の情景を思い出の重要な要素にしているようである。自分の足でふるさとに立たなければ帰郷を果たした気にならないらしい。日本人はふるさとを捨てることが難しい文化を培っていると思われる。

極論すれば、日本人は育った国土を離れては生きにくい体質的な文化を持っているといえるかもしれない。感性を基本にしている風土観を、人生観と積み重ねて、運命共同体という一心同体の文化を特質としているなら、愛国心をことさら強調する必然性はないように思われてくる。ふるさと志向が愛国心の基になった文化と思われる。ふるさと志向を共有することで集団化しているのが日本人かもしれない。

それと比べると、西洋や中国や韓国が、愛国心を教育内容に組み込んでいる理由が見えてくる。それは愛国心の中味は共感によって感じあうものではなく、目に見え体で触れられる風土に体現されているものでもない。論理化され、体系化されている理念であり、原理原則であるからである。その中味は言葉を媒介して表現させるものであるから、理論や概念と理解されているのである。

したがって、外国人から見れば、日本人における愛国心はイメージと情緒で成り立っているように見える。一定の理論体系が見えない。論理性のある言葉によって纏められていないと思われる。愛国心を堂々と口に出せない日本人には愛国心が薄いと受け止められている。少なくともこれまで出会った多数の外国人の日本観の一つとして同様の議論を聞いたことがある。

統治者の暴政に対して自分の命を守りぬくための亡命は、他国の歴史ではふつうのことといっていい。ところが、日本は亡命者を出すことがきわめて少ない珍しい歴史の国とされる。この希少の国ぶりについてはドイツのハイデルベルク大学・東アジア研究センターのヴォルフガンク・ザイフェルト教授（日本学）も指摘した。二〇〇六年九月、法政大学主催のシンポジウムで、日本の政治思想を研究する上で留意すべき要件とした

（「ドイツの研究者から見た丸山真男の政治思想」で講演）。

日本人が歴史に記録した亡命は少ない。戦前では治安維持法のもとで共産党に関係したか、関係しているか、そういう人々を中心にわずかにあるぐらいという。しかし日本では、多くの共産党関係者は海外に逃げ出さず地下に潜って活動を続け、悲惨な末路に向かった。戦前の昭和一三（一九三八）年、日本とソ連の陸の国境線があった樺太（現サハリン）で、女優の岡田嘉子と劇団演出家・杉本良吉が愛の決死行を実行して国民的話題になったのは、数少ない亡命の例であろう。幕末、長州・薩摩を中心とした官軍の江戸総攻撃に備えて、江戸防衛を任された勝海舟が徳川慶喜将軍のイギリス亡命を画策した事実があったという。江戸城無血開城の合意によってその亡命策は実現をみなかった。また、太平洋戦争が終わったとき、軍国主義の指導者の誰一人として海外逃亡や亡命をした事実はないという。

愛国心に関連して亡命をめぐる受け止め方についてみてみよう。西洋史でも中国史でも亡命は繰り返されている。それらの国の亡命者にとっては、亡命も愛国心に基づく選択と自認されている。ソ連成立当初にあった、トロツキーの世界革命論と一国社会主義のスターリンの権力闘争はよく知られている。一九二七年、理論派のトロツキーが敗れ、党より除名、国外追放された後、メキシコで暗殺された。国外追放は亡命とある意味で裏表の関係であろう。

ナチスドイツ政権下でユダヤ人への迫害が厳しくなると、アメリカなどへ彼らの亡命が相次いだ。相対性理論を唱えたアルバート・アインシュタイン（一八七九—一九五五）もその一人であった。敗戦とともにナチ党幹部たちは身を隠し、国外に逃亡した者も多い。ナチス親衛隊中佐だったカール・アドルフ・アイヒマン（一九〇六—一九六二）は逃亡先のアルゼンチンで見つかり、ユダヤ人ホロコーストの罪で裁判の後、処刑されている。

中国史で亡命に関係した人物を一人と限られれば、中国革命の指導者・孫文（一八六六―一九二五）を挙げれば十分だろう。日本では本名の孫文といわれているが、中国では号による孫逸仙、孫中山と呼ぶのがふつうだ。清朝末期の一八九四年一〇月、広州の武装蜂起に失敗して日本に亡命して以来、亡くなるまでの三〇年間のうち三分の一は亡命などで日本に滞在したという。亡命してまもなく漢族の満族への服従のシンボルともいうべき弁髪を切った。一九〇五年には東京で、中国国内の革命諸派をまとめて中国同盟会の結成に成功した。一九一一年の辛亥革命による清朝崩壊後の政争中も亡命先として日本を選び、多くの支援者と交遊している。ロシア革命の指導者レーニン（一八七〇―一九二四）はヨーロッパを転々と亡命しながらツアー体制打倒を指揮したとされ、革命勃発の報に接すると祖国に飛んで帰ったという。亡命は革命家の勲章といえるかもしれない。

孫文は革命家にふさわしいスタンスとして「天下為公」という言葉をよく揮毫した。平易にいえば「この世界が人々のためになるように」という意味になる。孫文は責任を果たせる市民が主人公となる社会を理想としていた。亡くなる前に立ち寄った神戸で、有名な「大アジア主義」の講演をしている。会場の兵庫県立神戸第一高女（現在は神戸高校）に謝意を込め贈った言葉としても「天下為公」は伝わっている。孫文を師とした蒋介石はこの言葉を額に入れて執務室に掲示していたという。現在、台湾にある故宮博物館の正門に掲げている横額にも「天下為公」という文字が輝いている。

「天下」という言葉について、広辞苑はふつう「一国全体」や「全国」などいくつかの領域概念で説明している。その通りで、日本では、織田信長の「天下布武」のように全国統一をめざす権力欲と関係する泥臭い言葉とみられる。ところが、中国語では儒教の「修身斉家治国平天下」に通じるようにきわめて「公」の概念を含んだ漢字である。「志在天下」や「四海兄弟」は人類や世界が伝わってくる使い方になっている。毛沢東の

松贊干布和文成公主同吐蕃人民在一起

図像1：高校1年　国語　その1（全国中小学教材審定委員会　2001年初審通過）
出典：義務教育過程　教科書「ZHONGGUOLISHI」7年級　下冊

主導した社会主義革命も「天下為公」の精神による成果と考えるのがふつうである。また、世界に生きている華僑はまさしく「天下為公」を普遍的な人生の価値として受け止め、行動に体現させているとされている。ゆえに華僑はどんな世界にも根強く生き続けて行けるのである。

鑑真や朱舜水の生き方について「天下為公」の古代版・「修身斉家治国平天下」をあらためて持ち出すまでもない。中国人の目から見ると、鑑真の建てた唐招提寺の名称が、まさに「天下為公」の理念を体現している。サンスクリットでは招提は四方の意味であり、「唐の国際人」という現代語にあたっている。人類普遍の価値を広める「天下為公」の生涯と思われるからこそ、偉人、聖賢と考えるわけである。

中国の教科書・高校一年・国語・その一（全国中小学教材審定委員会二〇〇一年初審通過）に辺縁の異民族のもとへ嫁入りしていく女性の物語が載せられている。この女性は「天下為公」の体現者としても理解されている。唐第二代皇帝の太宗は六四一年、皇女・文成公主（六二五ごろ—六八〇）をチベットの吐蕃王・ソンツェンガンボへ嫁がせた（図像1）。

また、歴史上では前漢元帝の紀元前三三年、宮女の王昭君が北方の匈奴の王・呼韓邪単于《こかんやぜんう》のもとへ送られた事実も存在する。日本では、匈奴やチベット族の侵略から漢族を守る政略結婚とされ、悲劇の女性たちと受け取られている。華やかな唐朝廷の暮らしから引き離されて、考え方の違う異民族の文化の中に置かれて、悲嘆にくれたであろう。しかし、悲劇に耐えて、漢族と匈奴、漢族とチベット族の友好関係の促進に尽くした功績を評価するのが教科書のねらいである。天下のためには望郷を耐える姿が理想とされる。大きな目標の前ではふるさとと志向は小さなテーマにしかすぎない、遠大な理想の追求こそ人生の目標にすべきだと教えるのである。

もし、中国知識人の人生観は古来、「修身斎家立国平天下」に収斂されていると言えるなら、「天下為公」がその略語とも理解できる。時代の変化に合わせて言い回しが異なっていても、「天下為公」の位置づけが依然として根強いところがある。国家建設のスローガンにも、「天下為公」の内容を反映させているものが見える。五〇年代の「保家為国」、六〇年代の「勤倹建国」、七〇年代の「自力更生　発奮図強」、八〇年代の「振興中華」、九〇年代の「小康社会」、二〇〇〇年に入ってからの「世界の軌道に繋ごう」、ここ数年の「和偕社会」「和偕世界」など、いずれも天下からパブリック意識への思考飛躍を示していると思える。

❖———（5）他動詞の愛国と自動詞の愛国

これまで「ふるさと志向」について詳細に述べてきた。日本人は、懐かしい自然情景を描く中から郷里の人々を思い出すという習性が大変強いことを理解していただけたと思う。阿倍仲麻呂のふるさと志向は歴史の逸話にすぎないのではなく、現在の日本人像を浮かび上がらせることでもあるということも、理解していただけたはずである。ここで、「愛国心」問題と結びつければ、仲麻呂に見られるように、日本人はふるさと回帰がきわめて強い感性が備わり、この強烈な郷土愛と愛国心は強制力がなくともわりあい簡単に直結すると考えられることだ。

日本人の郷土愛の発露が、外国人からみても手にとるようにわかる例がある。夏の高校野球選手権大会は、四十七の都道府県代表が優勝を目指して炎天下に汗を流す。東京と北海道の二校ずつの出場があるが、ふだん野球に関心のないお母さんも郷土の代表を応援している。NHKでは人気番組の「のど自慢大会」のけじめとして春にチャンピオン大会が開かれる。全国各地域の代表が歌唱力を競うのである。そのほか、さまざまなケースで地域の均等配分を考慮した選考が日本では徹底している。郷土意識を前提にしたシステムが慣習化していると思われるのだ。この意味では、郷土愛に注目した与党の視点はいいとしても、政治的に教育するまでもなく日本文化の中に既成の体系として郷土愛はつねに養成されているのではないか。

教育基本法改正をめぐる審議に入ってから、小泉首相が「自分が生まれ育ったところに対しては誰しも愛着を持っている」と述べた自己認識は的を射たものと思った。五月二四日、「愛国心」をランク付けする通知票問題に関連した答弁だったが、「教育は強制的に一つの考えを押し付けるものではない」とも述べたのは野党にも受けたらしい（二〇〇六・五・二五　朝日新聞）。

日本文化に本性的に備わっている「ふるさと志向」が愛国心につながり、郷愁が母体になって膨らむという見方は外れていないと思えてならない。教育などの強制力がなくとも、自然に心に湧いてくるのが愛国心だと日本人は思っているのではないか。集団意識の国民性とどこかで通じている。「愛国―国を愛する」という他動詞的な言い方がしっくりこないらしい。日本人の若い人たちに「愛国心はありますか?」と聞くのではなく、「日本が好きですか?」と聞くと、「好きです」という答えが返って来る経験を何度もしている。日本人は第二次世界大戦後、価値観を一変させて、「愛国心」を全否定してきた。愛国心というと、日本人は、戦前の軍国主義を連想してきた。日本人に本来的に湧出する「郷愁愛」に限定した範囲に戻ったのではないか。

愛国心は、ある特定の歴史段階と特定の指導者しだいで持つことができなかったり、持ったりする性質のものではない。アメリカ人も中国人もたとえ現状に不満であっても、けっして自国の文化と歴史を否定はしない。祖国に対して反対運動を繰り返していても、反逆者も亡命者も祖国を思い、愛することができるのである。それは広義の愛であり、狭義の愛ではないからである。

愛国心はその原点において日中に違いがある。日本人の景観に託した望郷の念の表現が、中国人になれば長い歴史に蓄積されてきた文化と現実的な人間をめぐる関係に替わる。

江戸時代初め、亡命した明の儒学者の朱舜水は帰国願望が強かったと言われるが、それは異民族清王朝に滅ぼされた明王朝の再興を期す願いからであった。中国人の海外暮らしは華僑に代表される。国外留学生も多い。いずれも故郷志向があるといっても、親族や友人を中心にしたつながりを懐かしむことに主眼が置かれるのがふつうである。故国を思い描くとき人々の顔を一番に思い浮かべるのが、中国人の普通の思考スタイルであると言ってまちがいないであろう。脳裏に浮かぶ人々の顔が社会全体に広がって個人の理想像に昇華していく。

中国は古来、興亡を繰り返してきた。搾取から逃げる歴史に苦しめられてきた。日本人に比べて出生地にこだわる習慣をもつ中国人は少ないと言っていい。伝統文化を大切に伝承して行くなら、彼の地で立身出生を達成して人生を全うするのも愛国心の展開とされている。華僑が世界中で生きていけるのもこの論理に支えられているからである。したがって、伝統文化を拠り所に文化を愛する概念は古来、伝統的教育の重要なテーマになっている。

中国近代文学の父・魯迅を生んだ「幻灯事件」を想起してほしい。仙台医専で医学を学んでいたとき。ある授業のあまった時間で日露戦争のスライド上映があった。ロシア人のスパイとして捕まった中国人が日本軍に処刑されるようすを傍観してながめているだけの中国人の群れに、魯迅は唖然とした。翻然として、中国民衆の意識改造こそが必要と悟ったのである。愛国者魯迅の逸話として中国では授業で教えられるが、故国を世間として見つめる視点がふつうであらばこそ理解できる魯迅の転身である。

中国人にとっては、「愛国心とは能動的な性格のもの」という認識が最初からついて回っている。「愛国心とは何か」ということをずっと模索してきている。そもそも「国」とは文化を守る城であり、文化人は伝統文化の伝え手とされている。文化が中核であれば、国家はそれを運営する事務局と言えよう。中国人はなによりも文化に求心力を感じ、全身全霊を捧げられるものとしている。国家存続も文化ありきとされるほどである。その文化は一時的なものではなく、個別の統治者によって変わるものでもない。中国の歴史の流れ全体を指している。だから、日本のように侵略戦争のミスを犯したからと言って、古から伝わってきている文化全体を否定してしまう方向に傾くことはない。そのかわりに暴政と戦い、捩れた歴史を正常な状態に戻させるのである。このように思うこと、行動することを、特別に教育しなくても全国民が使命としているのである。

また、歪んだ歴史の一時期で苦難に見舞わされた人々はよく我慢するのである。国家の歴史が斜めに走ったり、元に戻ることができると信じてその到来を待つことを、生活の知恵として覚えているからである。こうした生活に根付いた歴史観と愛国の作法に関しては小説を通してみるとわかりやすい。筆者が監修している中国作家・高纓氏の小説『無言の愛』（日本僑報社、二〇〇四年）を推薦する。また、文化大革命でひどい目にあった人々に尋ねてみても教えてくれると思う。苦難話の後にきっと「中国を愛している。古代からの中国固有文化を守り抜きたい」と答えてくれると信じる。

一方、愛国作法には重要な一面がある。外国人を大切にし、外国との親善友好を図るということである。一九五〇年代のはじめから、国際主義の教育が始まった。筆者はそれを小学校から受けていた。例えば、中学校

纪念白求恩

6 纪念白求恩①

（1939年12月21日）

□ 毛泽东

预习提示

这篇文章是作者为悼念白求恩大夫而作的。阅读后，想一想，白求恩为什么值得赞扬？我们应该学习他的哪些品质？全文共四段，各段之间有什么内在联系？

掌握下列词语，注意加点字的读音：

派遣　狭隘　热忱　鄙薄　以身殉职
拈轻怕重　漠不关心　麻木不仁
精益求精　见异思迁

白求恩同志是加拿大共产党员，五十多岁了，为了帮助中国的抗日战争，受加拿大共产党和美国共产党的派

① 选自《毛泽东选集》（人民出版社1966年版）第2卷。诺尔曼·白求恩（1890—1939），加拿大人，医生。1936年德意法西斯侵犯西班牙时，他曾亲赴前线为反法西斯的西班牙人民服务。中国抗日战争爆发后，他率领一支由加拿大人和美国人组成的医疗队，于1938年初来到中国，为八路军伤病员服务将近两年。后在一次为伤员施行急救手术时感染病毒，医治无效，在河北省完县逝世。

· 29 ·

図像3：中学校　国語の教科書その2
出典：紀念白求恩

図像2：中学校　国語の教科書その1（全国中小学教材審定委員会　2001年審査通過）
出典：教科書の白求恩の写真

自由阅读卡

白求恩大夫

中国的抗日战争，得到全世界人民的深切同情和热烈支持。不少国家派遣志愿人员来中国支援抗战，有的甚至献出了宝贵的生命。白求恩大夫就是其中最著名的一位。

白求恩是加拿大人，共产党员。他受加拿大共产党和美国共产党的派遣，率领医疗队，不远万里来到了中国。他不避危险、不辞劳苦，在医疗条件极为艰苦的情况下救助了很多伤员。在一次手术事故中，白求恩受到了感染，最后牺牲在中国。毛泽东为此写了一篇著名的文章《纪念白求恩》，称赞道："一个外国人，毫无利己的动机，把中国人民的解放事业当作自己的事业，这是什么精神？这是国际主义的精神，这是共产主义的精神。"

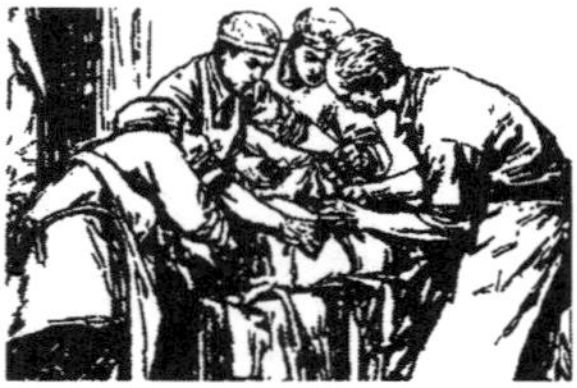

白求恩在做手术

図像4：高校2年㊤　国語　その6
出典：白求恩大夫（医者）

図像５：中学校　国語の教科書　その５
出典：魯迅と藤野先生・中学校の教科書による

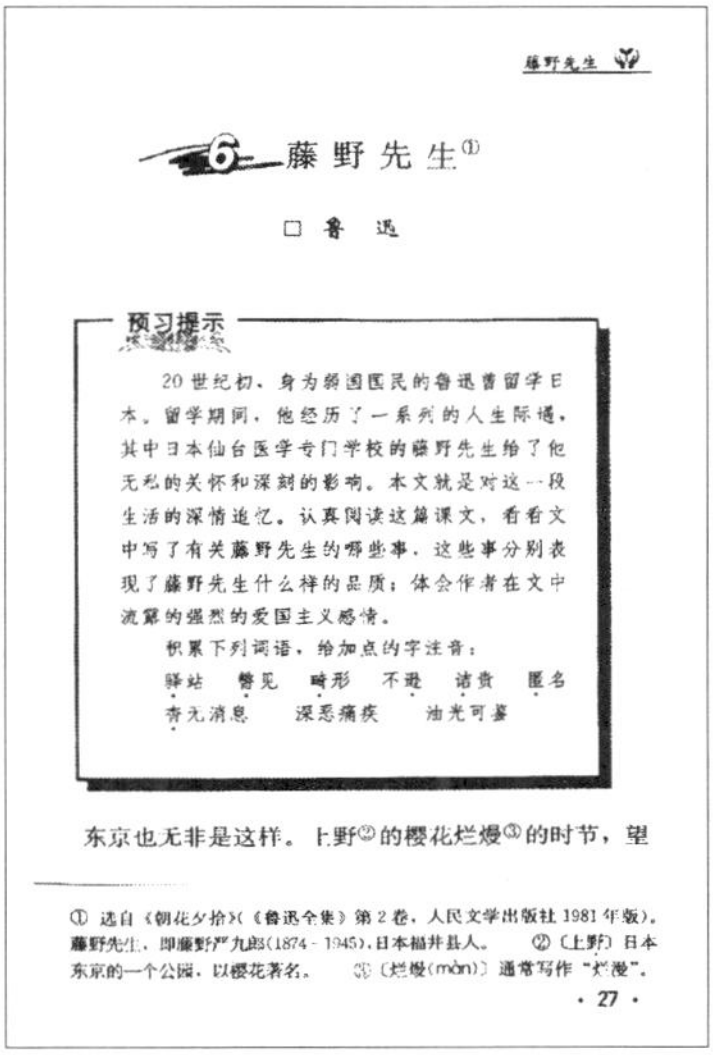

藤野先生

6 藤野先生①

□鲁迅

预习提示

20世纪初，身为弱国国民的鲁迅曾留学日本。留学期间，他经历了一系列的人生际遇，其中日本仙台医学专门学校的藤野先生给了他无私的关怀和深刻的影响。本文就是对这一段生活的深情追忆。认真阅读这篇课文，看看文中写了有关藤野先生的哪些事，这些事分别表现了藤野先生什么样的品质；体会作者在文中流露的强烈的爱国主义感情。

积累下列词语，给加点的字注音：

驿站　瞥见　畸形　不逊　诘责　匿名　杳无消息　深恶痛疾　油光可鉴

东京也无非是这样。上野②的樱花烂熳③的时节，望

① 选自《朝花夕拾》(《鲁迅全集》第2卷，人民文学出版社1981年版)。藤野先生，即藤野严九郎(1874－1945)，日本福井县人。　② 〔上野〕日本东京的一个公园，以樱花著名。　③ 〔烂熳(màn)〕通常写作“烂漫”。

・27・

図像６：中学校　国語の教科書　その６
出典：魯迅と藤野先生・中学校の教科書による

と高校の国語で「記念白求恩」（ベチューンを記念する）を学んでいた。カナダ人医師・ノーマン・ベチューンが反ファシズムのうねりの中で中国共産党に同行し、多くの貧しい人たちと兵士の命を救った。中国を支援し、中国人とともに奮闘している外国人に対する尊敬を知り、等身大の文化観を持つことができるようになったきっかけである。最近になって気がついた。戦後、多くの中国人があらゆる怨念を超えて日本に学び、日本の残留孤児を育て、日中友好を堅持したいと思ってきた。その原点には、中国的愛国心の教育に通じるところがあるかもしれない。外国人との親善を大切にする国際精神というべき考えである。筆者が素直に宮沢賢治に惹かれているのもその原点に集斂するからであろう。

　若い世代を成長させ国を発展させるためには外国の進んだ文化を受け入れなければならないなど、伝統的文化の尊重との間に矛盾を抱えな

がら、何が愛国なのかを考え続けている。ただし、時と場合によって愛国心が矮小化され、容易に過激な反米、反日運動の動機になりうる性質も持っている。

愛国心を育む土壌は文化の違いでもある。愛国心にも異文化の発想が参考になると思う。愛国心の形成過程にそれぞれの国の文化の違いや発展段階の違いが反映していると考えられるなら、国益を競う方向に愛国心を膨らませたくない。グローバル化の現在、他国との共生をはかる愛国心のあり方が日中ともに緊急の課題として問われている。

スコット（英）の言葉を引用したい。愛国心とは「それは最も美しきものであると同時に、しばしば最も疑わしきものであって、他の感情の仮面である」という。愛国心の二重性を見抜いている。

❖――――（6）愛国の歌が溢れるアジア諸国

「愛国歌」というジャンルがあるのかどうかは知らないが、ふつうに〝愛国心を高揚させる歌〟という意味で愛国歌を考えるなら、世界にはこの種の歌が溢れていることは間違いない。国威発揚を期したい政治権力者ほど愛国歌がお好きだろう。日本も先の大戦までは、国民は軍歌を愛唱させられたと聞いている。しかし、戦後の民主化によって、ほとんどの愛国歌が公式の席から一掃されたという。かわりに、国土を愛する歌が主流になった。風土や習慣・伝統の日本人のアイデンティティーにかかわる歌といいかえることもできる。

日本は小学校学習指導要領で旧「文部省唱歌」を含め、小学校では二四曲推薦されている。しかし、ストレートに「愛国」を教示するものが見当たらないのはいうまでもない。国歌の「君が代」を除けば、愛国に直結するのはせいぜい「日の丸」ぐらいなもの。もうひとつ「さくらさくら」を上げられる程度だ。学校の参考書『小学校の音楽』（教育芸術社）に収録されている曲目に目を移しても、全歌数一三九曲のうち、愛国歌として「富士山」を新たに加えることができるだけだ。愛国を正面から扱った詞の歌がきわめて少ないのはまちがいない。「さくらさくら」や「富士山」が日本人にとっては愛国歌になるのはどうしてか。自然情景を詠んだご存知の歌詞をみれば理由を汲んでいただけよう。

「富士山」

あたまを雲の上に出し
四方の山を見おろして
かみなりさまを下に聞く
富士は日本一の山

「さくらさくら」

さくら　さくら
野やまも　里も
見わたすかぎり
かすみか　雲か
朝日ににおう
さくら　さくら　花ざかり

「さくら」という日本の国花、あるいは「日本一の山」を取り上げたから愛国歌と規定するつもりはない。いずれも美しい情景を詠っているというのが一番の理由だ。ふるさとの景観を描いた歌である。これと、阿倍仲麻呂の辞世歌「天の原ふりさけみれば春日なる三笠の山に出でし月かも」とを同類系とみなしてどこがおかしいであろうか。日本人にとってはむしろ情景を詠った歌のほうが自然な形の愛国歌になっている。

中国はどうか。理念として、国や故郷を愛する気持ちを直截に前面に押し出した詞やスローガンが愛国歌である。小学校課程で教える必須の全五九曲のうち、愛国歌とみなせるのは「祖国、祖国、愛します」「私たちの美しい祖国」など一〇曲もあった。中学校でも全六五曲のうち「中華人民共和国国家」「国旗頌」など一一曲を占めた。この割合の比較より、直截表現の愛国歌が主流であることが題名から十分に察していただけるだろう。参考までに、台湾でも中国とほぼ同様の傾向で、タイトルを挙げれば、小学校では「私は故郷を愛している」や「将軍令」、中学校では「長江の水」や「国父孫文様の歌」が歌われている。

アジアの国歌をみると、その直截表現がもっと徹底している。列挙してみよう。

《インド国歌「インドの朝」》インドの偉大な詩人タゴールが一九一二年に作詞・作曲したもの。インドは一九四七年に独立を達成、一九五〇年国歌として採択された。

神よ　あなたは凡ての国民の心の支配者
インドの運命を決める力
あなたの国はパンジャブ　シンド　グジャラト
マラタヤ　ドラヴィダ　オリッサ
ベンガル人の心を高め
ヴィンディヤやヒマラヤの山々にこだまし勝利

ジャムナやガンジスの流れの調べと一つとなり
インド洋の波涛の唄ともなる
人々はあなたの祝福を求めて祈り
あなたの名を讃える
インドの運命の支配者たる神よ
勝利　勝利よ　神にあれ

《中国国歌》一九三五年、映画「風雲児女」の主題歌。抗日歌として広まる。一九七八年に正式に国歌となった。

起て！　奴隷となることを望まぬ人びとよ！　──もろびと心を一つに、

我らが血肉で築こう新たな長城を！
中華民族に最大の危機せまる、
一人ひとりが最後の雄叫びをあげる時だ。
起て！　起て！　起て！

敵の砲火をついて進め！
敵の砲火をついて進め！
進め！　進め！　進め！

《韓国・愛国歌》正式には国歌を制定せず、暫定的に愛国歌を国歌としている。作詞者不明、作曲は安益泰、一九三九年、中国・重慶に置かれた大韓民国臨時政府が愛国歌に指定した。

東海の水　白頭山　乾き尽くるまで
神守りたまいて　わが国万歳

むくげ三千里　華麗江山
大韓人の大韓　永遠に安かれ

《北朝鮮国歌》Pak Se-Yong 作詞、Kim Won-Gium 作曲、一九四七年に制定。北朝鮮は一九四八年九月、建国宣言した。

朝は、輝け、
野山、黄金は　満ち溢れ、
美しき我が祖国、

長きその歴史。
輝く我が文化、栄ゆる国、
民よ、国のために尽くさん、心合わせ

《ベトナム国歌「進軍歌」》一九四五年、革命気運の高揚の中で生まれたもので、ヴァン・カオの作詞・作曲。

一九七六年、歌詞に多少の修正を加えて、引き続き国歌として公認された。

ベトナム軍団は一途に国を救いに行く
はるかな荒れ果てた道に足音が響く
栄光の道が敵の死骸で埋められ
苦戦の末、勝ち、一緒に交戦地帯を立てた
人民のためとどまらずに戦う

先勝の血を染めた国旗がなびく
遠地から響いてくる銃声が進軍曲と混ざる
直ちに戦場に向かい
進め　共に進もう
我がベトナム国土は永続する

《フィリピン国歌「太陽の国」》一八九八年六月一二日、独立宣言がなされた。フィリピンの国歌はスペインからの独立運動の時期からの愛唱歌だったといわれる。

太陽の国
炎のように燃える太陽の子
我々の魂よ　気高く神聖な国
誉れ高い英雄たちの生まれた国を崇めよ
この神聖な国の浜辺を侵入者どもが
踏みにじることはできない
空の中に雲を通して
我々のすべての心を打つその旗印に
太陽は輝き　星はまたたく
おお　その輝かしい国土は
暴君によって曇らせてはならない
美しい愛の国土　おお光の国土よ
それに抱かれるときの喜びがある
しかし国土が侵されるなら

丘や海の向こうに栄光のある自由の
燦然とした輝きを見て　胸の鼓動を感じる

我々は死守することを栄誉とする

《シンガポール国歌「シンガポールが進歩せんことを」》一九世紀にイギリス植民地となり、第二次大戦で日本による占領を経て一九五九年に独立。

シンガポールの人々よ、
幸せに向かって前へ一緒に行進しよう。
私たちの高貴な抱負は
シンガポールが成功を成し遂げるのを見ることだ。

新しい精神で団結しよう。
私たちは皆祈る
シンガポールが進歩せんことを、
シンガポールが進歩せんことを。

《インドネシア国歌「偉大なインドネシア」》もともとはオランダ領東インド期の一九二八年に、スプラットマンが自作したもの。以後は民族独立運動を鼓舞する歌として愛唱され、一九四五年独立後は正式な国歌となった。

インドネシア、私たちの故郷の国、
私たちの出生地、
そこで私たち皆はこの私たちの母国の
護衛をするために立ち上がる。

統合されたインドネシアを。
私たちの土地が長く生きんことを、
私たちの国土、私たちの国家、
私たちの人々、そしてすべてが長く生きんことを。

インドネシア、私たちの国籍、
私たちの人々と私たちの国。
そして来い、皆叫ぼう

そして立ち上がれ、その精神よ、
立ち上がれ、その体よ
偉大なインドネシアのために。

さて、日本国歌「君が代」は古代の和歌に由来する歌詞である。作詞者不明、『古今和歌集』巻第七、賀歌の冒頭、よみ人しらずの「わが君は千代に八千代にさざれ石の巌となりて苔のむすまで」が載っている。また、薩摩琵琶歌「蓬莱山」のなかには「君が代は千代に八千代にさざれ石の巌となりて苔のむすまで」の一節が引用されていて、明治の始めにまだ日本には国歌がなかったことから、陸海軍主導でこの歌詞に曲がつけられ、一八八〇（明治一三）年に現在の「君が代」となった（『日の丸・君が代の成り立ち』暉峻康隆　岩波書店一九九九年）。

アジアの国歌を並べてみると、独立歌、革命歌、進軍歌などの愛国歌が並ぶ中で、日本の国歌だけは異色である。韓国や北朝鮮の国歌にも自然を賛美する部分はあるが、日本の歌詞のような自然描写形態を通して心情を表現する国歌は珍しい。日本文化の特徴を反映させ、日本的表現の面目躍如である。

だが、アジア諸国の「開かれた日本」を求める視点により、日本像は描かれていく。日本独自の価値基準を中心に据えると、それらの国にとっては日本という国は分かりにくく、理解されない一面が残る。この部分を教育の分野で今後、大いに検討すべきである。〈完〉

付録資料

韓国、中国（朝鮮族を含む）、日本における義務教育における教科書内容の概要（目次）

1　韓国の義務教育における道徳教科書の目次

小学一年生　正しい生活（道徳科目の代わり）の目次

【一年前期】

一、楽しい学校生活
二、自分でできます
三、家族は大切です
四、正しい姿勢
五、仲良い友達
六、わー、夏だ

【一年後期】

一、わたしの体
二、順番を守る
三、共に暮らすお盆
四、共に使用するもの
五、環境が笑っています
六、私たちの国は大好きです
七、冬休みを充実に

小学校二年生　正しい生活（道徳科目の代わり）の目次

【二年前期】

一、自分でできています
二、計画通りに実践する生活
三、綺麗な姿
四、仲の良いお隣
五、共に暮らす私たち
六、一緒に守りましょう
七、パソコンを正しく使いましょう
八、節約の生活、もとの所にもどす習慣

[二年後期]
一、大切な約束
二、正しい言葉、綺麗な言葉
三、美しい我が国
四、統一にむかって
五、仲の良い家族
六、守るとあんぜんです
七、命の大切さ

小学校三年生　道徳教科書の目次

[三年前期]
一、道徳の勉強、このようにしています
二、本当に素敵な自分になること
三、愛が溢れるわが家
四、あなた達がいるから幸せ
五、国を愛する気持ち

[三年後期]
一、大切な私
二、感謝する生活
三、みんなで共に暮らしています
四、命を尊重します
五、私たちは一つになりたいです

小学校四年生　道徳教科書の目次

[四年前期]
一、正しい心構え
二、自分のことは自分でする
三、ご指をかけて
四、共に生きる世の中
五、誇らしい我が国

[四年後期]
一、任されたことに責任を
二、私は素敵なネチズン
三、暖かい助け、幸せな世の中
四、私たちが守る青い星
五、一つになった国、平和な世の中

小学校五年生　道徳教科書の目次

[五年前期]
一、正直な行動
二、節制する生活
三、敬う気持ちと愛する心
四、近隣の人々
五、尊重し合う態度

[五年後期]
六、私と私たち
七、互いに違う主張
八、国の発展と私
九、一つの心で平和統一を
一〇、我が国の文化と世界文化

小学校六年生　道徳教科書の目次

[六年前期]
一、まじめな生活
二、大切な命
三、大目にみるこころ
四、私たちの学校、私たちの街
五、一緒に守りましょう

[六年後期]
六、美しい人々
七、自然を大切に
八、平和統一の道
九、わたしたちは誇らしい韓民族
一〇、平和な地球村

中学一年　道徳教科書の目次

Ⅰ．生涯と道徳

一、生涯の意味と道徳

（一）道徳の必要性

（二）良心と道徳

（三）慣習、法律、礼儀、道徳との関係

（四）道徳的な人の姿

二、個性の伸張と人格の陶冶

（一）自我の発見と実現

（二）個性の尊重と伸張

（三）素晴らしい人格

（四）人格を磨く方法

・人物学習―元暁、釈迦

三、人間らしい暮らしと人生の姿勢

（一）人間らしい暮らし、価値のある人生

（二）生命はなぜ大切なのか？

（三）愛と寛容

（四）感謝する生活

四、青少年期と中学時代

（一）青少年期の姿

（二）青少年期の重要性と課題

（三）自制して反省する人生

（四）能動的で労働的進取的な人生

・人物学習―安昌浩、ヘレン・ケラー

Ⅱ．家庭・お隣・学校生活の礼儀

一、幸せな家庭

（一）家庭はなぜ大切なのか

（二）健やかな家庭

（三）親子間の道理

（四）兄弟姉妹間の道理

二、親族間の礼儀

（一）礼儀の意味の変化

（二）親族との呼び方の礼儀

（三）親族同士で仲良く暮らす

（四）先祖に対する礼儀

・人物学習―李滉、孔子

三、近隣の人々との礼儀

（一）真のお隣とは？

（二）目上の人を敬う伝統

（三）近隣の人々と助け合う方法

（四）近隣の人々の間で守るべき礼儀

四、学校生活の礼儀

（一）先生に対する正しい心構え

（二）友達及び異性間の礼儀

（三）先輩と後輩間の礼儀

（四）愛校の実践

・人物学習―申師任堂、ペスタロッチ

中学校二年　道徳教科書目次

Ⅰ．社会生活と道徳

一、現代社会と伝統道徳

（一）現代社会と伝統道徳の必要性

（二）伝統道徳の基本精神

（三）伝統道徳の具体的な内容

（四）伝統道徳の適用と実践

二、現代社会と市民倫理

（一）市民倫理と市民の資質

（二）市民倫理の必要性

（三）市民倫理の基本精神

（四）市民倫理の適用と実践

・人物学習―李珥、イエス

三、民衆的生活態度

（一）民主社会と人間尊重

（二）自発的参加とボランティア

（三）秩序意識と準法精神
（四）公正な手続きと正しい意思決定

四、生活中の経済倫理

（一）暮らしの質を追求する生活
（二）健全な消費と節約する生活
（三）働く喜びと豊かな生活
（四）勤労者と起業家の和合と協力
・人物学習—丁若鏞、フランクリン

Ⅱ．正しい国家、民族生活

一、民族の発展と民族文化の暢達

（一）民族文化の意味
（二）我が民族の魂と文化遺産
（三）民族文化の継承と発展
（四）主体的文化交流の姿勢

二、国家の重要性と国家発展

（一）国とは
（二）国の仕事
（三）我が国はどんな国なのか
（四）我が国の理想と目標
・人物学習—一然、ガンディ

三、正しい愛国、愛族の姿勢

（一）愛国、愛族の重要性と方向
（二）先祖達と在外韓国人達の愛国、愛族
（三）中学生としての愛国、愛族への道
（四）国家安保の重要性と方向

四、南北統一と統一の実現の意志

（一）統一の意義
（二）北朝鮮社会についての理解
（三）統一のための努力
（四）統一のために我々がすべきこと
・人物学習—李舜臣、孫文

中学校三年　道徳教科書目次

Ⅰ．個人の価値と道徳の問題

一、人生の設計と価値への追求

（一）人生の姿と価値
（二）価値への追求と人間らしい暮らし
（三）人生の目標設定と反省

二、人間の暮らしと価値葛藤

（一）人間と価値葛藤
（二）価値葛藤の問題
（三）価値葛藤の解決

三、道徳問題と道徳の判断

（一）道徳的な葛藤の状況
（二）道徳判断の過程
（三）道徳判断の検査
・人物学習—金炳淵、老子

Ⅱ．家庭・お隣・学校生活と道徳の問題

一、進路・進学と道徳の問題

（一）私たちの暮らしと中学三年の意義
（二）職業選択と道徳の問題
（三）進学の選択と道徳の問題

二、家庭・親戚・お隣の生活と道徳の問題

（一）家庭における道徳の問題と解決
（二）親戚間の道徳の問題と解決
（三）お隣との道徳の問題と解決

三、学校生活と道徳の問題

（一）交友間の道徳の問題と解決
（二）異性問題と解決
（三）学縁問題と解決
・人物学習—英祖、ルソー

参考資料

小学校一年〜二年

・ユ・ヒョングン外、『正しい生活1-1』、斗山東亜、二〇一二年
・同、『正しい生活1-2』、斗山東亜、二〇一二年
・金・テフン外、『正しい生活2-1』、斗山東亜、二〇一二年
・同、『正しい生活2-2』、斗山東亜、二〇一二年

小学校三年〜六年

・ソウル大学校師範大学国定図書編纂委員会、『道徳3-2』、志学社、二〇一〇年
・同、『道徳3-2』、志学社、二〇一〇年
・同、『道徳4-1』、志学社、二〇一〇年
・同、『道徳4-2』、志学社、二〇一〇年
・同、『道徳5』、志学社、二〇一〇年
・同、『道徳6』、志学社、二〇一〇年

中学校一年〜三年

・ソウル大学校師範大学国定図書編纂委員会、『中学校道徳1』、志学社、二〇〇一年
・同、『中学校道徳2』、志学社、二〇〇二年
・同、『中学校道徳3』、志学社、二〇〇三年

2 中国の義務教育における道徳教科書の目次

小学一年生　品徳与社会目录

[一年前期]

学校に行く

一、新しいランドセルを背負う
二、学校のベルの音
三、新しい友達、新しい仲間
四、無事で家に帰る

祖国を愛している

一、私たちの建国記念日
二、祖国は心の中にある

私の一日

一、時計と友達になる

二、清潔を保つ
三、きちんとご飯を食べる
四、自己整理ができる
五、私は元気だ

年を越す

一、新年おめでとう
二、正月を楽しく過ごす

［一年后期］

私の家族と仲間

一、私の一家全員
二、家族の愛
三、私は家族の喜びを増やす
四、私の仲間

大自然に入る

一、春が来る
二、苗が成長する
三、太陽と遊ぶ
四、風が吹いている

毎日健康な生活

一、歯が生え変わる
二、私は綺麗な目を持っている
三、気を付けて、傷つかないで
四、夏だ、注意することは?

二年级品德与社会目录

［二年前期］

私たちは団体の中に成長する

一、二年生になった
二、私たちのクラスの物語が多い
三、私たちの教室をもっときれいにしよう
四、みんな一緒に本を読もう

金色の秋

一、秋はどこにある
二、秋の収穫
三、秋の遠足
四、中秋と重陽
（お年寄りを大事にする）

素晴らしい私たち

一、私もあなたも皆素晴らしい
（他の人の長所を見つけよう）
二、勇敢な鷹になろう
三、快楽な鳥になろう

［二年后期］

私の故郷

一、故郷の山と川を愛している
二、故郷の物産が豊富だ
三、近所の出来事が多い

故郷をもっと美しくしよう

一、お母さんのような大地
二、家の庭を美化する
三、草花が笑っている
四、動物たちと友達になろう

快楽な少年先鋒隊

一、鮮やかな赤いスカーフ
二、赤いスカーフが風にはためく
三、楽しい国際児童デー

私たちは成長している

一、成長した私たち
二、夏休みの生活を手配する

三年级品德与社会目录

［三年前期］

家庭、学校と地域

一、私の家を愛している

二、私たちの学校
三、私が生活している地域

勉強しながら成長する

一、私は覚えた
二、誰を手本にする?
三、自分の意志で勉強する
四、みんなが勉強している

規則と友達になろう

一、規則はどこにある?
二、規則はどんな効果がある?
三、自分自身の規則を定めよう

私の役柄と責任

一、私は誰?
二、私の責任
三、私ならできる

〔三年后期〕

愛の陽光の下

一、家族の愛
二、親の心を読む
三、社会からの愛

共に楽しくなる

一、私とあなたと彼とみんな違う
二、考え方を変えよう
三、喜びを分かち合う

生活の中に彼らは不可欠だ

一、私たちの生活に必要な人は誰か?
二、おじさん、おばさん、お疲れ様です
三、「ありがとうございます」を言う

道を探す

一、平面図を読む
二、校外の道を探す
三、出かけの知識
四、道路は遊びの場ではない

四年级品徳与社会目录

〔四年前期〕

命を大事にする

一、美しい命
二、私たちの生命
三、身体を大事にする

安全的な生活

一、今日は安全か?
二、公共場所の危険に注意する
三、危険なことがあった時

お金の知識

一、家計簿
二、どういう風にお金を使う
三、買い物の場所が分かる
四、賢い消費者になろう

愛と関心

一、お爺さんとお婆さんを喜ばせる
二、友愛の手を出す
三、私のお隣さん
四、みんなのことはみんなで一緒にやろう

〔四年后期〕

私の故郷

一、私の故郷はどこにある?
二、故郷の美しい風景
三、故郷の味

生産と生活

一、食物と服装はどこから来たの?
二、テレビの変化を例として
三、生活の中の各業界

交通と生活

一、多様な交通手段
二、交通と私たちの生活
三、古代から今までの交通
四、交通問題の思考

通信と生活

一、みんなが繋がっている
二、狼煙からインターネットへ
三、小さい窓から大きい世界を見る
四、テレビの話

五年级品德品德与社会目录

[五年前期]

誠実と伴う

一、私を信じてください
二、誠実の大切さ
三、社会は誠実が必要だ

私たちの民主生活

一、クラスの幹部の選挙
二、クラスのことは誰が決める
三、私は参加者
四、社会生活の民主

祖国の山と川を愛している

一、私の祖国は広い
二、祖国の山川は綺麗だ
三、祖国の宝島—台湾
四、祖国の山川の保護者

私たちは中華民族の子孫

一、花のような五十六の民族
二、各民族は手を繋げる
三、世界各地にいる中国人

[五年后期]

成長の喜びと悩み

一、生活の中の喜び
二、良い機嫌を持つ
三、生活の苦みを味わおう

源を探そう

一、衣食住の古今
二、陶器と青銅
三、漢字と本の物語

独自の魅力がある中華文化

一、偉大な先人たち
二、わが国の国宝
三、わが国の国粋

私たちの地球

一、紺碧の地球
二、村のような地球
三、地球に生活している人々

六年级品德与社会目录

[六年前期]

文明に向かって

一、科学のお蔭で
二、社会文明
三、健康文明の生活
四、断ることを学ぶ

不屈的中国人

一、忘れてはいけない屈辱
二、奴隷になりたくない人よ、起きろ
三、中華民族の発展のために

発展している中国

一、独立した中国人
二、日増しに豊かになる
三、貧困に告別し、小康に向かう
四、国の門を開け、世界を目指す

世界漫遊

一、周りを見てみよう

二、世界一周旅行
三、民謡を集める

[六年后期]

あなたと私は同行する

一、男性と女性
二、友達の間
三、みんなと仲良くなる

人類のお住まい

一、地球は一つしかない
二、地球のために私たちは何ができる?
三、災害が来る時

同じ青空の下

一、戦争による苦難
二、平和のハトを放す
三、手を繋げよう

さよなら、私たちの小学校

一、私の成長の足跡
二、お別れの感想

中学品徳与社会目录

[七年级前期(初中一年)]

笑顔で新生活に向かう

一、新しい起点を大事にしよう
①新しい学校　新しいクラスメート
②新しい団体を作ろう
二、学習のリズムを把握しよう
①学習の新天地
②楽しく勉強しよう

自己認識

一、命を大事にする
①命で世界を輝かせる
②人間の命の独特性
③命の花を咲かせよう
二、青春のリズム
①青春に入る
②青春を感じる
③青春を祝福する
三、自分に対する期待
①新しい私
②自分の才能を見つけよう
③自分の人間像

楽しい生活を過ごす

一、気分の主になろう
①多様な気分
②気分のコントロール
二、生活を味わう
①気分と興味
②高雅の生活を追及する

健康、安全な生活を過ごす

一、断るのを学ぶ
①身近の誘惑
②誘惑に抵抗する

自分を守る

①身近の侵害と保護
②侵害を避け、自分を守る

[七年后期]

自尊自信の人間になろう

一、自尊を大事にする
①自尊はみんなにとって必要だ
②他人を尊敬するのは自己需要
③お互いに尊敬する
二、自信の帆を揚げる
①〝私ならできる!〟
②自信は成功の基盤
③自信の歌を歌おう

独立の人間になろう

一、自立の人生を始めよう

①自分のことは自分でやる

②人に頼らないで

二、自ら努力してやまない

①少年から努力しよう

②たゆまず励む

精神強固の人間になろう

一、挫折で人生を豊富にさせよう

①人生の挫折は避けられない

②挫折に直面する

二、強固に喝采

①意識強固になろう

②鋼鉄はこのように鍛えている

法律が分かる人間になろう

一、法律の尊厳を感じる

①法律を知る

②法律に逆らわない

③事故が起こる前に予防措置をとる

二、法律は私の成長を守る

①特別な保護、特別な愛

②法律で自分を守る

〔八年级前期〕

愛し合う家族

一、愛は屋根の下にある

①我が家を知る

②我が家を愛する

③親孝行

二、親と友達になろう

①厳しさも愛の一つ

②両世代の会話

先生と友人と同行する

一、手を繋げ、前に進もう

①クラスメート、友達

②男性　女性

二、先生と共に成長する

①先生を知る、先生を敬愛する

②積極的に交流、健康的に成長

私の友達は沢山いる

一、多元文化の地球村

①世界文化の旅

②友好往来の使者になろう

二、ネットの世界

①ネット上の交際

②健康にネットを利用しよう

コミュニケーションの芸術

一、礼儀は交流の基礎

①礼儀の魅力

②礼儀の風采

二、競争と協力

①競争？　協力？

②協力！　競争！

三、他の人を考えよう

①器がある人間になろう

②相手の立場で考えよう

③平等と尊敬

四、誠実な人間になろう

①金のような誠実

②誠実な人

〔八年后期（初中二年）〕

権利と義務

一、国家の主人、幅広い権利

①人民が国の主

②普遍的な権利

二、尽すべき義務

①公民の義務
②忠実に義務を履行する
私たちの人身権
一、生命と健康の権利
①生命と健康の権利
②同じ権利、同じ愛
二、人格の尊厳を大事に
①人格的に尊敬される権利
②肖像権と姓名権
三、プライバシーは保護される
①プライバシー
②プライバシーを尊敬する
私たちの文化、経済権利
一、終身収益の権利
①知識は私たちを助ける
②勉強の機会を大事にする
二、財産の権利
①財産の権利は誰に属す
②財産は誰に与える
③無形の財産
三、消費者の権益
①私たちは消費者の権益を持っている
②消費者の権益を維持する
公平と正義を尊ぶ
一、公平を尊重する
①公平は社会安定の「天秤」
②社会公平を維持する
二、正義を維持する
①正義は人類良知の「声」
②自覚的に正義を維持する
九年级［前后期］
責任を負い、社会に貢献する
一、責任と役割は共存する
①私の責任
②恩返し
二、責任感がある人間
①団体に対する責任
②社会に対する責任
③公民としての責任
祖国を知る、中華民族を愛する
一、国情を認識する
①我が社会主義の国家
②共産党の基本方針
③団結した多民族国家
二、国策と発展戦略を知る
①対外開放の国策
②一人子と環境保護の国策
③科学で国を振興させる国策
④続ける発展の戦略
三、中華文化と民族精神
①燦然としている中華文化
②民族精神を発揚と培養する
社会に溶け込み、使命を背負う
一、政治生活に参加する
①人民が主の法治国家
②憲法は根本的な法律
③法律に従い、政治生活に参加する
二、経済発展に注目
①経済制度
②共に豊かになろう
③合理的な消費
三、精神文明の建設
①社会主義の精神文明
②燦然の文明の花
希望を持ち、明日に向かう

一、共同的な理想を実現する
①私たちの共同の理想
②刻苦奮闘、開拓創造
二、希望の人生を選ぶ
①理想と現実の差
②学習のプレッシャー
③未来の道を選ぶ
④美しい未来を抱える

参考資料

・『义务教育课程标准实验教科书思想品德（九年义务教育）』人民教育出版社二〇〇五年版

3 中国の朝鮮族の義務教育における道徳教科書の目次

小学校一年生

一、漢語ピンイン (a o e)、(i u ü)、(b p m f)、(d t n l)、(g k h)、(j q x)、(z c s)、(zh ch sh r)、(ai ei ui)、(ao ou iu)、(ie üe er)、(an en in un ün)、(ang eng ing ong)
二、静夜思
三、小さな船
四、サンシャイン
五、影
六、口語交際
七、もっと見てほしい
八、積木を遊ぼう
九、一人で行って
一〇、リスがピーナッツを探している
一一、雪の中の小さい画家
一二、誕生日を借りる
一三、雪少年
一四、ウサギがかぼちゃを運ぶ

小学校二年生

一、柳の目が覚めた
二、春雨の彩
三、鄧小平のお爺さんが木を植えている
四、漢詩二首

五、テレビを見る
六、太っている小さい手
七、靴の中の陽光
八、亮の念願
九、二つの卵
一〇、リスとナッツ
一一、綺麗な道
一二、遺失物の知らせ
一三、漢詩二首
一四、ハスの葉が丸い
一五、夏の夜空が美しい
一六、雨が降りそう
一七、ヤモリがしっぽを借りる
一八、四つの太陽
一九、カラスが水を飲む
二〇、司馬光
二一、象を測る
二二、井戸を掘る人を忘れないで
二三、王二小
二四、故郷を描く
二五、面白い番組
二六、白のウサギと灰色のウサギ
二七、小さい獅子
二八、友達
二九、植木鉢を捧げる
三〇、綿花の娘
三一、地球お爺さんの手
三二、蘭ちゃんが橋を渡す
三三、列車の物語
三四、オタマジャクシがお母さんを探している

小学校三年生

一、秋の図画
二、黄山の奇石
三、植物が賢い
四、漢詩二首
五、一本のリラ
六、私は私を選ぶ
七、一分間、
八、忘れられない一日
九、お祝い
一〇、北京
一一、私たちはできた
一二、雪を鑑賞する
一三、井の中の蛙
一四、私がほしいのは瓢箪
一五、柳と棗
一六、風
一七、酸っぱいと甘い
一八、ご褒美
一九、青い木の葉
二〇、紙舟と凧
二一、今から
二二、窓の前の風船
二三、もしも…
二四、日記二篇
二五、漢詩二首
二六、「赤いスカーフ」が素晴らしい
二七、綺麗な湖の水
二八、小さな魚
二九、父と鳥
三〇、私は誰
三一、反響
三二、宇宙生活の物語
三三、生きている化石

三四、農業の変化が大きい

小学校四年生

一、春を探す
二、漢詩二首
三、芽
四、鹿の薔薇
五、泉
六、雷鋒のおじさんはどこ
七、私は弱くない
八、カーノルと彼の猫
九、日月の淵
一〇、葡萄の溝
一一、忘れられない水かけ祭り
一二、北京が明るくなった
一三、やってみよう
一四、切手の枠
一五、風を描く
一六、レインコート
一七、漢詩二首
一八、雷雨
一九、最大の「書」
二〇、道に迷ったら…
二一、画家と牧童
二二、誇らしいあなた
二三、三人の息子
二四、玩具の売り場前の子供
二五、玲ちゃんの絵
二六、蜂が道を案内する
二七、寓言二篇
二八、見にくい鴨
二九、星を数える子供
三〇、トーマス・エジソンがお母さんを救う
三一、恐竜の絶滅

小学校五年生

一、我が民族小学校
二、金色の草原
三、山登り
四、槐の木の子供
五、雀
六、小さなカメラマン
七、変な石
八、信用を失ってはいけない
九、漢詩二首
一〇、凧
一一、秋雨
一二、ほら、秋の音
一三、花時計
一四、蜂
一五、遊び
一六、駱駝を探す
一七、孔子が門弟となる
一八、盤古が天地を作る
一九、趙州の橋
二〇、有名な絵
二一、漢詩二首
二二、豊饒である南シナ海
二三、美しい山
二四、東方の真珠
二五、矛と盾
二六、シリアの箱
二七、陶の壺と鉄の壺
二八、獅子と鹿
二九、拍手

三〇、成功した実験
三一、木に与える

小学校六年生

一、ツバメ
二、漢詩二首
三、ハスの花
四、真珠の泉
五、カワセミ
六、ツバメの列車
七、小さい村の物語
八、路傍の木
九、寓言二篇
一〇、弓の弦に驚く鳥
一一、ヨウトウを描く
一二、他の人が気付いてないところ
一三、時間と競走する
一四、検閲
一五、争い
一六、絶技
一七、沈黙は貴い
一八、彼女は僕の友達
一九、七つのダイヤモンド
二〇、お母さんの家計簿
二一、太阳
二二、月の謎
二三、情報の高速道路
二四、果樹園のロボット
二五、太陽はみんなのもの
二六、国旗
二七、彫塑を売る少年
二八、中国国際救援隊　素晴らしい！
二九、西门豹

中学校一年生

一、潮を見る
二、チベット
三、鳥の天国
四、夕焼け
五、漢詩二首
六、ツタの足
七、「蟋蟀の住宅」
八、世界地図からの発見
九、巨人のガーデン
一〇、幸福って何
一一、去年の木
一二、木偶の物語
一三、スワン
一四、ガチョウ
一五、猫
一六、メスの鳥
一七、万里の長城
一八、颐和园
一九、兵馬俑
二〇、漢詩二首
二一、石
二二、海峡を越える生命の橋
二三、カノーナ
二四、与えるのは楽しい
二五、中華民族の振興のために勉強する
二六、緑のツタ
二七、灰色の塔
二八、長所と短所
二九、迷信の時代
三〇、パソコンの住宅

三一、青空に飛ぶ恐竜

中学校二年生

一、漢詩三首
二、桂林山水
三、双龍洞の旅行記
四、七月の天山
五、くじに当たる日
六、万年の監獄
七、尊厳
八、相手の心で考える
九、自然の道
一〇、黄河の変化
一一、蝙蝠とレーダー
一二、自然の啓示
一三、鶯の歌
一四、英雄の雨来
一五、一人の中国の子供の呼び声
一六、春を楽しむ
一七、春を触る
一八、永生の日
一九、生命 生命
二〇、花の勇気
二一、田舎の人
二二、牧場の国
二三、漢詩三首
二四、麦
二五、二つの鉄球が同時に落ちる
二六、全身全力
二七、魚が紙の上に泳いでいる
二八、父の菜園
二九、寓言二篇
三〇、文成の姫様がチベットに行く
三一、プロメテウス

中学校三年生

一、本を盗み読む
二、苗と木の会話
三、本と友達になる
四、私の長生き果物
五、漢詩三首
六、梅の魂
七、金木犀の雨
八、江南の風景
九、鯨
一〇、リス
一一、新型のガラス
一二、もし埃がないと
一三、お釣りの啓示
一四、広場に行く道は一つではない
一五、落花生
一六、漢字が好き
一七、地震の時の親子
一八、慈愛である母親
一九、素晴らしいと不味い
二〇、診察を受ける
二一、円明園廃滅
二二、五壮士
二三、忘れられない授業
二四、最後の一分
二五、長征
二六、開国の典礼
二七、烈士のお墓

参考資料

（延辺教育出版社の発行物を参考とした）

小学

『품성과 생활 1年级 上册』出版社：延边教育出版社 出版日期：二〇〇九—六
『품성과 생활 1年级 下册』出版社：延边教育出版社 出版日期：二〇〇八—一二
『품성과 생활 2年级 上册』出版社：延边教育出版社 出版日期：二〇〇七—一
『품성과 생활 2年级 下册』出版社：延边教育出版社 出版日期：二〇〇八—一二
『품성과 사회 3年级 上册』出版社：延边教育出版社 出版日期：二〇〇七—一二
『품성과 사회 3年级 下册』出版社：延边教育出版社 出版日期：二〇〇八—一二
『품성과 사회 4年级 上册』出版社：延边教育出版社 出版日期：二〇〇七—一二
『품성과 사회 4年级 下册』出版社：延边教育出版社 出版日期：二〇〇八—一二
『품성과 사회 5年级 上册』出版社：延边教育出版社 出版日期：二〇〇九—六
『품성과 사회 5年级 下册』出版社：延边教育出版社 出版日期：二〇〇七—一二
『品德与社会 6年级 上册』出版社：延边教育出版社 出版日期：二〇〇九—六
『品德与社会 6年级 下册』出版社：延边教育出版社 出版日期：二〇〇九—一

中学（高校も含む）

『思想品德 7年级 上册』出版社：延边教育出版社 出版日期：二〇〇七—一二
『思想品德 7年级 下册』出版社：延边教育出版社 出版日期：二〇〇七—一二
『思想品德 8年级 上册』出版社：延边教育出版社 出版日期：二〇〇七—一二
『思想品德 8年级 下册』出版社：延边教育出版社 出版日期：二〇〇七—一二
『思想品德 9年级』出版社：延边教育出版社 出版日期：二〇〇七—一二

4　日本の道徳教育の指導項目

［小学校一・二年生］

一、うつくしい　心を　そだてよう
二、この　ノートの　つかい方
三、あなたの　ことを　教えてね
四、うつくしい　心を　そだてよう
五、にこにこ　してるかな／むねを　はって　いこう
六、気もちの　いい　一日
七、がんばってるね！
八、よいこと　すすんで
九、うそなんか　つくもんか
一〇、体も元気！　心も元気！
一一、しては　ならない　ことが　あるよ
一二、立てるかな／心と　心を　むすぼう
一三、あいさつは　心の　リボン
一四、あたたかい　心を　とどけよう
一五、友だちと　いっしょ
一六、ありがとうを　さがそう
一七、どんな　人と　出会えるかな。
　　あい手の　心を　かんじよう。
一八、どんな　気もちかな／いのちに　ふれよう
一九、みんな　みんな　生きて　いるよ
二〇、生きものを　そだてよう
二一、心　いっぱいに　かんじよう
二二、生きているね。つながっているね。かがやいているね。
二三、みんなで　なわとび／みんなと　気もちよく　いよう
二四、みんなで　楽しく　気もちよく
二五、大切な　それぞれの　しごと
二六、家ぞくが　大すき
二七、おせわに　なってます！
二八、あなたが　そだつ　町
二九、みにつけよう　きまりを　まもる　心の　バッジ
三〇、がんばったよ　うれしかったよ
　　できるように　なったよ‼
三一、あのね…こんな　道とくの　べん強を　したよ
三二、心のアルバム　一年
三三、心のアルバム　二年
三四、家の人からの　手紙

［小学校三・四年生］

一、心のノートをひらいてみよう
二、そっと自分に聞いてみよう
三、心をみがき大きく育てよう

四、かがやく自分になろう
五、ふみ出そう　ひとり立ちへのたしかな歩み
六、「今よりよくなりたい」という心をもとう
七、勇気を出せるわたしになろう
八、自分に正直になれば、心はとても軽くなる
九、自分のよいところはどこだろう?
一〇、いまの自分をみがこう　みんなの中で自分を生かそう
一一、人とともに生きよう
一二、礼ぎ―形を大切にして心をかよわせ合う
一三、思いやりの心をさがそう
一四、ひとりじゃないからがんばれる
一五、みんなにささえられているわたし
一六、学び合い　ささえ合い　助け合い
一七、いのちを感じよう
一八、生きているってどんなこと
一九、植物も動物もともに生きている
二〇、自然の美しさにふれて
二一、たったひとつのわたしのいのち　だからかがやいて生きる
二二、みんなと気持ちよくすごそう
二三、やくそくやきまりを守るから仲よく生活できる
二四、みんなのために流すあせにはとても美しい
二五、わたしの成長を温かく見守り続けてくれる人…家族
二六、学校はどんなところ?
二七、わたしたちの心を育ててくれるふるさと
二八、わたしたちの国の文化に親しもう
二九、こんなことをしたら　わたしははずかしい
三〇、季節を感じる心をみがこう!
三一、みんなのことを知ろう　自分を見つめてみよう
三二、自分をふりかえって考えよう　これからの自分
三三、道とくの時間で見つけた　たからもの
三四、心に残したい言葉
三五、自由黒板 三年
三六、自由黒板 四年
三七、また、新しい春が来た

[小学校五・六年生]

一、心のノート
二、心のノートを開いてみよう
三、これがいまのわたし
四、自分らしく心を育てかがやかせよう
五、自分を育てる
六、自分の一日は自分でつくる
七、夢に届くまでのステップがある
八、自由ってなんだろう
九、まじめであることはわたしのほこり
一〇、好奇心が出発点
一一、自分を見つけみがきをかけよう
一二、いつまでも甘えていたいけど…

一三、ともに生きる
一四、心と心をつなぐネットワーク
一五、あなたの心にあるそのあたたかさ
一六、友だちっていいよね
一七、よりそうこと、わかり合うことから
一八、「ありがとう」って言えますか？
一九、がんばれよと　力強く…
二〇、生命を愛おしむ
二一、いま生きているわたしを感じよう
二二、生きているんだね自然とともに
二三、大いなるものの息づかいをきこう
二四、かけがえのないいのち
二五、社会をつくる
二六、ぐるりとまわりを見渡せば
二七、どうしてゆがめてしまうのか？
二八、いきいきしている自分　かがやいている仲間
二九、働くってどういうこと？
三〇、わたしの原点はここにある
三一、学び合う中で
三二、見つめようわたしのふるさと　そしてこの国
三三、心は世界を結ぶ
三四、「こんなことはしません！」これがわたしの思いです
三五、集団の一員という自覚
三六、心のひびく言葉
三七、自分を見つめ　はぐくみ　ともに生きる
三八、心豊かに生きていくために…
三九、道徳の時間で気づいたこと…
四〇、わたしのページ
四一、さあ中学生　そして未来へ
四二、道はつづく

【中学校】

一、あなたがしるす心の軌跡
二、我の自我像
三、はじめの一歩
四、いまここに24の鍵がある
五、心で見なければ
六、自分を見つめ伸ばして
七、この人生の主人公
八、元気ですか　あなたの心とからだ
九、ステップアップのために
一〇、自分のことは自分で決めたい
一一、自分の人生は自分の手で切り拓こう
一二、自分をまるごと好きになる
一三、心の姿勢
一四、思いやる心を
一五、君がいるから
一六、礼儀知らずは恥知らず？
一七、「思いやり」って……なんだろう？
一八、太陽みたいにきらきら輝く生涯のたからもの
一九、同じ一人の人間として
二〇、いろいろな立場があり考えがある

二一、ありがたい心の贈り物に…
二二、コミュニケーションは心のキャッチボール
二三、この地球《ほし》に生まれて
二四、かけがえのない生命
二五、悠久の時間《とき》の流れ　この大自然
二六、かみしめたい　人間として生きるすばらしさ
二七、生命《いのち》を考える
二八、社会に生きる一員として
二九、あなたはいつも一人じゃないから
三〇、縛られたくないのはみんな同じ

三一、自分だけがよければいい…そんな人が多くなったと思いませんか？
三二、この学級に正義はあるか！
三三、集団、そして一人一人が輝くために
三四、考えよう「働く」ということ
三五、家族だからこそ…
三六、この学校が好き
三七、ここが私のふるさと
三八、我が国を愛しその発展を願う
三九、世界の平和と人類の幸福を考える

四〇、一人一人が厳守すべきものがある
四一、マっていました！
四二、日本人としての自覚をもって　真の国際人として世界に貢献したい
四三、あの人からのひと言　あなたに伝えたいことがある
四四、道徳の時間に感じたこと、考えたこと
四五、新しい出発
四六、私の自我像

参考資料

・「心のノート」（小一・二年生は「こころのノート」）文部科学省出版　平成二一年度改訂版（小五・六年生のみ未改訂）

責任編集者略歴

王　敏（わん・みん）
法政大学教授。比較研究（社会と文化）と日本研究、宮沢賢治研究が専門。中国・河北省生まれ。大連外国語学院大学日本語学部卒業、四川外国語学院大学院修了。人文科学博士（お茶の水女子大学）。文化大革命後、大学教員から選出された国費留学生となり、宮城教育大学で学ぶ。二〇〇九年、文化長官表彰。著書に『日本と中国―相互誤解の構造』（中央公論新社、二〇〇八年）、『美しい日本の心』（三和書籍、二〇一〇年）『鏡の国としての日本―互いの〈参照枠〉となる日中関係』（勉誠出版、二〇一一年）『中国人の日本観』（三和書籍）『東アジアの日本観』（三和書籍）『宮沢賢治　中国に翔ける思い』（岩波書店）ほか多数。

筆者略歴（掲載順）

大戸　安弘（おおと・やすひろ）
一九七六年横浜国立大学教育学部教育学科卒業、一九八二筑波大学大学院教育学研究科博士課程単位取得退学。博士（教育学）。東京学芸大学教育学部助教授、筑波大学大学院人間総合科学研究科教授などを経て、現在横浜国立大学教育人間科学部教授。専門分野：日本教育史。著書：『日本中世教育史の研究―遊歴傾向の展開―』（梓出版社、一九九八年）、『教育社会史』（山川出版社、二〇〇二年、共著）、『仏教教育の展開』（国書刊行会、二〇一〇年、共著）など。

上垣外　憲一（かみがいと・けんいち）
一九四八年長野県松本市生まれ。大妻女子大学教授、東京大学学術博士、国際比較文学会理事。一九七七年東京大学人文科学大学院比較文学比較文化課程退学、同年東洋大学文学部専任講師、一九八七年国際日本文化研究センター助教授、一九九七年帝塚山学院大学教授、二〇〇九年大手前大学教授、二〇一三年大妻女子大学教授、現在に至る。著書に「日本留学と革命運動」（東京大学出版会）、「雨森芳洲　元禄享保の国際人」「日本文化交流小史」「富士山　聖と

美の山」（以上、中公新書）、「聖徳太子と鉄の王朝」（角川書店）、「文禄慶長の役」（講談社学術文庫）、「謎の四世紀」（学生社）。

陳　東華（ちん・とうか）
一九四四年長崎生まれの在日華僑4世。原籍は中国福建省金門県。長崎華僑時中小学校、海星中学・高校卒業、大阪歯科大学修業。京都・神戸の華僑団体勤務後、神戸で中国専業旅行社を経営。一九九五年に長崎にもどり、泰益興産株式会社社長に就任、ホテル経営に携わり現在に至る。長崎中国交流史協会専務理事を務め、日中交流史や華僑史を研究。『長崎居留地の中国人社会』（「長崎居留地外国人名簿」長崎県立長崎図書館発行）などを著述。

李　南姫（い・なみ）
円光大学校韓国文化学科教授。韓国学中央研究院韓国学大学院文学博士。専攻：韓国近世史、歴史情報学。主要経歴：全羅北道文化財専門委員、韓国学DB研究所所長（朝鮮王朝実録CD－ROM開発）。主要著書：『朝鮮後期における雑科中人の研究』（以会文化社、一九九九年）、『クリック朝鮮王朝実録』（タハルメディア、二〇〇八年）、『朝鮮社会の見方』（共著、知識産業社、二〇一〇年）等。

秦　教勳（しん・きょふん）
一九三七年九月五日生。ソウル大学校名誉教授。ソウル大学校文理大学哲学科卒業。オーストリア・ウィーン大学哲学博士。ソウル大学校倫理教育科教授。主な著書に『哲学的人間学研究Ⅰ』、『哲学的人間学研究Ⅱ』、『環境倫理』、『医学的人間学』、『現代社会倫理研究』があり、共著書七二冊、翻訳書七冊が出版されている。また、哲学的人間学、環境倫理、生命倫理学、文化倫理学に関する二五〇余りの論文も執筆している。

黄　俊傑（こう・しゅんけつ）
一九六九年台湾大学歴史学部卒業。一九七三年台湾大学大学院歴史学部修士取得。一九八〇年アメリカ・ワシントン大学大学院歴史学部博士取得。現在、台湾大学講座教授、教育部国家講座、台湾大学人文社会高等研究院院長、国際「東

アジア文化交渉学会（Society　for Cultural Interaction in East Asia）」会長（二〇一〇年）。専門：東アジア儒教、戦後台湾史など。近年の主要著書：藤井倫明訳『東アジアの儒学』（ぺりかん社、二〇一〇年）など。

沈　国威（しん・こくい）

一九九一年大阪大学文学研究科博士後期課程単位取得退学。博士（文学）。神戸松蔭女子学院大学講師、助教授を経て、現在関西大学外国語学部教授。同東西学術研究所研究員。専門は日本語教育学、日中比較語彙論、日中近代語彙交流史。主著に『近代日中語彙交流史』（笠間書院、一九九四年）、『近代中日詞彙交流研究』（中華書局、二〇一〇年）など。同人雑誌『或問』を主宰。

陳　毅立（ちん・きりつ）

一九八一年生。現職：同済大学外国語学院院長補佐、法政大学国際日本学研究所客員所員。専門：日本文化、東アジア思想史。主要業績：『日本企業文化与就職研究』（単著、世界図書出版公司、二〇一二年）、「福沢諭吉文学観之批判」（『日語学習与研究』一六九号、二〇一三年）「近世知識人の華夷観―黄宗義と横井小楠を中心に」（『国際日本学』九号、二〇一二年）、「黄宗義の理気哲学論」（『インターカルチュラル』九号、二〇一一年）。

大脇　良夫（おおわき・よしお）

一九六四年慶應義塾大学経済学部卒業。富士フイルム㈱入社、本社人事部長など歴任し二〇〇三年退職。日経連公認経営労務コンサルタントを経て二〇〇三年より㈱日本心理技術センター客員研究員となり継続中。この間、神奈川県西部の郷土史研究に打ち込み二〇〇六年「足柄の歴史再発見クラブ」設立し初代会長。二〇〇六年から日本全国の禹王（文命）遺跡行脚を開始し、二〇一一年より本場中国にも脚を運び始め「日本と中国の禹王遺跡研究家」と自称。二〇一三年、全国に呼びかけ「治水神・禹王研究会」を立上げ会長に就任。著書に『酒匂川の治水神を考える』、共著『富士山と酒匂川』、編著『治水神　禹王をたずねる旅』がある。

姜　克實（じゃん・くうしー）

岡山大学大学院社会文化科学研究科教授。日本近現代史専攻。一九八二年南開大学卒業。復旦大学大学院入学・国費留学選抜試験合格。一九八三年復旦大学大学院中退、来日。一九八六年早稲田大学修士課程修了（文学修士）。一九九一年早稲田大学博士課程修了（文学博士）。一九九一年早稲田大学第一文学部助手。一九九三年岡山大学教養部助教授。一九九四年岡山大学文学部助教授。二〇〇四年岡山大学文学部教授。二〇〇六年より現職。主要著作：『石橋湛山の思想史的研究』（早稲田大学出版部、一九九二年）、『近代日本の社会事業思想』（ミネルヴァ書房、二〇一一年）。

廖　赤陽（りょう・せきよう）

武蔵野美術大学造形学部教授。一九八二年二月厦門大学歴史学部卒業、国立華僑大学専任講師を経て一九八八年日本留学。一九九七年東京大学大学院アジア文化研究専攻・東アジア歴史社会専門コース博士課程修了、博士（文学）。主な研究分野は、東アジアにおける華人社会と留学生史、東アジア地域ネットワーク、東アジア地域における心身実践と文化移動。編・著書は『気功―その思想と実践』（増補二〇一二年）、『大潮涌動：改革開放と日本留学』（二〇一〇年）、『気功で読み解く老子』（二〇〇九年）、『錯綜於市場・社会与国家之間』（二〇〇八年）、『長崎華商と東アジア交易圏の形成』（二〇〇〇年）などがある。

竹内　理樺（たけうち・りか）

同志社大学グローバル地域文化学部助教。神戸大学大学院総合人間科学研究科博士課程修了（学術博士）。専門は中国近現代史、中国女性史。関西女性史研究会編『ジェンダーからみた中国の家と女』（共著、東方書店、二〇〇四年）、野村鮎子・成田靜香編『台湾女性研究の挑戦』（共著、人文書院、二〇一〇年）、「謝雪紅と台湾民主自治同盟―中台関係と評価の変遷―」（同志社大学言語文化学会『言語文化』第一三巻第四号、二〇一一年三月）、「何香凝の芸術活動―１９３０年代における美術を通じた抗日救国運動を中心に―」（同志社大学言語文化学会『言語文化』第一五巻第四号、二〇一三年三月）など。

藤田　梨那（ふじた・りな）

国士舘大学中国文学専攻主任・教授、東京工業大学非常勤講師。研究分野：比較文学、中国文学。所属学会：日本比較文学会、日本現代中国学会、日本郭沫若研究会（副会長）、国際郭沫若学会（会長）。中国天津生まれ。一九八〇年日本留学し、二松学舎大学で日本文学を専攻。主要研究業績として、『漱石と魯迅の比較文学研究』（新典社）、『桜花書簡』（翻訳、東京図書出版）、『回顧故土――解読司馬桑敦――』（台湾文学伝記出版社）、『女神　全訳』（新典社）など。

曹　応旺（そう・おうおう）

一九五一年、中国安徽省懐寧に生まれる。武漢大学経済学部修士課程卒業。中共中央文献研究室研究員、中央党校中央直属機関分校嘱託教授、中国政府特殊専門家手当てを享受。「陳雲伝」、「周恩来経済文選」副編集長、「鄧小平伝」執筆参加。毛沢東、周恩来、鄧小平、陳雲および中国歴史等研究の関係論文一六〇以上発表。主要な個人著作に「周恩来と治水」、「中国の総世話人周恩来」、「中国外交第一人周恩来」、「鄧小平の知恵」、「開国の大蔵大臣陳雲」等がある。

古俣　達郎（こまた・たつろう）

法政大学総長室企画・秘書課大学史担当（法政大学史センター）専門嘱託。法政大学社会学部社会政策科学科卒業、同大学院国際日本学インスティテュート（政治学）修士課程修了（学術（政治学）修士）。専門分野：近代日本政治思想史、法政大学史。

訳者一覧（掲載順）

金　英美（きむ・よんみ）
法政大学大学院国際日本学インスティテュート社会学研究科社会学専攻博士後期課程学生。法政大学大学院国際日本学研究所学術研究員。国士舘大学21世紀アジア学部韓国語非常勤講師。

周　曙光（しゅう・しょこう）
法政大学国際日本学研究所学術研究員。山東大学政治学部卒業。法政大学大学院国際日本学インスティテュート修士号取得、法政大学大学院国際日本学インスティテュート人文科学研究科日本文学専攻博士後期課程在籍中。専門は中国人の日本留学史、章士釗研究。

長谷　亮介（ながたに・りょうすけ）
二〇一〇年熊本大学文学部歴史学科卒業。二〇一二年法政大学大学院国際日本学インスティテュート修士取得。現在、法政大学大学院国際日本学インスティテュート人文科学研究科史学博士後期課程。専門分野：近現代日中関係研究。

【編著者】

王　敏（ワン・ミン）

1954年中国・河北省承徳市生まれ。大連外国語大学日本語学部卒業、四川外国語学院大学院修了。宮沢賢治研究から日本研究へ、日中の比較文化研究から東アジアにおける文化関係の研究に進む。人文科学博士（お茶の水女子大学）。法政大学教授、上海同済大学客員教授。早稲田大学や関西大学などの客員教授を歴任。「文化外交を推進する総理懇談会」や「国際文化交流推進会議有識者会合」など委員も経験。現在、日本ペンクラブ国際委員、かめのり財団理事、朝日新聞アジアフェロー世話人など。

90年に中国優秀翻訳賞、92年に山崎賞、97年に岩手日報文学賞賢治賞を受賞。2009年に文化庁長官表彰。

主著：『日本と中国　相互誤解の構造』（中公新書）、『日中2000年の不理解——異なる文化「基層」を探る』（朝日新書）、『謝々！宮沢賢治』（朝日文庫）、『宮沢賢治、中国に翔る想い』（岩波書店）、『宮沢賢治と中国』（国際言語文化振興財団）、『日中比較・生活文化考』（原人舎）、『中国人の愛国心——日本人とは違う5つの思考回路』（PHP新書）、『ほんとうは日本に憧れる中国人——「反日感情」の深層分析』（PHP新書）、『花が語る中国の心』（中公新書）など。
共著：『<意>の文化と<情>の文化』（中公叢書）、『君子の交わり　小人の交わり』（中公新書）、『中国シンボル・イメージ図典』（東京堂出版）、『中国人の日本観』（三和書籍）、『日中文化の交差点』（三和書籍）など。
要訳：『西遊記』、『三国志』、『紅楼夢』など
中国語作品：『生活中的日本—解読中日文化之差異』、『宮沢賢治傑作選』、『宮沢賢治童話選』、『異文化理解』など多数。

〈国際日本学とは何か？〉
日本留学と東アジア的「知」の大循環

2014年11月20日　第1版第1刷発行

編著者　王　敏
©2014 Wang Min
発行者　高橋　考
発　行　三和書籍

〒112-0013　東京都文京区音羽2-2-2
電話 03-5395-4630　FAX 03-5395-4632
info@sanwa-co.com
http://www.sanwa-co.com/
印刷／製本　日本ハイコム株式会社

乱丁、落丁本はお取替えいたします。定価はカバーに表示しています。
ISBN978-4-86251-170-6 C3036

本書の電子版（PDF形式）は、Book Pub（ブックパブ）の下記URLにてお買い求めいただけます。
http://bookpub.jp/books/bp/401